企业纳税筹划技巧
与案例分析

平准◎ 编著

人民邮电出版社
北京

图书在版编目（CIP）数据

企业纳税筹划技巧与案例分析 / 平准编著. -- 北京：人民邮电出版社，2021.1（2021.9重印）
ISBN 978-7-115-55225-9

Ⅰ．①企… Ⅱ．①平… Ⅲ．①企业管理－税收筹划 Ⅳ．①F810.423

中国版本图书馆CIP数据核字(2020)第219866号

内 容 提 要

税务筹划是在不违反国家税收法规和国际公认规则的前提下，通过对纳税人经营、投资、理财等活动进行调整和安排，最大限度地减轻企业税收负担的行为。本书根据新的税收政策法规编写，内容分为税务筹划理论、分税种的税务筹划、分环节的税务筹划、分行业的税务筹划四个部分，结构合理，逻辑清晰。

本书内容翔实，案例典型，与时俱进，实用性强，旨在给纳税人提供多种多样的税务筹划方法。本书适合企业税务筹划人员、企业经营管理者、高校财政税收和财务管理等专业的师生阅读和使用。

◆ 编　著　平　准
　　责任编辑　李士振
　　责任印制　周昇亮

◆ 人民邮电出版社出版发行　北京市丰台区成寿寺路11号
邮编　100164　电子邮件　315@ptpress.com.cn
网址　https://www.ptpress.com.cn
北京虎彩文化传播有限公司印刷

◆ 开本：700×1000　1/16

印张：30.25　　　　　2021年1月第1版

字数：431千字　　　2021年9月北京第4次印刷

定价：99.80元

读者服务热线：(010)81055296　印装质量热线：(010)81055316
反盗版热线：(010)81055315
广告经营许可证：京东市监广登字 20170147 号

前言 Preface

一、本书写作目的

税务筹划是纳税人的一项基本权利。近年来，税务筹划在许多国家都得到了迅速发展，日益成为纳税人理财或经营管理决策中的重要组成部分。许多企业都聘请专门的税务筹划高级人才或委托中介机构为其经济活动出谋划策。在我国，税务筹划的功能和作用不断被人们认识、接受、重视，而且税务筹划已成为相关中介机构一项特别有前景的业务。

为了帮助读者掌握现行税收法律法规下的税务筹划要点，掌握各个税种、企业各个环节、各个行业所涉及的不同种类的税务筹划的具体处理方法，熟悉各税种纳税的具体操作规则，搭配运用税收优惠政策，从而更系统、更深刻地理解税务筹划，并在实际工作中正确、有效地贯彻实施，我们特意编写了本书。

二、本书主要内容

在我国，不同税种有不同的纳税优惠政策，每个企业的经济业务都在不断变化，而不同行业的企业又有其各自的特殊性，这给税务筹划带来了充足的空间和多种可能性。本书通过对税务筹划相关知识的讲解和具体案例的分析，结合我国税收制度的特点以及新的税收法规政策的变化，全面介绍了我国新时期主要税种的优惠政策，详细阐述了运用优惠政策进行税务筹划的基本原则，重点剖析了运用优惠政策进行税务筹划的案例，使企业能够更好地运用政策、掌握方法、依法纳税、合理筹划。

根据新税法，本书包括四个部分，共二十章。第一部分是税务筹划理论介绍，即对税务筹划的概念、意义、目标、原则和基本方法进行介绍；第二部分是分税种的税务筹划，即对增值税、消费税、企业所得税、个人所得税以及其他税种进行介绍，每个税种分为税种简介、税务筹划要点、税务筹划案例三个部分；第三部分是分环节的税务筹划，对应企业筹资、投资、经营、收益分配、并购与重组、转让定价六个环节的内容，对企业处于不同环节的税务筹划方法和要注意的问题进行了解析；第四部分是分行业的税务筹划，重点介绍了制造业、建筑业、房地产业、餐饮业、交通运输业、金融业这六大行业的税务筹划方法，同时附有详细的案例分析。

三、本书主要特色

本书立足于现行有效的新税收政策，列举了不同税种、不同环节、不同行业的多种典型的企业税务筹划案例，可谓是企业进行税务筹划的宝典。本书具有以下几方面的特色。

第一，注重实务、突出重点。本书先全面介绍税种特点及法律法规对该税种税制要素的详细规定，再介绍税种税务筹划基本思路和方法，并坚持理论与实际相结合的原则，列举了大量实务案例，以案例为载体，旨在帮助纳税人举一反三，融会贯通。

第二，合法合规、与时俱进。我国税法处于不断成熟的阶段，本书介绍的税务筹划案例全部以国家新颁布和新修订的税收法律法规及相关政策为依据，紧扣改革脉搏，连接实践前沿，所有的内容都与时俱进，体现了当下各项新政法规的要求，具有较强的可读性与可操作性。

第三，深入分析、实用性强。本书每个部分都从最基础的理论讲起，但不限于表面，而且本书的税务筹划案例全部来自实务场景，可以被直接应用到实务中去，具有非常强的实用性。

第四，要点明确、案例丰富。本书除了准确地解读税收相关法律法规之外，对不同税种、行业、环节的税务筹划要点进行了剖析，并引入生动、切合实际的关键案例，让初学者从实务角度更好地理解和学习税务筹划操作方法，深刻领悟税收优惠政策在具体实践中的应用。

四、本书能带给读者什么

本书通过具体企业涉税业务案例向税务筹划人员展现各项涉税业务的筹划方法，是企业税务筹划人员工作过程中常备的指导工具书。本书适合不同身份、不同领域的税务筹划相关人员阅读和使用。

1. 准确学习新的税收法律法规。

本书严格按照税法新规定编写而成,采用了新的税务筹划处理方法,充分反映了税收理论与税务筹划实务改革发展的新成果,确保读者能够学习新的税务筹划知识,更新知识储备。大中专院校的财务管理专业的学生可以了解税收方面的新法规,并在此基础上学习企业税务筹划的基本知识。

2. 系统、深入地掌握税务筹划方法。

学生读者可以了解企业税务工作的基本流程和具体要求;企业税务筹划人员可以选择最优的税务筹划方法;企业经营管理者可以了解新的税收法规,把握税务筹划的关键要点。

3. 深刻理解税务筹划的实务应用。

本书有较强的可读性与可操作性。读者可以在系统学习税务筹划的基础上,查阅实务工作相关案例,取得举一反三的效果。

编者

目录 CONTENTS

第一部分 税务筹划理论

第1章 税务筹划的概念和意义
1.1 什么是税务筹划 1
1.2 税务筹划的意义 3
　1.2.1 有助于增强纳税人的纳税意识 3
　1.2.2 有助于提高企业的财务管理水平与会计管理水平 3
　1.2.3 有利于提高企业的竞争力 4

第2章 税务筹划的目标和原则
2.1 税务筹划的目标 5
　2.1.1 减轻企业税收负担 5
　2.1.2 规避纳税义务之外的纳税成本的发生 6
　2.1.3 维护纳税人的合法权益 7
　2.1.4 利用资金的时间价值，增加纳税人盈利的机会 7
　2.1.5 有利于实现企业价值的最大化 8
2.2 税务筹划应遵循的原则 9
　2.2.1 依法纳税原则 9
　2.2.2 战略管理原则 9
　2.2.3 全面筹划原则 10
　2.2.4 创新思维原则 10
　2.2.5 效率优先原则 10

第3章 税务筹划的基本方法
3.1 税制要素筹划方法 12
　3.1.1 税率筹划 12
　3.1.2 税基筹划 13
　3.1.3 纳税范围筹划 13
　3.1.4 递延纳税筹划 14
3.2 税收优惠筹划方法 14
　3.2.1 总体分类 15
　3.2.2 具体分类 15
　3.2.3 注意事项 20
3.3 企业组织形式筹划方法 21
3.4 税负转嫁筹划方法 22
3.5 会计核算筹划方法 23
　3.5.1 收入确认的税务筹划 23
　3.5.2 费用列支的税务筹划 23
　3.5.3 存货计价方法的选择 23
　3.5.4 固定资产折旧的税务筹划 25
3.6 临界点筹划方法 27

第二部分 分税种的税务筹划

第4章 增值税税务筹划
4.1 增值税简介 29
　4.1.1 增值税纳税人和扣缴义务人 30
　4.1.2 增值税征税范围 32
　4.1.3 增值税税率和征收率 41
　4.1.4 增值税应纳税额的计算 45
　4.1.5 增值税税收优惠 58
　4.1.6 增值税征收管理 66

4.1.7 增值税专用发票使用规定 69
4.2 增值税筹划要点 71
 4.2.1 增值税兼营行为的筹划 71
 4.2.2 增值税计税依据的筹划 72
 4.2.3 增值税减免税的筹划 72
 4.2.4 增值税出口退税的筹划 73
4.3 增值税筹划案例 73

第 5 章　消费税税务筹划

5.1 消费税简介 80
 5.1.1 消费税的概念 80
 5.1.2 消费税的特点 80
 5.1.3 消费税法 81
 5.1.4 消费税纳税义务人 81
 5.1.5 消费税征税范围 82
 5.1.6 消费税税目 84
 5.1.7 消费税税率及计税依据 90
 5.1.8 消费税应纳税额的计算 99
 5.1.9 消费税征收管理 111
5.2 消费税筹划要点 114
 5.2.1 规避纳税义务的税务筹划 114
 5.2.2 计税依据的税务筹划 115
 5.2.3 委托加工应税消费品的税务筹划 116
 5.2.4 降低适用税率的筹划 118
 5.2.5 充分利用消费税优惠政策的筹划 118
5.3 消费税筹划案例 119

第 6 章　企业所得税税务筹划

6.1 企业所得税简介 123
 6.1.1 企业所得税纳税义务人 123
 6.1.2 企业所得税征税对象 125
 6.1.3 企业所得税税率 126
 6.1.4 企业所得税应纳税所得额 126
 6.1.5 资产的税务处理 140

6.1.6 企业所得税应纳税额的计算 145
6.1.7 企业所得税税收优惠 147
6.1.8 企业所得税征收管理 153
6.2 企业所得税筹划要点 155
 6.2.1 税率的筹划 155
 6.2.2 存货计价的税务筹划 156
 6.2.3 固定资产折旧的税务筹划 156
 6.2.4 坏账损失的税务筹划 157
 6.2.5 亏损弥补的税务筹划 158
6.3 企业所得税筹划案例 158

第 7 章　个人所得税税务筹划

7.1 个人所得税简介 167
 7.1.1 个人所得税纳税人和所得来源的确定 ..
  168
 7.1.2 个人所得税应税所得项目 169
 7.1.3 个人所得税税率 178
 7.1.4 个人所得税应纳税所得额的确定 179
 7.1.5 个人所得税应纳税额的计算 190
 7.1.6 个人所得税税收优惠 195
 7.1.7 个人所得税征收管理 199
7.2 个人所得税筹划要点 202
 7.2.1 个人所得税筹备应掌握的 3 个方位 ..202
 7.2.2 个人所得税筹备应遵照的 2 个标准 ...203
 7.2.3 个人所得税纳税人的税务筹划 203
 7.2.4 个人承包方式的选择 204
 7.2.5 分次申报纳税的税务筹划 204
 7.2.6 享受附加减除费用的税务筹划 204
7.3 个人所得税筹划案例 205

第 8 章　其他税种的税务筹划

8.1 房产税务筹划 214
 8.1.1 房产税简介 214
 8.1.2 房产税筹划要点 224

8.1.3 房产税筹划案例 227
8.2 契税税务筹划 231
8.2.1 契税简介 231
8.2.2 契税筹划要点 239
8.2.3 契税筹划案例 241

第三部分 分环节的税务筹划

第9章 企业筹资的税务筹划

9.1 企业筹资税务筹划的动因和条件分析 ... 245
9.1.1 企业筹资税务筹划的动因分析 245
9.1.2 企业筹资税务筹划的条件分析 246
9.2 企业筹资活动中税务筹划的具体内容 ... 246
9.2.1 企业权益筹资的税务筹划 246
9.2.2 企业负债筹资的税务筹划 253
9.2.3 企业资本结构选择的税务筹划 255
9.2.4 企业租赁性筹资的税务筹划 258
9.3 企业筹资的税务筹划应注意的问题 260
9.3.1 企业筹资税务筹划中的风险规避 ... 260
9.3.2 企业筹资税务筹划要符合市场与企业发展的要求 261

第10章 企业投资的税务筹划

10.1 企业投资领域的税务筹划 262
10.2 企业投资方向的税务筹划 264
10.3 企业组织形式的税务筹划 267
10.3.1 公司制企业与个人独资企业或合伙企业的选择 268
10.3.2 分公司与子公司形式的选择 269
10.4 企业投资方式的税务筹划 272

第11章 企业经营的税务筹划

11.1 企业采购的税务筹划 275
11.2 会计核算的税务筹划 276
11.2.1 存货计价方法的选择 276
11.2.2 固定资产折旧的税务筹划 277
11.3 费用列支的选择与税务筹划 282

11.4 销售过程的税务筹划 285
11.4.1 混合销售行为的税种选择 285
11.4.2 销售结算方式的选择 285
11.4.3 促销手段的选择 285
11.5 其他重大事项 285

第12章 企业收益分配的税务筹划

12.1 企业收益的概述 292
12.1.1 利润的含义 292
12.1.2 利润的构成 292
12.1.3 利润分配的层次 293
12.1.4 筹划的总体思路 293
12.2 筹划的具体方法 293
12.2.1 合理推迟获利年度 293
12.2.2 利用弥补以前年度亏损的所得税政策 297
12.2.3 保留在低税地区利润不分配 300
12.2.4 利用直接再投资和追加投资的税收优惠 300
12.2.5 股利分配形式的税务筹划策略 301
12.2.6 避免股息所得转化为资本利得的税务筹划策略 303

第13章 企业并购与重组的税务筹划

13.1 并购与重组的概述 307
13.1.1 企业并购的含义 307
13.1.2 企业并购的类别分析 308
13.1.3 企业重组的含义 309
13.1.4 企业重组的类别分析 309

13.2 企业并购涉及的税收政策及税务筹划方法 310
 13.2.1 企业并购有关所得税的税收政策及税务筹划方法 310
 13.2.2 企业并购有关增值税的税收政策及税务筹划方法 315
13.3 企业重组涉及的税收政策及税务筹划方法 317
 13.3.1 企业重组有关所得税的税收政策及税务筹划方法 317
 13.3.2 企业重组有关增值税的税收政策及税务筹划方法 327

第 14 章　企业转让定价的税务筹划
14.1 关联企业与转让定价 331
14.2 税务筹划应考虑的要素 335
 14.2.1 转让定价之价格 335
 14.2.2 转让定价之利润 335
 14.2.3 转让定价与税收分配 337
 14.2.4 其他应予考虑的因素 338
14.3 转让定价筹划方法 338
 14.3.1 税法中的调整规则 338
 14.3.2 可利用的筹划空间 339
14.4 筹划中应考虑的问题 340

第四部分　分行业的税务筹划

第 15 章　制造业税务筹划
15.1 制造业税务筹划的简介 341
 15.1.1 制造企业税务筹划的必要性 341
 15.1.2 新税制下的制造业税务筹划策略 ... 343
 15.1.3 制造企业税务筹划过程中规避风险的措施 344
15.2 制造业税务筹划要点 346
 15.2.1 固定资产折旧方式 346
 15.2.2 销售收入结算方式 347
 15.2.3 工资薪金支出 348
 15.2.4 运用财务杠杆原理 348
 15.2.5 材料物资采购的发票管理 349
 15.2.6 合理规划制造业的增值税筹划方案 350
 15.2.7 做好风险评估工作 352
15.3 制造业税务筹划案例 353

第 16 章　建筑业税务筹划
16.1 建筑业税务筹划的简介 358
 16.1.1 建筑企业的基本特点 358
 16.1.2 近期建筑业财税政策的变动情况 ...359
 16.1.3 营改增对建筑工程项目的影响 360
 16.1.4 建筑工程项目增值税筹划中存在的问题 362
16.2 建筑业税务筹划要点 364
 16.2.1 合理利用税收优惠条件 364
 16.2.2 科学选择物资供应商 365
 16.2.3 建筑工程项目增值税的筹划要点 366
 16.2.4 建筑服务销售收入环节筹划 366
 16.2.5 物资材料采购环节筹划 367
 16.2.6 分包成本环节筹划 368
 16.2.7 机械设备使用环节筹划 369
 16.2.8 费用类筹划 369
 16.2.9 创新经营业务模式 370
 16.2.10 集团内部拆借资金可充分利用"统借统还"业务 371
 16.2.11 加强合同选择与管理 372
 16.2.12 筹划纳税时间 374

16.2.13 科学地管理发票 374
16.2.14 组织架构的筹划 377
16.2.15 工程工期控制的风险及防范 377
16.2.16 建筑业劳务成本核算筹划 378
16.3 建筑业税务筹划案例 379
16.3.1 合理利用税收优惠条件的筹划案例 ....
 379
16.3.2 分包成本环节的筹划案例 380
16.3.3 组织架构的筹划案例 382
16.3.4 物资材料采购环节筹划 385
16.3.5 科学选择物资供应商 386

第17章 房地产业税务筹划
17.1 房地产业税务筹划的简介 388
17.1.1 房地产业税务筹划必要性分析 388
17.1.2 房地产业税务筹划可行性分析 389
17.2 房地产业税务筹划要点 390
17.2.1 增值税的筹划 390
17.2.2 企业所得税的筹划 399
17.2.3 土地增值税的筹划 401
17.2.4 城镇土地使用税和房产税的筹划 404
17.2.5 契税和印花税的筹划 405
17.3 房地产业税务筹划案例 406
17.3.1 土地增值税的筹划案例 406
17.3.2 印花税的筹划案例 413
17.3.3 利息支出的税务筹划案例 414
17.3.4 企业兼并转让房地产筹划案例 416
17.3.5 房地产企业综合税务筹划案例 417

第18章 餐饮业税务筹划
18.1 餐饮业的构成与特点 419
18.1.1 餐饮业的构成 419
18.1.2 餐饮业的特点 421
18.1.3 餐饮业的税种构成 422

18.2 餐饮业税务筹划要点 423
18.2.1 餐饮业税务筹划基本原则 423
18.2.2 餐饮业税务筹划具体方法 424
18.2.3 餐饮业税务筹划操作建议 429
18.3 餐饮业税务筹划案例 431
18.3.1 选对纳税人身份是重要前提 431
18.3.2 延迟纳税时间帮助企业少缴税 434

第19章 交通运输业税务筹划
19.1 交通运输业的构成与特点 437
19.2 交通运输业税务筹划要点 438
19.2.1 争取税收优惠，增加可抵扣项目 ... 438
19.2.2 完善内部控制，加强进项发票管理 .....
 439
19.2.3 利用固定资产加速折旧进行税务筹划
 439
19.2.4 兼营不同税率应税项目的税务筹划 ....
 443
19.2.5 供应商选择中的税务筹划 444
19.2.6 纳税时间选择的税务筹划 444
19.2.7 定价体系的税务筹划 445
19.2.8 经营模式的税务筹划 445
19.2.9 从混合销售到独立核算的筹划 445
19.2.10 缩减税基的筹划 445
19.2.11 使用低税率的筹划 446
19.3 交通运输业税务筹划案例 447
19.3.1 选择公司还是非公司 447
19.3.2 选择子公司还是分公司 447
19.3.3 固定资产修理中的税务筹划 448
19.3.4 提供车辆运输服务案例 449
19.3.5 公共交通运输案例 449

第20章 金融业税务筹划
20.1 金融业的构成与特点 451

- 20.1.1 金融业的构成 451
- 20.1.2 金融业的特点 452
- 20.1.3 金融业的税种构成 452
- **20.2 金融业税务筹划要点 453**
- 20.2.1 企业所得税的税务筹划 453
- 20.2.2 商业银行增值税的税务筹划 461
- 20.2.3 财产保险公司企业所得税筹划 461
- 20.2.4 财产保险公司个人所得税的税务筹划 465
- 20.2.5 财产保险公司组建形式中利用受控保险公司的税务筹划 466
- **20.3 金融业税务筹划案例 467**
- 20.3.1 其他券种经过风险调整的税后收益率与国债的收益率进行比较的税务筹划案例 467
- 20.3.2 业务招待费支出的税务筹划 467
- 20.3.3 如何选择资产出售 467
- 20.3.4 捐赠过程中的税务筹划 468
- 20.3.5 利用亏损弥补进行税务筹划 469

第一部分 税务筹划理论

第1章
税务筹划的概念和意义

1.1 什么是税务筹划

税务筹划，由英文 Tax Planning 意译而来，也可以将其译为"税收筹划""纳税筹划"，它是指在税法规定的范围内，通过对经营、投资、理财等活动的事先筹划和安排，尽可能地获得"节税"的税收利益。近年来，税务筹划在许多国家都得以迅速发展，日益成为纳税人理财或经营管理决策中必不可少的一个重要部分。许多企业都聘请专门的税务筹划高级人才或委托中介机构为其经济活动出谋划策。在我国，税务筹划的功能和作用不断被人们认识、接受、重视，并且，税务筹划已经成为相关中介机构一项特别有前景的业务。

从税务筹划的定义可以总结出以下四点。

第一，税务筹划是遵循法律规定进行的活动，与偷税有着本质的区别。

根据《中华人民共和国刑法》（以下简称《刑法》）第二百零一条的规定，纳税人采取欺骗、隐瞒手段进行虚假纳税申报或者不申报，逃避缴纳税款数额较大并且占应纳税额百分之十以上的，就构成了逃税罪。例如，纳税人做假账、凭假发票入账、用虚开的增值税发票冲减销项税额等行为，如果涉及的金额较大，就会违反《刑法》第二百零一条的规定。若纳税人没有违反《刑法》的规定，但违反了税法的规定，按照《中华人民共和国税收征收管理法》（以下简称《税收征管法》）第六十三条的规定属于偷税。《中华人民共和国企业所得税法实施条例》（以下简称《企业所得税法实施条例》）第四十三条规定："企业发生的与生产经营活动有关的业务招待费支出，按照发生额的60%扣除，但最高不得超过当年销售（营业）收入的5‰。"如果企业的财务人员将招待客户用餐的发票上的金额全部在税前列支，就违反了税法的规定，这种行为就是一种违法行为。

与发达国家的税务筹划产业相比，我国的税务筹划产业并不发达，但我国企业的偷税行为却较为普遍。税务筹划是在法律允许的范围内的活动，但有些人以税务筹划为幌子做出违法行为，这是真正的税务筹划专业人士所反对的。税务筹划靠的是专家对税法的理解，靠的是专家的智慧，而不是靠非法手段。

第二，税法中纳税义务差异的存在主要是由各项税收优惠政策导致的，税务筹划的基本手段是充分运用国家出台的各项税收优惠政策。

我国之所以出台这些税收优惠政策正是为了让纳税人做出该政策所鼓励的行为。另外，税法漏洞和盲区也是税务筹划可利用的方面，主要可能是由税法制定得不严密或无法具体规定所致。这些漏洞和盲区一旦被纳税人发现，都可能被用于避税。

第三，税务筹划是在纳税义务产生之前发生的行为，其目的是不让纳税义务发生或推迟其发生，而不是在纳税义务已发生的前提下少缴税款（这实际上已构成了偷税）。

第四，税务筹划的含义是纳税人做出的符合政府立法意图的节税行为，这说明税务筹划不仅对纳税人有利，对国家也是有利的。我国之所以出台各种税收优惠政策，正是为了让纳税人做出该政策所鼓励的行为，税务筹划是我国顺利推进税收优惠政策必不可少的条件。

1.2 税务筹划的意义

正确进行税务筹划，对纳税人和国家、社会、中介机构，都有积极意义。

1.2.1 有助于增强纳税人的纳税意识

税务筹划有助于增强纳税人的纳税意识。企业进行税务筹划采取的是合法或不违法的形式。企业对经营管理活动进行税务筹划是运用国家制定的税收调控政策取得成效的具体见证。

税务筹划做得好的企业往往是会计基础较好、纳税意识较强的企业。税务筹划与纳税意识的这种一致性关系体现在以下几个方面。

其一，税务筹划是企业纳税意识提高到一定阶段的表现，是与包括税制改革在内的经济体制改革发展水平相适应的。只有税制改革与税收征管改革取得了一定的成效（逐步完善、立法层次提高等），税法的权威才能得以体现；否则，该收的税收不上来，而对非法逃税行为的处罚也仅局限于补缴税款，这无疑会助长企业逃税的倾向。如果企业不用进行税务筹划就能取得较大的税收利益，那么其依法纳税意识自然不会增强。

其二，企业纳税意识强与企业进行的税务筹划具有共同点，即企业税务筹划所安排的经济行为必须合乎税收法规或者不违反税法，而依法纳税更是企业纳税意识强的体现。

其三，设立完整、规范的财务会计报表和正确进行会计处理是企业进行税务筹划的基础和前提。会计报表健全、会计行为规范，企业税务筹划的弹性应该会更大，这也为以后提高税务筹划效果提供依据；同时，依法建账（包括备查账）也是企业依法纳税的基本要求。

1.2.2 有助于提高企业的财务管理水平与会计管理水平

资金、成本、利润是企业财务管理和会计管理的三大要素，税务筹划就是为了实现资金、成本、利润的最优组合，从而提高企业的经济效益。企业进行税务筹划离不开会计人员，会计人员既要熟知会计准则、会计制度，更要熟知现行税法，要按照税法要求设账记账、编报财务会计报告、计税和填报纳税申报表及其附表，这就在一定程度上提高了对企业的财务管理水平和会计管理水平的要求。

1.2.3　有利于提高企业的竞争力

　　税务筹划有利于贯彻国家的宏观调控政策。企业进行税务筹划，减轻了企业的税负，使企业有了持续发展的活力，竞争力提高了，收入和利润增加了，税源丰盈，国家的收入自然也会随之增加。因此，从长远和整体来看，税务筹划不仅不会减少国家的税收总量，甚至可能增加国家的税收总量。

第2章
税务筹划的目标和原则

2.1 税务筹划的目标

税务筹划的直接目标就是降低企业税负，减轻纳税负担。这里有两层意思：一是选择低税负，低税负意味着较低的税收成本，较低的税收成本意味着较高的资本回收率；二是滞延纳税时间（不是指不按税法规定期限缴纳税款的欠税行为），获取货币的时间价值。纳税人可以通过一定的技巧，在资金运用方面做到提前收款、延缓支付。这将意味着企业可以得到一笔"无息贷款"，避免高边际税率或减少利息支出。

2.1.1 减轻企业税收负担

直接减轻企业的税收负担是税务筹划最本质、最核心的目标，也是税务筹划之所以兴起与发展的根本所在，没有这一目标，也就不可能会有税务筹划的今天。纳税人对直接减轻税收负担的追求，是税务筹划产生的根本原因。毫无疑问，直接减轻税收负担的追求，是税务筹划所要实现的目标之一。但是，直接减轻自身税收负担不是也不可能是税务筹划目标的全部。

直接减轻企业税收负担包括两层含义：一层含义是绝对减少经济主体的应纳税款数额；另一层含义则是相对减少经济主体的应纳税款数额。绝对减少经济主体的应纳税款数额是税务筹划追求的浅层次目标。例如，某企业上年应纳税额为500万元，经过一定筹划，当年的应纳税额减少为450万元。

从表面上看，这种筹划减少了企业的应纳税额，属于成功案例。在这里，我们姑且不考虑税务筹划本身发生的成本费用，仅看税收本身。如果企业生产经营规模较上年没有太大变化或者比上年有所扩大，例如上年的销售收入为2 000万元，今年也大致是2 000万元，即在相同条件下，企业的应纳税额减少，那么可以认为该筹划案例是成功的。而如果企业当年的生产经营规模远不如上年，例如上年销售收入为2 000万元，今年销售收入为1 000万元，那么可以认为，企业的实际税收负担加重了。因为去年应纳税额占销售收入的比值为25%，今年却变成了45%，所以可以认为该筹划案例是不成功的。因此，这里所说的减轻企业的税收负担用的是相对概念。即使从绝对数额上看，经济主体的当年应纳税款数额比上年有所增加，只要其应纳税额与生产经营规模的比率有所降低，也可以认为该项筹划是成功的。税收负担最低化是税务筹划的最高目标。现代税务筹划应该服务于企业的财务管理目标，从这个角度来说，税收负担最低化是手段而不是目的。而税负的轻重，不是看纳税人缴纳税款的多少，而是看其税收负担率的大小，既要计算各种税的税额占其商品流转额、营业额或税前利润的比率，更要计算税收的总负担率，即各项税款占其生产总额的比率。关于企业财务目标，目前主要有企业利润最大化、每股盈余最大化、股东财富最大化、企业价值最大化、相关者利益最大化等观点。企业财务目标之所以有多种表达，是因为企业在不同发展阶段的侧重点不同，或企业的组织形式不同，或所站的角度不同。从税务筹划的角度看，税收负担最低化是税后利润最大化的基础和前提。在企业经营中如何实现税负最低、利润最大是一项复杂的系统工程，需要事先对企业的涉税事项进行总体运筹和安排，税务筹划不能只考虑个别税种缴纳的多少，不能单纯以目前的税负高低作为判断标准，而是应以企业整体和长远利益作为判断标准。

2.1.2 规避纳税义务之外的纳税成本的发生

纳税人应恰当履行纳税义务，做到纳税遵从，即依法纳税，实现"涉税零风险"。实现"涉税零风险"可以避免发生不必要的经济损失。虽然这种筹划不会使纳税人直接获取税收上的好处,但由于纳税人经过必要的筹划之后,使自己企业账目清楚、纳税正确,不会导致税务机关的经济处罚,这样实际上相当于获取了一定的经济利益。如果纳税人不进行必要的筹划安排,就有可能出现账目不清、纳税不正确的情况,从而容易被税务机关认定为有偷税、漏税行为。偷税、漏税行为的认定不仅会给纳税人带来一定的经济损失(加收滞纳金及罚款),情节严重者还会被认定为犯罪,主要负责人还会因此遭受刑事处罚。

2.1.3 维护纳税人的合法权益

《税收征管法》不仅要求纳税人依照税法规定,及时、足额地缴纳税款,而且要求税务机关依照税法规定合理、合法地征收税款。作为市场经济主体的纳税人,一方面应该承担依法纳税的义务,另一方面也拥有税务筹划的权利。注意维护自身合法权益是纳税人进行税务筹划必不可少的一环。应该注意的是,这里的维护自身合法权益,指的是从依法治税的角度实现税收与经济的良性互动,促进经济的长期持续发展。

2.1.4 利用资金的时间价值,增加纳税人盈利的机会

资金是有时间价值的。纳税人通过一定的手段将当期应该缴纳的税款延缓到以后期间缴纳,以获取资金的时间价值,也是税务筹划目标体系的有机组成部分之一。

从理论上讲,如果企业每期都能将后期的一笔费用在当期列支,或每期都能将当期的一笔收入在下期计入应纳税所得额,则每期都可以使一部分税款延缓缴纳,相当于每期都有一笔无息贷款。如果企业能尽量延缓税款缴纳,就会使企业的营运资金相对宽裕,有利于企业的发展,对那些资金比较紧张的企业来说更是如此。更何况,纳税人通过举债经营实现规模扩张还存在一定的财务风险,而无偿地使用财政资金为自己企业的生产经营服务,则不存

在财务风险。当然，这要求企业在税法允许的范围之内进行税务筹划。只要具备可行性，企业就可以尽可能多地使用这种无偿资金。除此之外，由于税务筹划使得企业当期的总资金增加，企业更有能力清偿债务，有利于企业扩大举债规模，即企业承担财务风险的能力相对增强了。这也有利于企业扩大生产经营规模，有利于企业的长期可持续发展。

2.1.5 有利于实现企业价值的最大化

要实现企业价值的最大化，仅有税务筹划是不够的。纳税人从事经济活动的最终目标应该定位在总体经济收益的最大化，而不是少缴税款。如果纳税人从事经济活动的最终目的仅定位在少缴税款上，那么该纳税人最好不要从事任何经济活动，因为这样其应负担的税款数额就会很少。获取最大的经济收益既然是纳税人从事经济活动的最终目的，那么提高主体经济效益就理所应当成为税务筹划目标体系中不可或缺的元素之一。

税务筹划的内容包括避税、节税、转嫁筹划等。虽然采用任何一种方法从理论上都可以使纳税主体直接或间接获取经济收益，但任何事情都是有成本的，税务筹划也不例外。纳税人在进行税务筹划时，应根据主体的实际情况，运用成本收益分析法确定每次税务筹划的净收益。如果净收益很小或者为负，则该项筹划就不值得去做。这里所说的成本可以仅指当前的实际成本，也可以指一段时期甚至将来可能发生的显性成本与隐性成本的总和。

总之，税务筹划要立足于实现企业价值最大化目标。在此前提下，税务筹划要达到直接减轻税收负担、规避纳税义务之外的纳税成本、维护纳税人的合法权益、增加纳税人的盈利机会等目标。

2.2 税务筹划应遵循的原则

2.2.1 依法纳税原则

依法纳税不仅是税务筹划的红线，也是企业生存的根本原则。企业进行税务筹划是为了提升企业的经营管理能力、合理降低税负压力，依法纳税原则为税务筹划的开展提供了最坚强的后盾，是税务筹划最根本的原则。税务筹划人员要知道什么方法可取，什么方法不可取。例如很多企业采用阴阳合同避税，或者在资产出售过程中做低售价等，这些行为都是违法的，我们都要坚定地否决。

在具体税务筹划开展中也要注意如下几点。

1. 找准法律依据。税务筹划中的每一步都要找到充分的法律依据，且要衡量所依据的税收条款是否站得住脚，情况是否经得起核查。

2. 确保手续完备。税务筹划中的一切手续都是事后审查的依据，若没有保存足够的手续、证据，很可能导致税务筹划无效。

3. 实时关注、了解最新的税务政策。实时关注最新的法规或政策一方面是为了最快享受到政策带来的优惠，另一方面也要考虑到新的政策与老的政策的变动对税务筹划工作是否有影响，以便第一时间进行应对。

2.2.2 战略管理原则

税务筹划对企业来讲，涉及每一笔收入和支出，这也就决定了企业的所有人都需要配合税务筹划工作的开展。调动整个企业配合税务筹划工作，必须得到企业管理层的高度重视和大力支持，这样才能更好地动员全体员工积极参与。

税务筹划开展中要有专业人员具体负责，统筹企业上下税务筹划相关工作的开展，以及对相关人员进行基础知识普及。例如：业务人员要明确知道如何确定合同主体、如何交付款项、如何开具发票；采购人员要明确如何挑选供应商、如何填写发票项目、如何选择付款时间等；即使是与业务关联较少的行政后勤人员也应该了解税务筹划的常识，在工作中完善流程、保留发票等。

2.2.3 全面筹划原则

企业的日常业务要提前进行筹划，对各种风险提前进行预防。税的产生根源并不是财务部门算出来的，而是由经济业务发生形成的，企业要从经济业务发生之始就开始筹划。

如房地产开发企业，在拿地前就要筹划好以哪个主体拿地，如何取得票据；在建设时要筹划好选择哪些供应商，怎样取得、怎样开具发票，如何处理合作建房税收，如何预缴税款；在销售阶段要筹划好怎样开具发票，如何收取款项，如何清算土地增值税。筹划的专业性与精准性都将在整体过程中一览无余，若差之毫厘，则谬以千里。

新设企业也要全流程筹划：企业设立、机构建立、业务规划、市场调查、业务谈判、合同拟订、合同审核、合同签订、资金收支、发票开具、财务记账、报表生成、申报纳税、业务终止、企业清算、企业注销，各个环节无不有税务筹划的存在。如果不能做到提前筹划、有备开展，事后再补救大多为时已晚，只能多缴税或发生损失，甚至埋下很大的涉税隐患。

2.2.4 创新思维原则

在具体税务筹划中要善于发现存在的问题，避开法律明确规定不可逾越的红线，改变模式，改变思想，从法律允许或不反对的地方找到突破口。例如，企业对外非公益性赞助不允许所得税税前扣除，这时就要想到广告性质的赞助是允许扣除的，就可以筹划在赞助时能否增加有关广告活动，从而达到税前扣除的目的。

2.2.5 效率优先原则

无论是企业还是个人，开展税务筹划，都需要花费一定的时间、精力和金钱，这就涉及成本问题。税务筹划最直接的目的当然是节税，如果花费了大量的人力、物力、金钱，最后筹划失败或者没有达到节税的目的，就得不偿失了。例如，有的企业选择了利用税收"洼地"进行税务筹划，经历了前期漫长的注册、开户等环节后，业务终于开展，但在一段时间后，前期预计的税收返还迟迟没有收到，一次次往返奔波、电话沟通无效后，草草收场。所以，税务筹划效率很重要，不仅要最大化节约时间，更要取得最大化的收益。

税务筹划五大原则中，最重要的无疑是依法纳税原则，其确保了税务筹划的安全性、合法性。在依法纳税的前提下开展税务筹划，才能彰显税务筹划团队的专业性。也正是在坚持依法纳税的前提下，企业才能更好地提升经营管理能力、降低税负压力，真正地提升企业的竞争力。

第3章
税务筹划的基本方法

税务筹划的方法有很多，而且在实践中也是将多种方法结合起来使用的。为了便于理解，这里只重点介绍六种：税制要素筹划方法、税收优惠筹划方法、企业组织形式筹划方法、税负转嫁筹划方法、会计核算筹划方法、临界点筹划方法。

3.1 税制要素筹划方法

一般来说，税收管理的基本要素包括征税对象、纳税主体、税基、税率、税额、纳税范围等，不同的业务、不同的纳税主体所涉及的税基、税率、征税范围不同，因此可以围绕如何降低税率、减少税基或转变纳税范围进行税务筹划。具体方法有税率筹划方法、税基筹划方法、纳税范围筹划方法和递延纳税筹划方法。

3.1.1 税率筹划

税率筹划方法主要通过降低纳税人适用税率的方式来减轻税收负担。税率是税收制度的一个重要因素，也是决定纳税人税负高低的主要因素之一。在税基既定的情况下，税额的大小和税率的高低呈正方向变化，税率筹划技术正是有效运用这一简单的原理。一般情况下，税率低，应纳税额少，税后利益就多。但是，税率低，不一定能实现税后利益最大化，所以需要寻求税后利益最大化的最低税负点或者最佳税负点。不同的税种适用于不同的税率，纳税人可以利用课税对象界定上的含糊性进行筹划；即使是同一税种，适用税率也会因税基或区域不同而发生相应的变化，纳税人可以通过改变税基分布或区域的差别调整适用税率，从而降低税收负担率，以达到降低税负的目的。需要注意的是，税率筹划方法一般从比例税率、累进税率进行筹划。

3.1.2 税基筹划

税基筹划方法是指纳税人通过缩小税基的方式来减轻税收负担。由于税基是计税的依据，在适用税率一定的条件下，税额的大小与税基的大小成正比，税基越小，纳税人负担的纳税额越少。例如，企业所得税计算公式为：应纳企业所得税税额＝应纳税所得额×所得税税率，应纳税所得额是税基，在所得税税率一定的情况下，应纳所得税税额随应纳税所得额的减少而减少，此即税基筹划方法的原理。税基筹划方法一般从三个角度进行筹划，一是实现税基的最小化，二是控制税基的实现时间，三是税基转移。对税基进行筹划既可以实现税基的最小化，也可以通过对税基实现时间的安排，在递延纳税、适用税率、减免税等方面获取税收利益。

3.1.3 纳税范围筹划

我国税制对纳税范围有明确的界定，在一定条件下合理安排企业的经济行为和业务内容及纳税事项，避免其进入纳税范围，则可以合理规避税收支出。税制对每个具体税种的课税对象和征税范围做出了明确的规定，税务筹划要求反其道而行之，找出不属于征税范围的内容。纳税范围筹划方法一般涉及增值税、消费税、个人所得税、城镇土地使用税、房产税等税种。

我国现行消费税的征税范围比较窄，仅对 15 类消费品征税。因此，在纳税范围上可以进行适当的筹划，即企业在投资决策时，可避开上述消费品，而选择其他符合国家产业政策，在流转税及所得税方面有优惠政策的产品进行投资。实际上，有很多高档消费品并没有被列入消费税的征税范围，在市场前景被看好的情况下，企业也可以选择这类项目投资，以规避消费税。

3.1.4 递延纳税筹划

递延纳税可以获取资金的时间价值，等于获得了一笔无息贷款的资助，给纳税人带来的好处不言而喻。《国际税收辞汇》中对延期纳税做了精辟的阐述："递延纳税的好处有：有利于资金周转，节省利息支出，以及由于通货膨胀的影响，延期以后缴纳的税款币值下降，从而降低了实际纳税额。"纳税环节、抵扣环节、纳税时间、纳税地点是递延纳税技术的关键。纳税人可以通过合同控制、交易控制及流程控制延缓纳税时间，也可以合理安排进项税额抵扣时间，所得税预缴、汇算清缴的时间及额度，合理推迟纳税。由于税收的重点是流转税和所得税，而流转税的计税依据是收入，所得税的计税依据是应纳税所得额，即纳税人的收入减去费用后的余额，所以，递延纳税的本质是推迟收入或应纳税所得额的确认时间。企业可采用的递延纳税筹划方法很多，但概括起来主要有两个，一是推迟收入的确认，二是费用应当尽早确认。

3.2 税收优惠筹划方法

开展税务筹划的一个重要条件就是投资于不同的地区和不同的行业以享受不同的税收优惠政策。目前，企业所得税税收优惠政策形成了以产业优惠为主、区域优惠为辅、兼顾社会进步的新的税收优惠格局。区域税收优惠只保留了西部大开发税收优惠政策，其他区域优惠政策已取消。产业税收优惠政策主要体现在：促进技术创新和科技进步，鼓励基础设施建设，鼓励农业发展及环境保护与节能等方面。

3.2.1 总体分类

（一）直接利用筹划法

国家为了实现总体经济目标，从宏观上调控经济，引导资源流向，制定了许多税收优惠政策。对于纳税人利用税收优惠政策进行筹划，国家是支持与鼓励的，因为纳税人对税收优惠政策利用得越多，越有利于国家特定政策目标的实现。因此，纳税人可以光明正大地利用税收优惠政策为自己企业的生产经营活动服务。

（二）地点流动筹划法

从国际大环境来看，各国的税收政策各不相同，其差异主要有税率差异、税基差异、征税对象差异、纳税人差异、税收征管差异和税收优惠差异等，跨国纳税人可以巧妙利用这些差异进行国际税务筹划；从国内税收环境来看，国家为了兼顾社会进步和区域经济的协调发展，税收优惠适当向西部地区倾斜，纳税人可以根据需要，或者选择在优惠地区注册，或者将现时不太景气的生产转移到优惠地区，以充分享受税收优惠政策，减轻企业的税收负担，提高企业的经济效益。

（三）创造条件筹划法

现实经济生活中，在有些情况下，企业或个人的很多条件符合税收优惠规定，但却因为某一点或某几点条件不符合而不能享受优惠待遇；在另一些情况下，企业或个人可能根本就不符合税收优惠条件，无法享受税收优惠待遇。这时，纳税人就得想办法创造条件使自己符合税收优惠规定或者通过挂靠在某些能享受税收优惠待遇的企业或产业、行业，使自己符合优惠条件，从而享受税收优惠待遇。

3.2.2 具体分类

（一）利用免税

利用免税筹划，是指在合法、合理的情况下，使纳税人成为免税人，或使纳税人从事免税活动，或使征税对象成为免税对象而免于纳税的税务筹划方法。免税人包括免税自然人、免税公司、免税机构等。各国一般有两类不同目的的免税：一类是属于税收照顾性质的免税，它们对纳税人来说只是一种财务利益的补偿；另一类是属于税收奖励性质的免税，它们对纳税人来说则是财务利益的取得。照顾性免税往往是在非常情况或非常条件下才取得的，而且一般也只是弥补损失，所以税务筹划不能利用其达到节税目的，只有取得国家奖励性质的免税才能达到节税的目的。

利用免税的税务筹划方法能直接免除纳税人的应纳税额，技术简单，但适用范围狭窄，且具有一定的风险性。免税是对特定纳税人、征税对象及情况的减免，例如必须从事特定的行业、在特定的地区经营、要满足特定的条件等，而这些不是每个纳税人都能或都愿意做到的。因此，免税方法往往不能普遍运用，适用范围狭窄。在能够运用免税方法的企业投资、经营或个人活动中，往往有一些是被认为投资收益率低或风险高的地区、行业、项目和行为，例如投资高科技企业可以获得免税待遇，还可能得到超过社会平均水平的投资收益，并且也可能具有高成长性，但风险也极高，非常可能因投资失误而导致投资失败，使免税变得毫无意义。

利用免税方法筹划以尽量争取更多的免税待遇和尽量延长免税期为要点。在合法、合理的情况下，尽量争取免税待遇，争取尽可能多的项目获得免税待遇。与缴纳税款相比，免征的税款就是节减的税款，免征的税款越多，节减的税款也越多；许多免税都有期限的规定，免税期越长，节减的税款越多。例如，如果国家对一般企业按普通税率征收企业所得税，对在 A 地的企业制定有从开始经营之日起 3 年免税的规定，对在 B 地的企业制定有从开始经营之日起 5 年免税的规定。那么，如果条件基本相同或利弊基本相抵，一个企业完全可以到 B 地经营，以获得免税待遇，并使免税期最长化，从而在合法、合理的情况下节减更多的税款。

（二）利用减税

利用减税筹划，是指在合法、合理的情况下，使纳税人减少应纳税款而直接节税的税务筹划方法。我国对国家重点扶持的公共基础设施项目，对符合条件的环境保护、节能节水项目，对循环经济产业，对符合规定的高新技术企业、小型微利企业、从事农业项目的企业等给予减税待遇，是国家为了实现其科技、产业和环保等政策所给予企业税收鼓励性质的减税。各国一般有两类不同目的的减税：一类是照顾性质的减税，如国家对遭受自然灾害地区的企业、残疾人企业等减税，是国家对纳税人由于各种不可抗拒原因造成的财务损失进行的财务补偿；另一类是奖励性质的减税，如高科技企业、公共基础设施投资企业等的减税，是对纳税人贯彻国家政策的财务奖励，对纳税人来说则是财务利益的取得。

利用减税进行税务筹划主要是合法、合理地利用国家奖励性减税政策而节减税款的方法。这种方法也具有技术简单、适用范围狭窄、具有一定风险性的特点。

利用这种方法筹划就是在合法、合理的情况下，尽量争取减税待遇并使减税最大化和减税期最长化。例如，A、B、C三个国家的企业所得税的普通税率基本相同，其他条件基本相似或利弊基本相抵。一个企业生产的商品90%以上出口到世界各国，A国对该企业所得按普通税率征税；B国为鼓励外向型经济发展，对此类企业减征30%的企业所得税，减税期为5年；C国对此类企业减征40%的企业所得税，而且没有减税期的限制。打算长期经营此项业务的企业，可以考虑把企业搬到C国，从而在合法的情况下，使节减的税款最大化。

（三）利用税率差异

利用税率差异筹划，是指在合法、合理的情况下，利用税率的差异而直接节税的税务筹划方法，是尽量利用税率的差异使节税最大化。例如，A国的企业所得税税率是30%，B国的为35%，C国的为40%。那么，在其他条件基本相似或利弊基本相抵的条件下，投资者到A国开办企业可使节税最大化。

税率差异在各国都普遍存在。一个国家为了鼓励某种产业、某种行业，以及某种类型的企业、某类地区等的发展,就会规定形式各异、高低不同的税率,纳税人可以利用税率差异,选择企业组织形式、投资规模、投资方向等,实现少缴纳税款的目的。

利用税率差异进行税务筹划的适用范围较广,具有复杂性、相对确定性的特点。采用税率差异节税不但受不同税率差异的影响,有时还受不同计税基数差异的影响。计税基数计算的复杂性,使税率差异筹划变得复杂。例如,计算出结果后要进行比较才能得出税负大小的结论;税率差异的普遍存在性又给了每个纳税人一定的挑选空间,因此,税率差异筹划方法是一种能普遍运用,并且适用范围较广的税务筹划方法;税率差异的客观存在性,及在一定时期的相对稳定性,又使税率差异筹划方法具有相对确定性。

利用税率差异进行税务筹划的技术要点在于尽量寻求税率最低化,以及尽量寻求税率差异的稳定性和长期性。在合法、合理的情况下,寻求适用税率的最低化就意味着节税的最大化;寻求税率差异的稳定性和长期性,就会使纳税人获得更多的税收收益。另外,利用税率差异进行税务筹划,还应考虑外部环境的稳定性和长期性对企业的影响。例如,政局稳定的国家的税率就比政局动荡的国家的税率更具稳定性,政策制度稳健的国家的税率差异就比政策制度多变的国家的税率差异更具长期性。

(四)利用分劈技术

分劈技术,是指在合法、合理的情况下,使所得、财产在两个或更多个纳税人之间进行分劈而直接节税的税务筹划技术。出于调节收入等社会政策的考虑,许多国家的所得税和一般财产税通常都会采用累进税率,计税基数越大,适用的最高边际税率也越高。使所得、财产在两个或更多个纳税人之间进行分劈,可以使计税基数降至低税率级次,从而降低最高边际适用税率,节减税款。例如,应纳税所得额在30万元以下的适用所得税税率是20%,应纳税所得额超过30万元的适用所得税税率为25%。某企业应纳税所得额为50万元,则要按25%的税率纳税,应纳所得税税额为12.5万元(50万元×25%)。但是,如果企业在不影响生产经营的情况下一分为二,平均分为两个企业,则应纳所得税税额为10万元(25万元×20%×2),节减所得税2.5万元(12.5-10)。

采用分劈技术节税的要点在于使分劈合理化、节税最大化。利用国家的相关政策对企业的所得或财产进行分劈,技术较为复杂,因此除了要合法,还应特别注意其合理性。在合法和合理的情况下,尽量通过分劈技术使节税最大化。

(五)利用税收扣除

利用税收扣除筹划,是指在合法、合理的情况下,使扣除额增加而实现直接节税,或调整各个计税期的扣除额而实现相对节税的税务筹划方法。在收入相同的情况下,各项扣除额、宽免额、冲抵额等越大,计税基数就会越小,应纳税额也就越小,从而节税就会越多。

利用税收扣除进行税务筹划,技术较为复杂、适用范围较大、具有相对确定性。各国税法中的各种扣除、宽免、冲抵规定是最为烦琐复杂的,同时变化也最多、最大,因而要节减更多的税款就要精通所有有关的最新税法,计算出结果并加以比较,因此说扣除技术较为复杂。税收扣除适用于所有纳税人的规定,说明扣除技术具有普遍性与适用范围广泛的特点。税收扣除在规定时期的相对稳定性,又决定了采用扣除技术进行税务筹划具有相对稳定性。

利用税收扣除进行税务筹划的要点在于使扣除项目最多化、扣除金额最大化和扣除最早化。在合法、合理的情况下,尽量使更多的项目得到扣除。在其他条件相同的情况下,扣除的项目越多、金额越大,计税基数就越小,应纳税额就越小,因而节减的税款就越多;在其他条件相同的情况下,扣除越早,早期纳税越少,早期的现金流量就会越大,可用于扩大流动资本和进行投资的资金会越多,将来的收益也就越多,因而相对节税就越多。

(六)利用税收抵免

利用税收抵免筹划,是指在合法、合理的情况下,使税收抵免额增加而实现节税的税务筹划方法。税收抵免额越大,冲抵应纳税额的数额就越大,应纳税额就越小，从而节减的税额就越大。

利用税收抵免筹划的要点在于使抵免项目最多化、抵免金额最大化。在合法、合理的情况下，尽量争取更多的抵免项目，并且使各抵免项目的抵免金额最大化。在其他条件相同的情况下，抵免的项目越多、金额越大，冲抵的应纳税项目金额就越大，应纳税额就越小，因而节税就越多。

（七）利用退税

利用退税筹划，是指在合法、合理的情况下，使税务机关退还纳税人已纳税款而直接节税的税务筹划方法。在已缴纳税款的情况下，退税无疑是偿还缴纳的税款，节减税收，因此，所退税额越大，节减的税款就越多。

税收优惠政策是国家的一项经济政策，纳税人对税收优惠政策的有效利用正是响应国家特定时期的经济政策，因此会得到国家的支持与鼓励。但是不同的纳税人利用优惠政策的方式和层次却不相同。有的纳税人只是被动接受并有限地利用国家的优惠政策，而有的纳税人则积极创造条件，想尽办法充分地利用国家的优惠政策；有的纳税人利用优惠政策用的是合法手段，而有的纳税人则采取非法手段。税务筹划成功的关键在于得到税务机关的承认。

3.2.3 注意事项

利用税收优惠政策进行税务筹划时应注意以下事项。

1. 尽量挖掘信息源，多渠道获取税收优惠政策信息。如果信息不灵通，就可能会失去本可以享受的税收优惠政策。一般来说，信息来源有税务机关、税务报纸或杂志、税务网站、税务中介机构和税务专家等渠道。

2. 充分利用税收优惠政策。有条件的应尽量利用税收优惠政策，没有条件或某些条件不符合的，要创造条件利用。利用税收优惠政策筹划应在税收法律、法规允许的范围之内，采用各种合法手段进行。

3. 尽量与税务机关保持良好的沟通。在税务筹划过程中，最核心的一环便是获得税务机关的承认。再好的方案，没有税务机关的承认，都是没有任何意义的，不会给企业带来任何经济利益。

3.3 企业组织形式筹划方法

在有些情况下，企业可以通过合理利用企业的组织形式，对企业的纳税情况进行筹划。例如，企业所得税法合并后，遵循国际惯例将企业所得税以法人作为界定纳税人的标准，原内资企业所得税独立核算的标准不再适用，同时规定不具有法人资格的分支机构应汇总到总机构统一纳税。不同的组织形式分别使用独立纳税和汇总纳税方式，会对总机构的税收负担产生影响。企业可以利用新的规定，通过选择分支机构的组织形式进行有效的税务筹划。

企业从组织形式上有子公司和分公司两种选择。其中，子公司是具有独立法人资格，能够承担民事法律责任与义务的实体；而分公司是不具有独立法人资格，需要由总公司承担法律责任与义务的实体。企业采取何种组织形式需要考虑的因素主要包括分支机构盈亏、分支机构是否享受优惠税率等。

第一种情况：预计适用优惠税率的分支机构盈利，选择子公司形式，单独纳税。第二种情况：预计适用非优惠税率的分支机构盈利，选择分公司形式，汇总到总公司纳税，以弥补总公司或其他分公司的亏损；即使下属公司均盈利，此时汇总纳税虽无节税效应，但可降低企业的办税成本，提高管理效率。第三种情况：预计适用非优惠税率的分支机构亏损，选择分公司形式，汇总纳税可以用其他分公司或总公司利润弥补亏损。第四种情况：预计适用优惠税率的分支机构亏损，这种情况下就要考虑分支机构扭亏的能力，若短期内可以扭亏宜采用子公司形式，否则宜采用分公司形式，这与企业经营策划紧密相关。不过总体来说，如果下属公司所在地税率较低，则宜设立子公司，享受当地的低税率。

如果在境外设立分支机构，子公司是独立的法人实体，在设立所在国被视为居民纳税人，通常要承担与该国其他居民纳税人一样的全面纳税义务。但子公司在所在国比分公司享受更多的税收优惠，一般可以享有东道国给予其居民纳税人同等的税收优惠待遇。如果东道国适用税率低于居住国适用税率，子公司的积累利润还可以得到递延纳税的好处。而分公司不是独立的法人实体，在设立所在国被视为非居民纳税人，所发生的利润与总公司合并纳税。但我国企业所得税法不允许境内外机构的盈亏相互弥补，因此，在经营期间若发生分公司经营亏损，分公司的亏损也无法冲减总公司利润。

3.4 税负转嫁筹划方法

税负转嫁是指纳税人为了达到减轻税负的目的，通过调整和变动价格，将税负转嫁给他人承担的经济行为。

税负的转嫁与归宿在税收理论和实践中有着重要地位，与逃税、避税相比更为复杂。税负转嫁结果是有人承担，最终承担人称为负税人；税负落在负税人身上的过程叫税负归宿。所以说税负转嫁和税负归宿是一个问题的两个说法。在转嫁条件下，纳税人和负税人是可分离的，纳税人只是法律意义上的纳税主体，负税人是经济意义上的承担主体。

典型的税负转嫁或狭义的税负转嫁是指商品流通过程中，纳税人提高销售价格或压低购进价格，将税负转移给购买者或供应者。转嫁的判断标准有：

（1）转嫁和商品价格是直接联系的，与价格无关的问题不能纳入税负转嫁范畴；

（2）转嫁是个客观过程，没有税负的转移过程不能算转嫁；

（3）税负转嫁是纳税人的主动行为，与纳税人主动行为无关的价格再分配性质的价值转移不能算转嫁。

明确这三点判断标准，有利于明确转嫁概念与逃税、避税及节税的区别。

3.5 会计核算筹划方法

3.5.1 收入确认的税务筹划

企业销货方式不同、结算方式不同，其收入确认的时间也不同，纳税月份也有差异。我国税法规定，直接收款销售以收到货款或取得收款凭证，并将提货单交给购货方的当天为收入的确认时间；采用托收承付或委托收款方式销售货物，应在发出货物并办好托收手续的当天确认收入；采用赊销和分期收款销货方式均以合同约定的收款日期为企业收入的确认时间；而订货销售和分期预收方式以交付货物时间为确认收入的时间。这样，通过销售和结算方式的选择，控制收入确认时间来进行筹划，企业可以合理安排所得的归属期间，从而获得延期纳税的利益。

3.5.2 费用列支的税务筹划

对费用的列支以节税为目的，企业可以在税法允许的范围内，尽可能列支当期费用，充分预计可能发生的损失，以减少应交所得税或合法递延纳税。一般做法如下。

（1）充分列支税法允许列支的费用。如按规定提取折旧费、职工福利费、工会经费等。

（2）充分预计可能发生的费用和损失。对于一些可以合理预计的费用，应采用预提的方式提前计入费用。

（3）尽可能地缩短成本费用的摊销期。但这些做法必须以符合会计制度或准则要求为前提，不得违反规定乱摊或多摊成本、乱列或多列费用。

3.5.3 存货计价方法的选择

存货计价的方法有多种，如实际成本法、计划成本法、毛利率法或零售价法等。不同的计价方法对货物的期末库存成本、销售成本影响不同，继而影响当期应纳税所得额的大小。特别是在物价持续上涨或下跌的情况下，影响的程度会更大。纳税人可以利用存货计价方法进行税务筹划，如在物价持续下跌的情况下，采用先进先出法能降低税负。

发出存货的计价可以按照实际成本核算，也可以按照计划成本核算。根据会计准则的规定，按照实际成本核算的，应当采用先进先出法、加权平均法（包括移动加权平均法）、个别计价法等确定其实际成本；按照计划成本核算的，应按期结转其应负担的成本差异，将计划成本调整为实际成本。按照现行税法的规定，纳税人对存货的计算应当以实际成本为准。纳税人各项存货的发出和领用的成本计价方法，可以在先进先出法、加权平均法、个别计价法中选用，计价方法一经选用，不得随意变更。纳税人采用计划成本法确定存货成本或销售成本，须在年终申报纳税时及时结转成本差异。

由于使用不同的存货计价方法可以改变销售成本，继而影响应纳税所得额，所以从税务筹划的角度，纳税人可以通过采用不同的计价方法对发出存货的成本进行筹划，根据自己的实际情况选择使本期发出存货成本最有利于税务筹划的存货计价方法。在不同企业或企业处于不同的盈亏状态下，应选择不同的计价方法。

（1）盈利企业。由于盈利企业的存货成本可最大限度地在本期所得额中税前抵扣，应选择能使本期成本最大化的计价方法。

（2）亏损企业。亏损企业选择计价方法时应结合考虑亏损弥补情况，选择的计价方法，必须使不能得到或不能完全得到税前弥补的亏损年度的成本费用降低，使成本费用延迟到以后能够完全得到弥补的时期，保证成本费用的抵税效果得到最大限度的发挥。

（3）享受税收优惠的企业。如果企业正处于企业所得税的减税或免税期，就意味着企业获得的利润越多，得到的减免税额就越多。因此，应选择减免税优惠期间内存货成本最小化的计价方法，减少存货费用的当期摊入，扩大当期利润。相反，处于非税收优惠期间时，应选择使存货成本最大化的计价方法，将当期的存货费用尽量扩大，以达到减少当期利润、推迟纳税期的目的。

3.5.4 固定资产折旧的税务筹划

固定资产价值是通过折旧形式转移到成本费用之中的，折旧额取决于固定资产的计价、折旧年限和折旧方法。

（一）固定资产计价的税务筹划

按照会计准则的要求，外购固定资产成本主要包括购买价款、相关税费、使固定资产达到可使用状态前所发生的可归属于该项资产的运输费、装卸费、安装费和专业人员服务费等。按照税法的规定，购入的固定资产按购入价加上发生的包装费、运杂费、安装费，以及缴纳的税金后的价值计价。由于折旧费用是在未来较长时间内陆续计提的，为降低本期税负，新增固定资产的入账价值要尽可能低。例如，对于成套固定资产，其易损件、小配件可以单独开票作为低值易耗品入账，因低值易耗品领用时可以一次或分次直接计入当期费用，降低了当期的应纳税所得额；对于在建工程，则要尽可能早地转入固定资产，以便尽早提取折旧。若整体固定资产工期长，在完工部分已经投入使用时，对该部分最好分项决算，以便尽早计入固定资产账户。

（二）固定资产折旧年限的税务筹划

固定资产折旧年限取决于固定资产能够使用的年限。固定资产使用年限是一个估计的经验值，包含了人为的成分，因而为税务筹划提供了可能性。采用缩短折旧年限的方法，有利于加速成本回收，可以使后期成本费用前移，从而使前期会计利润发生后移。在税率不变的情况下，可以使企业所得税递延缴纳。

需要注意的是，税法对固定资产折旧规定了最低的折旧年限，税务筹划不能突破折旧年限的最低要求。

如果企业享受开办初期的减免税或者在开办初期享受低税率照顾，在税率预期上升的情况下购入的固定资产就不宜缩短折旧年限，以避免将折旧费用提前到免税期间或低税率期间实现，减少企业享受的税收优惠。只有在税率预期下降时缩短折旧年限，才能够在实现货币时间价值的同时达到少纳税的目的。

（三）固定资产折旧方法的税务筹划

按照会计准则的规定，固定资产折旧的方法主要有年限平均法、工作量法等直线法（或称平速折旧法）和双倍余额递减法、年数总和法等加速折旧法。不同的折旧方法对应纳税所得额的影响不同。虽然从整体上看，固定资产的扣除不可能超过固定资产的价值本身，但是由于对同一固定资产采用不同的折旧方法会使企业所得税税款提前或滞后实现，从而产生不同的货币时间价值。如果企业所得税税率预期不会上升，采用加速折旧的方法，一方面可以在计提折旧期间少缴企业所得税，另一方面可以尽快收回资金，加速资金周转。但是税法规定，在一般情况下纳税人可扣除的固定资产折旧费用的计算，应该采用直线法，只有当企业的固定资产由于技术进步等原因，确需加速折旧时，才可以缩短折旧年限或者采取加速折旧的方法。这与会计准则的规定是有区别的。纳税人应尽可能创造条件达到符合实行加速折旧法的要求，以便选择对自己有利的折旧方法，获取货币的时间价值。

采用直线法计提折旧，在折旧期间折旧费用均衡地在企业收益中扣除，对利润的影响也是均衡的，企业所得税的缴纳同样比较均衡。采用双倍余额递减法和年数总和法计提折旧，在折旧期间折旧费用会随着时间的推移而逐年减少，对企业收益的抵减也是逐年递减的，企业所得税会随着时间的推移而逐年上升。从税务筹划的角度出发，为获得货币的时间价值，应尽量采用加速折旧法。但是需要注意的是，如果预期企业所得税税率会上升，则应考虑对未来可能增加的税负与所获得的货币时间价值进行比较决策。同样的道理，在享受减免税优惠期内添置的固定资产，采用加速折旧法一般来讲是不合算的。

3.6 临界点筹划方法

利用税收临界点进行税务筹划，是税务筹划的基本手段之一，在现实经济生活中得到了广泛的应用。

所谓税收临界点，就是税法中规定的一些标准，包括一定的比例和数额，当销售额（营业额）或应纳税所得额或费用支出超过一定标准时，就应该依法纳税或按更高的税率纳税，从而使纳税人的税负大幅度上升；有时却相反，纳税人可以享受优惠，降低税负。由此产生了税务筹划的特定方法——纳税临界点筹划法。其基本含义是纳税人通晓税收临界点，通过增减收入或支出，避免承担较重的税负。

在税务筹划过程中，应注意享受税收优惠政策需要达到的数额或比例。这方面的规定很多，基本上就是享受税收优惠需要达到的条件。例如，现行税收政策规定，企业发生的研究开发费用比上年实际发生额增长达到10%以上（含10%），其当年实际发生的费用除按照规定予以列支外，可再按其实际发生额的50%，直接抵扣当年应纳税所得额。根据以上规定，当本年发生的研究开发费用增长率接近10%时，可以利用这种附加扣除规定使其符合标准，从而享受费用抵扣的好处。例如某企业上年研究开发费用为100万元，年末发现本年已经发生研究开发费用109万元，增长率为9%，接近10%的临界点。由此进行筹划，使得本年度研究开发费用达到110万元，这样就可再按实际发生额的50%，直接抵扣当年应纳税所得额。

从税务筹划基本概念来看，税务筹划应是全面、整体筹划，以期实现企业利益的最大化。但所谓全面、整体筹划的基本立足点正是非常简单的筹划技术的组合，这也是选用该案例的原因。应用"临界点"进行税务筹划体现了税务筹划的基本理念——纳税人主动利用税务法规的差异性规定、选择性条款，借助一定的方法和技术，通过对企业的经营活动、投资活动、理财活动的周密安排，实现降低税务风险、实现利益最大化。

应用"临界点"方法进行税务筹划正是利用税法的差异性规定,通过收入、产品价格、特定费用（成本）规划等方式实现税务风险的控制和税务负担的降低。当然，税务负担的降低是否一定能实现纳税人利益的最大化还需要从企业整体角度去考量。

第二部分 分税种的税务筹划

第4章
增值税税务筹划

4.1 增值税简介

增值税是以商品和劳务在流转过程中产生的增值额作为征收对象而征收的一种流转税。增值税是我国现阶段税收收入规模最大的税种。1993年12月13日国务院令第134号发布、2008年11月10日国务院令第538号修订、2016年2月6日国务院令第666号第一次修订、2017年11月19日国务院令第691号第二次修订《中华人民共和国增值税暂行条例》（以下简称《增值税暂行条例》），2008年12月15日财政部、国家税务总局令第50号发布、2011年10月28日财政部、国家税务总局令第65号修正的《中华人民共和国增值税暂行条例实施细则》（以下简称《增值税暂行条例实施细则》）。为进一步完善增值税制，消除重复征税，促进经济结构优化，经国务院常务会议决定，自2012年1月1日起，在上海市开展交通运输业和部分现代服务业营业税改征增值税试点。2016年3月24日，财政部、国家税务总局印发《营业税改征增值税试点实施办法》，自2016年5月1日起，在全国范围内全面推开营业税改征增值税（以下简称"营改增"）试点，将建筑业、房地产业、金融业、生活服务业等全部营业税纳税人纳入试点范围，由缴纳营业税改为缴纳增值税，这些构成我国增值税法律制度的主要内容。

4.1.1 增值税纳税人和扣缴义务人

（一）纳税人

根据《增值税暂行条例》的规定，在中华人民共和国境内销售货物或者加工、修理修配劳务（以下简称"劳务"），销售服务、无形资产、不动产以及进口货物的单位和个人，为增值税的纳税人。单位，是指企业、行政单位、事业单位、军事单位、社会团体及其他单位。个人，是指个体工商户和其他个人。

单位以承包、承租、挂靠方式经营的，承包人、承租人、挂靠人（以下统称"承包人"）以发包人、出租人、被挂靠人（以下统称"发包人"）名义对外经营并由发包人承担相关法律责任的，以该发包人为纳税人。否则，以承包人为纳税人。

资管产品运营过程中发生的增值税应税行为，以资管产品管理人为增值税纳税人。

（二）纳税人的分类

根据纳税人的经营规模以及会计核算健全程度的不同，增值税的纳税人可划分为小规模纳税人和一般纳税人。

1. 小规模纳税人。

（1）增值税小规模纳税人标准为年应征增值税销售额为500万元及以下。年应征增值税销售额，是指纳税人在连续不超过12个月或4个季度的经营期内累计应征增值税销售额，包括纳税申报销售额、稽查查补销售额、纳税评估调整销售额。

（2）已登记为增值税一般纳税人的单位和个人，转登记日前连续12个月或者连续4个季度累计销售额未超过500万元的，在2019年12月31日前，可选择登记为小规模纳税人，其未抵扣的进项税额作转出处理。

小规模纳税人会计核算健全，能够提供准确税务资料的，可以向税务机关申请登记为一般纳税人，不再作为小规模纳税人。会计核算健全，是指能够按照国家统一的会计制度规定设置账簿，根据合法、有效凭证核算。

小规模纳税人实行简易征税办法，并且一般不使用增值税专用发票，但基于增值税征收管理中一般纳税人与小规模纳税人之间客观存在的经济往来的实情，小规模纳税人可以到税务机关代开增值税专用发票。

为持续推进"放管服"（"简政放权、放管结合、优化服务"的简称）改革，全面推行小规模纳税人自行开具增值税专用发票。小规模纳税人（其他个人除外）发生增值税应税行为，需要开具增值税专用发票的，可以自愿使用增值税发票管理系统自行开具，但销售其取得的不动产，需要开具增值税专用发票的，应当按照有关规定向税务机关申请代开。

2.一般纳税人。

一般纳税人，是指年应征增值税销售额超过财政部、国家税务总局规定的小规模纳税人标准的企业和企业性单位。

一般纳税人实行登记制，除另有规定外，应当向税务机关办理登记手续。

下列情况纳税人不办理一般纳税人登记：

（1）按照政策规定，选择按照小规模纳税人纳税的；

（2）年应税销售额超过规定标准的其他个人。

纳税人自一般纳税人生效之日起，按照增值税一般计税方法计算应纳税额，并可以按照规定领用增值税专用发票，财政部、国家税务总局另有规定的除外。

纳税人登记为一般纳税人后，不得转为小规模纳税人，国家税务总局另有规定的除外。

（三）扣缴义务人

中华人民共和国境外的单位或者个人在境内销售劳务，在境内未设有经营机构的，以其境内代理人为扣缴义务人；在境内没有代理人的，以购买方为扣缴义务人。

4.1.2 增值税征税范围

增值税的征税范围包括在中华人民共和国境内销售货物或者劳务,销售服务、无形资产、不动产以及进口货物等。

(一)销售货物

在中国境内销售货物,是指销售货物的起运地或者所在地在中国境内。

销售货物是有偿转让货物的所有权。货物,是指有形动产,包括电力、热力、气体在内。有偿,是指从购买方取得货币、货物或者其他经济利益。

(二)销售劳务

在中国境内销售劳务,是指提供的劳务发生地在中国境内。

销售劳务,是指有偿提供加工、修理修配劳务。单位或者个体工商户聘用的员工为本单位或者雇主提供加工、修理修配劳务不包括在内。

加工,是指受托加工货物,即委托方提供原料及主要材料,受托方按照委托方的要求,制造货物并收取加工费的业务;修理修配,是指受托方对损伤和丧失功能的货物进行修复,使其恢复原状和功能的业务。

(三)销售服务

销售服务,是指提供交通运输服务、邮政服务、电信服务、建筑服务、金融服务、现代服务、生活服务。

1. 交通运输服务。

交通运输服务,是指利用运输工具将货物或者旅客送达目的地,使其空间位置得到转移的业务活动,包括陆路运输服务、水路运输服务、航空运输服务和管道运输服务。

(1)陆路运输服务,是指通过陆路(地上或者地下)运送货物或者旅客的运输业务活动,包括铁路运输服务和其他陆路运输服务。

出租车公司向使用本公司自有出租车的出租车司机收取的管理费用,按照陆路运输服务缴纳增值税。

(2)水路运输服务,是指通过江、河、湖、川等天然、人工水道或者海洋航道运送货物或者旅客的运输业务活动。

水路运输的程租、期租业务，属于水路运输服务。

（3）航空运输服务，是指通过空中航线运送货物或者旅客的运输业务活动。航空运输的湿租业务，属于航空运输服务。

航天运输服务，是指利用火箭等载体将卫星、空间探测器等空间飞行器发射到空间轨道的业务活动，按照航空运输服务缴纳增值税。

（4）管道运输服务，是指通过管道设施输送气体、液体、固体物质的运输业务活动。

无运输工具承运业务，是指经营者以承运人身份与托运人签订运输服务合同、收取运费并承担承运人责任，然后委托实际承运人完成运输服务的经营活动，按照交通运输服务缴纳增值税。

2. 邮政服务。

邮政服务，是指中国邮政集团公司及其所属邮政企业提供邮件寄递、邮政汇兑和机要通信等邮政基本服务的业务活动，包括邮政普遍服务、邮政特殊服务和其他邮政服务。

（1）邮政普遍服务，是指函件、包裹等邮件寄递，以及邮票发行、报刊发行和邮政汇兑等业务活动。

（2）邮政特殊服务，是指义务兵平常信函、机要通信、盲人读物和革命烈士遗物的寄递等业务活动。

（3）其他邮政服务，是指邮册等邮品销售、邮政代理等业务活动。

3. 电信服务。

电信服务，是指利用有线、无线的电磁系统或者光电系统等各种通信网络资源，提供语音通话服务，传送、发射、接收或者应用图像、短信等电子数据和信息的业务活动，包括基础电信服务和增值电信服务。

（1）基础电信服务，是指利用固网、移动网、卫星、互联网，提供语音通话服务的业务活动，以及出租或者出售带宽、波长等网络元素的业务活动。

（2）增值电信服务，是指利用固网、移动网、卫星、互联网、有线电视网络，提供短信和彩信服务、电子数据和信息的传输及应用服务、互联网接入服务等业务活动。

卫星电视信号落地转接服务，按照增值电信服务缴纳增值税。

4. 建筑服务。

建筑服务，是指各类建筑物、构筑物及其附属设施的建造、修缮、装饰，线路、管道、设备、设施等的安装以及其他工程作业的业务活动，包括工程服务、安装服务、修缮服务、装饰服务和其他建筑服务。

（1）工程服务，是指新建、改建各种建筑物、构筑物的工程作业，包括与建筑物相连的各种设备或者支柱、操作平台的安装或者装设工程作业，以及各种窑炉和金属结构工程作业。

（2）安装服务，是指生产设备、动力设备、起重设备、运输设备、传动设备、医疗实验设备以及其他各种设备、设施的装配、安置工程作业，包括与被安装设备相连的工作台、梯子、栏杆的装设工程作业，以及被安装设备的绝缘、防腐、保温、油漆等工程作业。

固定电话、有线电视、宽带、水、电、燃气、暖气等经营者向用户收取的安装费、初装费、开户费、扩容费以及类似费用，按照安装服务缴纳增值税。

（3）修缮服务，是指对建筑物、构筑物进行修补、加固、养护、改善，使之恢复原来的使用价值或者延长其使用期限的工程作业。

（4）装饰服务，是指对建筑物、构筑物进行修饰、装修，使之美观或者具有特定用途的工程作业。

（5）其他建筑服务，是指上列工程作业之外的各种工程作业服务，如钻井（打井）、拆除建筑物或者构筑物、平整土地、园林绿化、疏浚（不包括航道疏浚）、建筑物平移、搭脚手架、爆破、矿山穿孔、表面附着物（包括岩层、土层、沙层等）剥离和清理等工程作业。

5. 金融服务。

金融服务，是指经营金融保险的业务活动，包括贷款服务、直接收费金融服务、保险服务和金融商品转让。

（1）贷款服务，是指将资金贷与他人使用而取得利息收入的业务活动。

各种占用、拆借资金取得的收入，包括金融商品持有期间（含到期）利息（保本收益、报酬、资金占用费、补偿金等）收入、信用卡透支利息收入、买入返售金融商品利息收入、融资融券收取的利息收入，以及融资性售后回租、押汇、罚息、票据贴现、转贷等业务取得的利息及利息性质的收入，按照贷款服务缴纳增值税。

融资性售后回租，是指承租方以融资为目的，将资产出售给从事融资性售后回租业务的企业后，从事融资性售后回租业务的企业将该资产出租给承租方的业务活动。

以货币资金投资收取的固定利润或者保底利润，按照贷款服务缴纳增值税。

（2）直接收费金融服务，是指为货币资金融通及其他金融业务提供相关服务并且收取费用的业务活动，包括提供货币兑换、账户管理、电子银行、信用卡、信用证、财务担保、资产管理、信托管理、基金管理、金融交易场所（平台）管理、资金结算、资金清算、金融支付等服务。

（3）保险服务，是指投保人根据合同约定，向保险人支付保险费，保险人对于合同约定的可能发生的事故因其发生所造成的财产损失承担赔偿保险金责任，或者当被保险人死亡、伤残、疾病或者达到合同约定的年龄、期限等条件时承担给付保险金责任的商业保险行为，包括人身保险服务和财产保险服务。

（4）金融商品转让，是指转让外汇、有价证券、非货物期货和其他金融商品所有权的业务活动。

其他金融商品转让包括基金、信托、理财产品等各类资产管理产品和各种金融衍生品的转让。

6.现代服务。

现代服务，是指围绕制造业、文化产业、现代物流产业等提供技术性、知识性服务的业务活动，包括研发和技术服务、信息技术服务、文化创意服务、物流辅助服务、租赁服务、鉴证咨询服务、广播影视服务、商务辅助服务和其他现代服务。

（1）研发和技术服务，包括研发服务、合同能源管理服务、工程勘察勘探服务等专业技术服务。

（2）信息技术服务，是指利用计算机、通信网络等技术对信息进行生产、收集、处理、加工、存储、运输、检索和利用，并提供信息服务的业务活动，包括软件服务、电路设计及测试服务、信息系统服务、业务流程管理服务和信息系统增值服务。

（3）文化创意服务，包括设计服务、知识产权服务、广告服务和会议展览服务。

（4）物流辅助服务，包括航空服务、港口码头服务、货运客运场站服务、打捞救助服务、装卸搬运服务、仓储服务和收派服务。

（5）租赁服务，包括融资租赁服务和经营租赁服务。

融资性售后回租不按照本税目缴纳增值税。

将建筑物、构筑物等不动产或者飞机、车辆等有形动产的广告位出租给其他单位或者个人用于发布广告，按照经营租赁服务缴纳增值税。

车辆停放服务、道路通行服务（包括过路费、过桥费、过闸费等）等按照不动产经营租赁服务缴纳增值税。

（6）鉴证咨询服务，包括认证服务、鉴证服务和咨询服务。翻译服务和市场调查服务按照咨询服务缴纳增值税。

（7）广播影视服务，包括广播影视节目（作品）的制作服务、发行服务和播映（含放映）服务。

（8）商务辅助服务，包括企业管理服务、经纪代理服务、人力资源服务、安全保护服务。

（9）其他现代服务，是指除研发和技术服务、信息技术服务、文化创意服务、物流辅助服务、租赁服务、鉴证咨询服务、广播影视服务和商务辅助服务以外的现代服务。

7. 生活服务。

生活服务，是指为满足城乡居民日常生活需求提供的各类服务活动，包括文化体育服务、教育医疗服务、旅游娱乐服务、餐饮住宿服务、居民日常服务和其他生活服务。

（1）文化体育服务，包括文化服务和体育服务。

（2）教育医疗服务，包括教育服务和医疗服务。

（3）旅游娱乐服务，包括旅游服务和娱乐服务。

（4）餐饮住宿服务，包括餐饮服务和住宿服务。

（5）居民日常服务，是指主要为满足居民个人及其家庭日常生活需求提供的服务，包括市容市政管理、家政、婚庆、养老、殡葬、照料、护理、救助救济、美容美发、按摩、桑拿、氧吧、足疗、沐浴、洗染、摄影扩印等服务。

（6）其他生活服务，是指除文化体育服务、教育医疗服务、旅游娱乐服务、餐饮住宿服务和居民日常服务之外的生活服务。

（四）销售无形资产

销售无形资产，是指转让无形资产所有权或者使用权的业务活动。无形资产，是指不具实物形态，但能带来经济利益的资产，包括技术、商标、著作权、商誉、自然资源使用权和其他权益性无形资产。

技术，包括专利技术和非专利技术。

自然资源使用权，包括土地使用权、海域使用权、探矿权、采矿权、取水权和其他自然资源使用权。

其他权益性无形资产，包括基础设施资产经营权、公共事业特许权、配额、经营权（包括特许经营权、连锁经营权、其他经营权）、经销权、分销权、代理权、会员权、席位权、网络游戏虚拟道具、域名、名称权、肖像权、冠名权、转会费等。

（五）销售不动产

销售不动产，是指转让不动产所有权的业务活动。不动产，是指不能移动或者移动后会引起性质、形状改变的财产，包括建筑物、构筑物等。

建筑物，包括住宅、商业营业用房、办公楼等可供居住、工作或者进行其他活动的建造物。

构筑物，包括道路、桥梁、隧道、水坝等建造物。

转让建筑物有限产权或者永久使用权的，转让在建的建筑物或者构筑物所有权的，以及在转让建筑物或者构筑物时一并转让其所占土地的使用权的，按照销售不动产缴纳增值税。

（六）进口货物

进口货物，是指申报进入中国海关境内的货物。根据《增值税暂行条例》的规定，只要是报关进口的应税货物，均属于增值税的征税范围，除享受免税政策外，在进口环节缴纳增值税。

（七）非经营活动的界定

1.销售服务、无形资产或者不动产，是指有偿提供服务、有偿转让无形资产或者不动产，但属于下列非经营活动的情形除外。

（1）行政单位收取的同时满足以下条件的政府性基金或者行政事业性收费：

① 由中华人民共和国国务院（以下简称"国务院"）或者中华人民共和国财政部（以下简称"财政部"）批准设立的政府性基金，由国务院或者省级人民政府及其财政、价格主管部门批准设立的行政事业性收费；

② 收取时开具省级以上（含省级）财政部门监（印）制的财政票据；

③ 所收款项全额上缴财政。

（2）单位或者个体工商户聘用的员工为本单位或者雇主提供取得工资的服务。

（3）单位或者个体工商户为聘用的员工提供服务。

（4）财政部和国家税务总局规定的其他情形。

2.在境内销售服务、无形资产或者不动产，是指：

（1）服务（租赁不动产除外）或者无形资产（自然资源使用权除外）

的销售方或者购买方在境内；

（2）所销售或者租赁的不动产在境内；

（3）所销售自然资源使用权的自然资源在境内；

（4）财政部和国家税务总局规定的其他情形。

3.下列情形不属于在境内销售服务或者无形资产：

（1）境外单位或者个人向境内单位或者个人销售完全在境外发生的服务；

（2）境外单位或者个人向境内单位或者个人销售完全在境外使用的无形资产；

（3）境外单位或者个人向境内单位或者个人出租完全在境外使用的有形动产；

（4）财政部和国家税务总局规定的其他情形。

（八）视同销售货物行为

1.单位或者个体工商户的下列行为，视同销售货物，征收增值税：

（1）将货物交付其他单位或者个人代销；

（2）销售代销货物；

（3）设有两个以上机构并实行统一核算的纳税人，将货物从一个机构移送至其他机构用于销售，但相关机构设在同一县（市）的除外；

（4）将自产或者委托加工的货物用于非增值税应税项目；

（5）将自产、委托加工的货物用于集体福利或者个人消费；

（6）将自产、委托加工或者购进的货物作为投资，提供给其他单位或者个体工商户；

（7）将自产、委托加工或者购进的货物分配给股东或者投资者；

（8）将自产、委托加工或者购进的货物无偿赠送其他单位或者个人。

2.单位或者个人的下列情形视同销售服务、无形资产或者不动产，征收增值税：

（1）单位或者个体工商户向其他单位或者个人无偿提供服务，但用于公益事业或者以社会公众为对象的除外；

（2）单位或者个人向其他单位或者个人无偿转让无形资产或者不动产，但用于公益事业或者以社会公众为对象的除外；

（3）财政部和国家税务总局规定的其他情形。

（九）混合销售

一项销售行为如果既涉及货物又涉及服务，则为混合销售。从事货物的生产、批发或者零售的单位和个体工商户的混合销售行为，按照销售货物缴纳增值税；其他单位和个体工商户的混合销售行为，按照销售服务缴纳增值税。

上述从事货物的生产、批发或者零售的单位和个体工商户，包括以从事货物的生产、批发或者零售为主，并兼营销售服务的单位和个体工商户在内。

自2017年5月起，纳税人销售活动板房、机器设备、钢结构件等自产货物的同时提供建筑、安装服务，不属于混合销售，应分别核算货物和建筑服务的销售额，分别适用不同的税率或者征收率。

（十）兼营

兼营，是指纳税人的经营中包括销售货物、劳务以及销售服务、无形资产和不动产的行为。

纳税人发生兼营行为，应当分别核算适用不同税率或征收率的销售额，未分别核算销售额的，按照以下办法适用税率或征收率。

1. 兼有不同税率的销售货物、劳务、服务、无形资产或者不动产，从高适用税率。

2. 兼有不同征收率的销售货物、劳务、服务、无形资产或者不动产，从高适用征收率。

3. 兼有不同税率和征收率的销售货物、劳务、服务、无形资产或者不动产，从高适用税率。

（十一）不征收增值税项目

不征收增值税的项目有以下几种。

1. 根据国家指令无偿提供的铁路运输服务、航空运输服务，属于《营业税改征增值税试点实施办法》规定的用于公益事业的服务。

2. 存款利息。

3. 被保险人获得的保险赔付。

4. 房地产主管部门或者其指定机构、公积金管理中心、开发企业以及物业管理单位代收的住宅专项维修基金。

5. 在资产重组过程中，通过合并、分立、出售、置换等方式，将全部或者部分实物资产以及与其相关联的债权、负债和劳动力一并转让给其他单位和个人，其中涉及的不动产、土地使用权转让行为。

6. 纳税人在资产重组过程中，通过合并、分立、出售、置换等方式，将全部或者部分实物资产以及与其相关联的债权、负债和劳动力一并转让给其他单位和个人，不属于增值税的征税范围，其中涉及的货物转让，不征收增值税。

4.1.3 增值税税率和征收率

（一）增值税税率

1. 纳税人销售货物、劳务、有形动产租赁服务或者进口货物除《增值税暂行条例》第二条第 2 项、第 4 项、第 5 项（即下列第 2、4、5 项）另有规定外，税率为 13%。

2. 纳税人销售交通运输、邮政、基础电信、建筑、不动产租赁服务，销售不动产，转让土地使用权，销售或者进口下列货物，税率为 9%：

（1）粮食等农产品、食用植物油、食用盐；

（2）自来水、暖气、冷气、热水、煤气、石油液化气、天然气、二甲醚、沼气、居民用煤炭制品；

（3）图书、报纸、杂志、音像制品、电子出版物；

（4）饲料、化肥、农药、农机、农膜；

（5）国务院规定的其他货物。

3.纳税人销售服务、无形资产，除《增值税暂行条例》第二条第1项、第2项、第5项（即上述第1、2项和下列第5项）另有规定外，税率为6%。

4.纳税人出口货物，税率为零；但是，国务院另有规定的除外。

5.境内单位和个人跨境销售国务院规定范围内的服务、无形资产，税率为零，包括以下几类。

（1）国际运输服务。

（2）航天运输服务。

（3）向境外单位提供的完全在境外消费的下列服务：①研发服务；②合同能源管理服务；③设计服务；④广播影视节目（作品）的制作和发行服务；⑤软件服务；⑥电路设计及测试服务；⑦信息系统服务；⑧业务流程管理服务；⑨离岸服务外包业务；⑩转让技术。

（4）国务院规定的其他服务。

（二）增值税征收率

1.征收率的一般规定。

小规模纳税人以及一般纳税人选择简易办法计税的，征收率为3%。另有规定的除外，具体如下。

（1）一般纳税人销售自己使用过的属于《增值税暂行条例》第十条规定，不得抵扣且未抵扣进项税额的固定资产，按简易办法依3%征收率减按2%征收增值税。

（2）一般纳税人销售自己使用过的其他固定资产（以下简称"已使用过的固定资产"）应区分不同情形征收增值税。

①销售自己使用过的2009年1月1日以后购进或者自制的固定资产，按照适用税率征收增值税。

②2008年12月31日以前未纳入扩大增值税抵扣范围试点的纳税人，销售自己使用过的2008年12月31日以前购进或者自制的固定资产，按照

简易办法依照3%征收率减按2%征收增值税。

③2008年12月31日以前已纳入扩大增值税抵扣范围试点的纳税人，销售自己使用过的在本地区扩大增值税抵扣范围试点以前购进或者自制的固定资产，按照简易办法依照3%征收率减按2%征收增值税；销售自己使用过的在本地区扩大增值税抵扣范围试点以后购进或者自制的固定资产，按照适用税率征收增值税。

（3）一般纳税人销售自己使用过的除固定资产以外的物品，应当按照适用税率征收增值税。

（4）小规模纳税人（除其他个人外，下同）销售自己使用过的固定资产，减按2%征收率征收增值税。

小规模纳税人销售自己使用过的除固定资产以外的物品，应按3%的征收率征收增值税。

（5）纳税人销售旧货，按照简易办法依照3%征收率减按2%征收增值税。

旧货，是指进入二次流通的具有部分使用价值的货物（含旧汽车、旧摩托车和旧游艇），但不包括自己使用过的物品。

（6）一般纳税人销售自产的下列货物，可选择按照简易办法依照3%征收率计算缴纳增值税，选择简易办法计算缴纳增值税后，36个月内不得变更，具体适用范围如下。

① 县级及县级以下小型水力发电单位生产的电力。小型水力发电单位，是指各类投资主体建设的装机容量为5万千瓦以下（含5万千瓦）的小型水力发电单位。

② 建筑用和生产建筑材料所用的砂、土、石料。

③ 以自己采掘的砂、土、石料或其他矿物连续生产的砖、瓦、石灰（不含黏土实心砖、瓦）。

④ 用微生物、微生物代谢产物、动物毒素、人或动物的血液或组织制成的生物制品。

⑤自来水（对属于一般纳税人的自来水公司销售自来水按简易办法依照3%的征收率征收增值税，不得抵扣其购进自来水取得增值税扣税凭证上注明的增值税税款）。

⑥商品混凝土（仅限于以水泥为原料生产的水泥混凝土）。

（7）一般纳税人销售货物属于下列情形之一的，暂按简易办法依照3%的征收率计算缴纳增值税：

①寄售商店代销寄售物品（包括居民个人寄售的物品在内）；

②典当业销售死当物品。

（8）建筑企业一般纳税人提供建筑服务属于老项目的，可以选择简易办法按照3%的征收率征收增值税。

2. 征收率的特殊规定。

（1）小规模纳税人转让其取得的不动产，按照5%的征收率征收增值税。

（2）一般纳税人转让其2016年4月30日前取得的不动产，选择简易计税方法计税的，按照5%的征收率征收增值税。

（3）小规模纳税人出租其取得的不动产（不含个人出租住房），按照5%的征收率征收增值税。

（4）一般纳税人出租其2016年4月30日前取得的不动产，选择简易计税方法计税的，按照5%的征收率征收增值税。

（5）房地产开发企业（一般纳税人）销售自行开发的房地产老项目，选择简易计税方法计税的，按照5%的征收率征收增值税。

（6）房地产开发企业（小规模纳税人）销售自行开发的房地产项目，按照5%的征收率征收增值税。

（7）纳税人提供劳务派遣服务，选择差额纳税的，按照5%的征收率征收增值税。

4.1.4 增值税应纳税额的计算

（一）一般计税方法应纳税额的计算

一般纳税人销售货物、劳务、服务、无形资产、不动产（以下简称"应税销售行为"），采取一般计税方法计算应纳增值税额。其计算公式为：

应纳税额 = 当期销项税额 – 当期进项税额

当期销项税额小于进项税额不足抵扣时，其不足部分可以结转下期继续抵扣。

销项税额是指纳税人发生应税销售行为，按照销售额和适用税率计算并向购买方收取的增值税价款，其计算公式为：

销项税额 = 销售额 × 适用税率

可见，一般计税方法在计算应纳税额时，主要有两个因素：一是销售额；二是进项税额。

1. 销售额的确定。

（1）销售额的概念。

销售额是指纳税人发生应税销售行为向购买方收取的全部价款和价外费用，但是不包括收取的销项税额。价外费用，包括价外向购买方收取的手续费、补贴、基金、集资费、返还利润、奖励费、违约金、滞纳金、延期付款利息、赔偿金、代收款项、代垫款项、包装费、包装物租金、储备费、优质费、运输装卸费以及其他各种性质的价外收费。上述价外费用无论其会计上如何核算，均应并入销售额计算销项税额。但下列项目不包括在销售额内。

① 受托加工应征消费税的消费品所代收代缴的消费税。

② 同时符合以下条件代为收取的政府性基金或者行政事业性收费：由国务院或者财政部批准设立的政府性基金，由国务院或者省级人民政府及其财政、价格主管部门批准设立的行政事业性收费；收取时开具省级以上财政部门印制的财政票据；所收款项全额上缴财政。

③ 销售货物的同时代办保险等而向购买方收取的保险费，以及向购买方收取的代购买方缴纳的车辆购置税、车辆牌照费。

④ 以委托方名义开具发票代委托方收取的款项。

（2）含税销售额的换算。

增值税是价外税，计算销项税额时，销售额中不应含有增值税税款。如果销售额中包含了增值税税款（即销项税额），则应将含税销售额换算成不含税销售额。其计算公式为：

不含税销售额 = 含税销售额 ÷（1+ 增值税税率）

（3）视同销售货物的销售额的确定。

《增值税暂行条例实施细则》规定了 8 种视同销售货物行为，这 8 种视同销售行为一般不以资金的形式反映出来，因而会出现无销售额的情况。在此情况下，税务机关有权按照下列顺序核定其销售额：

① 按纳税人最近时期同类货物的平均销售价格确定；

② 按其他纳税人最近时期同类货物的平均销售价格确定；

③ 按组成计税价格确定。其计算公式为：

组成计税价格 = 成本 ×（1+ 成本利润率）

征收增值税的货物，同时又征收消费税的，其组成计税价格中应包括消费税税额。其计算公式为：

组成计税价格 = 成本 ×（1+ 成本利润率）+ 消费税税额

或：组成计税价格 = 成本 ×（1+ 成本利润率）÷（1- 消费税税率）

公式中的成本分为两种情况：一是销售自产货物，其成本为实际生产成本；二是销售外购货物，其成本为实际采购成本。公式中的成本利润率为 10%，但属于应从价定率征收消费税的货物，其组成计税价格公式中的成本利润率为《国家税务总局关于印发〈消费税若干具体问题的规定〉的通知》中规定的成本利润率。

纳税人销售货物或者劳务的价格明显偏低并无正当理由的，由税务机关按照上述方法核定其销售额。

《营业税改征增值税试点实施办法》规定，纳税人销售服务、无形资产或者不动产价格明显偏低或者偏高且不具有合理商业目的的，或者发生无销售额的,税务机关有权按照下列顺序确定销售额。

第一,按照纳税人最近时期销售同类服务、无形资产或者不动产的平均价格确定。

第二,按照其他纳税人最近时期销售同类服务、无形资产或者不动产的平均价格确定。

第三,按照组成计税价格确定。组成计税价格的公式:

组成计税价格 = 成本 × (1+ 成本利润率)

成本利润率由国家税务总局确定。

不具有合理商业目的,是指以谋取税收利益为主要目的,通过人为安排,减少、免除、推迟缴纳增值税税款,或者增加退还增值税税款。

(4)混合销售的销售额的确定。

依照《营业税改征增值税试点实施办法》及相关规定,混合销售的销售额为货物的销售额与服务销售额的合计。

(5)兼营的销售额的确定。

依据《营业税改征增值税试点实施办法》及相关规定,纳税人兼营不同税率的货物、劳务、服务、无形资产或者不动产,应当分别核算不同税率或者征收率的销售额;未分别核算销售额的,从高适用税率。

(6)特殊销售方式下销售额的确定。

① 折扣方式销售。折扣销售是指销货方在销售货物时,因购货方购货数量较大等原因而给予购货方价格优惠的一种销售方式。纳税人采取折扣方式销售货物,如果销售额和折扣额在同一张发票上分别注明,可以按折扣后的销售额征收增值税;如果将折扣额另开发票,不论其在财务上如何处理,均不得从销售额中减除折扣额。

② 以旧换新方式销售。以旧换新销售是指纳税人在销售货物时,折价收回同类旧货物,并以折价款部分冲减新货物价款的一种销售方式。纳税人采取以旧换新方式销售货物的,应按新货物的同期销售价格确定销售额,不得扣减旧货物的收购价格。

但是对金银首饰以旧换新业务，可以按销售方实际收取的不含增值税的全部价款征收增值税。

③还本方式销售。还本销售是指纳税人在销售货物后，到一定期限将货款一次或分次退还给购货方全部或部分价款的一种销售方式。这种销售方式实际上是一种筹资，是以货物换取资金的使用价值，到期还本不付息的方法。纳税人采取还本方式销售货物，其销售额就是货物的销售价格，不得从销售额中减除还本支出。

④以物易物方式销售。以物易物是指购销双方不是以货币结算，而是以同等价款的货物相互结算，实现货物购销的一种方式。以物易物双方都应作购销处理，以各自发出的货物核算销售额并计算销项税额，以各自收到的货物按规定核算购货额并计算进项税额。在以物易物活动中，应分别开具合法的票据，如收到的货物不能取得相应的增值税专用发票或其他合法票据的，不能抵扣进项税额。

⑤直销方式销售。直销企业先将货物销售给直销员，直销员再将货物销售给消费者的，直销企业的销售额为其向直销员收取的全部价款和价外费用。直销员将货物销售给消费者时，应按照现行规定缴纳增值税。

直销企业通过直销员向消费者销售货物，直接向消费者收取货款的，直销企业的销售额为其向消费者收取的全部价款和价外费用。

（7）包装物押金。

包装物是指纳税人包装本单位货物的各种物品。一般情况下，销货方向购货方收取包装物押金，购货方在规定时间内返还包装物，销货方再将收取的包装物押金返还。纳税人为销售货物而出租、出借包装物收取的押金，单独记账核算的，且时间在1年以内，又未逾期的，不并入销售额征税；但对因逾期未收回包装物不再退还的押金，应按所包装货物的适用税率计算增值税。实践中，应注意以下具体规定。

①所谓逾期未退还的包装物押金收入，是指在购买商品的时候，商品里包含不随同商品一起卖的包装物，这些包装物是需要收押金的，押金等你归

还包装物的时候会退还，一般有一个归还期。如果到了归还期包装物还没有退回，则说明这些押金有可能就不会再退还给顾客了而成为企业的一项收入，通常这些逾期未退还的包装物押金收入会视为含税的价外收入一并计征消费税或者增值税。

② 包装物押金是含税收入，在并入销售额征税时需要先将该押金换算为不含税收入，再计算应纳增值税。

③ 包装物押金不同于包装物租金，包装物租金属于价外费用，在销售货物时随同货款一并计算增值税。

④ 从1995年6月1日起，对销售除啤酒、黄酒外的其他酒类产品而收取的包装物押金，无论是否返还以及会计上如何核算，均应并入当期销售额征收增值税。

（8）营改增行业销售额的规定。

① 贷款服务，以提供贷款服务取得的全部利息及利息性质的收入为销售额。

② 直接收费金融服务，以提供直接收费金融服务收取的手续费、佣金、酬金、管理费、服务费、经手费、开户费、过户费、结算费、转托管费等各类费用为销售额。

③ 金融商品转让，按照卖出价扣除买入价后的余额为销售额。

转让金融商品出现的正负差，按盈亏相抵后的余额为销售额。若相抵后出现负差，可结转下一纳税期与下期转让金融商品销售额相抵，但年末仍出现负差的，不得转入下一个会计年度。

金融商品的买入价，可以选择按照加权平均法或者移动加权平均法进行核算，选择后36个月内不得变更。

金融商品转让，不得开具增值税专用发票。

④ 经纪代理服务，以取得的全部价款和价外费用，扣除向委托方收取并代为支付的政府性基金或者行政事业性收费后的余额为销售额。向委托方收取的政府性基金或者行政事业性收费，不得开具增值税专用发票。

⑤航空运输企业的销售额，不包括代收的机场建设费和代售其他航空运输企业客票而代收转付的价款。

⑥试点纳税人中的一般纳税人提供客运场站服务，以其取得的全部价款和价外费用，扣除支付给承运方运费后的余额为销售额。

⑦试点纳税人提供旅游服务，可以选择以取得的全部价款和价外费用，扣除向旅游服务购买方收取并支付给其他单位或者个人的住宿费、餐饮费、交通费、签证费、门票费和支付给其他接团旅游企业的旅游费用后的余额为销售额。

选择上述办法计算销售额的试点纳税人，向旅游服务购买方收取并支付的上述费用，不得开具增值税专用发票，可以开具普通发票。

⑧试点纳税人提供建筑服务适用简易计税方法的，以取得的全部价款和价外费用扣除支付的分包款后的余额为销售额。

⑨房地产开发企业中的一般纳税人销售其开发的房地产项目（选择简易计税方法的房地产老项目除外），以取得的全部价款和价外费用，扣除受让土地时向政府部门支付的土地价款后的余额为销售额。

房地产老项目，是指"建筑工程施工许可证"注明的合同开工日期在2016年4月30日前的房地产项目。

（9）销售额确定的特殊规定。

①纳税人兼营免税、减税项目的，应当分别核算免税、减税项目的销售额；未分别核算的，不得免税、减税。

②纳税人发生应税销售行为，开具增值税专用发票后，发生开票有误或者销售折让、中止、退回等情形的，应当按照国家税务总局的规定开具红字增值税专用发票；未按照规定开具红字增值税专用发票的，不得扣减销项税额或者销售额。

（10）外币销售额的折算。

纳税人按人民币以外的货币结算销售额的，其销售额的人民币折合率可以选择销售额发生当天或者当月1日的人民币外汇中间价。纳税人应事先确定采用何种折合率,确定后在1年内不得变更。

2.进项税额的确定。

进项税额,是指纳税人购进货物、劳务、服务、无形资产或者不动产,支付或者负担的增值税额。

(1)准予从销项税额中抵扣的进项税额包括以下几项。

① 从销售方取得的增值税专用发票(含税控机动车销售统一发票,下同)上注明的增值税额。

② 从海关取得的海关进口增值税专用缴款书上注明的增值税额。

③ 购进农产品,取得一般纳税人开具的增值税专用发票或者海关进口增值税专用缴款书的,以增值税专用发票或海关进口增值税专用缴款书上注明的增值税额为进项税额;从按照简易计税方法依照3%征收率计算缴纳增值税的小规模纳税人取得增值税专用发票的,以增值税专用发票上注明的金额和9%的扣除率计算进项税额;取得(开具)农产品销售发票或收购发票的,以农产品收购发票或销售发票上注明的农产品买价和9%的扣除率计算进项税额;纳税人购进用于生产或者委托加工13%税率货物的农产品,按照10%的扣除率计算进项税额。进项税额计算公式为:

进项税额 = 买价 × 扣除率

购进农产品,按照《农产品增值税进项税额核定扣除试点实施办法》抵扣进项税额的除外。

④ 纳税人购进国内旅客运输服务未取得增值税专用发票的,暂按照以下规定确定进项税额。

取得增值税电子普通发票的,为发票上注明的税额。

取得注明旅客身份信息的航空运输电子客票行程单的,按照下列公式计算进项税额:

航空旅客运输进项税额 = (票价 + 燃油附加费) ÷ (1+9%) × 9%

取得注明旅客身份信息的铁路车票的,按照下列公式计算进项税额:

铁路旅客运输进项税额 = 票面金额 ÷ (1+9%) × 9%

取得注明旅客身份信息的公路、水路等其他客票的，按照下列公式计算进项税额：

公路、水路等其他旅客运输进项税额 = 票面金额 ÷（1+3%）×3%

⑤自境外单位或者个人购进劳务、服务、无形资产或者境内的不动产，从税务机关或者扣缴义务人取得的代扣代缴的完税凭证上注明的增值税额。

⑥原增值税一般纳税人购进货物或者接受劳务，用于《销售服务、无形资产、不动产注释》所列项目的，不属于《增值税暂行条例》第十条规定不得抵扣进项税额的项目，其进项税额准予从销项税额中抵扣。

⑦原增值税一般纳税人购进服务、无形资产或者不动产，取得的增值税专用发票上注明的增值税额为进项税额，准予从销项税额中抵扣。

⑧原增值税一般纳税人自用的应征消费税的摩托车、汽车、游艇，其进项税额准予从销项税额中抵扣。

纳税人购进货物、劳务、服务、无形资产、不动产，取得的增值税扣税凭证不符合法律、行政法规或者国务院税务主管部门有关规定的，其进项税额不得从销项税额中抵扣。

增值税扣税凭证，是指增值税专用发票、海关进口增值税专用缴款书、农产品收购发票、农产品销售发票、完税凭证和符合规定的国内旅客运输发票。

纳税人凭完税凭证抵扣进项税额的，应当具备书面合同、付款证明和境外单位的对账单或者发票。资料不全的，其进项税额不得从销项税额中抵扣。

（2）不得从销项税额中抵扣的进项税额。

①用于简易计税方法计税项目、免征增值税项目、集体福利或者个人消费的购进货物、劳务、服务、无形资产和不动产。其中涉及的固定资产、无形资产、不动产，仅指专用于上述项目的固定资产、无形资产（不包括其他权益性无形资产）、不动产。

如果是既用于上述不允许抵扣项目又用于抵扣项目的，该进项税额准予全部抵扣。自2018年1月1日起，纳税人租入固定资产、不动产，既用于一般计税方法计税项目，又用于简易计税方法计税项目、免征增值税项目、集体福利或者个人消费的，其进项税额准予从销项税额中全额抵扣。

纳税人的交际应酬消费属于个人消费。

② 非正常损失的购进货物，以及相关的劳务和交通运输服务。

③ 非正常损失的在产品、产成品所耗用的购进货物（不包括固定资产）、加工修理修配劳务和交通运输服务。

④ 非正常损失的不动产，以及该不动产所耗用的购进货物、设计服务和建筑服务。

⑤ 非正常损失的不动产在建工程所耗用的购进货物、设计服务和建筑服务。

纳税人新建、改建、扩建、修缮、装饰不动产，均属于不动产在建工程。

⑥ 购进的旅客运输服务、贷款服务、餐饮服务、居民日常服务和娱乐服务。

⑦ 纳税人接受贷款服务向贷款方支付的与该笔贷款直接相关的投融资顾问费、手续费、咨询费等费用，其进项税额不得从销项税额中抵扣。

⑧ 财政部和国家税务总局规定的其他情形。

上述第④项、第⑤项所称货物，是指构成不动产实体的材料和设备，包括建筑装饰材料和给排水、采暖、卫生、通风、照明、通信、煤气、消防、中央空调、电梯、电气、智能化楼宇设备及配套设施。

不动产、无形资产的具体范围，按照《销售服务、无形资产、不动产注释》执行。

固定资产，是指使用期限超过12个月的机器、机械、运输工具以及其他与生产经营有关的设备、工具、器具等有形动产。

非正常损失，是指因管理不善造成货物被盗、丢失、霉烂变质，以及因违反法律法规造成货物或者不动产被依法没收、销毁、拆除的情形。

（3）适用一般计税方法的纳税人，兼营简易计税方法计税项目、免征增值税项目而无法划分不得抵扣的进项税额，按照下列公式计算不得抵扣的进项税额：

不得抵扣的进项税额 = 当期无法划分的全部进项税额 ×（当期简易计

税方法计税项目销售额+免征增值税项目销售额）÷当期全部销售额

主管税务机关可以按照上述公式依据年度数据对不得抵扣的进项税额进行清算。

（4）根据《增值税暂行条例实施细则》的规定，一般纳税人当期购进的货物或劳务用于生产经营，其进项税额在当期销项税额中予以抵扣。但已抵扣进项税额的购进货物或劳务如果事后改变用途，用于集体福利或者个人消费、购进货物发生非正常损失、在产品或产成品发生非正常损失等，应当将该项购进货物或者劳务的进项税额从当期的进项税额中扣减；无法确定该项进项税额的，按当期外购项目的实际成本计算应扣减的进项税额。

（5）已抵扣进项税额的固定资产，发生《增值税暂行条例》规定的不得从销项税额中抵扣情形的，应在当月按下列公式计算不得抵扣的进项税额：

不得抵扣的进项税额 = 固定资产净值 × 适用税率

固定资产净值，是指纳税人按照财务会计制度计提折旧后计算的固定资产净值。

（6）已抵扣进项税额的购进服务，发生《营业税改征增值税试点实施办法》规定的不得从销项税额中抵扣情形（简易计税方法计税项目、免征增值税项目除外）的，应当将该进项税额从当期进项税额中扣减；无法确定该进项税额的，按照当期实际成本计算应扣减的进项税额。

（7）已抵扣进项税额的无形资产，发生《营业税改征增值税试点实施办法》规定的不得从销项税额中抵扣情形的，按照下列公式计算不得抵扣的进项税额：

不得抵扣的进项税额 = 无形资产净值 × 适用税率

无形资产净值，是指纳税人根据财务会计制度摊销后的余额。

（8）已抵扣进项税额的不动产，发生非正常损失，或者改变用途，专用于简易计税方法计税项目、免征增值税项目、集体福利或者个人消费的，按照下列公式计算不得抵扣的进项税额，并从当期进项税额中扣减：

不得抵扣的进项税额 = 已抵扣进项税额 × 不动产净值率

不动产净值率＝（不动产净值÷不动产原值）×100％

（9）纳税人适用一般计税方法计税的，因销售折让、中止或者退回而退还给购买方的增值税额，应当从当期的销项税额中扣减；因销售折让、中止或者退回而收回的增值税额，应当从当期的进项税额中扣减。

（10）有下列情形之一者，应当按照销售额和增值税税率计算应纳税额，不得抵扣进项税额，也不得使用增值税专用发票。

① 一般纳税人会计核算不健全，或者不能够提供准确税务资料的。

② 应当办理一般纳税人资格登记而未办理的。

（11）自2019年4月1日起，增值税一般纳税人取得不动产或者不动产在建工程的进项税额不再分2年抵扣。此前按照规定尚未抵扣完毕的待抵扣进项税额，可自2019年4月税款所属期起从销项税额中抵扣。

取得不动产，包括以直接购买、接受捐赠、接受投资入股、自建以及抵债等各种形式取得不动产。

（12）根据《营业税改征增值税试点实施办法》及相关规定，不得抵扣且未抵扣进项税额的固定资产、无形资产，发生用途改变，用于允许抵扣进项税额的应税项目，可在用途改变的次月按照下列公式，计算可以抵扣的进项税额：

可以抵扣的进项税额＝固定资产、无形资产净值÷（1+适用税率）×适用税率

上述可以抵扣的进项税额应取得合法有效的增值税扣税凭证。

（13）按照规定不得抵扣进项税额的不动产，发生用途改变，用于允许抵扣进项税额项目的，按照下列公式在改变用途的次月计算可抵扣进项税额：

可抵扣进项税额＝增值税扣税凭证注明或计算的进项税额 × 不动产净值率

（14）一般纳税人发生下列应税行为可以选择适用简易计税方法计税，不允许抵扣进项税额。

① 公共交通运输服务，包括轮客渡、公交客运、地铁、城市轻轨、出租

车、长途客运、班车。

② 经认定的动漫企业为开发动漫产品提供的动漫脚本编撰、形象设计、背景设计、动画设计、分镜、动画制作、摄制、描线、上色、画面合成、配音、配乐、音效合成、剪辑、字幕制作、压缩转码（面向网络动漫、手机动漫格式适配）服务，以及在境内转让动漫版权（包括动漫品牌、形象或者内容的授权及再授权）。

③ 电影放映服务、仓储服务、装卸搬运服务、收派服务和文化体育服务。

④ 以纳入营改增试点之日前取得的有形动产为标的物提供的经营租赁服务。

⑤ 在纳入营改增试点之日前签订的尚未执行完毕的有形动产租赁合同。

3. 进项税额抵扣期限的规定。

（1）自 2017 年 7 月 1 日起，增值税一般纳税人取得的 2017 年 7 月 1 日及以后开具的增值税专用发票和机动车销售统一发票，应自开具之日起 360 日内认证或登录增值税发票选择确认平台进行确认，并在规定的纳税申报期内，向税务机关申报抵扣进项税额。

（2）增值税一般纳税人取得的 2017 年 7 月 1 日及以后开具的海关进口增值税专用缴款书，应自开具之日起 360 日内向税务机关报送《海关完税凭证抵扣清单》，申请稽核比对。

（二）简易计税方法应纳税额的计算

小规模纳税人发生应税销售行为采用简易计税方法计税，应按照销售额和征收率计算应纳增值税税额，不得抵扣进项税额。其计算公式为：

应纳税额 = 销售额 × 征收率

简易计税方法的销售额不包括其应纳税额，纳税人采用销售额和应纳税额合并定价方法的，按照下列公式计算销售额：

销售额 = 含税销售额 ÷ （1+ 征收率）

纳税人适用简易计税方法计税的，因销售折让、中止或者退回而退还给购买方的销售额，应当从当期销售额中扣减。扣减当期销售额后仍有余额造成多缴的税款,可以从以后的应纳税额中扣减。

一般纳税人发生财政部和国家税务总局规定的特定应税行为,可以选择适用简易计税方法计税,但一经选择,36个月内不得变更。

(三)进口货物应纳税额的计算

纳税人进口货物,无论是一般纳税人还是小规模纳税人,均应按照组成计税价格和规定的税率计算应纳税额,不允许抵扣发生在境外的任何税金。其计算公式为:

应纳税额 = 组成计税价格 × 税率

组成计税价格的构成分以下两种情况。

1. 如果进口货物不征收消费税,则上述公式中组成计税价格的计算公式为:

组成计税价格 = 关税完税价格 + 关税

2. 如果进口货物征收消费税,则上述公式中组成计税价格的计算公式为:

组成计税价格 = 关税完税价格 + 关税 + 消费税

根据《中华人民共和国海关法》(以下简称《海关法》)和《中华人民共和国进出口关税条例》(以下简称《进出口关税条例》)的规定,一般贸易项下进口货物的关税完税价格以海关审定的成交价格为基础的到岸价格作为完税价格。所谓成交价格是指一般贸易项下进口货物的买方为购买该项货物向卖方实际支付或应当支付的价格;到岸价格包括货价,加上货物运抵我国关境内输入地点起卸前的包装费、运费、保险费和其他劳务费等费用。

特殊贸易项下进口的货物,由于进口时没有"成交价格"可作依据,为此,《进出口关税条例》对这些进口货物制定了确定其完税价格的具体办法。

(四)扣缴计税方法

境外单位或者个人在境内发生应税销售行为,在境内未设有经营机构的,扣缴义务人按照下列公式计算应扣缴税额:

应扣缴税额 = 购买方支付的价款 ÷ (1+ 税率) × 税率

4.1.5 增值税税收优惠

（一）《增值税暂行条例》及其实施细则规定的免税项目

1. 农业生产者销售的自产农产品。

2. 避孕药品和用具。

3. 古旧图书。

4. 直接用于科学研究、科学试验和教学的进口仪器、设备。

5. 外国政府、国际组织无偿援助的进口物资和设备。

6. 由残疾人的组织直接进口供残疾人专用的物品。

7. 销售自己使用过的物品。

（二）营改增试点过渡政策的规定

1. 下列项目免征增值税。

（1）托儿所、幼儿园提供的保育和教育服务。

托儿所、幼儿园，是指经县级以上教育部门审批成立、取得办园许可证的实施0~6岁学前教育的机构，包括公办和民办的托儿所、幼儿园、学前班、幼儿班、保育院、幼儿院。

公办托儿所、幼儿园免征增值税的收入是指，在省级财政部门和价格主管部门审核报省级人民政府批准的收费标准以内收取的教育费、保育费。

民办托儿所、幼儿园免征增值税的收入是指，在报经当地有关部门备案并公示的收费标准范围内收取的教育费、保育费。

超过规定收费标准的收费，以开办实验班、特色班和兴趣班等为由另外收取的费用以及与幼儿入园挂钩的赞助费、支教费等超过规定范围的收入，不属于免征增值税的收入。

（2）养老机构提供的养老服务。

养老机构，是指依照民政部《养老机构设立许可办法》（民政部令第48号）设立并依法办理登记的为老年人提供集中居住和照料服务的各类养老机构；养老服务，是指上述养老机构按照民政部《养老机构管理办法》（民政部令第66号）的规定，为收住的老年人提供的生活照料、康复护理、精神慰藉、文化娱乐等服务。

（3）残疾人福利机构提供的育养服务。

（4）婚姻介绍服务。

（5）殡葬服务。

（6）残疾人员本人为社会提供的服务。

（7）医疗机构提供的医疗服务。

医疗机构，是指依据国务院《医疗机构管理条例》（国务院令第149号）及卫生部《医疗机构管理条例实施细则》（卫生部令第35号）的规定，经登记取得《医疗机构执业许可证》的机构，以及军队、武警部队各级各类医疗机构，具体包括：各级各类医院、门诊部（所）、社区卫生服务中心（站）、急救中心（站）、城乡卫生院、护理院（所）、疗养院、临床检验中心，各级政府及有关部门举办的卫生防疫站（疾病控制中心）、各种专科疾病防治站（所），各级政府举办的妇幼保健所（站）、母婴保健机构、儿童保健机构，各级政府举办的血站（血液中心）等医疗机构。

本项所称的医疗服务，是指医疗机构按照不高于地（市）级以上价格主管部门会同同级卫生主管部门及其他相关部门制定的医疗服务指导价格（包括政府指导价和按照规定由供需双方协商确定的价格等）为就医者提供《全国医疗服务价格项目规范》所列的各项服务，以及医疗机构向社会提供卫生防疫、卫生检疫的服务。

（8）从事学历教育的学校提供的教育服务。

① 学历教育，是指受教育者经过国家教育考试或者国家规定的其他入学方式，进入国家有关部门批准的学校或者其他教育机构学习，获得国家承认的学历证书的教育形式。具体包括如下内容。

初等教育：普通小学、成人小学。

初级中等教育：普通初中、职业初中、成人初中。

高级中等教育：普通高中、成人高中和中等职业学校（包括普通中专、成人中专、职业高中、技工学校）。

高等教育：普通本专科、成人本专科、网络本专科、研究生（博士、硕士）、高等教育自学考试、高等教育学历文凭考试。

② 从事学历教育的学校，是指：

普通学校；

经地（市）级以上人民政府或者同级政府的教育行政部门批准成立、国家承认其学员学历的各类学校；

经省级及以上人力资源社会保障行政部门批准成立的技工学校、高级技工学校；

经省级人民政府批准成立的技师学院。

上述学校均包括符合规定的从事学历教育的民办学校，但不包括职业培训机构等国家不承认学历的教育机构。

③ 提供教育服务免征增值税的收入，是指对列入规定招生计划的在籍学生提供学历教育服务取得的收入，具体包括：经有关部门审核批准并按规定标准收取的学费、住宿费、课本费、作业本费、考试报名费收入，以及学校食堂提供餐饮服务取得的伙食费收入。除此之外的收入，包括学校以各种名义收取的赞助费、择校费等，不属于免征增值税的范围。

学校食堂是指依照《学校食堂与学生集体用餐卫生管理规定》（教育部、卫生部令第14号）管理的学校食堂。

（9）学生勤工俭学提供的服务。

（10）农业机耕、排灌、病虫害防治、植物保护、农牧保险以及相关技术培训业务，家禽、牲畜、水生动物的配种和疾病防治。

农业机耕，是指在农业、林业、牧业中使用农业机械进行耕作（包括耕耘、种植、收割、脱粒、植物保护等）的业务；排灌，是指对农田进行灌溉或者排涝的业务；病虫害防治，是指从事农业、林业、牧业、渔业的病虫害测报和防治的业务；农牧保险，是指为种植业、养殖业、牧业种植和饲养的动植物提供保险的业务；相关技术培训，是指与农业机耕、排灌、病虫害防治、植物保护业务相关以及为使农民获得农牧保险知识的技术培训业务；家禽、牲畜、水生动物的配种和疾病防治业务的免税范围，包括与该项服务有关的提供药品和医疗用具的业务。

（11）纪念馆、博物馆、文化馆、文物保护单位管理机构、美术馆、展览馆、书画院、图书馆在自己的场所提供文化体育服务取得的第一道门票收入。

（12）寺院、宫观、清真寺和教堂举办文化、宗教活动的门票收入。

（13）行政单位之外的其他单位收取的符合《营业税改征增值税试点实施办法》第十条规定条件的政府性基金和行政事业性收费。

（14）个人转让著作权。

（15）个人销售自建自用住房。

（16）2018年12月31日前，公共租赁住房经营管理单位出租公共租赁住房。

（17）台湾航运公司、航空公司从事海峡两岸海上直航、空中直航业务在大陆取得的运输收入。

（18）纳税人提供的直接或者间接国际货物运输代理服务。

（19）符合规定条件的贷款、债券利息收入。

（20）被撤销金融机构以货物、不动产、无形资产、有价证券、票据等财产清偿债务。

（21）保险公司开办的一年期以上人身保险产品取得的保费收入。

（22）符合规定条件的金融商品转让收入。

（23）金融同业往来利息收入。

（24）同时符合规定条件的担保机构从事中小企业信用担保或者再担保业务取得的收入（不含信用评级、咨询、培训等收入）3年内免征增值税。

（25）国家商品储备管理单位及其直属企业承担商品储备任务，从中央或者地方财政取得的利息补贴收入和价差补贴收入。

（26）纳税人提供技术转让、技术开发和与之相关的技术咨询、技术服务。

（27）同时符合规定条件的合同能源管理服务。

（28）2017年12月31日前，科普单位的门票收入，以及县级及以上党政部门和科协开展科普活动的门票收入。

（29）政府举办的从事学历教育的高等、中等和初等学校（不含下属单位），举办进修班、培训班取得的全部归该学校所有的收入。

（30）政府举办的职业学校设立的主要为在校学生提供实习场所并由学校出资自办、由学校负责经营管理、经营收入归学校所有的企业，从事《销售服务、无形资产或者不动产注释》中"现代服务（不含融资租赁服务、广告服务和其他现代服务）""生活服务（不含文化体育服务、其他生活服务和桑拿、氧吧）"业务活动取得的收入。

（31）家政服务企业由员工制家政服务员提供家政服务取得的收入。

（32）福利彩票、体育彩票的发行收入。

（33）军队空余房产租赁收入。

（34）为了配合国家住房制度改革，企业、行政事业单位按房改成本价、标准价出售住房取得的收入。

（35）将土地使用权转让给农业生产者用于农业生产。

（36）涉及家庭财产分割的个人无偿转让不动产、土地使用权。

（37）土地所有者出让土地使用权和土地使用者将土地使用权归还给土地所有者。

（38）县级以上地方人民政府或自然资源行政主管部门出让、转让或收回自然资源使用权（不含土地使用权）。

（39）随军家属就业。

（40）军队转业干部就业。

（41）提供社区养老、抚育、家政等服务取得的收入。

2. 增值税即征即退。

（1）一般纳税人提供管道运输服务，对其增值税实际税负超过3%的部分实行增值税即征即退政策。

（2）经中国人民银行、中国银行业监督管理委员会（以下简称"银监会")或者中华人民共和国商务部(以下简称"商务部")批准从事融资租赁业务的试点纳税人中的一般纳税人,提供有形动产融资租赁服务和有形动产融资性售后回租服务,对其增值税实际税负超过3%的部分实行增值税即征即退政策。商务部授权的省级商务主管部门和国家经济技术开发区批准的从事融资租赁业务和融资性售后回租业务的试点纳税人中的一般纳税人,2016年5月1日后实收资本达到1.7亿元的,从达到标准的当月起按照上述规定执行;2016年5月1日后实收资本未达到1.7亿元但注册资本达到1.7亿元的,在2016年7月31日前仍可按照上述规定执行,2016年8月1日后开展的有形动产融资租赁业务和有形动产融资性售后回租业务不得按照上述规定执行。

(3)《营业税改征增值税试点过渡政策的规定》所称增值税实际税负,是指纳税人当期提供应税服务实际缴纳的增值税额占纳税人当期提供应税服务取得的全部价款和价外费用的比例。

3.扣减增值税规定。

(1)退役士兵创业就业。

(2)重点群体创业就业。

4.金融企业发放贷款后,自结息日90日内发生的应收未收利息按现行规定缴纳增值税,自结息日起90日后发生的应收未收利息暂不缴纳增值税,待实际收到利息时按规定缴纳增值税。

5.个人将购买不足2年的住房对外销售的,按照5%的征收率全额缴纳增值税;个人将购买2年以上(含2年)的住房对外销售的,免征增值税。上述政策适用于北京市、上海市、广州市和深圳市之外的地区。

个人将购买不足2年的住房对外销售的,按照5%的征收率全额缴纳增值税;个人将购买2年以上(含2年)的非普通住房对外销售的,以销售收入减去购买住房价款后的差额按照5%的征收率缴纳增值税;个人将购买2年以上(含2年)的普通住房对外销售的,免征增值税。上述政策仅适用于北京市、上海市、广州市和深圳市。

上述增值税优惠政策除已规定期限的项目和第5项政策外,其他均在营改增试点期间执行。如果试点纳税人在纳入营改增试点之日前已经按照有关政策规定享受了营业税税收优惠,在剩余税收优惠政策期限内,按照规定享受有关增值税优惠。

(三)跨境行为免征增值税的政策规定

中华人民共和国境内(以下简称"境内")的单位和个人销售的下列服务和无形资产免征增值税,但财政部和国家税务总局规定适用增值税零税率的除外。

下列跨境应税行为免征增值税。

(1)工程项目在境外的建筑服务。

(2)工程项目在境外的工程监理服务。

(3)工程、矿产资源在境外的工程勘察勘探服务。

(4)会议展览地点在境外的会议展览服务。

(5)存储地点在境外的仓储服务。

(6)标的物在境外使用的有形动产租赁服务。

(7)在境外提供的广播影视节目(作品)的播映服务。

(8)在境外提供的文化体育服务、教育医疗服务、旅游服务。

(9)为出口货物提供的邮政服务、收派服务、保险服务。为出口货物提供的保险服务,包括出口货物保险和出口信用保险。

(10)向境外单位提供的完全在境外消费的下列服务和无形资产。

① 电信服务。

② 知识产权服务。

③ 物流辅助服务(仓储服务、收派服务除外)。

④ 鉴证咨询服务。

⑤ 专业技术服务。

⑥ 商务辅助服务。

⑦ 广告投放地在境外的广告服务。

⑧ 无形资产。

（11）提供国际运输服务。

① 以无运输工具承运方式提供的国际运输服务。

② 以水路运输方式提供国际运输服务但未取得《国际船舶运输经营许可证》的。

③ 以公路运输方式提供国际运输服务但未取得《道路运输经营许可证》或者《国际汽车运输行车许可证》，或《道路运输经营许可证》的经营范围未包括"国际运输"的。

④ 以航空运输方式提供国际运输服务但未取得《公共航空运输企业经营许可证》，或者其经营范围未包括"国际航空客货邮运输业务"的。

⑤ 以航空晕乎方式提供国际运输服务但未持有《通用航空经营许可证》，或者其经营范围未包括"公务飞行"的。

（12）为境外单位之间的货币资金融通及其他金融业务提供的直接收费金融服务，且该服务与境内的货物、无形资产和不动产无关。

（13）财政部和国家税务总局规定的其他服务。

（四）起征点

纳税人发生应税销售行为的销售额未达到增值税起征点的，免征增值税；达到起征点的，全额计算缴纳增值税。

增值税起征点的适用范围限于按照小规模纳税人纳税的个体工商户和其他个人（自然人），不适用于登记为一般纳税人的个体工商户。营改增规定的应税行为的起征点如下。

1. 按期纳税的，为月销额 5 000～20 000 元（含本数）。

2. 按次纳税的，为每次（日）销售额 300～500 元（含本数）。

起征点的调整由财政部和国家税务总局规定。省、自治区、直辖市财政厅（局）和税务局应当在规定的幅度内，根据实际情况确定本地区适用的起征点，并报财政部和国家税务总局备案。

（五）小微企业免税规定

1. 自 2019 年 1 月 1 日至 2021 年 12 月 31 日，增值税小规模纳税人发生增值税应税销售行为，合计月销售额未超过 10 万元的，免征增值税。其中，以 1 个季度为纳税期限的增值税小规模纳税人，季度销售额未超过 30 万元的，免征增值税。

小规模纳税人发生增值税应税销售行为，合计月销售额超过 10 万元，但扣除本期发生的销售不动产的销售额后未超过 10 万元的，其销售货物、劳务、服务、无形资产取得的销售额免征增值税。

2. 增值税小规模纳税人月销售额未超过 10 万元的，当期因开具增值税专用发票已经缴纳的税款，在增值税专用发票全部联次追回或者按规定开具红字专用发票后，可以向主管税务机关申请退还。

3. 其他个人采取一次性收取租金形式出租不动产取得的租金收入，可在租金对应的租赁期内平均分摊，分摊后的月租金收入不超过 10 万元的，可享受小微企业免征增值税的优惠政策。

（六）其他减免税规定

1. 纳税人兼营免税、减税项目的，应当分别核算免税、减税项目的销售额；未分别核算销售额的，不得免税、减税。

2. 纳税人发生应税销售行为适用免税规定的，可以放弃免税，依照《增值税暂行条例》或者《营业税改征增值税试点实施办法》的规定缴纳增值税。放弃免税后，36 个月内不得再申请免税。

3. 纳税人发生应税销售行为同时适用免税和零税率规定的，可以选择适用免税或者零税率。

4.1.6 增值税征收管理

（一）纳税义务发生时间

1. 纳税人发生应税销售行为，为收讫销售款项或者取得索取销售款项凭据的当天；先开具发票的，为开具发票的当天。具体如下。

（1）采取直接收款方式销售货物，无论货物是否发出，均为收到销售款或者取得索取销售款项凭据的当天。

纳税人生产经营活动中采取直接收款方式销售货物，已将货物移送对方并暂估销售收入入账，但既未取得销售款或取得索取销售款凭据，也未开具销售发票的，其纳税义务发生时间为取得销售款或取得销售款凭据的当天；先开具发票的，为开具发票的当天。

（2）采取托收承付和委托银行收款方式销售货物，为发出货物并办妥托收手续的当天。

（3）采取赊销和分期收款方式销售货物，为书面合同约定的收款日期的当天，无书面合同的或者书面合同没有约定收款日期的，为货物发出的当天。

（4）采取预收货款方式销售货物，为货物发出的当天；但生产销售生产工期超过12个月的大型机械设备、船舶、飞机等货物，为收到预收款或者书面合同约定的收款日期的当天。

（5）委托其他纳税人代销货物，为收到代销单位的代销清单或者收到全部或部分货款的当天。未收到代销清单及货款的，为发出代销货物满180天的当天。

（6）纳税人提供租赁服务采取预收款方式的，其纳税义务发生时间为收到预收款的当天。

（7）纳税人从事金融商品转让的，为金融商品所有权转移的当天。

（8）纳税人发生相关视同销售货物行为的，为货物移送的当天。

（9）纳税人发生视同销售劳务、服务、无形资产、不动产情形的，其纳税义务发生时间为劳务、服务、无形资产转让完成的当天或者不动产权属变更的当天。

2.纳税人进口货物，其纳税义务发生时间为报关进口的当天。

3.增值税扣缴义务发生时间为纳税人增值税纳税义务发生的当天。

（二）纳税地点

1.固定业户应当向其机构所在地的主管税务机关申报纳税。总机构和分支机构不在同一县（市）的，应当分别向各自所在地的主管税务机关申报纳税；经国务院财政、税务部门或者其授权的财政、税务机关批准，可以由总机构汇总向总机构所在地的主管税务机关申报纳税。

2. 固定业户到外县（市）销售货物或者应税劳务，应当向其机构所在地的主管税务机关报告外出经营事项，并向其机构所在地的主管税务机关申报纳税；未报告的，应当向销售地或者劳务发生地的主管税务机关申报纳税；未向销售地或者劳务发生地的主管税务机关申报纳税的，由其机构所在地的主管税务机关补征税款。

3. 非固定业户销售货物或者劳务，应当向销售地或者劳务发生地的主管税务机关申报纳税；未向销售地或者劳务发生地的主管税务机关申报纳税的，由其机构所在地或者居住地的主管税务机关补征税款。

4. 进口货物，应当向报关地海关申报纳税。

5. 其他个人提供建筑服务、销售或者租赁不动产、转让自然资源使用权，应向建筑服务发生地、不动产所在地、自然资源所在地主管税务机关申报纳税。

6. 扣缴义务人应当向其机构所在地或者居住地的主管税务机关申报缴纳其扣缴的税款。

（三）纳税期限

根据《增值税暂行条例》及其实施细则和《营业税改征增值税试点实施办法》的规定，增值税的纳税期限分别为1日、3日、5日、10日、15日、1个月或者1个季度。

纳税人的具体纳税期限，由税务机关根据纳税人应纳税额的大小分别核定；不能按照固定期限纳税的，可以按次纳税。以1个季度为纳税期限的规定适用于小规模纳税人、银行、财务公司、信托投资公司、信用社，以及财政部和国家税务总局规定的其他纳税人。

纳税人以1个月或者1个季度为1个纳税期的，自期满之日起15日内申报纳税；以1日、3日、5日、10日或者15日为1个纳税期的，自期满之日起5日内预缴税款，于次月1日起15日内申报纳税并结清上月应纳税款。

扣缴义务人解缴税款的期限，依照上述规定执行。

纳税人进口货物，应当自海关填发进口增值税专用缴款书之日起 15 日内缴纳税款。

4.1.7 增值税专用发票使用规定

增值税专用发票，是增值税一般纳税人发生应税销售行为开具的发票，是购买方支付增值税额并可按照增值税有关规定据以抵扣增值税进项税额的凭证。

一般纳税人应通过增值税防伪税控系统使用专用发票。使用，包括领购、开具、缴销、认证、稽核比对专用发票及其相应的数据电文。

（一）专用发票的联次及用途

专用发票由基本联次或者基本联次附加其他联次构成，基本联次为 3 联，分别为：

1. 发票联，作为购买方核算采购成本和增值税进项税额的记账凭证；
2. 抵扣联，作为购买方报送主管税务机关认证和留存备查的扣税凭证；
3. 记账联，作为销售方核算销售收入和增值税销项税额的记账凭证。

其他联次用途由一般纳税人自行确定。自 2014 年 8 月 1 日起启用新版增值税专用发票。

（二）专用发票的领购

一般纳税人领购专用设备后，凭《增值税专用发票最高开票限额申请单》《发票领购簿》到主管税务机关办理初始发行。初始发行，是指主管税务机关将一般纳税人的企业名称；税务登记代码；开票限额；购票限量；购票人员姓名、密码；开票机数量；国家税务总局规定的其他信息等载入空白金税盘和 IC 卡的行为。一般纳税人凭《发票领购簿》、金税盘（或 IC 卡）和经办人身份证明领购专用发票。

一般纳税人有下列情形之一的，不得领购、开具专用发票。

1. 会计核算不健全，不能向税务机关准确提供增值税销项税额、进项税额、应纳税额数据及其他有关增值税税务资料的。

2.有《税收征管法》规定的税收违法行为，拒不接受税务机关处理的。

3.有下列行为之一，经税务机关责令限期改正而仍未改正的：

（1）虚开增值税专用发票；

（2）私自印制专用发票；

（3）向税务机关以外的单位和个人买取专用发票；

（4）借用他人专用发票；

（5）未按规定保管专用发票；

（6）未按规定保管专用发票和专用设备；

（7）未按规定申请办理防伪税控系统变更发行；

（8）未按规定接受税务机关检查。

有上列情形的，如已领购专用发票，主管税务机关应暂扣其结存的专用发票和IC卡。

（三）专用发票的使用管理

1.专用发票开票限额。

专用发票实行最高开票限额管理。最高开票限额，是指单份专用发票开具的销售额合计数不得达到的上限额度。

最高开票限额由一般纳税人申请，区县税务机关依法审批。一般纳税人申请最高开票限额时，需填报《增值税专用发票最高开票限额申请单》。主管税务机关受理纳税人申请以后，根据需要进行实地查验，实地查验的范围和方法由各省税务机关确定。自2014年5月1日起，一般纳税人申请增值税专用发票最高开票限额不超过10万元的，主管税务机关不需要事前进行实地查验。

2.专用发票开具范围。

一般纳税人发生应税销售行为，应当向索取增值税专用发票的购买方开具专用发票。属于下列情形之一的，不得开具增值税专用发票：

（1）商业企业一般纳税人零售烟、酒、食品、服装、鞋帽（不包括劳

保专用部分)、化妆品等消费品的;

(2)应税销售行为的购买方为消费者个人的;

(3)发生应税销售行为适用免税规定的;

(4)小规模纳税人发生应税销售行为的(需要开具专用发票的,可向税务机关申请代开,国家税务总局另有规定的除外)。

3.专用发票开具要求。

专用发票应按下列要求开具:

(1)项目齐全,与实际交易相符;

(2)字迹清楚,不得压线、错格;

(3)发票联和抵扣联加盖财务专用章或者发票专用章;

(4)按照增值税纳税义务的发生时间开具。

4.2 增值税筹划要点

增值税一般纳税人的税务筹划主要包括增值税兼营行为的筹划、增值税计税依据的筹划、增值税减免税的筹划和增值税出口退税的筹划等几个方面。

4.2.1 增值税兼营行为的筹划

我国现行增值税一般纳税人适用的增值税税率有4档——13%、9%、6%和0,在特定情况下适用征收率为5%或3%。税法规定,纳税人兼营销售货物、加工修理修配劳务、提供服务、销售无形资产或者不动产适用不同税率或者征收率的,应当分别核算适用不同税率或征收率的销售额,未分别核算销售额的,从高适用税率。

原来缴纳营业税的业务,除了出租动产适用13%的增值税税率外,其他业务适用税率(9%、6%)都明显低于销售货物适用税率(13%、9%)。

因此，企业在经营中一定将应税服务项目与销售货物分别签订合同、分别开具发票、分别进行收入核算，这样才能分别适用税率。

有些情况下，兼营不同税率业务的企业，最好先去工商管理部门更正经营范围，明确主营业务和兼营业务。如建筑施工单位将自制建筑材料用到承包的建筑工程，首先应在经营范围上明确主营工程施工，兼营建材生产销售，或者主营建材生产销售，兼营工程施工；然后分别签订销售建材合同和工程承包合同；进而分别开具发票，分别核算主营和兼营收入；最后才能分别适用 13% 和 9% 的税率纳税。否则，属于混合经营行为，有可能一并按照 13% 的税率征收增值税。

对于既销售货物又兼营运输的企业，首先也应明确主营和兼营的范围，然后分别签订销售货物合同和运输合同，进而分别开具发票，分别核算主营和兼营收入，最后才能分别适用 13% 和 9% 的税率纳税。

4.2.2 增值税计税依据的筹划

我国现行增值税采用间接计税法，增值税计税依据的税务筹划应从销项税额的税务筹划和进项税额的税务筹划两方面来考虑。

（一）销项税额的税务筹划

销项税额的税务筹划，应考虑销售方式的税务筹划和结算方式的税务筹划。企业在采用各种销售方式时，应考虑不同销售方式下企业的税收利益。

（二）进项税额的税务筹划

增值税实行的是凭票抵扣制度，站在一般纳税人的角度，只有取得合法的、可用于抵扣的票据，才能最大限度地减少应纳税额。故进项税额的税务筹划主要是供货方的选择和固定资产购进时间的筹划。

4.2.3 增值税减免税的筹划

为了用税收政策促进经济发展，在增值税法规和各种补充规定中有一些减免税优惠政策。由于增值税免税规定的存在，纳税人可以利用法定的免税规定达到节税的目的。

企业税务筹划中常用的是农业生产者销售自产农产品免税政策和国家对福利企业的税收优惠政策。

4.2.4 增值税出口退税的筹划

增值税出口退税的税务筹划主要考虑出口方式的选择。对于有出口经营权的企业来说，其出口方式有两种：一种是自营出口；另一种是通过外贸企业代理出口自产货物。虽然通过这两种方式出口货物都可以获得免税并退税，但获得退税的数额却不尽相同。

4.3 增值税筹划案例

案例一 运输费用的税务筹划

A企业是从事环保产品生产的企业，2019年销售额为425万元，该企业的负责人王经理在与其他企业的负责人对有关情况进行交流后，发现自己企业缴纳的增值税比同等销售额的其他企业缴纳多。后来注册税务师小方对该企业的纳税情况进行了全面调查，发现该企业收受发票不规范，许多项目应该取得增值税专用发票却没有取得。其中比较突出的问题是接受的运费发票不规范，该企业全年发生运费38万元，但支付运费时企业索取的都是普通收据，不是运输部门的运输发票，因而不能抵扣增值税的进项税额。该企业销售甲产品需要专用设备——槽车进行运输，该企业没有这种专用槽车，而甲产品的购买者B企业需自备这种槽车。A企业与B企业签订供货合同时，是以B企业的入库价格结算的，B企业提供槽车所发生的费用则在甲产品销售价格中扣减，同时提供结算收据。而这种结算收据在A企业是不能抵扣增值税进项税额的，从而导致A企业的增值税税负明显升高。针对这个问题，企业该如何解决。

【筹划方案】

方案一：将用槽车运输改为由专业运输公司负责，这样A企业能够取得能够抵扣增值税进项税额的运输发票，并抵扣进项税额380 000÷（1+9％）×

9%≈31 376.15（元）。

方案二：运输仍由B企业负责，但与B企业签订供货合同时，以A企业的出厂价格结算，从而降低A企业增值税的计税依据，降低A企业增值税销项税额。

方案一和方案二都是可取的，根据增值税应纳税额计算公式，分别从"销项税额""进项税额"两者入手，帮助企业实实在在降税负。

【政策依据】

现行我国纳税人应缴纳的增值税计算公式为：应纳税额＝当期销项税额－当期进项税额中准予从销项税额中抵扣的进项税额。而常规情况下纳税人可抵扣的进项税额为从销售方取得的增值税专用发票（含税控机动车销售统一发票，下同）上注明的增值税额。增值税专用发票，是增值税一般纳税人发生应税销售行为开具的发票，是购买方支付增值税额并可按照增值税有关规定据以抵扣增值税进项税额的凭证。一般纳税人应通过增值税防伪税控系统使用专用发票。使用，包括领购、开具、缴销、认证、稽核比对专用发票及其相应的数据电文。

我国增值税抵扣链条不断完善，但企业取得交通运输服务多存在发票不规范、应取得发票而未取得等问题。交通运输服务，是指利用运输工具将货物或者旅客送达目的地，使其空间位置得到转移的业务活动，包括陆路运输服务、水路运输服务、航空运输服务和管道运输服务。

案例二　销售额并不总是越高越好？

小张自己开了一家水果蔬菜零售店，登记为个体工商户，零售店每月含税销售额为20 600元，相关部门规定的增值税起征点为20 000元。请问小张如何进行税务筹划能使收益最大？

【筹划方案】

方案一：保持当前每月20 600元的含税销售额。

每月不含税销售额＝20 600÷（1+3%）=20 000（元）。

达到增值税起征点，全年应纳增值税额 =20 600÷（1+3%）×3%×12=7 200（元）。

如不考虑其他税费，小张每年收入 =20 600×12-7 200=240 000（元）。

方案二：将每月含税销售额降低为 20 500 元。

每月不含税销售额 =20 500÷（1+3%）≈ 19 902.91（元）。

没有达到增值税起征点，不需缴纳增值税。

如不考虑其他税费，小张每年收入 =20 500×12=246 000（元）。

方案二的销售额降低，但收入反而增加了 246 000-240 000=6 000（元）。

【政策依据】

根据《营业税改征增值税试点实施办法》，个人发生应税行为的销售额未达到增值税起征点的，免征增值税；达到起征点的，全额计算缴纳增值税。增值税起征点不适用于登记为一般纳税人的个体工商户。关于起征点，具体从以下几个方面解读。

1.增值税起征点的适用范围。

增值税起征点仅适用于《财政部 国家税务总局关于全面推开营业税改征增值税试点的通知》（财税〔2016〕36 号）的附件 1《营业税改征增值税试点实施办法》第一条规定的个人，包括个体工商户和其他个人，但不适用登记为一般纳税人的个体工商户，即增值税起征点仅适用于个体工商户小规模纳税人和其他个人。

2.销售额的确定。

销售额不包括其应纳增值税税额。采用销售额和应纳税额合并定价方法的，按照下列公式计算销售额：

销售额 = 含税销售额 ÷（1+ 征收率）

3.达到增值税起征点的征税规定。

纳税人达到增值税起征点的，应全额计算缴纳增值税，不应仅就超过增值税起征点的部分计算缴纳增值税。

增值税起征点幅度如下。

（1）按期纳税的，为月销售额 5 000～20 000 元（含本数）。

（2）按次纳税的，为每次（日）销售额 300～500 元（含本数）。

起征点的调整由财政部和国家税务总局规定。省、自治区、直辖市财政厅（局）和国家税务局应当在规定的幅度内，根据实际情况确定本地区适用的起征点，并报财政部和国家税务总局备案。

增值税起征税点幅度表如表 4-1 所示。对增值税小规模纳税人中月销售额未达到 2 万元的企业或非企业性单位，免征增值税。

表 4-1 增值税起征税点幅度表

序号	含义	增值税起征点
1	销售货物	月销售额 20 000 元
2	销售应税劳务	月销售额 20 000 元
3	提供应税服务	月销售额 20 000 元
4	按次纳税	每次（日）销售额 500 元

综上，个人和个体工商户的不含税销售额如果在当地规定的增值税起征点附近，应当尽量使自己的不含税销售额低于规定的起征点，从而享受免税的优惠待遇。

临界点 A = 销售额 - 起征点 - 销售额 × 3%，若 $A>0$，则需要适当降低销售额使收益达到最大值。

案例三　巧选供货商可以降低税负

A 企业是一家位于县城的生产型企业，属于增值税一般纳税人。其所使用的原材料有两种进货渠道：一是从一般纳税人那里进货，含税价格为 12 元/件，可以开具 13% 的增值税专用发票；另一种是从小规模纳税人那里进货，含税价格为 10 元/件，不能开具增值税专用发票。A 企业预计年进货量为 10 万件，它该选择哪种进货渠道？

【筹划方案】

方案一：从小规模纳税人处进货。

进货成本 =10×10=100（万元）。

方案二：从一般纳税人处进货。

进货成本 =[12-12÷（1+13%）×13% ×（1+10%）]×10 ≈ 104.81（万元）。

从一般纳税人处进货比从小规模纳税人处进货成本约多4.81（104.81-100）万元。

【政策依据】

小规模纳税人实行简易办法征收增值税的，可以自行开具增值税普通发票，征收率是3%，也可以到主管税务机关代开增值税专用发票，税率是3%。小规模纳税人购入货物所支付的增值税款不可抵扣，按价税合计全部计入购入货物成本。而一般纳税人销售货物时，如果购货方是一般纳税人，应开具增值税专用发票；若不是一般纳税人，应开具增值税普通发票，税率都是13%。此时所计算的税额称为销项税额，在购入货物时，取得的增值税专用发票上注明的税额称为进项税额。如果在购入货物时取得普通发票，所注明的税额不可作为进项税额，而是应当计入货物成本。每月应申报缴纳的税款 = 销项税额 − 当月认证通过的进项税额。因此，税务筹划的核心问题是增值税一般纳税人产品的价格与增值税小规模纳税人产品的价格之比达到多少就会使采购某种类型企业产品更加划算。

假定取得普通发票的购货单价为 X，取得13%增值税率专用发票的购货单价为 Y。因为专用发票可以用来抵扣增值税进项税额及城建税和教育费附加，可以得到下列等式：

$Y-Y÷（1+13\%）×13\% ×（1+10\%）=X$

$Y ≈ 1.14X$

处于平衡点时，二者的比约为1.14。即取得13%增值税率专用发票的购货单价为 Y，则从小规模纳税人处购货进价大于 $Y÷1.14$ 时，从小规模纳税人处采购货物所承担的增值税负担较轻。

案例四　快递行业分环节税务筹划

B公司是一家快递公司，已取得一般纳税人资格。2020年1月的应纳税收入为100万元，其中收件收入60万元、运输收入30万元、仓库出租收入10万元。本月B公司未取得相应的进项发票。问：B公司的增值税该如何筹划？

【筹划方案】

（1）区分不同收入分别核算。

① 收件收入应缴纳的增值税：60÷（1+6%）×6%≈3.40（万元）。

② 运输业务收入应缴纳的增值税：30÷（1+9%）×9%≈2.48（万元）。

③ 出租仓库收入应缴纳的增值税：10÷（1+9%）×9%≈0.83（万元）。

④ 总共应缴纳的增值税：3.40+2.48+0.83=6.71（万元）。

节约税款8.26-6.71=1.55（万元）。

（2）收件服务、运输服务申请享受简易计税。

① 收件收入应缴纳的增值税：60÷（1+3%）×3%≈1.75（万元）。

② 运输业务收入应缴纳的增值税：30÷（1+3%）×3%≈0.87（万元）。

③ 出租仓库收入应缴纳的增值税：10÷（1+9%）×9%≈0.83（万元）。

④ 总共应缴纳的增值税：1.75+0.87+0.83=3.45（万元）。

继续节约税款6.71-3.45=3.26（万元）。

（3）仓库出租转型仓储服务。

① 收件收入应缴纳的增值税：60÷（1+3%）×3%≈1.75（万元）。

② 运输业务收入应缴纳的增值税：30÷（1+3%）×3%≈0.87（万元）。

③ 出租仓库收入应缴纳的增值税：10÷（1+6%）×6%≈0.57（万元）。

④ 总共应缴纳的增值税：1.75+0.87+0.57=3.19（万元）。

继续节约税款3.26-3.19=0.07（万元）。

经过上述三步筹划，税率降低了61.38%[（8.26-3.19）÷8.26×100%]。收入100万元的企业，节约税款5.07万元，可以直接增加企业利润或者让利客户，增强企业市场竞争力。

【政策依据】

现在我国快递行业蓬勃发展，快递人员包括快递员、网点经营者、物流运输员等，快递环节包括收件、派件、物流、租赁、运输等。一般纳税人与小规模纳税人快递行业各环节增值税税率比较如表 4-2 所示。各环节的税率有所不同，纳税人可从此切入，进行增值税税务筹划。

表 4-2　一般纳税人与小规模纳税人快递行业各环节增值税税率比较

业务类型	工作内容	一般纳税人	小规模纳税人
收件	揽收快递	6%	3%
派件	派送快递	6%	3%
仓储服务	出租仓库、厂房并配备相应的人员提供仓储管理服务	6%	3%
租赁服务	只是出租仓库、厂房、车辆等但不配备相应的人员提供仓库或厂房管理服务	9%	5%
运输服务	提供陆地运输、航空运输、水路运输等服务	9%	5%

不同征收方式下，增值税税率也有所不同。一般计税方式和简易计税方式增值税税率比较如表 4-3 所示。

表 4-3　一般计税方式和简易计税方式增值税税率比较

业务类型	一般计税方式	简易计税方式
收件	6%	3%
派件	6%	3%
运输服务	6%	3%

另外，从事国际货物运输代理的可以享受零税率优惠政策。

第5章
消费税税务筹划

5.1 消费税简介

5.1.1 消费税的概念

消费税是指对消费品和特定的消费行为按流转额征收的一种商品税。广义上，消费税应对所有消费品包括生活必需品和日用品普遍课税；但从征收实践上看，消费税主要指对特定消费品或特定消费行为等课税。消费税主要以消费品为课税对象，属于间接税，税收随价格转嫁给消费者负担，消费者是税款的实际负担者。消费税的征收具有较强的选择性，是国家贯彻消费政策、引导消费结构从而引导产业结构的重要手段，因而在保证国家财政收入、体现国家经济政策等方面具有十分重要的意义。

5.1.2 消费税的特点

（1）征收范围具有选择性。我国消费税在征收范围上根据产业政策与消费政策仅选择部分消费品征税，而不是对所有消费品都征收消费税。

（2）一般情况下，征税环节具有单一性，主要在生产销售和进口环节征收消费税。

（3）平均税率水平比较高且税负差异大。消费税的平均税率水平比较高，并且不同征税项目的税负差异较大；诸如香烟等需要限制或控制消费的消费品，通常税负较重。

（4）计税方法具有灵活性。既对消费品采用单位税额，以消费品的数量实行从量定额的计税方法；又对消费品采用比例税率，以消费品的价格实行从价定率的计税方法。

5.1.3 消费税法

消费税法是指国家制定的、用以调整消费税征收与缴纳相关权利及义务关系的法律规范。现行消费税法的基本规范，是在2008年11月5日经国务院第34次常务会议修订通过并颁布，自2009年1月1日起施行的《中华人民共和国消费税暂行条例》（以下简称《消费税暂行条例》），以及2008年12月15日财政部、国家税务总局第51号令颁布的《中华人民共和国消费税暂行条例实施细则》（以下简称《消费税暂行条例实施细则》）。为进一步完善消费税制，自2014年12月1日起，取消气缸容量250毫升（不含）以下的小排量摩托车消费税、取消汽车轮胎消费税、取消车用含铅汽油消费税、取消酒精消费税；分别在2014年11月、12月和2015年1月先后三次提高成品油消费税单位税额；自2015年2月1日起对电池、涂料征收消费税；自2015年5月10日起，将卷烟批发环节从价税率由5%提高至11%，并按0.005元/支加征从量税；自2016年10月1日起，取消对普通美容、修饰类化妆品征收消费税，将高档化妆品的税率调整为15%；自2016年12月1日起，对每辆零售价格为130万元（不含增值税）及以上的超豪华小汽车，在零售环节加征消费税，税率为10%。这些构成了我国消费税法律制度的主要内容。

消费税与增值税、关税等相互配合，构成我国流转税新体系。

5.1.4 消费税纳税义务人

在中华人民共和国境内生产、委托加工和进口《消费税暂行条例》规定的消费品的单位和个人，以及国务院确定的销售《消费税暂行条例》规定的消费品的其他单位和个人，为消费税的纳税人。

在中华人民共和国境内，是指生产、委托加工和进口属于应当缴纳消费税的消费品的起运地或者所在地在境内。单位，是指企业、行政单位、事业单位、军事单位、社会团体及其他单位。个人，是指个体工商户及其他个人。

由于消费税是在对所有货物普遍征收增值税的基础上选择少量消费品征收的，因此，消费税纳税人同时也是增值税纳税人。

5.1.5 消费税征税范围

根据《消费税暂行条例》及其实施细则的规定，消费税的征收范围包括下列内容。

（一）生产应税消费品

纳税人生产的应税消费品，于纳税人销售时纳税。

纳税人自产自用的应税消费品，用于连续生产应税消费品的，不纳税；用于其他方面的，于移送使用时纳税。

用于连续生产应税消费品，是指纳税人将自产自用应税消费品作为直接材料生产最终应税消费品，自产自用应税消费品构成最终应税消费品的实体。

用于其他方面，是指纳税人将自产自用的应税消费品用于生产非应税消费品、在建工程、管理部门、非生产机构、提供劳务、馈赠、赞助、集资、广告、样品、职工福利、奖励等方面。

工业企业以外的单位和个人的下列行为视为应税消费品的生产行为，按规定征收消费税：将外购的消费税非应税产品以消费税应税产品对外销售的；将外购的消费税低税率应税产品以高税率应税产品对外销售的。

（二）委托加工应税消费品

委托加工的应税消费品，是指由委托方提供原料和主要材料，受托方只收取加工费和代垫部分辅助材料加工的应税消费品。对于由受托方提供原材料生产的应税消费品，或者受托方先将原材料卖给委托方，然后再接受加工的应税消费品，以及由受托方以委托方名义购进原材料生产的应税消费品，不论在财务上是否作为销售处理，都不得作为委托加工应税消费品，而应当按照销售自制应税消费品缴纳消费税。

委托加工的应税消费品，除受托方为个人外，由受托方在向委托方交货时代收代缴消费税。委托个人加工的应税消费品，由委托方收回后缴纳消费税。

委托加工的应税消费品，委托方用于连续生产应税消费品的，所纳税款准予按规定抵扣。

委托方将收回的应税消费品，以不高于受托方的计税价格出售的，为直接出售，不再缴纳消费税；委托方以高于受托方的计税价格出售的，不属于直接出售，需按照规定申报缴纳消费税，在计税时准予扣除受托方已代收代缴的消费税。

（三）进口应税消费品

单位和个人进口应税消费品，于报关进口时缴纳消费税。为了减少征税成本，进口环节缴纳的消费税由海关代征。

（四）零售应税消费品

（1）零售金银首饰。自1995年1月1日起，金银首饰消费税由生产销售环节征收改为零售环节征收。改在零售环节征收消费税的金银首饰仅限于金基、银基合金首饰，以及金、银和金基、银基合金的镶嵌首饰。自2002年1月1日起，对钻石及钻石饰品消费税的纳税环节由生产环节、进口环节后移至零售环节。自2003年5月1日起，铂金首饰消费税改为零售环节征税。

下列业务视同零售业务，在零售环节缴纳消费税。

① 为经营单位以外的单位和个人加工金银首饰。加工包括带料加工、翻新改制、以旧换新等业务，不包括修理和清洗。

② 经营单位将金银首饰用于馈赠、赞助、集资、广告样品、职工福利、奖励等方面。

③ 未经中国人民银行总行批准，经营金银首饰批发业务的单位将金银首饰销售给经营单位。

（2）零售超豪华小汽车。自2016年12月1日起，对超豪华小汽车，在生产（进口）环节按现行税率征收消费税的基础上，在零售环节加征消费税，将超豪华小汽车销售给消费者的单位和个人为超豪华小汽车零售环节的纳税人。

（五）批发销售卷烟

自2015年5月10日起，将卷烟批发环节从价税税率由5%提高至11%，并按0.005元/支加征从量税。

烟草批发企业将卷烟销售给其他烟草批发企业的，不缴纳消费税。

卷烟消费税改为在生产和批发两个环节征收后，批发企业在计算应纳税额时不得扣除已含的生产环节的消费税税款。

纳税人兼营卷烟批发和零售业务的，应当分别核算批发和零售环节的销售额、销售数量；未分别核算批发和零售环节销售额、销售数量的，按照全部销售额、销售数量计征批发环节消费税。

5.1.6 消费税税目

消费税的征收范围比较狭窄，同时也会根据经济发展、环境保护等国家政策方针进行修订，依据《消费税暂行条例》及相关法规规定，目前消费税税目包括烟、酒、化妆品等15种商品，部分税目还进一步划分了若干子目。

（一）烟

凡是以烟叶为原料加工生产的产品，不论使用何种辅料，均属于本税目的征收范围，包括卷烟（进口卷烟、白包卷烟、手工卷烟和未经国务院批准纳入计划的企业及个人生产的卷烟）、雪茄烟和烟丝。

在"烟"税目下分"卷烟"等子目，"卷烟"又分为"甲类卷烟"和"乙类卷烟"。其中，甲类卷烟是指每标准条（200支，下同）调拨价格在70元（不含增值税）以上（含70元）的卷烟；乙类卷烟是指每标准条调拨价格在70元（不含增值税）以下的卷烟。

（二）酒

酒是酒精度在1度以上的各种酒类饮料，包括白酒、黄酒、啤酒和其他酒。具体征税范围如下。

（1）白酒，包括粮食白酒和薯类白酒。

① 粮食白酒，是指以高粱、玉米、大米、糯米、大麦、小麦、青稞等各种粮食为原料，经过糖化、发酵后，采用蒸馏方法酿制的白酒。

② 薯类白酒，是指以白薯（红薯、地瓜）、木薯、马铃薯、芋头、山药等各种干鲜薯类为原料，经过糖化、发酵后，采用蒸馏方法酿制的白酒。用甜菜酿制的白酒，比照薯类白酒征税。

（2）黄酒，是指以糯米、粳米、籼米、大米、黄米、玉米、小麦、薯类等为原料，经加温、糖化、发酵、压榨酿制的酒，包括各种原料酿制的黄酒和酒精度超过12度（含12度）的土甜酒。

（3）啤酒，分为甲类啤酒和乙类啤酒，是指以大麦或其他粮食为原料，加入啤酒花，经糖化、发酵、过滤酿制的含有二氧化碳的酒。

对饮食业、商业、娱乐业举办的啤酒屋（啤酒坊）利用啤酒生产设备生产的啤酒，应当征收消费税。

（4）其他酒，是指除粮食白酒、薯类白酒、黄酒、啤酒以外，酒度在1度以上的各种酒，包括糠麸白酒、其他原料白酒、土甜酒、复制酒、果木酒、汽酒、药酒、葡萄酒等。

对以黄酒为酒基生产的配制或泡制酒，按其他酒征收消费税。调味料酒不征收消费税。

（三）高档化妆品

本税目征收范围包括高档美容、修饰类化妆品以及高档护肤类化妆品和成套化妆品。

高档美容、修饰类化妆品和高档护肤类化妆品是指生产（进口）环节销售（完税）价格（不含增值税）在10元／毫升（克）或15元／片（张）及以上的美容、修饰类化妆品和护肤类化妆品。

舞台、戏剧、影视演员化妆用的上妆油、卸妆油、油彩，不属于本税目的征收范围。

（四）贵重首饰及珠宝玉石

本税目的征收范围包括以金、银、白金、宝石、珍珠、钻石、翡翠、珊瑚、玛瑙等高贵稀有物质以及其他金属、人造宝石等制作的各种纯金银首饰及镶嵌首饰和经采掘、打磨、加工的各种珠宝玉石。

（五）鞭炮、焰火

本税目征收范围包括各种鞭炮、焰火，具体包括喷花类、旋转类、旋转升空类、火箭类、吐珠类、线香类、小礼花类、烟雾类、造型玩具类、炮竹类、摩擦炮类、组合烟花类、礼花弹类等。

体育上用的发令纸、鞭炮药引线，不按本税目征收。

（六）成品油

本税目包括汽油、柴油、石脑油、溶剂油、航空煤油、润滑油、燃料油7个子目。

（1）汽油。汽油是指用原油或其他原料加工生产的辛烷值不小于66的可用作汽油发动机燃料的各种轻质油。

以汽油、汽油组分调和生产的甲醇汽油、乙醇汽油也属于本税目征收范围。

（2）柴油。柴油是指用原油或其他原料加工生产的凝点或倾点在-50℃～30℃的可用作柴油发动机燃料的各种轻质油和以柴油组分为主、经调和精制可用作柴油发动机燃料的非标油。

以柴油、柴油组分调和生产的生物柴油也属于本税目征收范围。

（3）石脑油。石脑油又叫化工轻油，是以石油加工生产的或二次加工汽油经加氢精制而得的用于化工原料的轻质油。

石脑油的征收范围包括除汽油、柴油、航空煤油、溶剂油以外的各种轻质油。

（4）溶剂油。溶剂油是以石油加工生产的用于涂料、油漆生产、食用油加工、印刷油墨、皮革、农药、橡胶、化妆品生产的轻质油。

（5）航空煤油。航空煤油也叫喷气燃料，是以石油加工生产的用于喷气发动机和喷气推进系统中作为能源的石油燃料。

（6）润滑油。润滑油是用于内燃机、机械加工过程的润滑产品。润滑油分为矿物性润滑油、植物性润滑油、动物性润滑油和化工原料合成润滑油。

润滑油的征收范围包括矿物性润滑油、矿物性润滑油基础油、植物性润滑油、动物性润滑油和化工原料合成润滑油。

（7）燃料油。燃料油也称重油、渣油。燃料油征收范围包括用于电厂发电、船舶锅炉燃料、加热炉燃料、冶金和其他工业炉燃料的各类燃料油。

自2012年11月1日起，催化料、焦化料属于燃料油的征收范围，应当征收消费税。

（七）小汽车

小汽车是指由动力驱动，具有4个或4个以上车轮的非轨道承载的车辆。本税目征收范围包括以下几类。

（1）乘用车。含驾驶员座位在内最多不超过9个座位（含）的，在设计和技术特性上用于载运乘客和货物的各类乘用车。

（2）中轻型商用客车。含驾驶员座位在内的座位数在10~23座（含23座）的，在设计和技术特性上用于载运乘客和货物的各类中轻型商用客车。

（3）超豪华小汽车。每辆零售价格在130万元（不含增值税）及以上的乘用车和中轻型商用客车。

用排气量小于1.5升（含）的乘用车底盘（车架）改装、改制的车辆属于乘用车征收范围；用排气量大于1.5升的乘用车底盘（车架）或用中轻型商用客车底盘（车架）改装、改制的车辆属于中轻型商用客车征收范围。

含驾驶员人数（额定载客）为区间值（如8~10人、17~26人）的小汽车，按其区间值下限人数确定征收范围。

电动汽车不属于本税目征收范围。车身长度大于7米（含），并且座位在 10~23 座（含）以下的商用客车，不属于中轻型商用客车征税范围，不征收消费税。沙滩车、雪地车、卡丁车、高尔夫车不属于消费税征收范围，不征收消费税。

（八）摩托车

包括轻便摩托车和摩托车两种。对最大设计车速不超过 50 千米/小时，发动机气缸总工作容量不超过 50 毫升的三轮摩托车不征收消费税；对气缸容量在 250 毫升（不含）以下的小排量摩托车不征收消费税。

（九）高尔夫球及球具

高尔夫球及球具是指从事高尔夫球运动所需的各种专用装备，包括高尔夫球、高尔夫球杆及高尔夫球包（袋）等。

高尔夫球是指重量不超过 45.93 克、直径不超过 42.67 毫米的高尔夫球运动比赛、练习用球；高尔夫球杆是指被设计用来打高尔夫球的工具，由杆头、杆身和握把三部分组成；高尔夫球包（袋）是指专用于盛装高尔夫球及球杆的包（袋）。

本税目征收范围包括高尔夫球、高尔夫球杆、高尔夫球包（袋）。高尔夫球杆的杆头、杆身和握把属于本税目的征收范围。

（十）高档手表

高档手表是指销售价格（不含增值税）每只在 10 000 元（含）以上的各类手表。

本税目征收范围包括符合以上标准的各类手表。

（十一）游艇

游艇是指长度大于 8 米小于 90 米，船体由玻璃钢、钢、铝合金、塑料等多种材料制作，可以在水上移动的水上浮载体。按照动力划分，游艇分为无动力艇、帆艇和机动艇。

本税目征收范围包括艇身长度大于 8 米（含）小于 90 米（含），内置发动机，可以在水上移动，一般为私人或团体购置，主要用于水上运动和休闲娱乐等非营利活动的各类机动艇。

（十二）木制一次性筷子

木制一次性筷子，又称卫生筷子，是指以木材为原料经过锯段、浸泡、旋切、刨切、烘干、筛选、打磨、倒角、包装等环节加工而成的各类一次性使用的筷子。

本税目征收范围包括各种规格的木制一次性筷子。未经打磨、倒角的木制一次性筷子属于本税目征税范围。

（十三）实木地板

实木地板是指以木材为原料，经锯割、干燥、刨光、截断、开榫、涂漆等工序加工而成的块状或条状的地面装饰材料。实木地板按生产工艺不同，可分为独板（块）实木地板、实木指接地板、实木复合地板三类；按表面处理状态不同，可分为未涂饰地板（白坯板、素板）和漆饰地板两类。

本税目征收范围包括各类规格的实木地板、实木指接地板、实木复合地板及用于装饰墙壁、天棚的侧端面为榫、槽的实木装饰板。未经涂饰的素板也属于本税目征税范围。

（十四）电池

电池，是一种将化学能、光能等直接转换为电能的装置，一般由电极、电解质、容器、极端，通常还有隔离层组成的基本功能单元，以及用一个或多个基本功能单元装配成的电池组。范围包括原电池、蓄电池、燃料电池、太阳能电池和其他电池。

对无汞原电池、金属氢化物镍蓄电池（又称"氢镍蓄电池"或"镍氢蓄电池"）、锂原电池、锂离子蓄电池、太阳能电池、燃料电池和全钒液流电池免征消费税。

自 2016 年 1 月 1 日起，对铅蓄电池按 4% 税率征收消费税。

（十五）涂料

涂料是指涂于物体表面能形成具有保护、装饰或特殊性能的固态涂膜的一类液体或固体材料之总称。自2015年2月1日起对涂料征收消费税，对施工状态下挥发性有机物（Volatile Organic Compounds，VOC）含量低于420克/升（含）的涂料免征消费税。

5.1.7 消费税税率及计税依据

（一）消费税税率

消费税采用比例税率和定额税率两种形式，以适应不同应税消费品的实际情况。

消费税根据不同的税目或子目确定相应的税率或单位税额。大部分应税消费品适用比例税率，如烟丝税率为30%，气缸容量在250毫升以下的摩托车税率为3%等；黄酒、啤酒、成品油按单位重量或单位体积确定单位税额；卷烟、白酒采用比例税率和定额税率双重征收形式。

消费税税目、税率如表5-1所示。

表5-1 消费税税目税率表

税目	税率
一、烟	
1. 卷烟	
（1）甲类卷烟	56%加0.003元/支（生产环节）
（2）乙类卷烟	36%加0.003元/支（生产环节）
（3）批发环节	11%加0.005元/支
2. 雪茄烟	36%
3. 烟丝	30%
二、酒	
1. 白酒	20%加0.5元/500克（或者500毫升）
2. 黄酒	240元/吨
3. 啤酒	
（1）甲类啤酒	250元/吨
（2）乙类啤酒	220元/吨
4. 其他酒	10%
三、高档化妆品	15%

续表

税目	税率
四、贵重首饰及珠宝玉石	
1. 金银首饰、铂金首饰和钻石及钻石饰品	5%
2. 其他贵重首饰和珠宝玉石	10%
五、鞭炮、焰火	15%
六、成品油	
1. 汽油	1.52元/升
2. 柴油	1.20元/升
3. 航空煤油	1.20元/升
4. 石脑油	1.52元/升
5. 溶剂油	1.52元/升
6. 润滑油	1.52元/升
7. 燃料油	1.20元/升
七、摩托车	
1. 气缸容量（排气量，下同）在250毫升以下的	3%
2. 气缸容量在250毫升（不含）以上的	10%
八、小汽车	
1. 乘用车	
（1）气缸容量（排气量，下同）在1.0升（含1.0升）以下的	1%
（2）气缸容量在1.0升至1.5升（含1.5升）的	3%
（3）气缸容量在1.5升至2.0升（含2.0升）的	5%
（4）气缸容量在2.0升至2.5升（含2.5升）的	9%
（5）气缸容量在2.5升至3.0升（含3.0升）的	12%
（6）气缸容量在3.0升至4.0升（含4.0升）的	25%
（7）气缸容量在4.0升以上的	40%
2. 中轻型商用客车	5%
3. 超豪华小汽车	10%（零售环节）
九、高尔夫球及球具	10%
十、高档手表	20%
十一、游艇	10%
十二、木制一次性筷子	5%

续表

税目	税率
十三、实木地板	5%
十四、电池	4%
十五、涂料	4%

消费税采取列举法按具体应税消费品设置税目、税率，征税界限清楚，一般不易发生错用税率的情况。但是存在下列情况时，纳税人应按照相关规定确定适用税率。

1.纳税人兼营不同税率的应税消费品，应当分别核算不同税率应税消费品的销售额、销售数量；未分别核算销售额、销售数量，或者将不同税率的应税消费品组成成套消费品销售的，从高适用税率。

2.配制酒适用税率的确定。配制酒（露酒）是指以发酵酒、蒸馏酒或食用酒精为酒基，加入可食用或药食两用的辅料或食品添加剂，进行调配、混合或再加工制成的并改变了其原酒基风格的饮料酒。

（1）以蒸馏酒或食用酒精为酒基，同时符合以下条件的配制酒，按其他酒税率征收消费税：①具有国家相关部门批准的国食健字或卫食健字文号；② 酒精度低于38度（含）。

（2）以发酵酒为酒基，酒精度低于20度（含）的配制酒，按其他酒税率征收消费税。

（3）其他配制酒，按白酒税率征收消费税。

以上述蒸馏酒或食用酒精为酒基是指酒基中蒸馏酒或食用酒精的比重超过80%（含）；以发酵酒为酒基是指酒基中发酵酒的比重超过80%（含）。

3.纳税人自产自用的卷烟应当按照纳税人生产的同牌号规格的卷烟销售价格确定征税类别和适用税率。

4.卷烟由于接装过滤嘴、改变包装或其他原因提高销售价格后，应按照新的销售价格确定征税类别和适用税率。

5.委托加工的卷烟按照受托方同牌号规格卷烟的征税类别和适用税率征

税。没有同牌号规格卷烟的，一律按卷烟最高税率征税。

6. 残次品卷烟应当按照同牌号规格正品卷烟的征税类别确定适用税率。

7. 下列卷烟不分征税类别一律按照56%卷烟税率征税，并按照定额每标准箱150元计算征税：① 白包卷烟；② 手工卷烟；③ 未经国务院批准纳入计划的企业和个人生产的卷烟。

（二）消费税计税依据

按照现行消费税法规定，消费税应纳税额的计算分为从价计征、从量计征和从价从量复合计征三种方法。消费税计税依据划分如表5-2所示。

表5-2 消费税计税依据划分

税目	税率
啤酒、黄酒、成品油	定额税率
白酒、卷烟	比例税率和定额税率复合计税
除啤酒、黄酒、成品油、卷烟、白酒以外的其他各项应税消费品	比例税率

1. 从价计征。

在从价定率计算方法下，应纳税额等于应税消费品的销售额乘以适用税率，应纳税额取决于应税消费品的销售额和适用税率两个因素。

（1）销售额的确定。

销售额为纳税人销售应税消费品向购买方收取的全部价款和价外费用。销售，是指有偿转让应税消费品的所有权；有偿，是指从购买方取得货币、货物或者其他经济利益；价外费用，是指价外向购买方收取的手续费、补贴、基金、集资费、返还利润、奖励费、违约金、滞纳金、延期付款利息、赔偿金、代收款项、代垫款项、包装费、包装物租金、储备费、优质费、运输装卸费以及其他各种性质的价外收费。但下列项目不包括在内。

① 同时符合以下条件的代垫运输费用：承运部门的运输费用发票开具给购买方的；纳税人将该项发票转交给购买方的。

② 同时符合以下条件代为收取的政府性基金或者行政事业性收费：由国

务院或者财政部批准设立的政府性基金,由国务院或者省级人民政府及其财政、价格主管部门批准设立的行政事业性收费;收取时开具省级以上财政部门印制的财政票据;所收款项全额上缴财政。

其他价外费用,无论是否属于纳税人的收入,均应并入销售额计算征税。

实行从价定率办法计算应纳税额的应税消费品连同包装销售的,无论包装是否单独计价,也不论在会计上如何核算,均应并入应税消费品的销售额中征收消费税。如果包装物不作价随同产品销售,而是收取押金,此项押金则不应并入应税消费品的销售额中征税。但对因逾期未收回的包装物不再退还的或者已收取的时间超过12个月的押金,应并入应税消费品的销售额,按照应税消费品的适用税率缴纳消费税。

对既作价随同应税消费品销售,又另外收取押金的包装物的押金,凡纳税人在规定的期限内没有退还的,均应并入应税消费品的销售额,按照应税消费品的适用税率缴纳消费税。

从1995年6月1日起,对销售啤酒、黄酒外的其他酒类产品而收取的包装物押金,无论是否返还以及会计上如何核算,均应并入当期销售额征税。

白酒生产企业向商业销售单位收取的"品牌使用费"是随着应税白酒的销售而向购货方收取的,属于应税白酒销售价款的组成部分,因此不论企业采取何种方式或以何种名义收取价款,均应并入白酒的销售额中缴纳消费税。

纳税人销售的应税消费品,以外汇结算销售额的,其销售额的人民币折合率可以选择结算的当天或者当月1日的国家外汇牌价(原则上为中间价)。纳税人应事先确定采取何种折合率,确定后1年内不得变更。

(2)含增值税销售额的换算。

应税消费品在缴纳消费税的同时,与一般货物一样,还应缴纳增值税。按照《消费税暂行条例实施细则》的规定,应税消费品的销售额不包括应向购货方收取的增值税税款。如果纳税人应税消费品的销售额中未扣除增值税税款或者因不得开具增值税专用发票而发生价款和增值税税款合并收取的,在计算消费税时，应将含增值税的销售额换算为不含增值税的销售额。其换算公式为：

应税消费品的销售额 = 含增值税的销售额 ÷（1+ 增值税税率或征收率）

在使用换算公式时，应根据纳税人的具体情况分别使用增值税税率或征收率。如果消费税的纳税人同时又是增值税一般纳税人，应适用13%的增值税税率；如果消费税的纳税人是增值税小规模纳税人，应适用3%的征收率。

2. 从量计征。

在从量定额计算方法下，应纳税额等于应税消费品的销售数量乘以单位税额，应纳税额的多少取决于应税消费品的销售数量和单位税额两个因素。

（1）销售数量的确定。

销售数量是指纳税人生产、加工和进口应税消费品的数量。具体规定为：销售应税消费品的，为应税消费品的销售数量；自产自用应税消费品的，为应税消费品的移送使用数量；委托加工应税消费品的，为纳税人收回的应税消费品数量；进口应税消费品的，为海关核定的应税消费品进口征税数量。

（2）计量单位的换算标准。

《消费税暂行条例》规定，黄酒、啤酒是以吨为税额单位的；汽油、柴油是以升为税额单位的。但是考虑到在实际销售过程中，一些纳税人会把吨或升这两个计量单位混用，故规范了不同产品的计量单位，以准确计算应纳税额。吨与升两个计量单位的换算标准如表5-3所示。

表5-3 计量单位吨与升的换算标准

序号	名称	计量单位的换算标准
1	黄酒	1 吨 = 962 升
2	啤酒	1 吨 = 988 升
3	汽油	1 吨 = 1 388 升
4	柴油	1 吨 = 1 176 升
5	航空煤油	1 吨 = 1 246 升
6	石脑油	1 吨 = 1 385 升

续表

序号	名称	计量单位的换算标准
7	溶剂油	1吨 = 1 282升
8	润滑油	1吨 = 1 126升
9	燃料油	1吨 = 1 015升

3. 从价从量复合计征。

现行消费税的征税范围中，只有卷烟、白酒采用复合计征方法。应纳税额等于应税消费品的销售数量乘以定额税率再加上应税销售额乘以比例税率。

生产销售卷烟、白酒从量定额计税依据为实际销售数量。进口、委托加工、自产自用卷烟、白酒从量定额计税依据分别为海关核定的进口征税数量、委托方收回数量、移送使用数量。

4. 计税依据的特殊规定。

（1）自设非独立核算门市部销售应税消费品的计税规定。

纳税人通过自设非独立核算门市部销售的自产应税消费品，应当按照门市部对外销售额或者销售数量征收消费税。

（2）应税消费品用于换取生产资料和消费资料、投资入股和抵偿债务的计税规定。

纳税人用于换取生产资料和消费资料、投资入股和抵偿债务等方面的应税消费品，应当以纳税人同类应税消费品的最高销售价格作为计税依据计算消费税。

（3）卷烟计税价格的核定。

自2012年1月1日起，卷烟消费税最低计税价格（以下简称"计税价格"）核定范围为卷烟生产企业在生产环节销售的所有牌号、规格的卷烟。

计税价格由国家税务总局按照卷烟批发环节销售价格扣除卷烟批发环节批发毛利核定并发布。计税价格的核定公式为：

某牌号、规格卷烟计税价格 = 批发环节销售价格 × （1-适用批发毛利率）

卷烟批发环节销售价格，按照税务机关采集的所有卷烟批发企业在价格采集期内销售的该牌号、规格卷烟的数量、销售额进行加权平均计算。计算公式为：

$$批发环节销售价格 = \frac{\sum 该牌号、规格卷烟各采集点的销售额}{\sum 该牌号、规格卷烟各采集点的销售数量}$$

未经国家税务总局核定计税价格的新牌号、新规格卷烟，生产企业应按卷烟调拨价格申报纳税。

已经国家税务总局核定计税价格的卷烟，生产企业实际销售价格高于计税价格的，按实际销售价格确定适用税率，计算应纳税款并申报纳税；实际销售价格低于计税价格的，按计税价格确定适用税率，计算应纳税款并申报纳税。

（4）白酒最低计税价格的核定。

① 核定范围。

白酒生产企业销售给销售单位的白酒，生产企业消费税计税价格低于销售单位对外销售价格（不含增值税，下同）70%以下的，税务机关应核定消费税最低计税价格。自2015年6月1日起，纳税人将委托加工收回的白酒销售给销售单位，消费税计税价格低于销售单位对外销售价格（不含增值税）70%以下的，也应核定消费税最低计税价格。

销售单位，是指销售公司、购销公司以及委托境内其他单位或个人包销本企业生产白酒的商业机构。销售公司、购销公司，是指专门购进并销售白酒生产企业生产的白酒，并与该白酒生产企业存在关联性质的公司。包销，是指销售单位依据协定价格从白酒生产企业购进白酒，同时承担大部分包装材料等成本费用，并负责销售白酒。

白酒生产企业应将各种白酒的消费税计税价格和销售单位销售价格，按照规定的式样及要求，在主管税务机关规定的时限内填报。白酒消费税最低计税价格由白酒生产企业自行申报，由税务机关核定。

主管税务机关应将白酒生产企业申报的销售给销售单位的消费税计税价格低于销售单位对外销售价格70%以下、年销售额1 000万元以上的各种白酒,按照规定的式样及要求,在规定的时限内逐级上报至国家税务总局。国家税务总局选择其中部分白酒核定消费税最低计税价格。

除国家税务总局已核定消费税最低计税价格的白酒外,其他按规定需要核定消费税最低计税价格的白酒,消费税最低计税价格由各省、自治区、直辖市和计划单列市国家税务局核定。

② 核定标准。

白酒生产企业销售给销售单位的白酒,生产企业消费税计税价格高于销售单位对外销售价格70%(含)以上的,税务机关暂不核定消费税最低计税价格。

白酒生产企业销售给销售单位的白酒,生产企业消费税计税价格低于销售单位对外销售价格70%以下的,消费税最低计税价格由税务机关根据生产规模、白酒品牌、利润水平等情况在销售单位对外销售价格50%~70%范围内自行核定。对于其中生产规模较大、利润水平较高的企业生产的需要核定消费税最低计税价格的白酒,税务机关核价幅度原则上应选择在销售单位对外销售价格60%~70%范围内。

③ 重新核定。

已核定最低计税价格的白酒,销售单位对外销售价格持续上涨或下降时间达到3个月以上、累计上涨或下降幅度在20%(含)以上的白酒,税务机关重新核定最低计税价格。

④ 计税价格的适用。

已核定最低计税价格的白酒,生产企业实际销售价格高于消费税最低计税价格的,按实际销售价格申报纳税;实际销售价格低于消费税最低计税价格的,按最低计税价格申报纳税。

(5) 金银首饰销售额的确定。

对既销售金银首饰,又销售非金银首饰的生产、经营单位,应将两类商品划分清楚,分别核算销售额。凡划分不清楚或不能分别核算的,在生产环节销售的,一律从高适用税率征收消费税;在零售环节销售的,一律按金银首饰征收消费税。金银首饰与其他产品组成成套消费品销售的，应按销售额全额征收消费税。

金银首饰连同包装物销售的，无论包装物是否单独计价，也无论会计上如何核算，均应并入金银首饰的销售额，计征消费税。

带料加工的金银首饰，应按受托方销售同类金银首饰的销售价格确定计税依据征收消费税。没有同类金银首饰销售价格的，按照组成计税价格计算纳税。

纳税人采用以旧换新（含翻新改制）方式销售的金银首饰，应按实际收取的不含增值税的全部价款确定计税依据征收消费税。

5.1.8 消费税应纳税额的计算

（一）生产销售环节应纳消费税的计算

纳税人在生产销售环节应缴纳的消费税，包括直接对外销售应税消费品应缴纳的消费税和自产自用应税消费品应缴纳的消费税。

1. 直接对外销售应税消费品应缴纳的消费税的计算。

直接对外销售应税消费品应缴纳的消费税涉及三种计算方法。

（1）从价定率计算。

在从价定率计算方法下，应纳税额等于应税消费品的销售额乘以适用税率。基本计算公式为：

应纳税额 = 应税消费品的销售额 × 比例税率

（2）从量定额计算。

在从量定额计算方法下，应纳税额等于应税消费品的销售数量乘以单位税额。基本计算公式为：

应纳税额 = 应税消费品的销售数量 × 定额税率

（3）从价定率和从量定额复合计算。

现行消费税的征税范围中，只有卷烟、白酒采用复合计算方法。基本计算公式为：

应纳税额＝应税消费品的销售数量 × 定额税率 + 应税消费品的销售额 × 比例税率

2.自产自用应税消费品应缴纳的消费税的计算。

所谓自产自用，就是纳税人生产应税消费品后，不是用于直接对外销售，而是用于自己连续生产应税消费品或用于其他方面。这种自产自用应税消费品形式，在实际经济活动中是很常见的，但也是在是否纳税或如何纳税方面最容易出现问题的。例如，有的企业把自己生产的应税消费品以福利或奖励等形式发给本企业职工，以为不是对外销售，不必计入销售额，无须纳税，这样就出现了漏缴税款的现象。因此，纳税人有必要认真理解税法对自产自用应税消费品的有关规定。

（1）用于连续生产应税消费品。

纳税人自产自用的应税消费品用于连续生产应税消费品的，不用缴纳消费税。所谓"纳税人自产自用的应税消费品用于连续生产应税消费品的"，是指作为生产最终应税消费品的直接材料并构成最终产品实体的应税消费品。例如，卷烟厂生产出烟丝，再用生产出的烟丝连续生产卷烟，虽然烟丝是应税消费品，但用于连续生产卷烟的烟丝就不用缴纳消费税，只对生产销售的卷烟征收消费税。如果生产的烟丝直接用于销售，则烟丝需要缴纳税。税法规定，对自产自用的应税消费品，用于连续生产应税消费品的不征税，体现了不重复课税原则。

（2）用于其他方面。

纳税人自产自用的应税消费品，除用于连续生产应税消费品外，凡用于其他方面的，于移送使用时缴纳消费税。用于其他方面是指纳税人将其用于生产非应税消费品、在建工程、管理部门、非生产机构、提供劳务，以及用于馈赠、赞助、集资、广告、样品、职工福利、奖励等方面。所谓"用于生产非应税消费品"，是指把自产的应税消费品用于生产《消费税暂行条例》税目、税率表所列 15 类产品以外的产品。如原油加工厂用生产出的应税消费品汽油调和制成溶剂汽油，该溶剂汽油就属于非应税消费品，加工厂应就该自产自用行为缴纳消费税,但是不用缴纳增值税。所谓"用于在建工程",是指把自产的应税消费品用于本单位的各项建设工程。例如,石化工厂把自己生产的柴油用于本厂基建工程的车辆、设备使用。所谓"用于管理部门、非生产机构",是指把自产的应税消费品用于与本单位有隶属关系的管理部门或非生产机构。例如,汽车制造厂把生产出的小汽车提供给上级主管部门使用。所谓"提供劳务",是指把自产的应税消费为本单位相关部门提供劳务服务活动。例如,教育培训企业为本单位员工提供教育培训服务。所谓"用于馈赠、赞助、集资、广告、样品、职工福利、奖励",是指把自产的应税消费品无偿赠送给他人,或以资金的形式投资于外单位,或作为商品广告、经销样品,或以福利、奖励的形式发给职工。例如,小汽车生产企业把自己生产的小汽车赠送或赞助给小汽车拉力赛赛手使用,兼作商品广告;酒厂把自产的滋补药酒以福利的形式发给职工等。总之,企业自产的应税消费品虽然没有用于销售或连续生产应税消费品,但只要是用于税法所规定的范围的,都要视同销售,依法缴纳消费税。

(3)组成计税价格及税额的计算。

纳税人自产自用的应税消费品,凡用于其他方面,应当纳税的,按照纳税人生产的同类消费品的销售价格计算纳税。同类消费品的销售价格是指纳税人当月销售的同类消费品的销售价格,如果当月同类消费品各期销售价格高低不同,应按销售数量加权平均计算。但销售的应税消费品有下列情况之一的,不得用于加权平均计算:

① 销售价格明显偏低又无正当理由的;

② 无销售价格的。

如果当月无销售或者当月未完结,应按照同类消费品上月或者最近月份的销售价格计算纳税。

没有同类消费品销售价格的,按照组成计税价格计算纳税。组成计税价格的计算分为以下两种情况。

实行从价定率办法计算纳税的组成计税价格计算公式为:

组成计税价格 =（成本 + 利润）÷（1 - 比例税率）

应纳税额 = 组成计税价格 × 比例税率

实行复合计税办法计算纳税的组成计税价格计算公式为：

组成计税价格 =（成本 + 利润 + 自产自用数量 × 定额税率）÷（1 - 比例税率）

应纳税额 = 组成计税价格 × 比例税率 + 自产自用数量 × 定额税率

上述公式中所说的"成本"，是指应税消费品的产品生产成本。

上述公式中所说的"利润"，是指根据应税消费品的全国平均成本利润率计算的利润。应税消费品全国平均成本利润率由国家税务总局确定，具体如表5-4所示。

表5-4 应税消费品全国平均成本利润率表

货物名称	利润率	货物名称	利润率
1. 甲类卷烟	10%	10. 贵重首饰及珠宝玉石	6%
2. 乙类卷烟	5%	11. 摩托车	6%
3. 雪茄烟	5%	12. 高尔夫球及球具	10%
4. 烟丝	5%	13. 高档手表	20%
5. 粮食白酒	10%	14. 游艇	10%
6. 薯类白酒	5%	15. 木制一次性筷子	5%
7. 其他酒	5%	16. 实木地板	5%
8. 高档化妆品	5%	17. 乘用车	8%
9. 鞭炮、焰火	5%	18. 中轻型商用客车	5%

（二）委托加工环节应税消费品应纳税额的计算

企业、单位或个人由于设备、技术、人力等方面的局限或其他方面的原因，常常要委托其他单位代为加工应税消费品，然后将加工好的应税消费品收回，直接销售或自己使用。这是生产应税消费品的另一种形式，也需要纳入征收消费税的范围。例如，某企业将购来的小客车底盘和零部件提供给某汽车改装厂，加工、组装成小客车供自己使用，则加工、组装成的小客车就需要缴纳消费税。按照规定，委托加工的应税消费品，由受托方在向委托方交货时代收代缴税款。

1. 委托加工应税消费品的确定。

委托加工的应税消费品是指由委托方提供原料和主要材料，受托方只收取加工费和代垫部分辅助材料加工的应税消费品。对于由受托方提供原材料生产的应税消费品，或者受托方先将原材料卖给委托方，然后再接受加工的应税消费品，以及由受托方以委托方名义购进原材料生产的应税消费品，不论纳税人在财务上是否作销售处理，都不得作为委托加工应税消费品，而应当按照销售自制应税消费品缴纳消费税。

2. 代收代缴税款的规定。

对于确实属于委托方提供原料和主要材料，受托方只收取加工费和代垫部分辅助材料加工的应税消费品，税法规定，由受托方在向委托方交货时代收代缴消费税。这样，受托方就是法定的代收代缴义务人。如果受托方对委托加工的应税消费品没有代收代缴或少代收代缴消费税，应按照《中华人民共和国税收征收管理法》（以下简称《税收征管法》）的规定，承担代收代缴的法律责任。因此，受托方必须严格履行代收代缴义务，正确计算和按时代收代缴税款。为了加强对受托方代收代缴税款的管理，委托个人（含个体工商户）加工的应税消费品，由委托方收回后缴纳消费税。

对于委托加工的应税消费品，受托方在交货时已代收代缴消费税，委托方将收回的应税消费品以不高于受托方的计税价格出售的，为直接出售，不再缴纳消费税；委托方以高于受托方的计税价格出售的，不属于直接出售，需按照规定申报缴纳消费税，在计税时准予扣除受托方已代收代缴的消费税。

对于受托方没有按规定代收代缴税款的，不能因此免除委托方补缴税款的责任。在对委托方进行税务检查中，如果发现受其委托加工应税消费品的受托方没有代收代缴税款，则应按照《税收征管法》的规定，对受托方处以应代收代缴税款50%以上3倍以下的罚款。委托方要补缴税款，对委托方补征税款的计税依据是：如果在检查时，收回的应税消费品已经直接销售的，按销售额计税；收回的应税消费品尚未销售或不能直接销售的（如收回后用于连续生产等），按组成计税价格计税。组成计税价格的计算公式与下文"3."组成计税价格公式相同。

3.组成计税价格及应纳税额的计算。

委托加工的应税消费品，按照受托方的同类消费品的销售价格计算纳税，同类消费品的销售价格是指受托方（即代收代缴义务人）当月销售的同类消费品的销售价格，如果当月同类消费品各期销售价格高低不同，应按销售数量加权平均计算。但销售的应税消费品有下列情况之一的，其销售数量不得用于加权平均计算：

（1）销售价格明显偏低又无正当理由的；

（2）无销售价格的。

如果当月无销售或者当月未完结，应按照同类消费品上月或最近月份的销售价格计算纳税。没有同类消费品销售价格的，按照组成计税价格计算纳税。组成计税价格的计算公式分为以下两种情况。

实行从价定率办法计算纳税的组成计税价格计算公式为：

组成计税价格＝（材料成本＋加工费）÷（1－比例税率）

实行复合计税办法计算纳税的组成计税价格计算公式为：

组成计税价格＝（材料成本＋加工费＋委托加工数量×定额税率）÷（1－比例税率）

上述组成计税价格公式中有两个重要的概念解释如下。

① 材料成本。

按照《消费税暂行条例实施细则》的解释，"材料成本"是指委托方所提供加工材料的实际成本。

委托加工应税消费品的纳税人，必须在委托加工合同上如实注明（或以其他方式提供）材料成本，凡未提供材料成本的，受托方所在地主管税务机关有权核定其材料成本。从这一条规定可以看出，税法对委托方提供原料和主要材料并要以明确的方式如实提供材料成本的要求是很严格的，其目的就是防止纳税人假冒委托加工应税消费品或少报材料成本，逃避纳税的现象。

② 加工费。

根据《消费税暂行条例实施细则》的规定，"加工费"是指受托方加工应税消费品向委托方所收取的全部费用（包括代垫辅助材料的实际成本，不包括增值税税额），这是税法对受托方的要求。受托方必须如实提供向委托方收取的全部费用，这样才能既保证组成计税价格及代收代缴消费税被准确地计算出来，也能使受托方按加工费得以正确计算其应纳的增值税。

（三）进口环节应纳消费税的计算

进口的应税消费品，于报关进口时缴纳消费税；进口的应税消费品的消费税由海关代征；进口的应税消费品，由进口人或者其代理人向报关地海关申报纳税；纳税人进口应税消费品，按照关税征收管理的相关规定，应当自海关填发海关进口消费税专用缴款书之日起15日内缴纳税款。

1993年12月，国家税务总局、中华人民共和国海关总署（以下简称"海关总署"）联合颁发的《国家税务总局 海关总署关于进口货物征收增值税、消费税有关问题的通知》规定，进口应税消费品的收货人或办理报关手续的单位和个人，为进口应税消费品消费税的纳税义务人。进口应税消费品消费税的税目、税率（税额），依照《消费税暂行条例》所附的"消费税税目税率（税额）表"执行。

纳税人进口应税消费品，按照组成计税价格和规定的税率计算应纳税额。计算方法如下。

1. 实行从价定率办法计征应纳税额的计算。

实行从价定率办法计算纳税的组成计税价格计算公式为：

组成计税价格 =（关税完税价格 + 关税）÷（1 - 消费税比例税率）

应纳税额 = 组成计税价格 × 消费税比例税率

2. 实行从量定额办法计征应纳税额的计算。

应纳税额的计算公式为：

应纳税额 = 应税消费品数量 × 消费税定额税率

3. 实行从价定率和从量定额复合计税办法计征应纳税额的计算。

应纳税额的计算公式为：

组成计税价格 =（关税完税价格 + 关税 + 进口数量 × 消费税定额税率）÷（1 - 消费税比例税率）

应纳税额 = 组成计税价格 × 消费税比例税率 + 应税消费品进口数量 × 消费税定额税率

进口环节消费税除国务院另有规定外，一律不得给予减税、免税。

（四）已纳消费税扣除的计算

为了避免重复征税，现行消费税规定，将外购应税消费品和委托加工收回的应税消费品继续生产应税消费品销售的，可以将外购应税消费品和委托加工收回应税消费品已缴纳的消费税扣除。

1. 外购应税消费品已纳税款的扣除。

（1）外购应税消费品连续生产应税消费品。

由于某些应税消费品是用外购已缴纳消费税的应税消费品连续生产出来的，在对这些连续生产出来的应税消费品计算征税时，税法规定应按当期生产领用数量计算准予扣除外购的应税消费品已纳的消费税税款。扣除范围包括：

① 外购已税烟丝生产的卷烟；

② 外购已税高档化妆品生产的高档化妆品；

③ 外购已税珠宝玉石生产的贵重首饰及珠宝玉石；

④ 外购已税鞭炮、焰火生产的鞭炮、焰火；

⑤ 外购已税高尔夫杆头、杆身和握把为原料生产的高尔夫球杆；

⑥ 外购已税木制一次性筷子为原料生产的木制一次性筷子；

⑦ 外购已税实木地板为原料生产的实木地板；

⑧ 外购已税汽油、柴油、石脑油、燃料油、润滑油用于连续生产应税成品油。

上述当期准予扣除外购应税消费品已纳消费税税款的计算公式为：

当期准予扣除的外购应税消费品已纳税款 = 当期准予扣除的外购应税消

费品买价 × 外购应税消费品适用税率

当期准予扣除的外购应税消费品买价 = 期初库存的外购应税消费品的买价 + 当期购进的应税消费品的买价 - 期末库存的外购应税消费品的买价

外购已税消费品的买价是指购货发票上注明的销售额（不包括增值税税款）。由于我国近期多次调整成品油消费税税率，纳税人外购应税油品连续生产应税成品油，应根据其取得的外购应税油品增值税专用发票开具时间来确定具体扣除金额。如果增值税专用发票开具时间为调整前，则按照调整前的成品油消费税税率计算扣除消费税；如果增值税专用发票开具时间为调整后，则按照调整后的成品油消费税税率计算扣除消费税。

另外根据《国家税务总局关于修订〈葡萄酒消费税管理办法（试行）〉的公告》的规定，自2015年5月1日起，从葡萄酒生产企业购进、进口葡萄酒连续生产应税葡萄酒的，准予从葡萄酒消费税应纳税额中扣除所耗用应税葡萄酒已纳消费税税款。如本期消费税应纳税额不足抵扣的，余额留待下期抵扣。

（2）外购应税消费品后销售。

对自己不生产应税消费品，而只是购进后再销售应税消费品的工业企业，其销售的化妆品、护肤护发品、鞭炮焰火和珠宝玉石，凡不能构成最终消费品直接进入消费品市场，而需进一步生产加工、包装、贴标的或者组合的珠宝玉石、化妆品、酒、鞭炮焰火等，应当征收消费税，同时允许扣除上述外购应税消费品的已纳税款。

2.委托加工收回的应税消费品已纳税款的扣除。

委托加工的应税消费品因为已由受托方代收代缴消费税，委托方收回货物后用于连续生产应税消费品的，其已纳税款准予按照规定从连续生产的应税消费品应纳消费税税额中抵扣。按照国家税务总局的规定，下列连续生产的应税消费品准予从应纳消费税税额中按当期生产领用数量计算扣除委托加工收回的应税消费品已纳消费税税款：

① 以委托加工收回的已税烟丝为原料生产的卷烟；

② 以委托加工收回的已税高档化妆品为原料生产的高档化妆品；

③ 以委托加工收回的已税珠宝玉石为原料生产的贵重首饰及珠宝玉石；

④ 以委托加工收回的已税鞭炮、焰火为原料生产的鞭炮、焰火；

⑤ 以委托加工收回的已税高尔夫杆头、杆身和握把为原料生产的高尔夫球杆；

⑥ 以委托加工收回的已税木制一次性筷子为原料生产的木制一次性筷子；

⑦ 以委托加工收回的已税实木地板为原料生产的实木地板；

⑧ 以委托加工收回的已税汽油、柴油、石脑油、燃料油、润滑油用于连续生产应税成品油；

⑨ 以委托加工收回的已税摩托车连续生产应税摩托车（如用外购两轮摩托车改装三轮摩托车）。

上述当期准予扣除委托加工收回的应税消费品已纳消费税税款的计算公式为：

当期准予扣除的委托加工应税消费品已纳税款 = 期初库存的委托加工应税消费品已纳税款 + 当期收回的委托加工应税消费品已纳税款 − 期末库存的委托加工应税消费品已纳税款

纳税人以进口、委托加工收回应税油品连续生产应税成品油，分别依据海关进口消费税专用缴款书、税收缴款书（代扣代收专用），按照现行政策规定计算扣除应税油品已纳消费税税款。

纳税人以外购、进口、委托加工收回的应税消费品（以下简称"外购应税消费品"）为原料连续生产应税消费品，准予按现行政策规定抵扣外购应税消费品已纳消费税税款。经主管税务机关核实上述外购应税消费品未缴纳消费税的，纳税人应将已抵扣的消费税税款，从核实当月允许抵扣的消费税中冲减。

需要说明的是，纳税人用委托加工收回的已税珠宝玉石生产的、该在零售环节征收消费税的金银首饰，在计税时一律不得扣除委托加工收回的珠宝玉石的已纳消费税税款。

（五）特殊环节应纳消费税的计算

1. 卷烟批发环节应纳消费税的计算。

为了适当增加财政收入，完善烟产品消费税制度，自2009年5月1日起，在卷烟批发环节加征一道从价税。自2015年5月10日起，卷烟批发环节税率又有调整。

（1）纳税义务人：在中华人民共和国境内从事卷烟批发业务的单位和个人。

纳税人销售给纳税人以外的单位和个人的卷烟于销售时纳税，纳税人之间销售的卷烟不缴纳消费税。

（2）征收范围：纳税人批发销售的所有牌号、规格的卷烟。

（3）适用税率：从价税税率11%，从量税税率0.005元/支。

（4）计税依据：纳税人批发卷烟的销售额（不含增值税）、销售数量。

纳税人应将卷烟销售额与其他商品销售额分开核算，未分开核算的，一并征收消费税。纳税人兼营卷烟批发和零售业务的，应当分别核算批发和零售环节的销售额、销售数量；未分别核算批发和零售环节销售额、销售数量的，按照全部销售额、销售数量计征批发环节消费税。

（5）纳税义务发生时间：纳税人收讫销售款或者取得索取销售款凭据的当天。

（6）纳税地点：卷烟批发企业的机构所在地，总机构与分支机构不在同一地区的，由总机构申报纳税。

（7）卷烟消费税在生产和批发两个环节征收后，批发企业在计算纳税时不得扣除已含的生产环节的消费税税款。

2. 超豪华小汽车零售环节应纳消费税的计算。

为了引导合理消费、促进节能减排，自2016年12月1日起，在生产（进口）环节按现行税率征收消费税基础上，超豪华小汽车在零售环节加征一道消费税。

（1）征税范围：每辆零售价格在130万元（不含增值税）及以上的乘

用车和中轻型商用客车,即乘用车和中轻型商用客车子税目中的超豪华小汽车。

(2)纳税人:将超豪华小汽车销售给消费者的单位和个人。

(3)税率:10%。

(4)应纳税额的计算公式为:

应纳税额 = 零售环节销售额(不含增值税)× 零售环节税率

国内汽车生产企业直接销售给消费者的超豪华小汽车,消费税税率按照生产环节税率和零售环节税率加总计算。其消费税应纳税额计算公式为:

应纳税额 = 销售额(不含增值税)×(生产环节税率 + 零售环节税率)

(六)消费税出口退税的计算

对纳税人出口应税消费品,免征消费税;国务院另有规定的除外。

1. 出口免税并退税。

有出口经营权的外贸企业购进应税消费品直接出口,以及外贸企业受其他外贸企业委托代理出口应税消费品。外贸企业只有受其他外贸企业委托,代理出口应税消费品才可办理退税;外贸企业受其他企业(主要是非生产性的商贸企业)委托,代理出口应税消费品是不予退(免)税的。

属于从价定率计征消费税的,为已征且未在内销应税消费品应纳税额中抵扣的购进出口货物金额;属于从量定额计征消费税的,为已征且未在内销应税消费品应纳税额中抵扣的购进出口货物数量;属于复合计征消费税的,按从价定率和从量定额的计税依据分别确定。

消费税应退税额 = 从价定率计征消费税的退税计税依据 × 比例税率 + 从量定额计征消费税的退税计税依据 × 定额税率

出口货物的消费税应退税额的计税依据,按购进出口货物的消费税专用缴款书和海关进口消费税专用缴款书确定。

2. 出口免税但不退税。

有出口经营权的生产性企业自营出口或生产企业委托外贸企业代理出口自产的应税消费品,依据其实际出口数量免征消费税,不予办理退还消费税。

免征消费税是指对生产性企业按其实际出口数量免征生产环节的消费税。不予办理退还消费税，是因为已免征生产环节的消费税，该应税消费品出口时，已不含有消费税，所以无须再办理退还消费税。

3. 出口不免税也不退税。

除生产企业、外贸企业外的其他企业，具体是指一般商贸企业，这类企业委托外贸企业代理出口应税消费品一律不予退（免）税。

5.1.9 消费税征收管理

（一）征税环节

目前，对消费税的征收分布于以下环节。

1. 对生产应税消费品在生产销售环节征税。

生产销售应税消费品是消费税征收的主要环节，因为在一般情况下，消费税具有单一环节征税的特点。对于大多数消费税应税商品而言，在生产销售环节征税以后，流通环节不用再缴纳消费税。纳税人生产应税消费品，除了直接对外销售应征收消费税外，如将生产的应税消费品换取生产资料、消费资料、投资入股、偿还债务，以及用于继续生产应税消费品以外的其他方面都应缴纳消费税。

另外，工业企业以外的单位和个人的下列行为视为应税消费品的生产行为，按规定征收消费税：

（1）将外购的消费税非应税产品以消费税应税产品对外销售的；

（2）将外购的消费税低税率应税产品以高税率应税产品对外销售的。

2. 对委托加工应税消费品在委托加工环节征税。

委托加工应税消费品，是指委托方提供原料和主要材料，受托方只收取加工费和代垫部分辅助材料加工的应税消费品。由受托方提供原材料或其他情形的一律不能视同委托加工应税消费品。委托加工的应税消费品收回后，再继续用于生产应税消费品销售且符合现行政策规定的，其加工环节缴纳的消费税可以扣除。

3. 对进口应税消费品在进口环节征税。

单位和个人进口属于消费税征税范围的货物，在进口环节要缴纳消费税。为了减少征税成本，进口环节缴纳的消费税由海关代征。

4. 对零售特定应税消费品在零售环节征税。

经国务院批准，自1995年1月1日起，金银首饰消费税由生产销售环节征收改为零售环节征收。改在零售环节征收消费税的金银首饰仅限于金基、银基合金首饰以及金、银和金基、银基合金的镶嵌首饰。进口环节暂不征收消费税，零售环节适用税率为5%，在纳税人销售金银首饰、钻石及钻石饰品时征收。其计税依据是不含增值税的销售额。

5. 对移送使用应税消费品在移送使用环节征税。

如果企业在生产经营的过程中，将应税消费品移送用于加工非应税消费品，则应对移送部分征收消费税。

6. 对批发卷烟在卷烟的批发环节征税。

与其他消费税应税商品不同的是，卷烟除了在生产销售环节征收消费税外，还在批发环节征收消费税。纳税人兼营卷烟批发和零售业务的，应当分别核算批发和零售环节的销售额、销售数量；未分别核算批发和零售环节销售额、销售数量的，按照全部销售额、销售数量计征批发环节消费税。纳税人销售给纳税人以外的单位和个人的卷烟于销售时纳税，纳税人之间销售的卷烟不缴纳消费税。卷烟批发企业的总机构与分支机构不在同一地区的，由总机构申报纳税。卷烟消费税在生产和批发两个环节征收后，批发企业在计算纳税时不得扣除已含的生产环节的消费税税款。

（二）纳税义务发生时间

消费税纳税义务发生的时间，以货款结算方式或行为发生时间分别确定。

1. 纳税人销售的应税消费品，其纳税义务的发生时间如下。

（1）纳税人采取赊销和分期收款结算方式的，为书面合同约定的收款日期的当天；书面合同没有约定收款日期或者无书面合同的，为发出应税消费品的当天。

（2）纳税人采取预收货款结算方式的，其纳税义务的发生时间，为发出应税消费品的当天。

（3）纳税人采取托收承付和委托银行收款方式销售的应税消费品，其纳税义务的发生时间，为发出应税消费品并办妥托收手续的当天。

（4）纳税人采取其他结算方式的，其纳税义务的发生时间，为收讫销售款或者取得索取销售款凭据的当天。

2.纳税人自产自用的应税消费品，其纳税义务的发生时间，为移送使用的当天。

3.纳税人委托加工的应税消费品，其纳税义务的发生时间，为纳税人提货的当天。

4.纳税人进口的应税消费品，其纳税义务的发生时间，为报关进口的当天。

（三）纳税期限

《消费税暂行条例》规定，消费税的纳税期限分别为1日、3日、5日、10日、15日、1个月或者1个季度。纳税人的具体纳税期限，由主管税务机关根据纳税人应纳税额的大小分别核定；不能按照固定期限纳税的，可以按次纳税。

纳税人以1个月或以1个季度为一期纳税的，自期满之日起15日内申报纳税；以1日、3日、5日、10日或者15日为一期纳税的，自期满之日起5日内预缴税款，于次月1日起15日内申报纳税并结清上月应纳税款。

纳税人进口应税消费品，应当自海关填发海关进口消费税专用缴款书之日起15日内缴纳税款。

如果纳税人不能按照规定的纳税期限依法纳税，将按《税收征管法》的有关规定处理。

（四）纳税地点

消费税具体纳税地点如下。

1.纳税人销售的应税消费品，以及自产自用的应税消费品，除国务院财政、税务主管部门另有规定外，应当向纳税人机构所在地或者居住地的主管税务机关申报纳税。

2.委托加工的应税消费品，除受托方为个人外，由受托方向机构所在地或者居住地的主管税务机关解缴消费税税款。

3.进口的应税消费品，由进口人或者其代理人向报关地海关申报纳税。

4.纳税人到外县（市）销售或者委托外县（市）代销自产应税消费品的，于应税消费品销售后，向机构所在地或者居住地主管税务机关申报纳税。

纳税人的总机构与分支机构不在同一县（市），但在同一省（自治区、直辖市）范围内，经省（自治区、直辖市）财政厅（局）、国家税务局审批同意，可以由总机构汇总向总机构所在地的主管税务机关申报缴纳消费税。

省（自治区、直辖市）财政厅（局）、国家税务局应将审批同意的结果，上报财政部、国家税务总局备案。

5.纳税人销售的应税消费品，因质量等原因发生退货的，其已缴纳的消费税税款可予以退还。

纳税人办理退税手续时，应将开具的红字增值税发票、退税证明等资料报主管税务机关备案。主管税务机关核对无误后办理退税。

6.纳税人直接出口的应税消费品办理免税后，发生退关或者国外退货，复进口时已予以免税的，可暂不办理补税，待其转为国内销售的当月申报缴纳消费税。

5.2 消费税筹划要点

5.2.1 规避纳税义务的税务筹划

（一）通过降低价格规避纳税义务

适用于卷烟（甲类、乙类）、啤酒（甲类、乙类）、手表（单价在 10 000 元以上）等规定了临界价格的应税消费品。

（二）通过改变企业组织结构等规避纳税义务

对于存在多个连续的生产环节，并且半成品和成品都是消费税征税对象的，可以通过改变企业结构，将原纳税环节转换为企业内部生产环节，从而规避纳税义务，同时还能起到延迟纳税的效果。

例如，如果白酒生产企业能将提供白酒或酒精的生产企业"合二为一"，则由原来的"外购或委托加工应税消费品"变成"自产应税消费品"。税法规定，自产应税消费品用于连续生产应税消费品的不征消费税，用于连续生产非应税消费品的应当视同销售。这样第一道环节的消费税将得到免除。

（三）通过改变生产工艺和流程规避纳税义务

如果企业生产的半成品为消费税征税对象，通过加工后最终产品无须缴纳消费税，企业应改变生产流程，避免半成品成为消费税征税对象，从而规避纳税义务。

5.2.2 计税依据的税务筹划

主要通过缩小计税依据，达到直接减轻税负的目的。

（一）转让定价降低计税依据

企业分设独立核算的经销部、销售公司，以较低的价格向其供货，然后其再以正常市场价格对外销售。

这种做法在生产烟、酒、化妆品、摩托车、小汽车的行业应用比较普遍。注意内部转移价格不可明显偏低，不要突破独立交易原则。

（二）兼营业务的计税依据筹划

1.将不同税负应税产品的销售额和销售数量分开核算，如白酒与酒精销售。不分开核算的，税率从高。

分别核算时，要求企业在合同文本设计、存货管理、财务核算等过程中做到严格管理。

2.由于税率从高原则，消费品的"成套"销售应慎重。

筹划技巧："成套"环节后移。对于适合在零售环节组合成套的消费品，应该在出厂后的零售环节进行组合成套；对于不适合在零售环节组合成套的消费品，企业可通过独立核算的销售公司进行产品的组合销售。

3. 自产自用应税消费品计税依据筹划。

（1）将应税消费品用于继续生产应税消费品的不纳税。

（2）改变用途，将应税消费品用于生产非应税消费品、建筑部门、管理部门、非生产机构、提供劳务、捐赠、赞助、广告、样品、职工福利等方面的，在移送使用时纳税。

计税价格的确定：

① 同类消费品销售价格；

② 组成计税价格＝（成本＋利润）÷（1－消费税税率）。

其中，利润由国家税务总局确定，成本可以在企业核算中进行筹划。

4. 以物易物的计税依据筹划。

按照规定，以物易物的计税依据是同类商品的销售最高价，所以可以采用"先卖再买"的方式进行筹划。

5.2.3　委托加工应税消费品的税务筹划

（一）委托加工的税务筹划

1. 委托加工，指的是由委托方提供主要原料与主要材料，受托方只收取加工费或者代垫部分辅助材料进行加工。

规定：受托方代收代缴消费税，同时只就收取劳务费缴纳增值税。

2. 非委托加工，指的是受托方提供主要材料或者受托方将材料卖给委托方或受托方以委托方的名义购进原材料进行加工。

规定：视为受托方生产销售应税消费品。

应纳税额＝应税消费品提货数量 × 销售单价 × 适用税率

组成计税价格＝（材料成本＋加工费）÷（1－消费税税率）

其中，材料成本和加工费可进行适度筹划。

(二)改变加工方式的税务筹划

1.委托加工方式的税负。

(1)收回后继续加工再出售。

例如,兴盛公司委托恒隆公司将一批价值为100万元的原材料加工成A半成品,协议规定加工费为75万元;加工的A半成品运回兴盛公司,继续加工成B产品,加工费、分摊费用共计85万元,该批产成品售价为700万元。假设A半成品消费税税率为30%,B产品消费税税率为50%。

恒隆公司代收代缴消费税=(100+75)÷(1-30%)×30%=75(万元)

兴盛公司销售后应缴消费税=700×50%-75=275(万元)

(2)加工为成品,收回后直接销售。

在上例中,如果兴盛公司将加工费85万支付给恒隆公司,让其将半成品加工为产成品后收回出售。

恒隆公司代收代缴消费税=(100+75+85)÷(1-50%)×50%=260(万元)

兴盛公司收回后直接出售不再缴纳消费税,比方式(1)节省15万元税费。

2.自行加工方式的税负。

在上例中,兴盛公司将购入的价值100万元的原材料自行加工成B产品出售,加工成本、分摊费用为160万元,售价为700万元。

兴盛公司应纳消费税=700×50%=350(万元)

结论:由于委托加工应税消费品与自行加工应税消费品的税基不同,前者使用组成计税价格,后者用市场销售价格,只要产品对外售价高于组成计税价格,在各相关因素相同的情况下,自行加工方式税负最重,比较彻底的委托加工方式又比委托加工后再自行加工销售的税负要低。

(三)包装物及押金的税务筹划

包装物及押金征收消费税的相关规定:

1.包装物随同应税消费品作价出售;

2.(啤酒、黄酒)包装物不作价销售而是收取押金;

3. 包装物作价销售又收取押金；

4. 逾期未收回包装物而不再退还的或已经收取一年以上的押金。

提示：未逾期的做押金核算的包装物不征收消费税。筹划关键：包装物不能作价随同产品销售，且押金应该在一年内收回。

5.2.4 降低适用税率的筹划

由于应税消费品所适用的税率和消费品类型是一一对应的，每种应税消费品都有明确且固定的税率，看似难以进行税务筹划，其实在很多情形中，《消费税暂行条例》中界定的消费品类型是具有一定可转换性的。针对消费税的税率多档次的特点，根据税法的基本原则，进行必要的合并核算和分开核算，以达到节税的目的。

（一）适当进行子目转换

税务筹划人员应熟悉消费税的税目、税率表，考虑各个税目之间的可转换性。根据企业整体收益最大化原则，依据纳税临界点等适时在各子税目间进行转换，以帮助纳税人享受优惠，降低税负。

（二）兼营和成套销售的税率筹划

消费税的兼营行为，主要是指消费税纳税人同时经营两种以上税率的应税消费品的行为。对于这种兼营行为，《消费税暂行条例》明确规定：兼营多种不同税率的应税消费品的纳税人，应当分别核算不同税率应税消费品的销售额、销售数量；未分别核算销售额、销售数量，或者将不同税率的应税消费品组成成套消费品销售的，应从高适用税率。

5.2.5 充分利用消费税优惠政策的筹划

总体而言，针对消费税的优惠政策不多。

消费税的税收优惠形式包括免税、减税、出口退（免）税、先征后返和税项扣除等。

对出口退税的税务筹划：企业应将不同消费税税率的出口应税消费品分

开核算和申报，凡划分不清适用税率的，一律从低适用税率计算应退消费税税额。这就要求企业在申报出口退税时，应分开核算不同税率的应税消费品。

5.3 消费税筹划案例

案例一　兼营多种不同税率的应税消费品时的税务筹划

洋河酒业有限公司生产各类粮食白酒和果酒，粮食白酒每瓶1斤40元，果酒每瓶1斤20元。这两种酒的消费税税率的计算公式分别为：粮食白酒消费税＝每斤0.5元＋销售额×20%；果酒消费税＝销售额×10%。该月计划销售5万套礼品酒，现在有以下两种销售方案可供选择。

【筹划方案】

方案一：将粮食白酒和果酒各1瓶组成价值60元的成套礼品酒进行销售。企业适用不同税率的应税消费品组成成套消费品销售，不能分别核算销售额，应按从高原则，即适用粮食白酒的消费税计算方法计税。其应纳消费税税额＝50 000×（0.5×2+60×20%）=650 000（元）。

方案二：采用"先销售后包装"的方式将两种酒分别核算销售额，同时在销售柜台设置礼品盒，在消费者购买两种酒后再用礼品盒进行组合包装。该公司可按两种酒的销售额分别计算应纳消费税税额＝50 000×（0.5+40×20%）+20×50 000×10%=525 000（元）。由此可见，对应税消费品的包装方式由"先包装后销售"改为"先销售后包装"，节约消费税税款＝650 000-525 000=125 000（元）。

【政策依据】

我国税法规定：纳税人兼营不同税率的应税消费品应当分别核算不同税率应税消费品的销售额、销售数量；没有分别核算销售额、销售数量的，从高适用税率。此外，对于粮食白酒除了要按20%的比例税率征收比率税，还要按0.5元/斤的定额税率征收定额税。因此，当与之相比税率较低的应税消费品与其组成成套消费品销售时，不仅要按 20% 的高税率从价计税，而且还要按 0.5 元/斤的定额税率从量计税。与白酒类似的还有卷烟。

所以，企业兼营不同税率应税消费品时最好独立核算以降低税负。对于组成套装的销售方式在一定程度上能够影响销售量，进而对销售额有较大影响的，也就是说成套销售消费品所带来的收益远远大于因此而增加的消费税及其他成本的情况，可以采用套装销售方式。否则，可以采用变通的方式，即先销售再包装，先将套装消费品分开按品种销售给零售商，分别开具发票，再将消费品重新包装成一套。在账务处理环节对不同产品分别核算销售收入，以降低应税消费品的总体税负，或者将税率相同或相近的消费品组成成套产品销售。

案例二　利用纳税临界点节税

我国税法规定：甲类卷烟，即每标准条（200 支）对外调拨价在 70 元（含 70 元，不含增值税）以上的，比例税率为 56%；乙类卷烟，即每标准条（200 支）对外调拨价在 70 元（不含增值税）以下的，比例税率为 36%。

【筹划方案】

方案一：某卷烟厂每标准条卷烟对外调拨价为 68 元，现销售一标准箱（250 标准条），其成本为 8 500 元。企业所得税税率为 25%，城建税和教育费附加忽略不计。

则此时企业应缴纳的消费税 =150+68×250×36%=6 270（元），企业税后利润 =（68×250-8 500-6 270）×（1-25%）=1 672.5（元）。

方案二：若产品供不应求，厂家决定将每标准条卷烟价格提高至 76 元，其他条件均不变。

则此时企业应缴纳的消费税 =150+76×250×56%=10 790（元），企业税后利润 =（76×250-8 500-10 790）×（1-25%）=-217.5（元）。

在此例中，每标准条卷烟的价格从 68 元提高至 76 元后，从表面上看销售收入增加了 2 000（76×250-68×250）元，但由于提升后的价格超过了临界点（70 元），计算消费税时的税率也随着计税依据的提高而相应地提高,使得卷烟整体税后利润不仅没有上升,反而下降,以致达到了负值。当然,这个例子有些极端,但可以充分地表现出纳税临界点对企业成本效益的重要性。

【政策依据】

纳税临界点就是税法中规定的一定的比例和数额,当销售额或应纳税所得额超过这一比例或数额时就应该依法纳税或按更高的税率纳税,从而使纳税人税负大幅上升。反之,纳税人可以享受优惠,降低税负。利用纳税临界点节税的关键是必须要遵守企业整体收益最大化的原则。也就是说,在筹划纳税方案时,不应过分地强调某一环节收益的增加,而忽略了因该方案的实施所带来其他费用的增加或收益的减少,使纳税人的绝对收益减少。

案例三　改变换取生产资料方式,降低消费税税负

天能公司准备以自产的150辆摩托车向前进橡胶厂换取其生产的橡胶材料,天能公司当月销售同种型号摩托车有两种价格,分别为以4 500元的单价销售了200辆,以6 000元的单价销售了300辆,摩托车消费税税率为10%。

【筹划方案】

方案一:天能公司直接将自家生产的摩托车向前进橡胶厂换取其生产的橡胶材料。税法规定:纳税人用于换取生产资料和消费资料、投资入股和抵偿债务等方面的应税消费品,应当以纳税人同类应税消费品的最高销售价格作为计税依据计算消费税,故天能公司换取橡胶材料,应按摩托车当月最高销售价格6 000元/辆计算应纳消费税税额,金额=150×6 000×10%=90 000(元)。

方案二:天能公司将摩托车先销售,再用销售款购买橡胶材料。天能公司销售150辆摩托车可按摩托车的月加权平均单价计算应纳消费税,摩托车的月加权平均单价=(4 500×200+6 000×300)÷(200+300)=5 400(元/辆),销售摩托车应纳消费税税额=150×5 400×10%=81 000(元),比筹划前节约消费税=90 000-81 000=9 000(元)。

【政策依据】

消费税的纳税人在生产销售环节应缴纳的消费税，包括直接对外销售应税消费品应缴纳的消费税和自产自用应税消费品应缴纳的消费税。所谓自产自用，就是纳税人生产应税消费品后，不是用于直接对外销售，而是用于自己连续生产应税消费品或用于其他方面。这种自产自用应税消费品形式，在实际经济活动中是很常见的，但也是在是否纳税或如何纳税方面最容易出现问题的。例如，有的企业把自己生产的应税消费品以福利或奖励等形式发给本企业职工，以为不是对外销售，不必计入销售额，无须纳税，这样就出现了漏缴税款的现象。纳税人自产自用的应税消费品，除用于连续生产应税消费品外，凡用于其他方面的，于移送使用时纳税。用于其他方面是指纳税人将其用于生产非应税消费品、在建工程、管理部门、非生产机构，提供劳务，以及用于馈赠、赞助、集资、广告、样品、职工福利、奖励等方面。纳税人用于换取生产资料和消费资料、投资入股和抵偿债务等方面的应税消费品，应当以纳税人同类应税消费品的最高销售价格作为计税依据计算消费税。

第6章
企业所得税税务筹划

6.1 企业所得税简介

企业所得税法是指国家制定的、用以调整企业所得税征收与缴纳之间权利及义务关系的法律规范。现行企业所得税法是2007年3月16日第十届全国人民代表大会第五次全体会议通过的《中华人民共和国企业所得税法》（以下简称《企业所得税法》）和2007年11月28日国务院第197次常务会议通过的《中华人民共和国企业所得税法实施条例》（以下简称《企业所得税法实施条例》）。

企业所得税是对我国境内的企业和其他取得收入的组织的生产经营所得和其他所得征收的一种税。企业所得税的作用：① 促进企业改善经营管理活动，提升企业的盈利能力；② 调节产业结构，促进经济发展；③ 为国家建设筹集财政资金。

6.1.1 企业所得税纳税义务人

企业所得税的纳税义务人，是指在中华人民共和国境内的企业和其他取得收入的组织。《企业所得税法》第一条规定，除个人独资企业、合伙企业不适用企业所得税法外，凡在我国境内，企业和其他取得收入的组织（以下统称"企业"）为企业所得税的纳税人，依照本法规定缴纳企业所得税。

企业所得税的纳税人分为居民企业和非居民企业，这是根据企业纳税义务范围的宽窄进行分类的方法。不同的企业在向我国政府缴纳所得税时，其纳税义务不同。把企业分为居民企业和非居民企业，是为了更好地保障我国税收管辖权的有效行使。税收管辖权是一国政府在征税方面的主权，是国家主权的重要组成部分。根据国际上的通行做法，我国选择了地域管辖权和居民管辖权的双重管辖权标准，最大限度地维护我国的税收利益。

（一）居民企业

居民企业，是指依法在中国境内成立，或者依照外国（地区）法律成立但实际管理机构在中国境内的企业。这里的企业包括国有企业、集体企业、私营企业、联营企业、股份制企业、外商投资企业、外国企业以及有生产、经营所得和其他所得的其他组织。其中，有生产、经营所得和其他所得的其他组织，是指经国家有关部门批准，依法注册、登记的事业单位、社会团体等组织。由于我国的一些社会团体组织、事业单位在完成国家事业计划的过程中，开展多种经营和有偿服务活动，取得除财政部门各项拨款、财政部和国家物价部门批准的各项规费收入以外的经营收入，具有了经营的特点，应当将其视同企业纳入征税范围。其中，实际管理机构，是指对企业的生产经营、人员、账务、财产等实施实质性全面管理和控制的机构。

（二）非居民企业

非居民企业，是指依照外国（地区）法律成立且实际管理机构不在中国境内，但在中国境内设立机构、场所的，或者在中国境内未设立机构、场所，但有来源于中国境内所得的企业。

上述所称机构、场所，是指在中国境内从事生产经营活动的机构、场所，包括：

1. 管理机构、营业机构、办事机构；
2. 工厂、农场、开采自然资源的场所；
3. 提供劳务的场所；
4. 从事建筑、安装、装配、修理、勘探等工程作业的场所；
5. 其他从事生产经营活动的机构、场所。

非居民企业委托营业代理人在中国境内从事生产经营活动的，包括委托单位或者个人经常代其签订合同，或者储存、交付货物等，应将该营业代理人视为非居民企业在中国境内设立的机构、场所。

6.1.2 企业所得税征税对象

企业所得税的征税对象，是指企业的生产经营所得、其他所得和清算所得。

（一）居民企业的征税对象

居民企业应就来源于中国境内、境外的所得作为征税对象。所得包括销售货物所得；提供劳务所得；转让财产所得；股息、红利等权益性投资所得；利息所得；租金所得；特许权使用费所得；接受捐赠所得和其他所得。

（二）非居民企业的征税对象

非居民企业在中国境内设立机构、场所的，应当就其所设机构、场所取得的来源于中国境内的所得，以及发生在中国境外但与其所设机构、场所有实际联系的所得，缴纳企业所得税。非居民企业在中国境内未设立机构、场所的，或者虽设立机构、场所，但其所得与其所设机构、场所没有实际联系的，应当就其来源于中国境内的所得缴纳企业所得税。

上述所称实际联系，是指非居民企业在中国境内设立的机构、场所拥有的据以取得所得的股权、债权，以及拥有、管理、控制据以取得所得的财产。

（三）所得来源的确定

1. 销售货物所得，按照交易活动发生地确定。

2. 提供劳务所得，按照劳务发生地确定。

3. 转让财产所得。（1）不动产转让所得按照不动产所在地确定；（2）动产转让所得按照转让动产的企业或者机构、场所所在地确定；（3）权益性投资资产转让所得按照被投资企业所在地确定。

4. 股息、红利等权益性投资所得，按照分配所得的企业所在地确定。

5. 利息所得、租金所得、特许权使用费所得，按照负担、支付所得的企业或者机构、场所所在地确定,或者按照负担、支付所得的个人的住所地确定。

6.其他所得,由国务院财政、税务主管部门确定。

6.1.3 企业所得税税率

企业所得税税率是体现国家与企业分配关系的核心要素。税率设计的原则是兼顾国家、企业、职工个人三者利益,既要保证财政收入的稳定增长,又要使企业在发展生产、经营方面有一定的财力保证;既要考虑到企业的实际情况和负担能力,又要维护税率的统一性。

企业所得税实行比例税率。比例税率简便易行、透明度高,不会因征税而改变企业间收入分配比例,有利于促进效率的提高。企业所得税税率的现行规定如下。

1.基本税率为25%。适用于居民企业和在中国境内设有机构、场所且所得与机构、场所有关联的非居民企业。现行企业所得税基本税率设定为25%,既考虑了我国财政承受能力,又考虑了企业负担水平。

2.低税率为20%。适用于在中国境内未设立机构、场所的,或者虽设立机构、场所,但取得的所得与其所设机构、场所没有实际联系的非居民企业。但实际征税时适用10%的税率。

6.1.4 企业所得税应纳税所得额

应纳税所得额是企业所得税的计税依据,按照《企业所得税法》的规定,应纳税所得额为企业每一纳税年度的收入总额,减除不征税收入、免税收入、各项扣除以及允许弥补的以前年度亏损后的余额。基本公式为:

企业所得税应纳税所得额 = 收入总额 – 不征税收入 – 免税收入 – 各项扣除 – 允许弥补的以前年度亏损

企业所得税应纳税所得额的计算以权责发生制为原则,属于当期的收入和费用,不论款项是否收付,均作为当期的收入和费用;不属于当期的收入和费用,即使款项已经在当期收付,均不作为当期的收入和费用。应纳税所得额的正确计算直接关系到国家财政收入和企业的税收负担，并且同成本、费用核算关系密切。因此，《企业所得税法》对应纳税所得额的计算作了明确规定，主要内容包括收入总额、不征税收入、税前扣除项目及标准、不得扣除项目、亏损弥补等。

（一）收入总额

企业的收入总额包括以货币形式和非货币形式从各种来源取得的收入，具体有销售货物收入，提供劳务收入，转让财产收入，股息、红利等权益性投资收益，利息收入，租金收入，特许权使用费收入，接受捐赠收入，其他收入。

企业取得收入的货币形式，包括现金、存款、应收账款、应收票据、准备持有至到期的债券投资以及债务的豁免等；纳税人以非货币形式取得的收入，包括固定资产、生物资产、无形资产、股权投资、存货、不准备持有至到期的债券投资、劳务以及有关权益等，这些非货币资产应当按照公允价值确定收入额。公允价值是指按照市场价格确定的价值。收入的具体构成如下。

1.销售货物收入，是指企业销售商品、产品、原材料、包装物、低值易耗品以及其他存货取得的收入。

除法律法规另有规定外，企业销售货物收入的确认，必须遵循权责发生制原则和实质重于形式原则。

（1）符合收入确认条件，采取下列商品销售方式的，应按以下规定确认收入实现时间。

① 销售商品采用托收承付方式的，在办妥托收手续时确认收入。

② 销售商品采用预收款方式的，在发出商品时确认收入。

③ 销售商品需要安装和检验的，在购买方接受商品以及安装和检验完毕时确认收入。如果安装程序比较简单，可在发出商品时确认收入。

④ 销售商品采用支付手续费方式委托代销的，在收到代销清单时确认收入。

（2）采用售后回购方式销售商品的，销售的商品按售价确认收入，回购的商品作为购进商品处理。有证据表明不符合销售收入确认条件的，如以销售商品方式进行融资，收到的款项应确认为负债，回购价格大于原售价的，差额应在回购期间确认为利息费用。

（3）销售商品以旧换新的，销售商品应当按照销售商品收入确认条件确认收入，回收的商品作为购进商品处理。

（4）企业为促进商品销售而在商品价格上给予的价格扣除属于商业折扣，商品销售涉及商业折扣的，应当按照扣除商业折扣后的金额确定销售商品收入金额。

债权人为鼓励债务人在规定的期限内付款而向债务人提供的债务扣除属于现金折扣，销售商品涉及现金折扣的，应当按扣除现金折扣前的金额确定销售商品收入金额，现金折扣在实际发生时作为财务费用扣除。

企业因售出商品的质量不合格等原因而在售价上给予的减让属于销售折让；企业因售出商品质量、品种不符合要求等原因而发生的退货属于销售退回。企业已经确认销售收入的售出商品发生销售折让和销售退回，应当在发生当期冲减当期销售商品收入。

2.提供劳务收入，是指企业从事建筑安装、修理修配、交通运输、仓储租赁、金融保险、邮电通信、咨询经纪、文化体育、科学研究、技术服务、教育培训、餐饮住宿、中介代理、卫生保健、社区服务、旅游、娱乐、加工以及其他劳务服务活动取得的收入。

3.转让财产收入，是指企业转让固定资产、生物资产、无形资产、股权、债权等财产取得的收入。

企业转让股权收入，应于转让协议生效且完成股权变更手续时，确认收入的实现。转让股权收入扣除为取得该股权所发生的成本，为股权转让所得。企业在计算股权转让所得时，不得扣除被投资企业未分配利润等股东留存收益中按该项股权所可能分配的金额。

被清算企业的股东分得的剩余资产的金额，其中相当于被清算企业累计未分配利润和累计盈余公积中按该股东所占股份比例计算的部分，应确认为股息所得；剩余资产减除股息所得后的余额，超过或低于股东投资成本的部分，应确认为股东的投资转让所得或损失。

投资企业从被投资企业撤回或减少投资，其取得的资产中，相当于初始出资的部分，应确认为投资收回；相当于被投资企业累计未分配利润和累计盈余公积按减少实收资本比例计算的部分，应确认为股息所得；其余部分确认为投资资产转让所得。

4.股息、红利等权益性投资收益，是指企业因权益性投资从被投资方取得的收入。股息、红利等权益性投资收益，除国务院财政、税务主管部门另有规定外，按照被投资方做出利润分配决定的日期确认收入的实现。

被投资企业将股权（票）溢价所形成的资本公积转为股本的，不作为投资方企业的股息、红利收入，投资方企业也不得增加该项长期投资的计税基础。

依据《财政部 国家税务总局 证监会关于沪港股票市场交易互联互通机制试点有关税收政策的通知》（财税〔2014〕81号）的规定，自2014年11月17日起，对内地企业投资者通过沪港通投资香港联合交易所有限公司（以下简称"香港联交所"）上市股票取得的股息、红利所得，计入其收入总额，依法计征企业所得税。其中，内地居民企业连续持有H股满12个月取得的股息、红利所得，依法免征企业所得税。

香港联交所上市H股公司应向中国证券登记结算有限责任公司（以下简称"中国结算"）提出申请，由中国结算向H股公司提供内地企业投资者名册，H股公司对内地企业投资者不代扣股息、红利所得税款，应纳税款由企业自行申报缴纳。

内地企业投资者自行申报缴纳企业所得税时，对香港联交所非H股上市公司已代扣代缴的股息、红利所得税，可依法申请税收抵免。

5.利息收入，是指企业将资金提供他人使用但不构成权益性投资，或者因他人占用本企业资金取得的收入，包括存款利息、贷款利息、债券利息、欠款利息等收入。利息收入，按照合同约定的债务人应付利息的日期确认收入的实现。

6.租金收入,是指企业提供固定资产、包装物或者其他有形资产的使用权取得的收入。租金收入,按照合同约定的承租人应付租金的日期确认收入的实现。其中,如果交易合同或协议中规定租赁期限跨年度,且租金提前一次性支付的,根据《企业所得税法实施条例》第九条规定的收入与费用配比原则,出租人可对上述已确认的收入,在租赁期内,分期均匀计入相关年度收入。

7.特许权使用费收入,是指企业提供专利权、非专利技术、商标权、著作权以及其他特许权的使用权取得的收入。特许权使用费收入,按照合同约定的特许权使用人应付特许权使用费的日期确认收入的实现。

8.接受捐赠收入,是指企业接受的来自其他企业、组织或者个人无偿给予的货币性资产、非货币性资产。接受捐赠收入,按照实际收到捐赠资产的日期确认收入的实现。

9.其他收入,是指企业取得的除以上收入外的其他收入,包括企业资产溢余收入、逾期未退包装物押金收入、确实无法偿付的应付款项、已作坏账损失处理后又收回的应收款项、债务重组收入、补贴收入、违约金收入、汇兑收益等。

10.特殊收入的确认

(1)以分期收款方式销售货物的,按照合同约定的收款日期确认收入的实现。

(2)企业受托加工制造大型机械设备、船舶、飞机,以及从事建筑、安装、装配工程业务或者提供其他劳务等,持续时间超过12个月的,按照纳税年度内完工进度或者完成的工作量确认收入的实现。

(3)采取产品分成方式取得收入的,按照企业分得产品的日期确认收入的实现,其收入额按照产品的公允价值确定。

(4)企业发生非货币性资产交换,以及将货物、财产、劳务用于捐赠、偿债、赞助、集资、广告、样品、职工福利或者利润分配等用途的,应当视同销售货物、转让财产或者提供劳务,但国务院财政、税务主管部门另有规定的除外。

（二）不征税收入

1.财政拨款，是指各级人民政府对纳入预算管理的事业单位、社会团体等组织拨付的财政资金，但国务院和国务院财政、税务主管部门另有规定的除外。

2.依法收取并纳入财政管理的行政事业性收费、政府性基金。行政事业性收费是指依照法律法规等有关规定，按照国务院规定程序批准，在实施社会公共管理，以及在向公民、法人或者其他组织提供特定公共服务过程中，向特定对象收取并纳入财政管理的费用。政府性基金，是指企业依照法律、行政法规等有关规定，代政府收取的具有专项用途的财政资金。具体规定如下。

（1）企业按照规定缴纳的、由国务院或财政部批准设立的政府性基金以及由国务院和省、自治区、直辖市人民政府及其财政、价格主管部门批准设立的行政事业性收费，准予在计算应纳税所得额时扣除。

企业缴纳的不符合上述第（1）条审批管理权限设立的基金、收费，不得在计算应纳税所得额时扣除。

（2）企业收取的各种基金、收费，应计入企业当年收入总额。

（3）对企业依照法律、法规及国务院有关规定收取并上缴财政的政府性基金和行政事业性收费，准予作为不征税收入，于上缴财政的当年在计算应纳税所得额时从收入总额中减除；未上缴财政的部分，不得从收入总额中减除。

3.国务院规定的其他不征税收入，是指企业取得的，由国务院财政、税务主管部门规定专项用途并经国务院批准的财政性资金。

财政性资金，是指企业取得的来源于政府及其有关部门的财政补助、补贴、贷款贴息，以及其他各类财政专项资金，包括直接减免的增值税和即征即退、先征后退、先征后返的各种税收，但不包括企业按规定取得的出口退税款。

（1）企业取得的各类财政性资金，除属于国家投资和资金使用后要求归还本金的以外，均应计入企业当年收入总额。国家投资是指国家以投资者身份投入企业并按有关规定相应增加企业实收资本（股本）的直接投资。

（2）对企业取得的由国务院财政、税务主管部门规定专项用途并经国务院批准的财政性资金，准予作为不征税收入，在计算应纳税所得额时从收入总额中减除。

（3）纳入预算管理的事业单位、社会团体等组织按照核定的预算和经费报领关系收到的由财政部门或上级单位拨入的财政补助收入，准予作为不征税收入，在计算应纳税所得额时从收入总额中减除，但国务院和国务院财政、税务主管部门另有规定的除外。

（三）税前扣除项目及标准

企业实际发生的与取得收入有关的、合理的支出，包括成本、费用、税金、损失和其他支出，准予在计算应纳税所得额时扣除。在实际中，计算应纳税所得额时还应注意三方面的内容。第一，企业发生的支出应当区分收益性支出和资本性支出。收益性支出在发生当期直接扣除；资本性支出应当分期扣除或者计入有关资产成本，不得在发生当期直接扣除。第二，企业的不征税收入用于支出所形成的费用或者财产，不得扣除或者计算对应的折旧、摊销扣除。第三，除《企业所得税法》和《企业所得税法实施条例》另有规定外，企业实际发生的成本、费用、税金、损失和其他支出，不得重复扣除。

1.成本，是指企业在生产经营活动中发生的销售成本、销货成本、业务支出以及其他耗费，即企业销售商品（产品、材料、下脚料、废料、废旧物资等），提供劳务，转让固定资产、无形资产（包括技术转让）的成本。

2.费用，是指企业每一纳税年度为生产、经营商品和提供劳务等所发生的销售（经营）费用、管理费用和财务费用。已经计入成本的有关费用除外。

销售费用，是指应由企业负担的为销售商品而发生的费用，包括广告费、运输费、装卸费、包装费、展览费、保险费、销售佣金（能直接认定的进口佣金调整商品进价成本）、代销手续费、经营性租赁费及销售部门发生的差旅费、工资、福利费等费用。

管理费用，是指企业的行政管理部门为管理、组织经营活动，提供各项支援性服务而发生的费用。

财务费用，是指企业筹集经营性资金而发生的费用，包括利息净支出、汇兑净损失、金融机构手续费以及其他非资本化支出。

3.税金，是指企业发生的除企业所得税和允许抵扣的增值税以外的企业缴纳的各项税金及其附加。即企业按规定缴纳的消费税、城市维护建设税、关税、资源税、土地增值税、房产税、车船税、土地使用税、印花税、教育费附加等产品销售税金及附加。这些已纳税金准予税前扣除。准予扣除的税金有两种扣除方式：一是在发生当期扣除；二是在发生当期计入相关资产的成本，在以后各期分摊扣除。

4.损失，是指企业在生产经营活动中发生的固定资产和存货的盘亏、毁损、报废损失，转让财产损失，呆账损失，坏账损失，自然灾害等不可抗力因素造成的损失以及其他损失。

企业发生的损失，减除责任人赔偿和保险赔款后的余额，依照国务院财政、税务主管部门的规定扣除。企业已经作为损失处理的资产，在以后纳税年度又全部收回或者部分收回时，应当计入当期收入。

5.扣除的其他支出，是指除成本、费用、税金、损失外，企业在生产经营活动中发生的与生产经营活动有关的、合理的支出。

在计算应纳税所得额时，下列项目可按照实际发生额或规定的标准扣除。

1.工资、薪金支出。

企业发生的合理的工资、薪金支出准予据实扣除。工资、薪金支出是企业每一纳税年度支付给本企业任职或与其有雇佣关系的员工的所有现金或非现金形式的劳动报酬，包括基本工资、奖金、津贴、补贴、年终加薪、加班工资，以及与员工任职或者受雇有关的其他支出。

2.职工福利费、工会经费、职工教育经费。

企业发生的职工福利费、工会经费、职工教育经费按标准扣除，未超过标准的按实际数扣除，超过标准的只能按标准扣除。

（1）企业发生的职工福利费支出，不超过工资薪金总额14%的部分准予扣除。

企业发生的职工福利费，包括以下内容。

① 尚未实行分离办社会职能的企业，其内设福利部门所发生的设备、设施和人员费用，包括职工食堂、职工浴室、理发室、医务所、托儿所、疗养院等集体福利部门的设备、设施及维修保养费用和福利部门工作人员的工资薪金、社会保险费、住房公积金、劳务费等。

② 为职工卫生保健、生活、住房、交通等所发放的各项补贴和非货币性福利，包括企业向职工发放的因公外地就医费用、未实行医疗统筹企业职工医疗费用、职工供养直系亲属医疗补贴、供暖费补贴、职工防暑降温费、职工困难补贴、救济费、职工食堂经费补贴、职工交通补贴等。

③ 按照其他规定发生的其他职工福利费，包括丧葬补助费、抚恤费、安家费、探亲假路费等。

值得注意的是，企业发生的职工福利费，应该单独设置账册进行准确核算。没有单独设置账册准确核算的，税务机关应责令企业在规定的期限内进行改正。逾期仍未改正的，税务机关可对企业发生的职工福利费进行合理的核定。

（2）企业拨缴的工会经费，不超过工资薪金总额2%的部分准予扣除。

（3）除国务院财政、税务主管部门另有规定外，企业发生的职工教育经费支出，自2018年1月1日起不超过工资薪金总额8%的部分，准予在计算企业所得税应纳税所得额时扣除；超过部分，准予在以后纳税年度结转扣除。

3.社会保险费。

（1）企业依照国务院有关主管部门或者省级人民政府规定的范围和标准为职工缴纳的五险一金，即基本养老保险费、基本医疗保险费、失业保险费、工伤保险费、生育保险费等基本社会保险费和住房公积金，准予扣除。

（2）企业为投资者或者职工支付的补充养老保险费、补充医疗保险费，在国务院财政、税务主管部门规定的范围和标准内，准予扣除。企业依照国家有关规定为特殊工种职工支付的人身安全保险费和符合国务院财政、税务主管部门规定可以扣除的商业保险费，准予扣除。

（3）企业参加财产保险，按照规定缴纳的保险费，准予扣除。企业为投资者或者职工支付的商业保险费，不得扣除。

4. 借款费用。

（1）企业在生产经营活动中发生的合理的不需要资本化的借款费用，准予扣除。

（2）企业为购置、建造固定资产、无形资产和经过12个月以上的建造才能达到预定可销售状态的存货发生借款的，在有关资产购置、建造期间发生的合理的借款费用，应当作为资本性支出计入有关资产的成本，并依照《企业所得税法实施条例》的有关规定扣除。

5. 利息费用。

企业在生产经营活动中发生的利息费用，按下列规定扣除。

（1）非金融企业向金融企业借款的利息支出、金融企业的各项存款利息支出和同业拆借利息支出、企业经批准发行债券的利息支出可据实扣除。

（2）非金融企业向非金融企业借款的利息支出，不超过按照金融企业同期同类贷款利率计算的数额的部分可据实扣除，超过部分不许扣除。金融企业，是指各类银行、保险公司及经中国人民银行批准从事金融业务的非银行金融机构。

（3）凡企业投资者在规定期限内未缴足其应缴资本额的，该企业对外借款所发生的利息，相当于投资者实缴资本额与在规定期限内应缴资本额的差额应计付的利息，其不属于企业合理的支出，应由企业投资者负担，不得在计算企业应纳税所得额时扣除。

（4）企业向股东或其他与企业有关联关系的自然人借款的利息支出，应根据《企业所得税法》及《财政部 国家税务总局关于企业关联方利息支出税前扣除标准有关税收政策问题的通知》规定的条件，计算企业所得税扣除额。企业向除股东或其他与企业有关联关系的自然人以外的内部职工或其他人员借款的利息支出，其借款情况同时符合以下条件的，其利息支出在不超过按照金融企业同期同类贷款利率计算的数额的部分，准予扣除。

① 企业与个人之间的借贷是真实、合法、有效的，并且不具有非法集资目的或其他违反法律、法规的行为。

② 企业与个人之间签订了借款合同。

6. 汇兑损失。

企业在货币交易中，以及纳税年度终了时将人民币以外的货币性资产、负债按照期末即期人民币汇率中间价折算为人民币时产生的汇兑损失，除已经计入有关资产成本以及与向所有者进行利润分配相关的部分外，准予扣除。

7. 公益性捐赠。

企业通过公益性社会组织或者县级（含县级）以上人民政府及其组成部门和直属机构，用于慈善活动、公益事业的捐赠支出，在年度利润总额12%以内的部分，准予在计算应纳税所得额时扣除；超过年度利润总额12%的部分，准予结转以后三年内在计算应纳税所得额时扣除。

公益性社会组织，应当依法取得公益性捐赠税前扣除资格。

年度利润总额，是指企业依照国家统一会计制度的规定，计算的大于零的数额。

公益性捐赠具体范围包括：

（1）救助灾害、救济贫困、扶助残疾人等困难的社会群体和个人的活动；

（2）教育、科学、文化、卫生、体育事业；

（3）环境保护、社会公共设施建设；

（4）促进社会发展和进步的其他社会公共和福利事业。

8. 业务招待费。

企业发生的与生产经营活动有关的业务招待费支出，按照发生额的60%扣除，但最高不得超过当年销售（营业）收入的5‰。

企业在筹建期间发生的与筹办活动有关的业务招待费支出，可按实际发生额的60%计入企业筹办费，并按有关规定在税前扣除。

对从事股权投资业务的企业（包括集团公司总部、创业投资企业等），其从被投资企业分配的股息、红利以及股权转让收入，可以按规定的比例计算业务招待费扣除限额。

9. 广告费和业务宣传费。

企业发生的符合条件的广告费和业务宣传费支出，除国务院财政、税务主管部门另有规定外，不超过当年销售（营业）收入15%的部分，准予扣除；超过部分，准予在以后纳税年度结转扣除。企业在筹建期间发生的广告费和业务宣传费，可按实际发生额计入企业筹办费，并按有关规定在税前扣除。

自2016年1月1日起至2020年12月31日，对化妆品制造或销售、医药制造和饮料制造（不含酒类制造）企业发生的广告费和业务宣传费支出，不超过当年销售（营业）收入30%的部分，准予扣除；超过部分，准予在以后纳税年度结转扣除。

烟草企业的烟草广告费和业务宣传费支出，一律不得在计算应纳税所得额时扣除。

10. 环境保护专项资金。

企业依照法律、行政法规有关规定提取的用于环境保护、生态恢复等方面的专项资金，准予扣除。上述专项资金提取后改变用途的，不得扣除。

11. 保险费。

企业参加财产保险，按照规定缴纳的保险费，准予扣除；企业参加雇主责任险、公众责任险等责任保险，按照规定缴纳的保险费，准予在企业所得税税前扣除。该项规定适用于2018年度及以后年度企业所得税汇算清缴。

12. 租赁费。

企业根据生产经营活动的需要租入固定资产支付的租赁费，按照以下方法扣除：

（1）以经营租赁方式租入固定资产发生的租赁费支出，按照租赁期限均匀扣除。经营性租赁是指所有权不转移的租赁；

（2）以融资租赁方式租入固定资产发生的租赁费支出，按照规定构成融资租入固定资产价值的部分应当提取折旧费用，分期扣除。融资租赁是指在实质上转移与一项资产所有权有关的全部风险和报酬的一种租赁。

13. 劳动保护费。

企业发生的合理的劳动保护支出，准予扣除。

14. 有关资产的费用。

企业转让各类固定资产发生的费用，允许扣除。企业按规定计算的固定资产折旧费、无形资产和递延资产的摊销费，准予扣除。

15. 总机构分摊的费用。

非居民企业在中国境内设立的机构、场所，就其中国境外总机构发生的与该机构、场所生产经营有关的费用，能够提供总机构出具的费用汇集范围、定额、分配依据和方法等证明文件，并合理分摊的，准予扣除。

16. 手续费及佣金支出。

（1）保险企业：财产保险企业按当年全部保费收入扣除退保金等后余额的15%计算限额；人身保险企业按当年全部保费收入扣除退保金等后余额的10%计算限额。

（2）其他企业：按与具有合法经营资格的中介服务机构或个人（不含交易双方及其雇员、代理人和代表人等）所签订服务协议或合同确认的收入金额的5%计算限额。

（3）从事代理服务、主营业务收入为手续费、佣金的企业（如证券、期货、保险代理等企业），其为取得该类收入而实际发生的营业成本（包括手续费及佣金支出），准予在企业所得税前据实扣除。

企业应与具有合法经营资格的中介服务企业或个人签订代办协议或合同，并按规定支付手续费及佣金。除委托个人代理外，企业以现金等非转账方式支付的手续费及佣金不得在税前扣除。企业为发行权益性证券支付给有关证券承销机构的手续费及佣金不得在税前扣除。企业不得将手续费及佣金支出计入回扣、业务提成、返利、进场费等费用。企业已计入固定资产、无形资产等相关资产的手续费及佣金支出，应当通过折旧、摊销等方式分期扣除，不得在发生当期直接扣除。企业支付的手续费及佣金不得直接冲减服务协议或合同金额，并应如实入账。企业应当如实向当地主管税务机关提供当年手续费及佣金计算分配表和其他相关资料，并依法取得合法真实凭证。

17.依照有关法律、行政法规和国家有关税法规定准予扣除的其他项目，如会员费、合理的会议费、差旅费、违约金、诉讼费用等。

（四）不得扣除项目

在计算应纳税所得额时，下列支出不得扣除。

1.向投资者支付的股息、红利等权益性投资收益款项。

2.企业所得税税款。

3.税收滞纳金。具体是指纳税人违反税收法规，被税务机关处以的滞纳金。

4.罚金、罚款和被没收财物的损失。是指纳税人违反国家有关法律、法规规定，被有关部门处以的罚款，以及被司法机关处以的罚金和被没收的财物。

5.超过规定标准的捐赠支出。

6.赞助支出。具体是指企业发生的与生产经营活动无关的各种非广告性质支出。

7.未经核定的准备金支出。具体是指不符合国务院财政、税务主管部门规定的各项资产减值准备、风险准备等准备金支出。

8.企业之间支付的管理费、企业内营业机构之间支付的租金和特许权使用费，以及非银行企业内营业机构之间支付的利息，不得扣除。

9.与取得收入无关的其他支出。

（五）亏损弥补

亏损，是指企业将每一纳税年度的收入总额减除不征税收入、免税收入和各项扣除后小于零的数额。税法规定，企业某一纳税年度发生的亏损可以用下一年度的所得弥补，下一年度的所得不足以弥补的，可以逐年延续弥补，但最长不得超过5年。企业在汇总计算缴纳企业所得税时，其境外营业机构的亏损不得抵减境内营业机构的盈利。自2018年1月1日起，当年具备高新技术企业或科技型中小企业资格的企业，其具备资格年度之前5个年度发生的尚未弥补完的亏损，准予结转以后年度弥补，最长结转年限由5年延长至10年。

（六）非居民企业的应纳税所得额

在中国境内未设立机构、场所的，或者虽设立机构、场所，但取得的所得与其所设机构、场所没有实际联系的非居民企业，其取得的来源于中国境内的所得，按照下列方法计算其应纳税所得额。

1. 股息、红利等权益性投资收益和利息、租金、特许权使用费所得，以收入全额为应纳税所得额。

2. 转让财产所得，以收入全额减除财产净值后的余额为应纳税所得额。财产净值，是指有关资产、财产的计税基础减除已经按照规定扣除的折旧、折耗、摊销、准备金等后的余额。

3. 其他所得，参照前两项规定的方法计算应纳税所得额。非居民企业在中国境内设立的机构、场所，就其中国境外总机构发生的与该机构、场所生产经营有关的费用，能够提供总机构出具的费用汇集范围、定额、分配依据和方法等证明文件并合理分摊的，准予扣除。

6.1.5 资产的税务处理

企业资产，是指企业拥有或者控制的、用于经营管理活动且与取得应税收入有关的资产。企业的各项资产，包括固定资产、生产性生物资产、无形资产、长期待摊费用、投资资产、存货等，以历史成本为计税基础。历史成本，是指企业取得该项资产时实际发生的支出。企业持有各项资产期间资产增值或者减值，除国务院财政、税务主管部门规定可以确认损益外，不得调整该资产的计税基础。

企业转让资产，该项资产的净值准予在计算应纳税所得额时扣除。资产的净值,是指有关资产、财产的计税基础减除已经按照规定扣除的折旧、折耗、摊销、准备金等后的余额。除另有规定外,企业在重组过程中,应当在交易发生时确认有关资产的转让所得或者损失,相应资产应当按照交易价格重新确定计税基础。

(一) 固定资产

固定资产,是指企业为生产产品、提供劳务、出租或者经营管理而持有的、使用时间超过12个月的非货币性资产,包括房屋、建筑物、机器、机械、运输工具,以及其他与生产经营活动有关的设备、器具、工具等。在计算应纳税所得额时,企业按照规定计算的固定资产折旧,准予扣除。

1.下列固定资产不得计算折旧扣除:

(1)除房屋、建筑物以外未投入使用的固定资产;

(2)以经营租赁方式租入的固定资产;

(3)以融资租赁方式租出的固定资产;

(4)已足额提取折旧仍继续使用的固定资产;

(5)与经营活动无关的固定资产;

(6)单独估价作为固定资产入账的土地;

(7)其他不得计算折旧扣除的固定资产。

2.固定资产按照以下方法确定计税基础。

(1)外购的固定资产,以购买价款和支付的相关税费以及直接归属于使该资产达到预定用途而发生的其他支出为计税基础。

(2)自行建造的固定资产,以竣工结算前发生的支出为计税基础。

(3)融资租入的固定资产,以租赁合同约定的付款总额和承租人在签订租赁合同过程中发生的相关费用为计税基础;租赁合同未约定付款总额的,以该资产的公允价值和承租人在签订租赁合同过程中发生的相关费用为计税基础。

(4)盘盈的固定资产,以同类固定资产的重置完全价值为计税基础。

(5)通过捐赠、投资、非货币性资产交换、债务重组等方式取得的固定资产，以该资产的公允价值和支付的相关税费为计税基础。

（6）改建的固定资产，除法定的支出外，以改建过程中发生的改建支出增加计税基础。

3.固定资产按照直线法计算的折旧，准予扣除。企业应当自固定资产投入使用月份的次月起计算折旧；停止使用的固定资产，应当自停止使用月份的次月起停止计算折旧。企业应当根据固定资产的性质和使用情况，合理确定固定资产的预计净残值。固定资产的预计净残值一经确定，不得变更。

4.除国务院财政、税务主管部门另有规定外，固定资产计算折旧的最低年限如下：

（1）房屋、建筑物，为20年；

（2）飞机、火车、轮船、机器、机械和其他生产设备，为10年；

（3）与生产经营活动有关的器具、工具、家具等，为5年；

（4）飞机、火车、轮船以外的运输工具，为4年；

（5）电子设备，为3年。

（二）生产性生物资产

生产性生物资产，是指企业为生产农产品、提供劳务或者出租等而持有的生物资产，包括经济林、薪炭林、产畜和役畜等。

1.生产性生物资产按照以下方法确定计税基础：

（1）外购的生产性生物资产，以购买价款和支付的相关税费为计税基础；

（2）通过捐赠、投资、非货币性资产交换、债务重组等方式取得的生产性生物资产，以该资产的公允价值和支付的相关税费为计税基础。

2.生产性生物资产按照直线法计算的折旧，准予扣除。企业应当自生产性生物资产投入使用月份的次月起计算折旧；停止使用的生产性生物资产，应当自停止使用月份的次月起停止计算折旧。企业应当根据生产性生物资产的性质和使用情况，合理确定生产性生物资产的预计净残值。生产性生物资产的预计净残值一经确定，不得变更。

3.生产性生物资产计算折旧的最低年限如下：

（1）林木类生产性生物资产，为10年；

（2）畜类生产性生物资产，为3年。

（三）无形资产

无形资产，是指企业为生产产品、提供劳务、出租或者经营管理而持有的、没有实物形态的非货币性长期资产，包括专利权、商标权、著作权、土地使用权、非专利技术、商誉等。在计算应纳税所得额时，企业按照规定计算的无形资产摊销费用，准予扣除。

1.下列无形资产不得计算摊销费用扣除：

（1）自行开发的、支出已在计算应纳税所得额时扣除的无形资产；

（2）自创商誉；

（3）与经营活动无关的无形资产；

（4）其他不得计算摊销费用扣除的无形资产。

2.无形资产按照以下方法确定计税基础：

（1）外购的无形资产，以购买价款和支付的相关税费以及直接归属于使该资产达到预定用途发生的其他支出为计税基础；

（2）自行开发的无形资产，以开发过程中该资产符合资本化条件后至达到预定用途前发生的支出为计税基础；

（3）通过捐赠、投资、非货币性资产交换、债务重组等方式取得的无形资产，以该资产的公允价值和支付的相关税费为计税基础。

3.无形资产按照直线法计算的摊销费用，准予扣除。无形资产的摊销年限不得低于10年。

作为投资或者受让的无形资产，有关法律规定或者合同约定了使用年限的，可以按照规定或者约定的使用年限分期摊销。外购商誉的支出，在企业整体转让或者清算时，准予扣除。

（四）长期待摊费用

长期待摊费用，是指企业发生的应在1个年度以上或几个年度进行摊销的费用。在计算应纳税所得额时，企业发生的下列支出作为长期待摊费用，按照规定摊销的，准予扣除。

1.已足额提取折旧的固定资产的改建支出，按照固定资产预计尚可使用年限分期摊销。

2.租入固定资产的改建支出，按照合同约定的剩余租赁期限分期摊销。

所谓固定资产的改建支出，是指改变房屋或者建筑物结构、延长使用年限等发生的支出。

改建的固定资产延长使用年限的，除前述规定外，应当适当延长折旧年限。

3.固定资产的大修理支出，按照固定资产尚可使用年限分期摊销，是指同时符合下列条件的支出：

（1）修理支出达到取得固定资产时的计税基础50％以上；

（2）修理后固定资产的使用年限延长2年以上。

4.其他应当作为长期待摊费用的支出，自支出发生月份的次月起，分期摊销，摊销年限不得低于3年。

（五）投资资产

投资资产，是指企业对外进行权益性投资和债权性投资形成的资产。企业对外投资期间，投资资产的成本在计算应纳税所得额时不得扣除。企业在转让或者处置投资资产时，投资资产的成本，准予扣除。投资资产按照以下方式确定成本：

1.通过支付现金方式取得的投资资产，以购买价款为成本；

2.通过支付现金以外的方式取得的投资资产，以该资产的公允价值和支付的相关税费为成本。

（六）存货

存货，是指企业持有以备出售的产品或者商品、处在生产过程中的在产品、在生产或者提供劳务过程中耗用的材料和物料等。存货按照以下方法确定成本。

1.通过支付现金方式取得的存货,以购买价款和支付的相关税费为成本。

2.通过支付现金以外的方式取得的存货,以该存货的公允价值和支付的相关税费为成本。

3.生产性生物资产收获的农产品,以产出或者采收过程中发生的材料费、人工费和分摊的间接费用等必要支出为成本。

企业使用或者销售存货,按照规定计算的存货成本,准予在计算应纳税所得额时扣除。

企业使用或者销售的存货的成本计算方法,可以在先进先出法、加权平均法、个别计价法中选用一种。计价方法一经选用,不得随意变更。

(七)资产损失

资产损失,是指企业在生产经营活动中实际发生的、与取得应税收入有关的资产损失,包括现金损失,存款损失,坏账损失,贷款损失,股权投资损失,固定资产和存货的盘亏、毁损、报废、被盗损失,自然灾害等不可抗力因素造成的损失以及其他损失。企业发生上述资产损失,应在按税法规定实际确认或者实际发生的当年申报扣除。

企业以前年度发生的资产损失未能在当年税前扣除的,可以按照规定,向税务机关说明并进行专项申报扣除。其中,属于实际资产损失的,准予追补至该项损失发生年度扣除,其追补确认期限一般不得超过5年。企业因以前年度实际资产损失未在税前扣除而多缴的企业所得税税款,可在追补确认年度企业所得税应纳税款中予以抵扣;不足抵扣的,向以后年度递延抵扣。

6.1.6 企业所得税应纳税额的计算

企业所得税的应纳税额的计算公式为:

企业所得税应纳税额 = 应纳税所得额 × 适用税率 − 减免税额 − 抵免税额

其中的减免税额和抵免税额,是指依照《企业所得税法》和国务院的税收优惠规定减征、免征和抵免的应纳税额。

企业取得的下列所得已在境外缴纳的所得税税额,可以从其当期应纳税额中抵免，抵免限额为该项所得依照规定计算的应纳税额；超过抵免限额的部分，可以在以后5个年度内，用每年抵免限额抵免当年应抵税额后的余额进行抵补：①居民企业来源于中国境外的应税所得；②非居民企业在中国境内设立机构、场所，取得发生在中国境外但与该机构、场所有实际联系的应税所得。

已在境外缴纳的所得税税额，是指企业来源于中国境外的所得依照中国境外税收法律以及相关规定应当缴纳并已经实际缴纳的企业所得税性质的税款。

抵免限额，是指企业来源于中国境外的所得，依照规定计算的应纳税额。

5个年度，是指从企业取得的来源于中国境外的所得，已经在中国境外缴纳的企业所得税性质的税额超过抵免限额的当年的次年起连续5个纳税年度。

自2017年7月1日起，企业可以选择按国（地区）别分别计算［即"分国（地区）不分项"］，或者不按国（地区）别汇总计算［即"不分国（地区）不分项"］其来源于境外的应纳税所得额，按照规定的税率，分别计算其可抵免境外所得税税额和抵免限额。上述方式一经选择，5年内不得改变。

居民企业从其直接或间接控制的外国企业分得的来源于中国境外的股息、红利等权益性投资收益，外国企业在境外实际缴纳的所得税税额中属于该项所得负担的部分，可以作为该居民企业的可抵免境外所得税税额，在规定的抵免限额内抵免。

直接控制是指居民企业直接持有外国企业20%以上股份，间接控制是指居民企业以间接持股方式持有外国企业20%以上股份。在计算企业境外股息所得的可抵免所得税额和抵免限额时，由企业直接或者间接持有20%以上股份的外国企业，限于按照相关法规规定的持股方式确定的5层外国企业。企业按规定抵免企业所得税税额时，应当提供中国境外税务机关出具的税款所属年度的有关纳税凭证。

6.1.7 企业所得税税收优惠

我国企业所得税的税收优惠包括免税收入，减、免税，优惠税率，小型微利企业、高新技术企业和技术先进型服务企业税收优惠，民族自治地方的减免税，加计扣除，应纳税所得额抵扣、加速折旧和设备、器具一次性税前扣除，减计收入，应纳税额抵免和其他专项优惠政策。企业同时从事适用不同企业所得税待遇的项目的，其优惠项目应当单独计算所得，并合理分摊企业的期间费用；没有单独计算的，不得享受企业所得税优惠。

（一）免税收入

免税收入，是指属于企业的应税所得，但是按照税法规定免予征收企业所得税的收入。企业的免税收入包括如下内容。

1.国债利息收入，是指企业持有国务院财政部门发行的国债取得的利息收入。

2.符合条件的居民企业之间的股息、红利等权益性投资收益，是指居民企业直接投资于其他居民企业取得的投资收益。

3.在中国境内设立机构、场所的非居民企业从居民企业取得与该机构、场所有实际联系的股息、红利等权益性投资收益。不包括连续持有居民企业公开发行并上市流通的股票不足12个月取得的投资收益。

4.符合条件的非营利组织的收入。不包括非营利组织从事营利性活动取得的收入，但国务院财政、税务主管部门另有规定的除外。对非营利组织从事非营利性活动取得的收入给予免税，但从事营利性活动取得的收入则要征税。

（二）减、免税

1.企业从事下列项目的所得，免征企业所得税。

（1）蔬菜、谷物、薯类、油料、豆类、棉花、麻类、糖料、水果、坚果的种植。

（2）农作物新品种的选育。

（3）中药材的种植。

（4）林木的培育和种植。

（5）牲畜、家禽的饲养。

（6）林产品的采集。

（7）灌溉、农产品初加工、兽医、农技推广、农机作业和维修等农、林、牧、渔服务业项目。

（8）远洋捕捞。

2.企业从事下列项目的所得，减半征收企业所得税。

（1）花卉、茶以及其他饮料作物和香料作物的种植。

（2）海水养殖、内陆养殖。

3.从事国家重点扶持的公共基础设施项目投资经营的所得。

国家重点扶持的公共基础设施项目，是指《公共基础设施项目企业所得税优惠目录》规定的港口码头、机场、铁路、公路、城市公共交通、电力、水利等项目。

（1）企业从事上述国家重点扶持的公共基础设施项目的投资经营的所得，自项目取得第一笔生产经营收入所属纳税年度起，第一年至第三年免征企业所得税，第四年至第六年减半征收企业所得税。

（2）企业承包经营、承包建设和内部自建自用上述项目，不得享受上述企业所得税优惠。

4.从事符合条件的环境保护、节能节水项目的所得。

符合条件的环境保护、节能节水项目，包括公共污水处理、公共垃圾处理、沼气综合开发利用、节能减排技术改造、海水淡化等。项目的具体条件和范围由国务院财政、税务主管部门商国务院有关部门制订，报国务院批准后公布施行。

企业从事上述规定的符合条件的环境保护、节能节水项目的所得，自项目取得第一笔生产经营收入所属纳税年度起，第一年至第三年免征企业所得税，第四年至第六年减半征收企业所得税。

5.符合条件的技术转让所得。

符合条件的技术转让所得免征、减征企业所得税，是指一个纳税年度内，居民企业技术转让所得不超过500万元的部分，免征企业所得税；超过500万元的部分，减半征收企业所得税。其计算公式为：

技术转让所得 = 技术转让收入 – 技术转让成本 – 相关税费

6.非居民企业所得。

在中国境内未设立机构、场所的，或者虽设立机构、场所，但取得的所得与其所设机构、场所没有实际联系的非居民企业，其取得的来源于中国境内的所得，减按10%的税率征收企业所得税。下列所得可以免征企业所得税。

（1）外国政府向中国政府提供贷款取得的利息所得。

（2）国际金融组织向中国政府和居民企业提供优惠贷款取得的利息所得。

（3）经国务院批准的其他所得。

7.自2014年11月17日起，对合格境外机构投资者（Qualified Foreign Institutional Investors，QFII）、人民币合格境外机构投资者（RMB Qualified Foreign Institutional Investors，RQFII）取得来源于中国境内的股票等权益性投资资产转让所得，暂免征收企业所得税。

（三）小型微利企业、高新技术企业和技术先进型服务企业税收优惠

1.小型微利企业。

符合条件的小型微利企业，减按20%的税率征收企业所得税。

符合条件的小型微利企业，是指从事国家非限制和禁止行业，并符合下列条件的企业：

（1）工业企业，年度应纳税所得额不超过100万元，从业人数不超过100人，资产总额不超过3 000万元；

（2）其他企业，年度应纳税所得额不超过100万元，从业人数不超过80人，资产总额不超过1 000万元。

从业人数，包括与企业建立劳动关系的职工人数和企业接受的劳务派遣用工人数。

从业人数和资产总额指标，应按企业全年的季度平均值确定。具体计算公式如下：

季度平均值 =（季初值 + 季末值）÷ 2

全年季度平均值 = 全年各季度平均值之和 ÷ 4

年度中间开业或者终止经营活动的，以其实际经营期作为一个纳税年度确定上述相关指标。

自 2018 年 1 月 1 日至 2020 年 12 月 31 日，对年应纳税所得额低于 100 万元（含）的小型微利企业，其所得减按 50% 计入应纳税所得额，按 20% 的税率缴纳企业所得税。

2.高新技术企业和技术先进型服务企业。

国家需要重点扶持的高新技术企业，减按 15% 的税率征收企业所得税。自 2018 年 1 月 1 日起，对经认定的技术先进型服务企业（服务贸易类），减按 15% 的税率征收企业所得税。

（四）民族自治地方的减免税

民族自治地方的自治机关对本民族自治地方的企业应缴纳的企业所得税中属于地方分享的部分，可以决定减征或者免征。自治州、自治县决定减征或者免征的，须报省、自治区、直辖市人民政府批准。

对民族自治地方内国家限制和禁止行业的企业，不得减征或者免征企业所得税。

（五）加计扣除

企业的下列支出，可以在计算应纳税所得额时加计扣除。

1.开发新技术、新产品、新工艺发生的研究开发费用。

研究开发费用的加计扣除，是指企业为开发新技术、新产品、新工艺发生的研究开发费用，未形成无形资产计入当期损益的，在按照规定据实扣除的基础上，按照研究开发费用的 50% 加计扣除；形成无形资产的，按照无形资产成本的 150% 摊销。企业开展研发活动中实际发生的研发费用，未形成无形资产计入当期损益的，在按规定据实扣除的基础上，在 2018 年 1 月 1 日至 2020 年 12 月 31 日期间，再按照实际发生额的 75% 在税前加计扣除；

形成无形资产的,在上述期间按照无形资产成本的175%在税前摊销。

下列行业不适用税前加计扣除政策:烟草制造业;住宿和餐饮业;批发和零售业;房地产业;租赁和商务服务业;娱乐业;财政部和国家税务总局规定的其他行业。

2.安置残疾人员及国家鼓励安置的其他就业人员所支付的工资。

企业安置残疾人员所支付的工资的加计扣除,是指企业安置残疾人员的,在按照支付给残疾职工工资据实扣除的基础上,按照支付给残疾职工工资的100%加计扣除。企业安置国家鼓励安置的其他就业人员所支付的工资的加计扣除办法,由国务院另行规定。

(六)应纳税所得额抵扣

创业投资企业采取股权投资方式投资于未上市的中小高新技术企业2年以上的,可以按照其投资额的70%在股权持有满2年的当年抵扣该创业投资企业的应纳税所得额;当年不足抵扣的,可以在以后纳税年度结转抵扣。

公司制创业投资企业采取股权投资方式直接投资于种子期、初创期科技型企业满2年(24个月)的,可以按照投资额的70%在股权持有满2年的当年抵扣该公司制创业投资企业的应纳税所得额;当年不足抵扣的,可以在以后纳税年度结转抵扣。

有限合伙制创业投资企业采取股权投资方式直接投资于初创科技型企业满2年的,该有限合伙制创业投资企业的法人合伙人可以按照对初创科技型企业投资额的70%抵扣法人合伙人从有限合伙制创业投资企业分得的所得;当年不足抵扣的,可以在以后纳税年度结转抵扣。

有限合伙制创业投资企业采取股权投资方式投资于未上市的中小高新技术企业满2年(24个月)的,其法人合伙人可按照对未上市中小高新技术企业投资额的70%抵扣该法人合伙人从该有限合伙制创业投资企业分得的应纳税所得额;当年不足抵扣的,可以在以后纳税年度结转抵扣。

(七)加速折旧和设备、器具一次性税前扣除

企业的固定资产由于技术进步等原因,确需加速折旧的,可以缩短折旧

年限或者采取加速折旧的方法。可以采取缩短折旧年限或者采取加速折旧的方法的固定资产，包括：

1.由于技术进步，产品更新换代较快的固定资产；

2.常年处于强震动、高腐蚀状态的固定资产。

采取缩短折旧年限方法的，最低折旧年限不得低于税法规定折旧年限的60%；采取加速折旧方法的，可以采取双倍余额递减法或者年数总和法。

对符合相关条件的生物药品制造业，专用设备制造业，铁路、船舶、航空航天和其他运输设备制造业，计算机、通信和其他电子设备制造业，仪器仪表制造业，信息传输、软件和信息技术服务业等行业的企业，2014年1月1日后购进（包括自行建造）的固定资产；对符合相关条件的轻工、纺织、机械、汽车等四个领域重点行业的企业，2015年1月1日后新购进的固定资产，允许按不低于《企业所得税法》规定折旧年限的60%缩短折旧年限，或选择采取双倍余额递减法或年数总和法进行加速折旧。上述重点行业企业是指以上述行业业务为主营业务，其固定资产投入使用当年的主营业务收入占企业收入总额50%（不含）以上的企业。

企业在2018年1月1日至2020年12月31日期间新购进（包括自行建造）的设备、器具，单位价值不超过500万元的，允许一次性计入当期成本费用在计算应纳税所得额时扣除，不再分年度计算折旧。

（八）减计收入

企业以《资源综合利用企业所得税优惠目录》规定的资源作为主要原材料，生产国家非限制和禁止并符合国家和行业相关标准的产品取得的收入，减按90%计入收入总额。原材料占生产产品材料的比例不得低于优惠目录规定的标准。

（九）应纳税额抵免

企业购置并实际使用《环境保护专用设备企业所得税优惠目录》《节能节水专用设备企业所得税优惠目录》《安全生产专用设备企业所得税优惠目录》规定的环境保护、节能节水、安全生产等专用设备的，该专用设备的投资额的 10% 可以从企业当年的应纳税额中抵免；当年不足抵免的，可以在以后 5 个纳税年度结转抵免。享受上述规定的企业所得税优惠的企业，应当实际购置并自身实际投入使用上述规定的专用设备；企业购置上述专用设备在 5 年内转让、出租的，应当停止享受企业所得税优惠，并补缴已经抵免的企业所得税税款。

购置并实际使用的环境保护、节能节水和安全生产专用设备，包括承租方企业以融资租赁方式租入的，并在融资租赁合同中约定租赁期届满时租赁设备所有权转移给承租方企业，且符合规定条件的上述专用设备。凡融资租赁期届满后租赁设备所有权未转移至承租方企业的，承租方企业应停止享受抵免企业所得税优惠，并补缴已经抵免的企业所得税税款。

（十）西部地区的减免税

对设在西部地区以《西部地区鼓励类产业目录》中新增鼓励类产业项目为主营业务，且其当年度主营业务收入占企业收入总额 70% 以上的企业，自 2014 年 10 月 1 日起，可减按 15% 的税率缴纳企业所得税。

6.1.8 企业所得税征收管理

（一）纳税地点

1. 居民企业的纳税地点。

除税收法律、行政法规另有规定外，居民企业以企业登记注册地为纳税地点；但登记注册地在境外的，以实际管理机构所在地为纳税地点。

2. 非居民企业的纳税地点。

非居民企业在中国境内设立机构、场所的，以机构、场所所在地为纳税地点。非居民企业在中国境内设立两个或者两个以上机构、场所的，经税务机关审核批准，可以选择由其主要机构、场所汇总缴纳企业所得税。在中国境内未设立机构、场所的，或者虽设立机构、场所，但取得的所得与其所设机构、场所没有实际联系的非居民企业，以扣缴义务人所在地为纳税地点。

非居民企业经批准汇总缴纳企业所得税后，需要增设、合并、迁移、关闭机构、场所或者停止机构、场所业务的，应当事先由负责汇总申报缴纳企业所得税的主要机构、场所向其所在地税务机关报告；需要变更汇总缴纳企业所得税的主要机构、场所的，依照前述规定办理。

（二）纳税期限

企业所得税按年计征，分月或者分季预缴，年终汇算清缴，多退少补。纳税年度自公历1月1日起至12月31日止。

企业在一个纳税年度中间开业，或者终止经营活动，使该纳税年度的实际经营期不足12个月的，应当以其实际经营期为1个纳税年度。企业依法清算时，应当以清算期间作为1个纳税年度。

企业应当自年度终了之日起5个月内，向税务机关报送年度企业所得税纳税申报表，并汇算清缴，结清应缴应退税款。

企业在年度中间终止经营活动的，应当自实际经营终止之日起60日内，向税务机关办理当期企业所得税汇算清缴。

（三）纳税申报

企业按月或按季预缴的，应当自月份或者季度终了之日起15日内，向税务机关报送预缴企业所得税纳税申报表，预缴税款。

企业在报送企业所得税纳税申报表时，应当按照规定附送财务会计报告和其他有关资料。

企业应当在办理注销登记前，就其清算所得向税务机关申报并依法缴纳企业所得税。

企业分月或者分季预缴企业所得税时，应当按照月度或者季度的实际利润额预缴；按照月度或者季度的实际利润额预缴有困难的，可以按照上一纳税年度应纳税所得额的月度或者季度平均额预缴，或者按照经税务机关认可的其他方法预缴。预缴方法一经确定，该纳税年度内不得随意变更。

企业在纳税年度内无论盈利或者亏损，都应当依照规定期限，向税务机关报送预缴企业所得税纳税申报表、年度企业所得税纳税申报表、财务会计报告和税务机关规定应当报送的其他有关资料。

企业所得税以人民币计算。企业所得以人民币以外的货币计算的，预缴企业所得税时，应当按照月度或者季度最后一日的人民币汇率中间价，折合成人民币计算应纳税所得额。年度终了汇算清缴时，对已经按照月度或者季度预缴税款的，不再重新折合计算，只就该纳税年度内未缴纳企业所得税的部分，按照纳税年度最后一日的人民币汇率中间价，折合成人民币计算应纳税所得额。

经税务机关检查确认，企业少计或者多计前述规定的所得的，应当按照检查确认补税或者退税时的上一个月最后一日的人民币汇率中间价，将少计或者多计的所得折合成人民币计算应纳税所得额，再计算应补缴或者应退的税款。

6.2 企业所得税筹划要点

6.2.1 税率的筹划

（一）政策依据

新企业所得税法规定，对小型微利企业减按20%的税率征收企业所得税。其中小型微利企业的标准为：

1. 工业企业，年度应纳税所得额不超过100万元，从业人数不超过100人，资产总额不超过3 000万元；

2. 其他企业，年度应纳税所得额不超过100万元，从业人数不超过80人，资产总额不超过1 000万元。

（二）筹划思路

为了防止税负的增加，小型微利企业应在平时的会计核算和业务安排中充分考虑上述政策规定，应尽量避免使企业的应纳税所得额超过所得临近点（30万元）而适用更高级别的税率，从而带来税负增加大于所得增加的风险。

6.2.2 存货计价的税务筹划

（一）政策依据

税法规定，纳税人对存货的核算，应当以历史成本，即企业取得该项资产时实际发生的支出为计税基础，各项存货的发出或领用的成本计价方法，可以采用个别计价法、先进先出法、加权平均法。

纳税人的存货计价方法一经确定，不得随意改变；如确需改变的，应在下一纳税年度开始前报主管税务机关批准。

（二）筹划思路

在不同的价格走势下，选择不同的存货计价方法对存货成本的影响不同，对企业所得税的影响也不同，企业应根据具体情况合理选择。存货计价方法与企业税负的关系如表 6-1 所示。

表 6-1 存货计价方法与企业税负的关系

存货计价方法	企业税负		备注
	物价上涨	物价下跌	
先进先出法	最大	最小	
加权平均法	最小	最大	
个别计价法	不定	不定	取决于存货支出顺序

6.2.3 固定资产折旧的税务筹划

固定资产折旧的税务筹划主要从固定资产使用年限的选择和固定资产折旧计提方法的选择两方面来进行。

（一）固定资产使用年限的选择

1. 政策依据。

税法明确规定了固定资产折旧的最低年限如下：

（1）建筑物、房屋，为 20 年；

（2）飞机、火车、轮船、机器、机械和其他生产设备，为 10 年；

（3）与生产经营活动有关的器具、工具、家具等，为5年；

（4）飞机、火车和轮船以外的运输工具，为4年；

（5）电子设备，为3年。

2. 筹划思路。

折旧年限的延长虽然不改变折旧总额，但会导致折旧总额在不同会计期间的分摊数额不同，从而使企业前期折旧费用减少而后期折旧费用增加，进而影响所得税的缴纳。

一般来说，如果企业正处在所得税优惠期间，应尽量延长折旧年限，避免在税收优惠期间折旧费用抵税效应的流失。

（二）固定资产折旧计提方法的选择

1. 政策依据。

固定资产折旧计提方法主要有年限平均法、加速折旧法、工作量法等，税法一般只允许选用年限平均法或工作量法。

税法允许部分因技术进步，产品更新换代较快以及常年处于强震动、高腐蚀状态的固定资产缩短折旧年限或使用加速折旧法。

2. 筹划思路。

任何固定资产在原值既定的情况下，其折旧总额是不变的。选择不同的折旧年限和折旧方法改变的只是折旧总额在不同年限之间的分配，从而改变折旧额在不同年份的抵税款。

在确定把折旧额放在什么年份时，需要考虑以下几个方面的因素：首先是折现率；其次是企业的生产情况和税收优惠；再次是企业的适用税率。

6.2.4 坏账损失的税务筹划

（一）政策依据

我国税法规定，纳税人发生的坏账损失，既可按照实际发生额据实扣除，也可提取坏账准备金。提取坏账准备金的纳税人发生的坏账损失，应冲减坏账准备金；实际发生的坏账损失，超过已经提取的坏账准备金的部分，可在发生当期直接扣除；已核销的坏账收回时，应相应增加当期的应纳税所得额。

（二）筹划思路

从企业利益出发，企业会计人员在税法准许的情况下，应该选择坏账损失备抵法。

坏账损失的上述筹划方法也只在企业持续盈利期才能够发挥抵税效应。

6.2.5 亏损弥补的税务筹划

（一）政策依据

我国税法规定，企业纳税年度发生的亏损，准予向以后年度结转，用以后年度的所得弥补，但结转年限最长不得超过5年。5年内不论是盈利或亏损，都作为实际弥补期限计算。

（二）筹划思路

利用亏损弥补进行筹划，要求纳税人在合理预估未来年度亏损及利润的基础上，熟练进行财务运作使所有亏损得以在税前弥补。

纳税人进行财务运作时要注意遵守税法，按规定办事，避免被税务机关认定为存在偷税行为。

企业必须正确地向税务机关申报亏损。

6.3 企业所得税筹划案例

案例一　合理选择公司模式帮助企业少纳税

王先生想要投资办一个小型微利企业，预计企业将实现年盈利20万元，税后利润全部分配给王先生，请问以何种方式组建公司可获得最大税收利益？

【筹划方案】

方案一：成立有限责任公司。

企业所得税 =20×25%×20% =1（万元）

个人所得税 =（20-1）×20% =3.8（万元）

税后收益 =20-1-3.8=15.2（万元）

方案二：成立个人独资企业。

表 6-2　个体工商户的生产经营所得和对企事业单位的承包经营、承租经营所得适用的

个人所得税税率表

级数	全年应纳税所得额	税率	速算扣除数
1	不超过 30 000 元的	5%	0
2	超过 30 000 元至 90 000 元的部分	10%	1 500
3	超过 90 000 元至 300 000 元的部分	20%	10 500
4	超过 300 000 元至 500 000 元的部分	30%	40 500
5	超过 500 000 元的部分	35%	65 500

按照表 6-2 的相关规定，王先生本年应该缴纳的税款为：

个人所得税 =20×20%-1.05=2.95（万元）

税后收益 =20-2.95=17.05（万元）

【政策依据】

王先生成立有限责任公司，按照《企业所得税法》的规定，符合规定条件的小型微利企业（包括采取查账征收和核定征收方式的企业），均可按照规定享受小型微利企业所得税优惠政策。小型微利企业所得税优惠政策，包括企业所得税减按20%的税率征收（以下简称《减低税率政策》），以及《财政部　税务总局关于实施小微企业普惠性税收减免政策的通知》（财税〔2019〕13号）文件规定的优惠政策。

王先生成立个人独资企业，根据《企业所得税法》的规定，个体工商户的生产经营所得和对企事业单位的承包经营、承租经营所得适用5%~35%的五级超额累进税率（见表6-2）。同时，个人独资企业和合伙企业的个人投资者取得的生产经营所得也适用5%~35%的五级超额累进税率。

纳税人王先生应选择方案二，这一举动是法律规定所许可的，在纳税行

为之前进行筹划，并达到了一定的节税效果。

案例二　合理选择顾客优惠方式，企业多受益

乐成商贸公司是增值税一般纳税人，企业所得税实行查账征收方式。假定每销售100元商品，其平均商品成本为60元。年末商场决定开展促销活动，拟定"满100送20"，即每销售100元商品，送出20元的优惠。具体方案有以下几种选择。

【筹划方案】

方案一：满就送折扣。按此方案企业销售100元商品，收取80元，只需在销售票据上注明折扣额，销售收入可按折扣后的金额计算。假设商品的增值税税率为13%，企业所得税税率为25%，则该公司本笔业务应纳税及相关获利情况为：

应纳增值税＝（80÷1.13）×13%－（60÷1.13）×13%≈2.30（元）；

销售毛利润＝80÷1.13－60÷1.13≈17.70（元）；

应纳企业所得税＝17.70×25%≈4.43（元）；

税后净收益＝17.70－4.43＝13.27（元）。

方案二：满就送赠券。按此方案企业销售100元商品，收取100元，但赠送折扣券20元，则顾客相当于获得了下次购物的折扣权。该公司本笔业务应纳税及相关获利情况为：

应纳增值税＝（100÷1.13）×13%－（60÷1.13）×13%≈4.60（元）；

销售毛利润＝100÷1.13－60÷1.13≈35.40（元）；

应纳企业所得税＝35.40×25%≈8.85（元）；

税后净收益＝35.40－8.85＝26.55（元）。

但当顾客下次使用折扣券时，该公司就会出现按方案一计算的纳税及获利情况，因此与方案一相比，方案二仅多了流入资金增量部分的时间价值而已，也可以说是"延期"折扣。

方案三：满就送礼品。此方案下，企业赠送礼品的行为是有偿赠送行为，不应视同销售行为，不应计算销项税额（其实礼品的销项税额隐含在企业销售满100元的商品的销项税额当中，只是没有剥离出来而已。因此对于礼品

的进项税额应允许其申报抵扣，赠送礼品时也不应该单独再次计算销项税额。）；但根据《国家税务总局关于企业处置资产所得税处理问题的通知》（国税函〔2008〕828号）的规定，要计算企业所得税，相关计算如下：

应纳增值税 =（100÷1.13）×13% -（60÷1.13）×13% -（12÷1.13）×13% ≈ 3.22（元）；

税法规定，为其他单位和部门的有关人员发放现金、实物等应按规定代扣代缴个人所得税，税款由支付单位代扣代缴。为保证让利顾客20元，该公司赠送的价值20元的商品应不含个人所得税额，该税应由该公司承担，因此赠送该商品时该公司需代顾客偶然所得缴纳个人所得税额。

个人所得税 =20÷（1+20%）×20% ≈ 3.33（元）；

销售毛利润 =100÷1.13-60÷1.13+12÷1.13-12÷1.13 ≈ 35.40（元）；

应纳企业所得税 =35.40×25% =8.85（元）；

税后净收益 =35.40-8.85-3.33=23.22（元）。

方案四：满就送现金。该公司返还现金行为亦属商业折扣，与方案一相比只是定率折扣与定额折扣的区别，相关计算如下。

在这种情况下，所赠送的现金也要缴纳个人所得税，且由该公司承担。

应纳增值税 =（100÷1.13）×13% -（60÷1.13）×13% ≈ 4.60（元）；

应纳个人所得税 =20÷（1+20%）×20% ≈ 3.33（元）；

销售毛利润 =100÷1.13-60÷1.13 ≈ 35.40（元）；

应纳企业所得税 =35.40×25% =8.85（元）；

企业利润 =100÷1.13-60÷1.13-20-3.33 ≈ 12.07（元）；

税后净收益 =12.07-8.85=3.22（元）。

方案五：满就送加量。按此方案，商场为购物满100元的商品实行加量不加价的优惠。商场的销售收入没有变化，但由于实行捆绑式销售，避免了"无偿赠送"之嫌，因而加量部分成本可以正常列支，相关计算如下：

应纳增值税 =（100÷1.13）×13% -（60÷1.13）×13% -（12÷1.13）×13% ≈ 3.22（元）；

销售毛利润 =100÷1.13-60÷1.13-12÷1.13≈24.78（元）；

应纳企业所得税 =24.78×25%≈6.20（元）；

税后净收益 =24.78-6.20=18.58（元）。

在以上方案中，方案一与方案五相比，即再把20元的商品（成本是12元）视作正常销售，相关计算如下：

应纳增值税 =（20÷1.13）×13%-（12÷1.13）×13%≈0.92（元）；

销售毛利润 =20÷1.13-12÷1.13≈7.08（元）；

应纳企业所得税 =7.08×25%≈1.77（元）；

税后净收益 =7.08-1.77=5.31（元）。

【政策依据】

上述的方案一至方案五均为法律允许的，都是安全空间内的操作。

按上面的方案，方案一最终可获得税后净收益为13.27+5.31=18.58（元），与方案五大致相等。若仍作折扣销售，则税后净收益还是有一定差距的，且方案一的再销售能否及时实现具有不确定性，因此还得考虑存货占用资金的时间价值，所以方案五优于方案一。

综上所述，商场"满就送"的最佳方案为赠送折扣券的促销方式，其次为赠送礼品的方式，再次为"满就送加量——加量不加价"的方式，最后是打折酬宾，而返还现金的方式不可取。

案例三　企业合理利用税收优惠少花钱

乐天公司为一家制药企业，其下属一家子公司为化妆品制造公司，适用企业所得税税率均为25%，未享受企业所得税优惠政策。乐天公司为了不断扩大化妆品企业的市场份额，每年还要投入相当金额的广告宣传费用于企业形象宣传。以2019年为例，乐天公司当年的财务预算预计投入广告宣传费用为480万元，本年度的营业收入总额为3 000万元，该化妆品子公司的营业收入为1 700万元。

【筹划方案】

方案一：继续由乐天公司支付广告宣传费。根据所得税法的规定，乐天公司可以在税前抵扣的限额为450（3 000×15%）万元，因此企业支付的超过450万元的部分属于企业本年度不能税前抵扣的费用，应该继续纳税调增，调增应纳税所得额30万元，企业需要多缴纳企业所得税7.5（30×25%）万元。

方案二：由下属子公司直接支付广告宣传费。根据所得税法的规定，化妆品制造、医药制造和饮料制造（不含酒类制造，下同）企业发生的广告费和业务宣传费支出，不超过当年销售（营业）收入30%的部分可以在所得税前予以扣除，因此该子公司本年度的扣除限额为510（1 700×30%）万元，全部广告费支出都可以在税前继续扣除。

【政策依据】

《企业所得税法实施条例》第四十四条规定，企业发生的符合条件的广告费和业务宣传费支出，除国务院财政、税务主管部门另有规定外，不超过当年销售（营业）收入15%的部分，准予扣除；超过部分，准予在以后纳税年度结转扣除。《财政部 国家税务总局关于广告费和业务宣传费支出税前扣除政策的通知》（财税〔2017〕41号）规定，自2016年1月1日起至2020年12月31日止，对化妆品制造、医药制造和饮料制造企业发生的广告费和业务宣传费支出，不超过当年销售（营业）收入30%的部分，准予扣除；超过部分，准予在以后纳税年度结转扣除。烟草企业的烟草广告费和业务宣传费支出，一律不得在计算应纳税所得额时扣除。

由此可见，目前国家对不同行业所发生的广告宣传费税前扣除政策不一致，有些行业在当年按不超过销售（营业）收入15%比例扣除，有些行业在当年按不超过销售（营业）收入30%比例扣除，而有的行业则不允许在税前扣除。

经过上述比较可知，方案二对于企业而言可以节约税款7.5万元，而且二者的操作均为法律允许的，乐天公司可以选择方案二以实现节税的目的。

案例四 存货计价方法的巧用

物问商贸有限公司2×17年12月主要库存甲商品的收发情况如表6-3所示，该公司12月共计销售甲商品5 000件，销售收入为500万元，该公司适用的所得税税率为25%。

表6-3 物问商贸有限公司2×17年12月甲商品的收发存情况表

日期	摘要	收入			发出	结存		
		数量（件）	单价（元）	金额（元）		数量（件）	单价（元）	金额（元）
12.1	月初结存					1 000	400	400 000
12.5	购入	2 000	400	800 000				
12.10	销售				2 000			
12.15	购入	4 000	500	2 000 000				
12.20	销售				3 000			
12.25	购入	1 000	600	600 000				
12.31	合计	7 000		3 400 000	5 000	3 000		

【筹划方案】

方案一：企业采用先进先出法（如图6-1所示）。

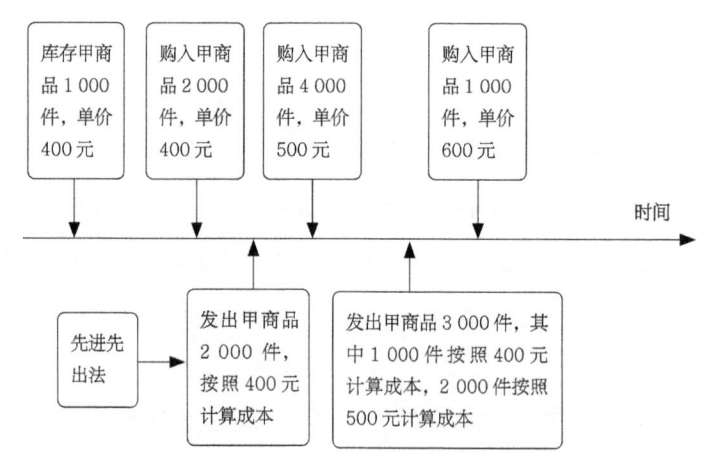

图6-1 先进先出法

企业按照先进先出法计算出来的企业的存货发出成本为：
1 000×400+2 000×400+2 000×500=220（万元）

因此，物问商贸有限公司 2×17 年 12 月的主营业务成本为 220 万元，可以进行抵扣的所得税额为 220 万元。

方案二：企业采用移动平均法（如图 6-2 所示）。

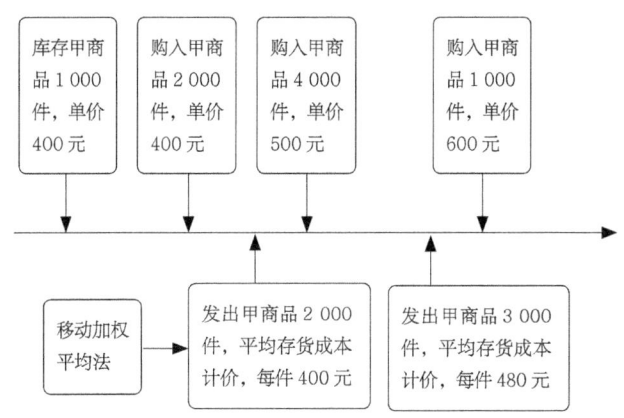

图 6-2 移动平均法

企业按照移动平均法计算得出的存货发出成本为：

2 000×400+3 000×[（1 000×400+4 000×500）÷（1 000+4 000）]=224（万元）

因此，物问商贸有限公司 2×17 年 12 月的主营业务成本为 224 万元，可以进行抵扣的所得税额为 224 万元，较方案一而言多抵扣 4 万元。

【政策依据】

存货计价方法是一种企业会计账务处理方法。存货计价方法的选择是制定企业会计政策的一项重要内容。选择不同的存货计价方法将会导致不同的报告利润和存货估价，并对企业的税收负担、现金流量产生影响。

我国《企业会计准则》规定："各种存货发出时，企业可以根据实际情况，选择使用先进先出法、加权平均法、移动平均法、个别计价法等方法确定其实际成本。

采用移动平均法能够使企业管理者及时了解存货的结存情况，计算的平均单位成本以及发出和结存的存货成本比较客观。但由于每次收货都要计算一次平均单价，计算工作量较大，对收发货较频繁的企业不适用。

  物问商贸有限公司在购进物品的价格持续走高的情况下，采用移动平均法可以使企业当期发出存货的成本增加，从而增加其纳税抵扣额，对于企业而言是有好处的，但是由于每次收货都要计算一次平均单价，计算工作量较大，如果在物问商贸有限公司收发货较频繁的情况下是不适用的。

第7章
个人所得税税务筹划

7.1 个人所得税简介

个人所得税是对个人（即自然人）取得的各项应税所得征收的一种所得税。1980年9月10日第五届全国人民代表大会第三次会议通过《中华人民共和国个人所得税法》（简称《个人所得税法》），此后全国人民代表大会常务委员会分别于1993年10月31日、1999年8月30日、2005年10月27日、2007年6月29日、2007年12月29日、2011年6月30日、2018年8月31日对《中华人民共和国个人所得税法》作出修正。1994年1月28日国务院公布《中华人民共和国个人所得税法实施条例》（简称《个人所得税法实施条例》），此后国务院分别于2005年12月19日、2008年2月18日、2011年7月19日、2018年12月18日对《个人所得税法实施条例》作出修订，国家财政、税务主管部门又制定了一系列部门规章和规范性文件。这些法律法规、部门规章及规范性文件构成了我国的个人所得税法律制度。

随着2018年《个人所得税法》第七次修正，《个人所得税法实施条例》第四次修订。本节按照《个人所得税法》和《个人所得税法实施条例》相关内容进行了修订。

7.1.1 个人所得税纳税人和所得来源的确定

(一) 居民纳税人和非居民纳税人

在中国境内有住所,或者无住所而一个纳税年度内在中国境内居住累计满 183 天的个人,为居民个人。居民个人从中国境内和境外取得的所得,缴纳个人所得税。

在中国境内无住所又不居住,或者无住所而一个纳税年度内在中国境内居住累计不满 183 天的个人,为非居民个人。非居民个人从中国境内取得的所得,缴纳个人所得税。

在中国境内有住所,是指因户籍、家庭、经济利益关系而在中国境内习惯性居住。从中国境内和中国境外取得的所得,分别是指来源于中国境内的所得和来源于中国境外的所得。在中国境内居住的时间按照在中国境内的时间计算。纳税年度,自公历 1 月 1 日至 12 月 31 日。

个人独资企业和合伙企业不缴纳企业所得税,只对投资者个人或个人合伙人取得的生产经营所得征收个人所得税。

个人独资企业和合伙企业分别是指依照我国相关法律登记成立的个人独资、合伙性质的企业以及其他相关机构或组织。个人独资企业以投资者个人为纳税义务人,合伙企业以每一个合伙人为纳税义务人。

个人独资企业投资人以其个人财产对企业债务承担无限责任。普通合伙企业合伙人对合伙企业债务承担无限连带责任。有限合伙企业由普通合伙人和有限合伙人组成,普通合伙企业合伙人对合伙企业债务承担无限连带责任,有限合伙人以其认缴的出资额为限对合伙企业债务承担责任。

(二) 居民纳税人和非居民纳税人的纳税义务

居民纳税人从中国境内和境外取得的所得,缴纳个人所得税。非居民纳税人从中国境内取得的所得,缴纳个人所得税。

在中国境内无住所的居民个人,在境内居住累计满 183 天的年度连续不满 6 年的,或满 6 年但其间有单次离境超过 30 天情形的,其来源于中国境外的所得,经向主管税务机关备案,可以只就由中国境内企事业单位和其他经济组织或者居民个人支付的部分缴纳个人所得税;在境内居住累计满183天的年度连续满6年的纳税人,且在6年内未发生单次离境超过30天情形的,从第7年起,中国境内居住累计满183天的,应当就其来源于中国境外的全部所得缴纳个人所得税。

在中国境内无住所,且在一个纳税年度中在中国境内居住累计不超过90天的个人,其来源于中国境内的所得,由境外雇主支付并且不由该雇主在中国境内的机构、场所负担的部分,免予缴纳个人所得税。

(三)所得来源的确定

除国务院财政、税务主管部门另有规定外,下列所得不论支付地点是否在中国境内,均为来源于中国境内的所得。

1. 因任职、受雇、履约等而在中国境内提供劳务取得的所得。
2. 将财产出租给承租人在中国境内使用而取得的所得。
3. 许可各种特许权在中国境内使用而取得的所得。
4. 转让中国境内的不动产、土地使用权取得的所得。
5. 从中国境内企业、事业单位和其他经济组织或者居民个人取得的利息、股息、红利所得。

7.1.2 个人所得税应税所得项目

按应纳税所得的来源划分,现行个人所得税共分为9个应税项目。

(一)工资、薪金所得

1. 关于工资、薪金所得的一般规定。

工资、薪金所得,是指个人因任职或者受雇而取得的工资、薪金、奖金、年终加薪、劳动分红、津贴、补贴以及与任职或者受雇有关的其他所得。

下列项目不属于工资、薪金性质的补贴、津贴,不予征收个人所得税:(1)独生子女补贴;(2)执行公务员工资制度未纳入基本工资总额的补贴、津贴差额和家属成员的副食补贴;(3)托儿补助费;(4)差旅费津贴、误餐补助。误餐补助是指按照财政部规定，个人因公在城区、郊区工作，不能在工作单位或返回就餐的，根据实际误餐顿数，按规定的标准领取的误餐费。单位以误餐补助名义发给职工的补助、津贴不包括在内。

2.关于工资、薪金所得的特殊规定。

个人因与用人单位解除劳动关系而取得的一次性补偿收入征税问题。

（1）个人因与用人单位解除劳动关系而取得的一次性补偿收入（包括用人单位发放的经济补偿金、生活补助费和其他补助费用），其收入超过当地上年职工平均工资3倍数额部分的一次性补偿收入，可视为一次取得数月的工资、薪金收入，允许在一定期限内平均计算。

个人领取一次性补偿收入时，按照国家和地方政府规定的比例实际缴纳的住房公积金、医疗保险费、基本养老保险费、失业保险费可以在计征其一次性补偿收入的个人所得税时予以扣除。

（2）退休人员再任职取得的收入，符合相关条件的，在减除按税法规定的费用扣除标准后，按"工资、薪金所得"项目缴纳个人所得税。

（3）离退休人员从原任职单位取得补贴等征税问题。

离退休人员除按规定领取离退休工资或养老金外，另从原任职单位取得的各类补贴、奖金、实物，不属于免税的退休工资、离休工资、离休生活补助费，应按"工资、薪金所得"项目缴纳个人所得税。

（4）个人取得公务交通、通讯补贴收入征税问题。

个人因公务用车和通讯制度改革而取得的公务用车、通讯补贴收入，扣除一定标准的公务费用后，按照"工资、薪金所得"项目计征个人所得税。按月发放的，并入当月工资、薪金所得计征个人所得税；不按月发放的，分解到所属月份并与该月份工资、薪金所得合并后计征个人所得税。

（5）个人取得股票增值权所得和限制性股票所得征税问题。

个人因任职、受雇从上市公司取得的股票增值权所得和限制性股票所得，由上市公司或其境内机构按照"工资、薪金所得"项目和股票期权所得个人所得税计税方法，依法扣缴其个人所得税。

（6）关于失业保险费征税问题。

城镇企业、事业单位及其职工个人实际缴付的失业保险费，超过《失业保险条例》规定比例的，应将其超过规定比例缴付的部分计入职工个人当期的工资、薪金收入，依法计征个人所得税。

（7）关于保险金征税问题。

企业为员工支付各项免税之外的保险金，应在企业向保险公司缴付时（即该保险落到被保险人的保险账户）并入员工当期的工资收入，按"工资、薪金所得"项目计征个人所得税，税款由企业负责代扣代缴。

（8）企业年金、职业年金征税问题。

企业和事业单位超过国家有关政策规定的标准，为在本单位任职或者受雇的全体职工缴付的企业年金或职业年金（以下统称"年金"）单位缴费部分，应并入个人当期的工资、薪金所得，依法计征个人所得税。税款由建立年金的单位代扣代缴，并向主管税务机关申报解缴。

个人根据国家有关政策规定缴付的年金个人缴费部分，超过本人缴费工资计税基数的4%的部分，应并入当期的工资、薪金所得，依法计征个人所得税。税款由建立年金的单位代扣代缴，并向主管税务机关申报解缴。

个人达到国家规定的退休年龄之后按月领取的年金，按照"工资、薪金所得"项目适用的税率，计征个人所得税；按年或按季领取的年金，平均分摊计入各月，每月领取额按照"工资、薪金所得"项目适用的税率，计征个人所得税。

（9）兼职律师从律师事务所取得工资、薪金性质的所得征税问题。

兼职律师是指取得律师资格和律师执业证书，不脱离本职工作从事律师职业的人员。兼职律师从律师事务所取得工资、薪金性质的所得，律师事务所在代扣代缴其个人所得税时，不再减除《个人所得税法》规定的费用扣除标准，以收入全额（取得分成收入的为扣除办理案件支出费用后的余额）直接确定适用税率，计算扣缴个人所得税。兼职律师应自行向主管税务机关申报两处或两处以上取得的工资、薪金所得，合并计算缴纳个人所得税。

（10）依法批准设立的非营利性研究开发机构和高等学校根据《中华人民共和国促进科技成果转化法》规定，从职务科技成果转化收入中给予科技人员的现金奖励，可减按50%计入科技人员当月"工资、薪金所得"，依法缴纳个人所得税。

（二）劳务报酬所得

劳务报酬所得，是指个人独立从事非雇佣的各种劳务所取得的所得。其内容包括设计、装潢、安装、制图、化验、测试、医疗、法律、会计、咨询、讲学、新闻、广播、翻译、审稿、书画、雕刻、影视、录音、录像、演出、表演、广告、展览、技术服务、介绍服务、经纪服务、代办服务、其他劳务。

区分"劳务报酬所得"和"工资、薪金所得"，主要看是否存在雇佣与被雇佣的关系。"工资、薪金所得"是个人从事非独立劳动，从所在单位（雇主）领取的报酬，存在雇佣与被雇佣的关系，即在机关、团体、学校、部队、企事业单位及其他组织中任职、受雇而得到的报酬。而"劳务报酬所得"则是指个人独立从事某种技艺，独立提供某种劳务而取得的报酬，一般不存在雇佣关系。个人所得税所列各项"劳务报酬所得"一般属于个人独立从事自由职业取得的所得或属于独立个人劳动所得。如果从事某项劳务活动取得的报酬是以工资、薪金形式体现的，如演员从其所属单位领取工资、教师从学校领取工资等，就属于"工资、薪金所得"，而不属于"劳务报酬所得"。如果从事某项劳务活动取得的报酬不是来自聘用、雇佣或工作单位，如演员"走穴"演出取得的报酬，教师自行开办学习班、培训班等取得的收入等，就属于"劳务报酬所得"或"经营所得"。

1. 个人兼职取得的收入应按照"劳务报酬所得"项目缴纳个人所得税。

2. 律师以个人名义再聘请其他人员为其工作而支付的报酬，应由该律师按"劳务报酬所得"项目负责代扣代缴个人所得税。为了便于操作，税款可由其任职的律师事务所代为缴入国库。

3. 证券经纪人从证券公司取得的佣金收入，应按照"劳务报酬所得"项目缴纳个人所得税。证券经纪人佣金收入由展业成本和劳务报酬构成，对展业成本部分不征收个人所得税。根据目前实际情况，证券经纪人展业成本按照不含增值税的佣金收入减除20%费用后余额的25%计算。

4.个人保险代理人以其取得的佣金、奖励和劳务费等相关收入（不含增值税）减去展业成本以及附加税费，按照规定计算个人所得税。展业成本，为佣金收入减去地方税费附加余额的40%。个人保险代理人，是指根据保险企业的委托，在保险企业授权范围内代为办理保险业务的自然人，不包括个体工商户。

（三）稿酬所得

稿酬所得，是指个人因其作品以图书、报刊形式出版、发表而取得的所得。作品包括文学作品、书画作品、摄影作品以及其他作品。作者去世后，财产继承人取得的遗作稿酬，也应征收个人所得税。

（四）特许权使用费所得

特许权使用费所得，是指个人提供专利权、商标权、著作权、非专利技术以及其他特许权的使用权取得的所得。

1.我国《个人所得税法》规定，提供著作权的使用权取得的所得，不包括稿酬所得，对于作者将自己的文字作品手稿原件或复印件公开拍卖（竞价）取得的所得，属于提供著作权的使用所得，故应按"特许权使用费所得"项目征收个人所得税。

2.个人取得特许权的经济赔偿收入，应按"特许权使用费所得"项目缴纳个人所得税，税款由支付赔偿的单位或个人代扣代缴。

3.从2002年5月1日起，编剧从电视剧的制作单位取得的剧本使用费，不再区分剧本的使用方是否为其任职单位，统一按"特许权使用费所得"项目征收个人所得税。

（五）经营所得

经营所得包括：

1.个人通过在中国境内注册登记的个体工商户、个人独资企业、合伙企业从事生产、经营活动取得的所得；

2.个人依法取得执照，从事办学、医疗、咨询以及其他有偿服务活动取得的所得；

3.个人承包、承租、转包、转租取得的所得；

4.个人从事其他生产、经营活动取得的所得。

（六）利息、股息、红利所得

利息、股息、红利所得，是指个人拥有债权、股权而取得的利息、股息、红利所得。其中，利息一般是指存款、贷款和债券的利息。股息、红利是指个人拥有股权取得的企业分红。按照一定的比例派发的每股息金，称为股息。根据企业应分配的超过股息部分的利润，按股派发的红股，称为红利。

1.个人投资者收购企业股权后，将企业原有盈余积累转增股本个人所得税问题。

一名或多名个人投资者以股权收购方式取得被收购企业100%股权，股权收购前，被收购企业原账面金额中的"资本公积、盈余公积、未分配利润"等盈余积累未转增股本，而在股权交易时将其一并计入股权转让价格并履行了所得税纳税义务。股权收购后，企业将原账面金额中的盈余积累向个人投资者（新股东，下同）转增股本，有关个人所得税问题区分以下情形处理。

新股东以不低于净资产价格收购股权的，企业原盈余积累已全部计入股权交易价格，新股东取得盈余积累转增股本的部分，不征收个人所得税。

新股东以低于净资产价格收购股权的，企业原盈余积累中，对于股权收购价格减去原股本的差额部分已经计入股权交易价格，新股东取得盈余积累转增股本的部分，不征收个人所得税；对于股权收购价格低于原所有者权益的差额部分未计入股权交易价格，新股东取得盈余积累转增股本的部分，应按照"利息、股息、红利所得"项目征收个人所得税。

新股东以低于净资产价格收购企业股权后转增股本，应按照下列顺序进行，即先转增应税的盈余积累部分，然后再转增免税的盈余积累部分。

2.个人从公开发行和转让市场取得的上市公司股票，持股期限在1个月以内（含）的，其股息红利所得全额计入应纳税所得额；持股期限在1个月至1年（含）的，暂减按50%计入应纳税所得额。上述所得统一适用20%的税率计征个人所得税。

对个人持有的上市公司限售股，解禁后取得的股息红利，按照《财政部 国家税务总局 证监会关于实施上市公司股息红利差别化个人所得税政策有关问题的通知》的规定计算纳税，持股时间自解禁日起计算；解禁前取得的股息、红利继续暂减按50%计入应纳税所得额，适用20%的税率计征个人所得税。

个人从公开发行和转让市场取得的上市公司股票包括：

（1）通过证券交易所集中交易系统或大宗交易系统取得的股票；

（2）通过协议转让取得的股票；

（3）因司法扣划取得的股票；

（4）因依法继承或家庭财产分割取得的股票；

（5）通过收购取得的股票；

（6）权证行权取得的股票；

（7）使用可转换公司债券转换的股票；

（8）取得发行的股票、配股、股份股利及公积金转增股本；

（9）持有从代办股份转让系统转到主板市场（或中小板、创业板市场）的股票；

（10）上市公司合并，个人持有的被合并公司股票转换的合并后公司股票；

（11）上市公司分立，个人持有的被分立公司股票转换的分立后公司股票；

（12）其他从公开发行和转让市场取得的股票。

（七）财产租赁所得

财产租赁所得，是指个人出租不动产、土地使用权、机器设备、车船以及其他财产取得的所得。

1.个人取得的房屋转租收入，属于"财产租赁所得"项目。取得转租收入的个人向房屋出租方支付的租金，凭房屋租赁合同和合法支付凭据允许在计算个人所得税时，从该项转租收入中扣除。

2.房地产开发企业与商店购买者个人签订协议，以优惠价格出售其商店给购买者个人，购买者个人在一定期限内必须将购买的商店无偿提供给房地产开发企业对外出租使用。该行为实质上是购买者个人以所购商店交由房地产开发企业出租而取得的房屋租赁收入支付了部分购房价款。对购买者个人少支出的购房价款，应视同个人财产租赁所得，按照"财产租赁所得"项目征收个人所得税。每次财产租赁所得的收入额，按照少支出的购房价款和协议规定的租赁月份数平均计算确定。

（八）财产转让所得

财产转让所得，是指个人转让有价证券、股权、合伙企业中的财产份额、不动产、土地使用权、机器设备、车船以及其他财产取得的所得。

1.个人将投资于中国境内成立的企业或组织（不包括个人独资企业和合伙企业）的股权或股份，转让给其他个人或法人的行为，按照"财产转让所得"项目，依法计算缴纳个人所得税。具体包括以下情形：

（1）出售股权；

（2）公司回购股权；

（3）发行人首次公开发行新股时，被投资企业股东将其持有的股份以公开发行方式一并向投资者发售；

（4）股权被司法或行政机关强制过户；

（5）以股权对外投资或进行其他非货币性交易；

（6）以股权抵偿债务；

（7）其他股权转移行为。

2.个人因各种原因终止投资、联营、经营合作等行为，从被投资企业或合作项目、被投资企业的其他投资者以及合作项目的经营合作人取得股权转让收入、违约金、补偿金、赔偿金及以其他名目收回的款项等，均属于个人所得税应税收入，应按照"财产转让所得"项目适用的规定计算缴纳个人所得税。

3. 个人以非货币性资产投资，属于个人转让非货币性资产和投资同时发生。对个人转让非货币性资产的所得，应按照"财产转让所得"项目，依法计算缴纳个人所得税。

4. 纳税人收回转让的股权征收个人所得税的方法。

（1）股权转让合同履行完毕、股权已作变更登记，且所得已经实现的，转让人取得的股权转让收入应当依法缴纳个人所得税。转让行为结束后，当事人双方签订并执行解除原股权转让合同、退回股权的协议，是另一次股权转让行为，对前次转让行为征收的个人所得税款不予退回。

（2）股权转让合同未履行完毕，因执行仲裁委员会作出的解除股权转让合同及补充协议的裁决、停止执行原股权转让合同，并原价收回已转让股权的，由于其股权转让行为尚未完成、收入未完全实现，随着股权转让关系的解除，股权收益不复存在，纳税人不应缴纳个人所得税。

5. 自2010年1月1日起，对个人转让限售股取得的所得，按照"财产转让所得"项目征收个人所得税。

个人转让限售股，以每次限售股转让收入，减除股票原值和合理税费后的余额，为应纳税所得额。即：

应纳税所得额 = 限售股转让收入 − （限售股原值 + 合理税费）

应纳税额 = 应纳税所得额 × 20%

限售股转让收入，是指转让限售股股票实际取得的收入。限售股原值，是指限售股买入时的买入价及按照规定缴纳的有关费用。合理税费，是指转让限售股过程中发生的印花税、佣金、过户费等与交易相关的税费。

6. 个人通过招标、竞拍或其他方式购置债权以后，通过相关司法或行政程序主张债权而取得的所得，应按照"财产转让所得"项目缴纳个人所得税。

7. 个人通过网络收购玩家的虚拟货币，加价后向他人出售取得的收入，应按照"财产转让所得"项目计算缴纳个人所得税。

（九）偶然所得

偶然所得，是指个人得奖、中奖、中彩以及其他偶然性质的所得。得奖是指参加各种有奖竞赛活动，取得名次得到的奖金；中奖、中彩是指参加各种有奖活动，如有奖储蓄，或者购买彩票，经过规定程序，抽中、摇中号码而取得的奖金。

1.企业对累积消费达到一定额度的顾客，给予额外抽奖机会，个人的获奖所得，按照"偶然所得"项目，全额缴纳个人所得税。

2.个人取得单张有奖发票奖金所得超过800元的，应全额按照"偶然所得"项目征收个人所得税。税务机关或其指定的有奖发票兑奖机构，是有奖发票奖金所得个人所得税的扣缴义务人。

个人取得的所得，难以界定应纳税所得项目的，由主管税务机关确定。

居民个人取得上述（一）至（四）项所得（综合所得），按纳税年度合并计算个人所得税；非居民个人取得上述（一）至（四）项所得，按月或者按次分项计算个人所得税。纳税人取得上述（五）至（九）项所得，依照法律规定分别计算个人所得税。

7.1.3 个人所得税税率

（一）综合所得

居民个人每一纳税年度内取得的综合所得包括工资、薪金所得，劳务报酬所得，稿酬所得，特许权使用费所得。综合所得适用3%~45%的超额累进税率，具体如表7-1所示。

表7-1 个人所得税税率表（综合所得适用）

级数	全年应纳税所得额	税率（%）
1	不超过36 000元的	3
2	超过36 000元至144 000元的部分	10
3	超过144 000元至300 000元的部分	20
4	超过300 000元至420 000元的部分	25
5	超过420 000元至660 000元的部分	30

续表

级数	全年应纳税所得额	税率（%）
6	超过660 000元至960 000元的部分	35
7	超过960 000元的部分	45

注：① 本表所称全年应纳税所得额是指依照法律规定，居民个人取得综合所得以每一纳税年度收入额，减除费用6万元以及专项扣除、专项附加扣除和依法确定的其他扣除后的余额；② 非居民个人取得工资、薪金所得，劳务报酬所得，稿酬所得和特许权使用费所得，依照本表按月换算后计算应纳税额。

（二）经营所得

经营所得适用5%～35%的超额累进税率，具体税率见表7-2。

表7-2　个人所得税税率表（经营所得适用）

级数	全年应纳税所得额	税率（%）
1	不超过30 000元的	5
2	超过30 000元至90 000元的部分	10
3	超过90 000元至300 000元的部分	20
4	超过300 000元至500 000元的部分	30
5	超过500 000元的部分	35

注：本表所称全年应纳税所得额是指依照法律规定，以每一纳税年度的收入总额减除成本、费用以及损失后的余额。

（三）利息、股息、红利所得，财产租赁所得，财产转让所得和偶然所得

利息、股息、红利所得，财产租赁所得，财产转让所得和偶然所得适用比例税率，税率为20%。

自2001年1月1日起，对个人出租住房取得的所得暂减按10%的税率征收个人所得税。

7.1.4　个人所得税应纳税所得额的确定

个人所得税的计税依据是纳税人取得的应纳税所得额。应纳税所得额为个人取得的各项收入减去税法规定的费用扣除金额和减免税收入后的余额。

由于个人所得税的应税项目不同，扣除费用标准也各不相同，纳税人需要按不同应税项目分项计算。

（一）个人所得的形式

个人所得的形式，包括现金、实物、有价证券和其他形式的经济利益。所得为实物的，应当按照取得的凭证上的价格计算应纳税所得额；无凭证的实物或者凭证上所注明的价格明显偏低的，参照市场价格核定应纳税所得额；所得为有价证券的，根据票面价格和市场价格核定应纳税所得额；所得为其他形式的经济利益的，参照市场价格核定应纳税所得额。

（二）应纳税所得额确定方式

1. 居民个人的综合所得，以每一纳税年度的收入额减除费用6万元以及专项扣除、专项附加扣除和依法确定的其他扣除后的余额，为应纳税所得额。

综合所得，包括工资、薪金所得，劳务报酬所得，稿酬所得，特许权使用费所得四项。劳务报酬所得、稿酬所得、特许权使用费所得以收入减除20%的费用后的余额为收入额。稿酬所得的收入额减按70%计算。

（1）专项扣除，包括居民个人按照国家规定的范围和标准缴纳的基本养老保险、基本医疗保险、失业保险等社会保险费和住房公积金等。

（2）专项附加扣除，是指《个人所得税法》规定的子女教育、继续教育、大病医疗、住房贷款利息、住房租金和赡养老人6项专项附加扣除。

①子女教育专项附加扣除。

纳税人的子女接受学前教育和学历教育的相关支出，按照每个子女每年12 000元（每月1 000元）的标准定额扣除。

学前教育包括年满3岁至小学入学前教育。学历教育包括义务教育（小学和初中教育）、高中阶段教育（普通高中、中等职业教育）、高等教育（大学专科、大学本科、硕士研究生、博士研究生教育）。

受教育子女的父母分别按扣除标准的50%扣除；经父母约定，也可以选择由其中一方按扣除标准的100%扣除。具体扣除方式在一个纳税年度内不得变更。

② 继续教育专项附加扣除。

纳税人接受学历继续教育的支出，在学历教育期间按照每年4 800元（每月400元）定额扣除。纳税人接受技能人员职业资格继续教育、专业技术人员职业资格继续教育支出，在取得相关证书的年度，按照每年3 600元定额扣除。

个人接受同一学历教育事项，符合本办法规定扣除条件的，该项教育支出可以由其父母按照子女教育支出扣除，也可以由本人按照继续教育支出扣除，但不得同时扣除。

③ 大病医疗专项附加扣除。

在一个纳税年度内，纳税人发生的与基本医保相关的医药费用支出，扣除医保报销后个人负担（指医保目录范围内的自付部分）累计超过15 000元的部分，由纳税人在办理年度汇算清缴时，在80 000元限额内据实扣除。

纳税人发生的医药费用支出可以选择由本人或者其配偶扣除；未成年子女发生的医药费用支出可以选择由其父母一方扣除。

纳税人应当留存医药服务收费及医保报销相关票据原件（或者复印件）等资料备查。医疗保障部门应当向患者提供在医疗保障信息系统记录的本人年度医药费用信息查询服务。

④ 住房贷款利息专项附加扣除。

纳税人本人或者配偶单独或者共同使用商业银行或者住房公积金个人住房贷款为本人或者其配偶购买中国境内住房，发生的首套住房贷款利息支出，在实际发生贷款利息的年度，按照每月1 000元的标准定额扣除，扣除期限最长不超过240个月。纳税人只能享受一次首套住房贷款的利息扣除。本办法所称首套住房贷款是指购买住房享受首套住房贷款利率的住房贷款。

经夫妻双方约定，可以选择由其中一方扣除，具体扣除方式在一个纳税年度内不能变更。

夫妻双方婚前分别购买住房发生的首套住房贷款，其贷款利息支出，婚后可以选择其中一套购买的住房，由购买方按扣除标准的100%扣除，也可以由夫妻双方对各自购买的住房分别按扣除标准的50%扣除,具体扣除方式在一个纳税年度内不能变更。

纳税人应当留存住房贷款合同、贷款还款支出凭证备查。

⑤ 住房租金专项附加扣除。

纳税人在主要工作城市没有自有住房而发生的住房租金支出,可以按照以下标准定额扣除:

(一)直辖市、省会(首府)城市、计划单列市以及国务院确定的其他城市,扣除标准为每月1 500元;

(二)除第一项所列城市以外,市辖区户籍人口超过100万的城市,扣除标准为每月1 100元;市辖区户籍人口不超过100万的城市,扣除标准为每月800元。

纳税人的配偶在纳税人的主要工作城市有自有住房的,视同纳税人在主要工作城市有自有住房。

市辖区户籍人口,以国家统计局公布的数据为准。

主要工作城市是指纳税人任职受雇的直辖市、计划单列市、副省级城市、地级市(地区、州、盟)全部行政区域范围;纳税人无任职受雇单位的,为受理其综合所得汇算清缴的税务机关所在城市。

夫妻双方主要工作城市相同的,只能由一方扣除住房租金支出。

住房租金支出由签订租赁住房合同的承租人扣除。

纳税人及其配偶在一个纳税年度内不能同时分别享受住房贷款利息和住房租金专项附加扣除。

纳税人应当留存住房租赁合同、协议等有关资料备查。

⑥ 赡养老人专项附加扣除。

纳税人赡养60岁(含)以上父母以及其他法定赡养人的赡养支出,可以按照以下标准定额扣除。

纳税人为独生子女的,按照每年24 000元(每月2 000元)的标准定额扣除。

纳税人为非独生子女的，应当与其兄弟姐妹分摊每年24 000元（每月2 000元）的扣除额度。分摊方式包括平均分摊、被赡养人指定分摊或者赡养人约定分摊，具体分摊方式和额度在一个纳税年度内不得变更。采取指定分摊或约定分摊方式的，每一纳税人分摊的扣除额最高不得超过每年12 000元（每月1 000元），并签订书面分摊协议。指定分摊与约定分摊不一致的，以指定分摊为准。纳税人赡养2个及以上老人的，不按老人人数加倍扣除。

其他法定赡养人是指祖父母、外祖父母的子女已经去世，实际承担对祖父母、外祖父母赡养义务的孙子女、外孙子女。

（3）其他扣除，包括个人缴付符合国家规定的企业年金、职业年金，个人购买符合国家规定的商业健康保险、税收递延型商业养老保险的支出，以及国务院规定可以扣除的其他项目。

2.非居民个人的工资、薪金所得，以每月收入额减除费用5 000元后的余额为应纳税所得额；劳务报酬所得、稿酬所得、特许权使用费所得，以每次收入额为应纳税所得额。

3.经营所得，以每一纳税年度的收入总额减除成本、费用以及损失后的余额，为应纳税所得额。

成本、费用，是指个体工商户、个人独资企业、合伙企业以及个人从事其他生产、经营活动发生的各项直接支出和分配计入成本的间接费用以及销售费用、管理费用、财务费用；所称损失，是指个体工商户、个人独资企业、合伙企业以及个人从事其他生产经营活动发生的固定资产和存货的盘亏、毁损、报废损失，转让财产损失，坏账损失，自然灾害等不可抗力因素造成的损失以及其他损失。

个体工商户、个人独资企业、合伙企业以及个人从事其他生产、经营活动，未提供完整、准确的纳税资料，不能正确计算应纳税所得额的，由主管税务机关核定其应纳税所得额。

个体工商户业主、个人独资企业投资者、合伙企业个人合伙人以及从事其他生产、经营活动的个人，以其每一纳税年度来源于个体工商户、个人独资企业、合伙企业以及其他生产、经营活动的所得，减除费用6万元、专项扣除以及依法确定的其他扣除后的余额，为应纳税所得额。

个人所得税法律对个体工商户的生产、经营所得的具体规定如下。

个体工商户的生产、经营所得，以每一纳税年度的收入总额，减除成本、费用、税金、损失、其他支出以及允许弥补的以前年度亏损后的余额，为应纳税所得额。

成本是指个体工商户在生产经营活动中发生的销售成本、销货成本、业务支出以及其他耗费。

费用是指个体工商户在生产经营活动中发生的销售费用、管理费用和财务费用，已经计入成本的有关费用除外。

税金是指个体工商户在生产经营活动中发生的除个人所得税和允许抵扣的增值税以外的各项税金及其附加。

损失是指个体工商户在生产经营活动中发生的固定资产和存货的盘亏、毁损、报废损失，转让财产损失，坏账损失，自然灾害等不可抗力因素造成的损失以及其他损失。个体工商户发生的损失，减除责任人赔偿和保险赔款后的余额，参照《财政部 国家税务总局关于企业资产损失税前扣除政策的通知》的规定扣除。

其他支出是指除成本、费用、税金、损失外，个体工商户在生产经营活动中发生的与生产经营活动有关的、合理的支出。

允许弥补的以前年度亏损，是指个体工商户依照规定计算的应纳税所得额小于零的数额。

个体工商户已经作为损失处理的资产，在以后纳税年度又全部收回或者部分收回时，应当计入收回当期的收入。

（1）个体工商户下列支出不得扣除：

① 个人所得税税款；

② 税收滞纳金；

③ 罚金、罚款和被没收财物的损失；

④ 不符合扣除规定的捐赠支出；

⑤ 赞助支出；

⑥ 用于个人和家庭的支出；

⑦ 与取得生产经营收入无关的其他支出；

⑧ 国家税务总局规定不准扣除的支出。

（2）个体工商户生产经营活动中，应当分别核算生产经营费用和个人、家庭费用。对于生产经营与个人、家庭生活混用难以分清的费用，其40%视为与生产经营有关的费用，准予扣除。

（3）个体工商户纳税年度发生的亏损，准予向以后年度结转，用以后年度的生产经营所得弥补，但结转年限最长不得超过5年。

（4）个体工商户实际支付给从业人员的、合理的工资薪金支出，准予扣除。个体工商户业主2018年第四季度取得的生产经营所得，减除费用按照5 000元/月执行，前三季度减除费用按照3 500元/月执行。

个体工商户业主的工资薪金支出不得税前扣除。

（5）个体工商户按照国务院有关主管部门或者省级人民政府规定的范围和标准为其业主和从业人员缴纳的基本养老保险费、基本医疗保险费、失业保险费、生育保险费、工伤保险费和住房公积金，准予扣除。

个体工商户为从业人员缴纳的补充养老保险费、补充医疗保险费，分别在不超过从业人员工资总额5%标准内的部分据实扣除；超过部分，不得扣除。

个体工商户业主本人缴纳的补充养老保险费、补充医疗保险费，以当地（地级市）上年度社会平均工资的3倍为计算基数，分别在不超过该计算基数5%标准内的部分据实扣除；超过部分，不得扣除。

除个体工商户依照国家有关规定为特殊工种从业人员支付的人身安全保险费和财政部、国家税务总局规定可以扣除的其他商业保险费外，个体工商户业主本人或者为从业人员支付的商业保险费，不得扣除。

（6）个体工商户在生产经营活动中发生的合理的、不需要资本化的借款费用，准予扣除。

（7）个体工商户在生产经营活动中发生的下列利息支出，准予扣除：

① 向金融企业借款的利息支出；

② 向非金融企业和个人借款的利息支出，不超过按照金融企业同期同类贷款利率计算的数额的部分。

（8）个体工商户向当地工会组织拨缴的工会经费、实际发生的职工福利费支出、职工教育经费支出分别在工资薪金总额的2%、14%和2.5%的标准内据实扣除。

工资薪金总额是指允许在当期税前扣除的工资薪金支出数额。

职工教育经费的实际发生数额超出规定比例当期不能扣除的数额，准予在以后纳税年度结转扣除。

个体工商户业主本人向当地工会组织缴纳的工会经费、实际发生的职工福利费支出、职工教育经费支出，以当地（地级市）上年度社会平均工资的3倍为计算基数，在规定比例内据实扣除。

（9）个体工商户发生的与生产经营活动有关的业务招待费，按照实际发生额的60%扣除，但最高不得超过当年销售（营业）收入的5‰。

业主自申请营业执照之日起至开始生产经营之日止所发生的业务招待费，按照实际发生额的60%计入个体工商户的开办费。

（10）个体工商户每一纳税年度发生的与其生产经营活动直接相关的广告费和业务宣传费不超过当年销售（营业）收入15%的部分，可以据实扣除；超过部分，准予在以后纳税年度结转扣除。

（11）个体工商户代其从业人员或者他人负担的税款，不得税前扣除。

（12）个体工商户按照规定缴纳的摊位费、行政性收费、协会会费等，按实际发生数额扣除。

（13）个体工商户参加财产保险，按照规定缴纳的保险费，准予扣除。

（14）个体工商户发生的合理的劳动保护支出，准予扣除。

（15）个体工商户自申请营业执照之日起至开始生产经营之日止所发生符合规定的费用，除为取得固定资产、无形资产的支出，以及应计入资产价值的汇兑损益、利息支出外，作为开办费，个体工商户可以选择在开始生产经营的当年一次性扣除，也可以自生产经营月份起在不短于 3 年期限内摊销扣除，但一经选定，不得改变。

开始生产经营之日为个体工商户取得第一笔销售（营业）收入的日期。

（16）个体工商户通过公益性社会团体或者县级以上人民政府及其部门，用于《中华人民共和国公益事业捐赠法》（以下简称《公益事业捐赠法》）规定的公益事业的捐赠，捐赠额不超过其应纳税所得额 30% 的部分可以据实扣除。

财政部、国家税务总局规定可以全额在税前扣除的捐赠支出项目，按有关规定执行。

个体工商户直接对受益人的捐赠不得扣除。

（17）个体工商户研究开发新产品、新技术、新工艺所发生的开发费用，以及研究开发新产品、新技术而购置单台价值在 10 万元以下的测试仪器和试验性装置的购置费准予直接扣除；单台价值在 10 万元以上（含）的测试仪器和试验性装置，按固定资产管理，不得在当期直接扣除。

查账征收的个人独资企业和合伙企业的扣除项目比照《个体工商户个人所得税计税办法》的规定确定。

个人独资企业的投资者以全部生产经营所得为应纳税所得额；合伙企业的投资者按照合伙企业的全部生产经营所得和合伙协议约定的分配比例确定应纳税所得额，合伙协议没有约定分配比例的，以全部生产经营所得和合伙人数量平均计算每个投资者的应纳税所得额。生产经营所得，包括企业分配给投资者个人的所得和企业当年留存的所得（利润）。

投资者兴办两个或两个以上企业的，其投资者个人费用扣除标准由投资者选择在其中一个企业的生产经营所得中扣除。

计提的各种准备金不得扣除。

企业与其关联企业之间的业务往来，应当按照独立企业之间的业务往来收取或者支付价款、费用，而减少其应纳税所得额的，主管税务机关有权进行合理调整。

国家对下列情形的个人独资企业和合伙企业实行核定征收个人所得税：依照国家有关规定应当设置但未设置账簿的；虽设置账簿，但账目混乱或者成本资料、收入凭证、费用凭证残缺不全，难以查账的；纳税人发生纳税义务，未按照规定的期限办理纳税申报，经税务机关责令限期申报，逾期仍不申报的。

核定征收方式包括定额征收、核定应税所得率征收以及其他合理的征收方式。

4.财产租赁所得，每次收入不超过4 000元的，减除费用800元；4 000元以上的，减除20%的费用，其余额为应纳税所得额。

5.财产转让所得，以转让财产的收入额减除财产原值和合理费用后的余额，为应纳税所得额。

财产原值，按照下列方法计算：

（1）有价证券，为买入价以及买入时按照规定交纳的有关费用；

（2）不动产，为建造费或者购进价格以及其他有关费用；

（3）土地使用权，为取得土地使用权所支付的金额、开发土地的费用以及其他有关费用；

（4）机器设备、车船，为购进价格、运输费、安装费以及其他有关费用；

（5）其他财产，参照上述规定的方法确定财产原值。

纳税人未提供完整、准确的财产原值凭证，不能正确计算财产原值的，由主管税务机关核定其财产原值。

合理费用，是指卖出财产时按照规定支付的有关税费。

个人发生非货币性资产交换，以及将财产用于捐赠、偿债、赞助、投资等用途的，应当视同转让财产并缴纳个人所得税，但国务院财政、税务主管部门另有规定的除外。

6.利息、股息、红利所得和偶然所得，以每次收入额为应纳税所得额。

（三）其他费用扣除规定

1. 个人将其所得对教育、扶贫、济困等公益慈善事业进行捐赠，捐赠额未超过纳税人申报的应纳税所得额30%的部分，可以从其应纳税所得额中扣除；国务院规定对公益慈善事业捐赠实行全额税前扣除的，从其规定。应纳税所得额，是指计算扣除捐赠额之前的应纳税所得额。

2. 个人通过非营利性的社会团体和国家机关向红十字事业的捐赠，在计算缴纳个人所得税时，准予在税前的所得额中全额扣除。

3. 个人通过非营利性的社会团体和国家机关向农村义务教育的捐赠，在计算缴纳个人所得税时，准予在税前的所得额中全额扣除。

农村义务教育的范围是指政府和社会力量举办的农村乡镇（不含县和县级市政府所在地的镇）、村的小学和初中以及属于这一阶段的特殊教育学校。纳税人对农村义务教育与高中在一起的学校的捐赠，也享受规定的所得税前扣除政策。

接受捐赠或办理转赠的非营利性的社会团体和国家机关，应按照财务隶属关系分别使用由中央或省级财政部门统一印（监）制的捐赠票据，并加盖接受捐赠或转赠单位的财务专用印章。税务机关据此对捐赠个人进行税前扣除。

4. 个人通过非营利性社会团体和国家机关对公益性青少年活动场所（其中包括新建）的捐赠，在计算缴纳个人所得税时，准予在税前的所得额中全额扣除。

公益性青少年活动场所，是指专门为青少年学生提供科技、文化、德育、爱国主义教育、体育活动的青少年宫、青少年活动中心等校外活动的公益性场所。

5. 个人的所得（不含偶然所得，经国务院财政部门确定征税的其他所得）用于对非关联的科研机构和高等学校研究开发新产品、新技术、新工艺所发生的研究开发经费的资助，可以全额在下月（工资、薪金所得）或下次（按次计征的所得）或当年（按年计征的所得）计征个人所得税时，从应纳税所得额中扣除；不足抵扣的，不得结转抵扣。

6. 根据财政部、国家税务总局有关规定，个人通过非营利性的社会团体和政府部门向福利性、非营利性老年服务机构捐赠、通过宋庆龄基金会等6家单位、中国医药卫生事业发展基金会、中国教育发展基金会、中国老龄事业发展基金会等8家单位、中华健康快车基金会等5家单位用于公益救济性的捐赠，符合相关条件的，准予在缴纳个人所得税前全额扣除。

7. 自2017年7月1日起，对个人购买符合规定的商业健康保险产品的支出，允许在当年（月）计算应纳税所得额时予以税前扣除，扣除限额为2 400元/年（200元/月）。单位统一为员工购买符合规定的商业健康保险产品的支出，应分别计入员工个人工资薪金，视同个人购买，按上述限额予以扣除。2 400元/年（200元/月）的限额扣除为《个人所得税法》规定减除费用标准之外的扣除。适用商业健康保险税收优惠政策的纳税人，是指取得工资薪金所得、连续性劳务报酬所得的个人，以及取得个体工商户生产经营所得、对企事业单位的承包承租经营所得的个体工商户业主、个人独资企业投资者、合伙企业合伙人和承包承租经营者。

（四）每次收入的确定

1. 财产租赁所得，以一个月内取得的收入为一次。
2. 利息、股息、红利所得，以支付利息、股息、红利时取得的收入为一次。
3. 偶然所得，以每次取得该项收入为一次。
4. 非居民个人取得的劳务报酬所得、稿酬所得、特许权使用费所得，属于一次性收入的，以取得该项收入为一次；属于同一项目连续性收入的，以一个月内取得的收入为一次。

7.1.5 个人所得税应纳税额的计算

（一）应纳税额的计算

1. 综合所得应纳税额的计算。

综合所得应纳税额的计算公式为：

应纳税额 = 应纳税所得额 × 适用税率 − 速算扣除数

=（每一纳税年度的收入额 − 费用 6 万元 − 专项扣除 − 专项附加扣除 − 依法确定的其他扣除）× 适用税率 − 速算扣除数

2. 经营所得应纳税额的计算。

个体工商户的生产、经营所得应纳税额的计算公式为：

应纳税额 = 应纳税所得额 × 适用税率 − 速算扣除数

=（全年收入总额 − 成本、费用、税金、损失、其他支出及以前年度亏损）× 适用税率 − 速算扣除数

企事业单位的承包经营、承租经营所得应纳税额的计算公式为：

应纳税额 = 应纳税所得额 × 适用税率 − 速算扣除数

=（纳税年度收入总额 − 必要费用）× 适用税率 − 速算扣除数

3. 利息、股息、红利所得应纳税额的计算。

利息、股息、红利所得应纳税额的计算公式为：

应纳税额 = 应纳税所得额 × 适用税率 = 每次收入额 × 适用税率

4. 财产租赁所得应纳税额的计算。

财产租赁所得应纳税额的计算公式如下。

（1）每次（月）收入不足 4 000 元的，计算公式为：

应纳税额 =[每次（月）收入额 − 财产租赁过程中缴纳的税费 − 由纳税人负担的租赁财产实际开支的修缮费用（800 元为限）−800 元]×20%

（2）每次（月）收入在 4 000 元以上的，计算公式为：

应纳税额 =[每次（月）收入额 − 财产租赁过程中缴纳的税费 − 由纳税人负担的租赁财产实际开支的修缮费用（800 元为限）]×（1−20%）×20%

个人出租房屋的个人所得税应税收入不含增值税，计算房屋出租所得可扣除的税费不包括本次出租缴纳的增值税。个人转租房屋的，其向房屋出租方支付的租金及增值税额，在计算转租所得时予以扣除。

5. 财产转让所得应纳税额的计算。

（1）一般情况下财产转让所得应纳税额的计算。

财产转让所得应纳税额的计算公式为：

应纳税额 = 应纳税所得额 × 适用税率

=（收入总额 – 财产原值 – 合理费用）×20%

个人转让房屋的个人所得税应税收入不含增值税，其取得房屋时所支付价款中包含的增值税计入财产原值，计算转让所得时可扣除的税费不包括本次转让缴纳的增值税。

（2）个人销售无偿受赠不动产应纳税额的计算。

受赠人转让受赠房屋的，以其转让受赠房屋的收入减除原捐赠人取得该房屋的实际购置成本以及赠与和转让过程中受赠人支付的相关税费后的余额，为受赠人的应纳税所得额，依法计征个人所得税。受赠人转让受赠房屋价格明显偏低且无正当理由的，税务机关可以依据该房屋的市场评估价格或其他合理方式确定的价格核定其转让收入。

6.偶然所得应纳税额的计算。

偶然所得应纳税额的计算公式为：

应纳税额 = 应纳税所得额 × 适用税率

= 每次收入额 ×20%

7.应纳税额计算的其他规定。

（1）两个或者两个以上的个人共同取得同一项目收入的，应当对每个人取得的收入分别按照个人所得税法规定减除费用后计算纳税。

（2）居民个人从境内和境外取得的综合所得或者经营所得，应当分别合并计算应纳税额；从境内和境外取得的其他所得应当分别单独计算应纳税额。

（3）个人独资企业、合伙企业及个人从事其他生产、经营活动在境外营业机构的亏损，不得抵减境内营业机构的盈利。

（4）居民个人从中国境外取得的所得，可以从其应纳税额中抵免已在境外缴纳的个人所得税税额，但抵免额不得超过该纳税人境外所得依照个人所得税法规定计算的应纳税额。

已在境外缴纳的个人所得税税额，是指居民个人来源于中国境外的所得，依照该所得来源国家或者地区的法律应当缴纳并且实际已经缴纳的所得税税额；依照个人所得税法规定计算的应纳税额，是居民个人境外所得已缴境外个人所得税的抵免限额。除国务院财政、税务主管部门另有规定外，来源于一国(地区)抵免限额为来源于该国的综合所得抵免限额、经营所得抵免限额、其他所得项目抵免限额之和，其计算公式分别为：

来源于一国（地区）综合所得的抵免限额＝中国境内、境外综合所得依照《个人所得税法》和《个人所得税法实施条例》计算的综合所得应纳税总额 × 来源于该国（地区）的综合所得收入额 ÷ 中国境内、境外综合所得收入总额

来源于一国（地区）经营所得的抵免限额＝中国境内、境外经营所得依照个人所得税法和个人所得税法实施条例计算的经营所得应纳税总额 × 来源于该国（地区）的经营所得的应纳税所得额 ÷ 中国境内、境外经营所得的应纳税所得额

来源于一国（地区）的其他所得项目抵免限额＝来源于该国（地区）的其他所得项目依照《个人所得税法》和《个人所得税法实施条例》计算的应纳税额

居民个人在中国境外一个国家或者地区实际已经缴纳的个人所得税税额，低于依照前款规定计算出的该国家或者地区抵免限额的，应当在中国缴纳差额部分的税款；超过该国家或者地区抵免限额的，其超过部分不得在本纳税年度的应纳税额中扣除，但是可以在以后纳税年度的该国家或者地区抵免限额的余额中补扣。补扣期限最长不得超过 5 年。

居民个人申请抵免已在境外缴纳的个人所得税税额，应当提供境外税务机关出具的税款所属年度的有关纳税凭证。

（二）应纳税额计算的特殊规定

1. 出租汽车经营单位对出租车驾驶员采取单车承包或承租方式运营，出租车驾驶员从事客货运营取得的收入，按"工资、薪金所得"项目征税。

出租车属于个人所有，但挂靠出租汽车经营单位或企事业单位，驾驶员

向挂靠单位缴纳管理费的，或出租汽车经营单位将出租车所有权转移给驾驶员的，出租车驾驶员从事客货运营取得的收入，比照"经营所得"项目征税。

从事个体出租车运营的出租车驾驶员取得的收入，按"经营所得"项目缴纳个人所得税。

2.关于企业改组改制过程中个人取得的量化资产征税问题。

根据国家有关规定，集体所有制企业在改制为股份合作制企业时，可以将有关资产量化给职工个人。为了支持企业改组改制的顺利进行，对于企业在改制过程中个人取得量化资产的征税问题，税法作出了以下规定。

（1）对职工个人以股份形式取得的仅作为分红依据，不拥有所有权的企业量化资产，不征收个人所得税。

（2）对职工个人以股份形式取得的拥有所有权的企业量化资产，暂缓征收个人所得税；待个人将股份转让时，就其转让收入额，减除个人取得该股份时实际支付的费用支出和合理转让费用后的余额，按"财产转让所得"项目计征个人所得税。

（3）对职工个人以股份形式取得的企业量化资产参与企业分配而获得的股息、红利，应按"利息、股息、红利所得"项目征收个人所得税。

3.符合以下情形的房屋或其他财产，不论所有权人是否将财产无偿或有偿交付企业使用，其实质均为企业对个人进行了实物性质的分配，应依法计征个人所得税。

（1）企业出资购买房屋及其他财产，将所有权登记为投资者个人、投资者家庭成员或企业其他人员的。

（2）企业投资者个人、投资者家庭成员或企业其他人员向企业借款用于购买房屋及其他财产，将所有权登记为投资者、投资者家庭成员或企业其他人员，且借款年度终了后未归还借款的。

（3）对个人独资企业、合伙企业的个人投资者或其家庭成员取得的上述所得，视为企业对个人投资者的利润分配，按照"经营所得"项目计征个人所得税；对除个人独资企业、合伙企业以外其他企业的个人投资者或其家庭成员取得的上述所得,视为企业对个人投资者的红利分配,按照"利息、股息、红利所得"项目计征个人所得税;对企业其他人员取得的上述所得,按照"综合所得"项目计征个人所得税。

7.1.6 个人所得税税收优惠

(一)免税项目

1. 省级人民政府、国务院部委和中国人民解放军军以上单位,以及外国组织、国际组织颁发的科学、教育、技术、文化、卫生、体育、环境保护等方面的奖金。

2. 国债和国家发行的金融债券利息。其中,国债利息,是指个人持有中华人民共和国财政部发行的债券而取得的利息;国家发行的金融债券利息,是指个人持有经国务院批准发行的金融债券而取得的利息。

3. 按照国家统一规定发给的补贴、津贴。是指按照国务院规定发给的政府特殊津贴、院士津贴、资深院士津贴,以及国务院规定免纳个人所得税的其他补贴、津贴。

4. 福利费、抚恤金、救济金。其中,福利费是指根据国家有关规定,从企业单位、事业单位、国家机关、社会组织提留的福利费或者工会经费中支付给个人的生活补助费;救济金,是指各级人民政府民政部门支付给个人的生活困难补助费。

5. 保险赔款。

6. 军人的转业费、复员费、退役金。

7. 按照国家统一规定发给干部、职工的安家费、退职费、基本养老金或者退休费、离休费、离休生活补助费。

8. 依照有关法律规定应予免税的各国驻华使馆、领事馆的外交代表、领事官员和其他人员的所得。该所得是指依照《中华人民共和国外交特权与豁免条例》和《中华人民共和国领事特权与豁免条例》规定免税的所得。

9. 中国政府参加的国际公约、签订的协议中规定免税的所得。

10. 国务院规定的其他免税所得。上述免税规定，由国务院报全国人民代表大会常务委员会备案。

（二）减税项目

1. 残疾、孤老人员和烈属的所得。
2. 因自然灾害遭受重大损失的。

上述减税项目的减征幅度和期限，由省、自治区、直辖市人民政府规定，并报同级人民代表大会常务委员会备案。

国务院可以规定其他减税情形，报全国人民代表大会常务委员会备案。

（三）其他免税和暂免征税项目

1. 下列所得，暂免征收个人所得税。

（1）外籍个人以非现金形式或实报实销形式取得的住房补贴、伙食补贴、搬迁费、洗衣费。

（2）外籍个人按合理标准取得的境内、外出差补贴。

（3）外籍个人取得的探亲费、语言训练费、子女教育费等，经当地税务机关审核批准为合理的部分。

（4）外籍个人从外商投资企业取得的股息、红利所得。

（5）凡符合下列条件之一的外籍专家取得的工资、薪金所得可免征个人所得税：

① 根据世界银行专项贷款协议由世界银行直接派往我国工作的外国专家；

② 联合国组织直接派往我国工作的专家；

③ 为联合国援助项目来华工作的专家；

④ 援助国派往我国专为该国无偿援助项目工作的专家；

⑤ 根据两国政府签订文化交流项目来华工作两年以内的文教专家，其工资、薪金所得由该国负担的；

⑥ 根据我国大专院校国际交流项目来华工作两年以内的文教专家，其工资、薪金所得由该国负担的；

⑦ 通过民间科研协定来华工作的专家，其工资、薪金所得由该国政府机

构负担的。

2019年1月1日至2021年12月31日期间,外籍个人符合居民个人条件的,可以选择享受个人所得税专项附加扣除,也可以选择按照规定,享受住房补贴、语言训练费、子女教育费等津补贴免税优惠政策,但不得同时享受。外籍个人一经选择,在一个纳税年度内不得变更。自2022年1月1日起,外籍个人不再享受住房补贴、语言训练费、子女教育费等津补贴免税优惠政策,应按规定享受专项附加扣除。

2. 个人在上海、深圳证券交易所转让从上市公司公开发行和转让市场取得的股票,转让所得暂不征收个人所得税。

3. 自2018年11月1日(含)起,对个人转让全国中小企业股份转让系统(新三板)挂牌公司非原始股取得的所得,暂免征收个人所得税。非原始股是指个人在新三板挂牌公司挂牌后取得的股票,以及由上述股票孳生的送、转股。

4. 个人举报、协查各种违法、犯罪行为而获得的奖金暂免征收个人所得税。

5. 个人办理代扣代缴手续,按规定取得的扣缴手续费暂免征收个人所得税。

6. 个人转让自用达5年以上,并且是唯一的家庭生活用房取得的所得,暂免征收个人所得税。

7. 对个人购买福利彩票、体育彩票,一次中奖收入在1万元以下(含)的暂免征收个人所得税;超过1万元的,全额征收个人所得税。

8. 个人取得单张有奖发票奖金所得不超过800元(含)的,暂免征收个人所得税。

9. 达到离休、退休年龄,但确因工作需要,适当延长离休、退休年龄的高级专家(指享受国家发放的政府特殊津贴的专家、学者),其在延长离休、退休期间的工资、薪金所得,视同离休、退休工资免征个人所得税。

10. 个人领取原提存的住房公积金、基本医疗保险金、基本养老保险金,以及失业保险金,免予征收个人所得税。

11. 对工伤职工及其近亲属按照《工伤保险条例》规定取得的工伤保险

待遇，免征个人所得税。

12. 企事业单位按照国家或省（自治区、直辖市）人民政府规定的缴费比例或办法实际缴付的基本养老保险费、基本医疗保险费和失业保险费，免征个人所得税；个人按照国家或省（自治区、直辖市）人民政府规定的缴费比例或办法实际缴付的基本养老保险费、基本医疗保险费和失业保险费，允许在个人应纳税所得额中扣除。

13. 企业和事业单位根据国家有关政策规定的办法和标准，为在本单位任职或者受雇的全体职工缴付的企业年金或职业年金单位缴费部分，在计入个人账户时，个人暂不缴纳个人所得税。

个人根据国家有关政策规定缴付的年金个人缴费部分，在不超过本人缴费工资计税基数的4%标准内的部分，暂从个人当期的应纳税所得额中扣除。

年金基金投资运营收益分配计入个人账户时，个人暂不缴纳个人所得税。

14. 企业依照国家有关法律规定宣告破产，企业职工从该破产企业取得的一次性安置费收入，免征个人所得税。

15. 自2008年10月9日（含）起，对储蓄存款利息所得暂免征收个人所得税。

16. 自2015年9月8日起，个人从公开发行和转让市场取得的上市公司股票，持股期限超过1年的，股息红利所得暂免征收个人所得税。

17. 自2019年7月1日起至2024年6月30日，个人持有全国中小企业股份转让系统挂牌公司的股票，持股期限超过1年的，对股息、红利所得暂免征收个人所得税。

18. 对被拆迁人按照国家有关城镇房屋拆迁管理办法规定的标准取得的拆迁补偿款，免征个人所得税。

19. 以下情形的房屋产权无偿赠与，对当事双方不征收个人所得税：

（1）房屋产权所有人将房屋产权无偿赠与配偶、父母、子女、祖父母、外祖父母、孙子女、外孙子女、兄弟姐妹；

（2）房屋产权所有人将房屋产权无偿赠与对其承担直接抚养或者赡养

义务的抚养人或者赡养人；

（3）房屋产权所有人死亡，依法取得房屋产权的法定继承人、遗嘱继承人或者受遗赠人。

20.个体工商户、个人独资企业和合伙企业或个人从事种植业、养殖业、饲养业、捕捞业取得的所得，暂不征收个人所得税。

21.企业在销售商品（产品）和提供服务过程中向个人赠送礼品，属于下列情形之一的，不征收个人所得税：

（1）企业通过价格折扣、折让方式向个人销售商品（产品）和提供服务；

（2）企业在向个人销售商品（产品）和提供服务的同时给予赠品，如通信企业对个人购买手机赠话费、入网费，或者购话费赠手机等；

（3）企业对累积消费达到一定额度的个人按消费积分反馈礼品。

税收法律、行政法规、部门规章和规范性文件中未明确规定纳税人享受减免税必须经税务机关审批，且纳税人取得的所得完全符合减免税条件的，无须经主管税务机关审核，纳税人可自行享受减免税。

税收法律、行政法规、部门规章和规范性文件中明确规定纳税人享受减免税必须经税务机关审批的，或者纳税人无法准确判断其取得的所得是否应享受个人所得税减免的，必须经主管税务机关按照有关规定审核或批准后，方可减免个人所得税。

7.1.7 个人所得税征收管理

（一）纳税申报

1.个人所得税以所得人为纳税人，以支付所得的单位或者个人为扣缴义务人。扣缴义务人向个人支付应税款项时，应当依照个人所得税法规定预扣或代扣税款，按时缴库，并专项记载备查。支付，包括现金支付、汇拨支付、转账支付和以有价证券、实物以及其他形式的支付。

税务机关对扣缴义务人按照所扣缴的税款，付给2%的手续费。

扣缴义务人应当按照国家规定办理全员全额扣缴申报，并向纳税人提供其个人所得和已扣缴税款等信息。全员全额扣缴申报，是指扣缴义务人在代扣税款的次月15日内，向主管税务机关报送其支付所得的所有个人的有关信息、支付所得数额、扣除事项和数额、扣缴税款的具体数额和总额以及其他相关涉税信息资料。

2.有下列情形之一的，纳税人应当依法办理纳税申报。

（1）取得综合所得需要办理汇算清缴。

需要办理汇算清缴的情形如下。

①在两处或者两处以上取得综合所得，且综合所得年收入额减去专项扣除的余额超过6万元。

②取得劳务报酬所得、稿酬所得、特许权使用费所得中一项或者多项所得，且综合所得年收入额减去专项扣除的余额超过6万元。

③纳税年度内预缴税额低于应纳税额的。

④纳税人申请退税。纳税人申请退税，应当提供其在中国境内开设的银行账户，并在汇算清缴地就地办理税款退库。

（2）取得应税所得没有扣缴义务人。

（3）取得应税所得，扣缴义务人未扣缴税款。

（4）取得境外所得。

（5）因移居境外注销中国户籍。

（6）非居民个人在中国境内从两处以上取得工资、薪金所得。

（7）国务院规定的其他情形。

3.居民个人取得工资、薪金所得时，可以向扣缴义务人提供专项附加扣除有关信息，由扣缴义务人扣缴税款时减除专项附加扣除。纳税人同时从两处以上取得工资、薪金所得，并由扣缴义务人减除专项附加扣除的，对同一专项附加扣除项目，在一个纳税年度内只能选择从一处取得的所得中减除。

居民个人取得劳务报酬所得、稿酬所得、特许权使用费所得，应当在汇算清缴时向税务机关提供有关信息，减除专项附加扣除。

4.纳税人可以委托扣缴义务人或者其他单位和个人办理汇算清缴。

纳税人发现扣缴义务人提供或者扣缴申报的个人信息、所得、扣缴税款等与实际情况不符的，有权要求扣缴义务人修改。扣缴义务人拒绝修改的，纳税人应当报告税务机关，税务机关应当及时处理。

纳税人、扣缴义务人应当按照规定保存与专项附加扣除相关的资料。税务机关可以对纳税人提供的专项附加扣除信息进行抽查，具体办法由国务院税务主管部门另行规定。税务机关发现纳税人提供虚假信息的，应当责令改正并通知扣缴义务人；情节严重的，有关部门应当依法予以处理，纳入信用信息系统并实施联合惩戒。

5.纳税人申请退税时提供的汇算清缴信息有错误的，税务机关应当告知其更正；纳税人更正的，税务机关应当及时办理退税。

扣缴义务人未将扣缴的税款解缴入库的，不影响纳税人按照规定申请退税，税务机关应当凭纳税人提供的有关资料办理退税。

（二）纳税期限

1.居民个人取得综合所得，按年计算个人所得税；有扣缴义务人的，由扣缴义务人按月或者按次预扣预缴税款；需要办理汇算清缴的，应当在取得所得的次年3月1日至6月30日内办理汇算清缴。预扣预缴办法由国务院税务主管部门制定。

2.非居民个人取得工资、薪金所得，劳务报酬所得，稿酬所得和特许权使用费所得，有扣缴义务人的，由扣缴义务人按月或者按次代扣代缴税款，不办理汇算清缴。

3.纳税人取得经营所得，按年计算个人所得税，由纳税人在月度或者季度终了后15日内向税务机关报送纳税申报表，并预缴税款；在取得所得的次年3月31日前办理汇算清缴。

4.纳税人取得利息、股息、红利所得，财产租赁所得，财产转让所得和偶然所得，按月或者按次计算个人所得税；有扣缴义务人的，由扣缴义务人按月或者按次代扣代缴。

5.纳税人取得应税所得没有扣缴义务人的，应当在取得所得的次月15

日内向税务机关报送纳税申报表,并缴纳税款。

6. 纳税人取得应税所得,扣缴义务人未扣缴税款的,纳税人应当在取得所得的次年 6 月 30 日前,缴纳税款;税务机关通知限期缴纳的,纳税人应当按期限缴纳税款。

7. 居民个人从中国境外取得所得的,应当在取得所得的次年 3 月 1 日至 6 月 30 日内申报纳税。

8. 非居民个人在中国境内从两处以上取得工资、薪金所得的,应当在取得所得的次月 15 日内申报纳税。

9. 纳税人因移居境外注销中国户籍的,应当在注销中国户籍前办理税款清算。

10. 扣缴义务人每月或者每次预扣、代扣的税款,应当在次月 15 日内缴入国库,并向税务机关报送扣缴个人所得税申报表。

各项所得的计算,以人民币为单位。所得为人民币以外货币的,按照办理纳税申报或扣缴申报的上一月最后一日人民币汇率中间价,折合成人民币计算应纳税所得额。年度终了后办理汇算清缴的,对已经按月、按季或者按次预缴税款的人民币以外货币所得,不再重新折算;对应当补缴税款的所得部分,按照上一纳税年度最后一日人民币汇率中间价,折合成人民币计算应纳税所得额。

7.2 个人所得税筹划要点

7.2.1 个人所得税筹备应掌握的 3 个方位

(1)在确保具体个人所得不会改变的前提条件下,另外降低委托人个人所得和委托人开支,进而减少应纳税额。例如,把工资收入转为企业对员工的福利劳保用品开支,工资收入就能够在企业运营成本中抵扣。

（2）对能够扣减必须花费的应纳税额个人所得新项目，应尽量扩张扣减花费信用额度。例如，在租房收益交纳个人所得税层面，若在租房期内对房子开展检修，那么维修费就能够在税前开展扣减，进而扩张扣减花费信用额度。

（3）对推行超额累进税率的应纳税额个人所得新项目（如薪水、薪酬收益等），应尽量减少临界值个人所得进到高端征收率区。例如，孙先生3月的个税应纳税额可用5%的征收率，再多发几十元薪水，征收率就变为10%了，那么这几十块就应尽可能改期派发，防止出现"企业多发了钱，收益却降低了"的情况。

7.2.2 个人所得税筹备应遵照的2个标准

（一）综合性经济效益标准

税务筹划不可以孤立无援地开展，假如某种税务筹划获得了避税实际效果，却提升了别的层面的开支，该税务筹划就该重新考量。

（二）税务筹划创新性标准

实际的税务筹划计划方案的产品研发、挑选、明确，都务必在该计划方案所涉及的缴税事宜已变成明确客观事实以前。假如该税收事宜已是明确客观事实，再开展"筹划"就是遮盖真相，仿冒、变造、藏匿有关材料，经营者将担负逃税惩罚。

7.2.3 个人所得税纳税人的税务筹划

居民纳税义务人与非居民纳税义务人的转换——通过改变居住时间。

通过人员的住所（居住地）变动降低税收负担——迁出某一国，但又不在任何地方取得住所。

通过人员的流动降低税收负担——在任何一个地方停留时间很短，避免成为纳税人，即将财产或收入留在低税区，自己到高税负但费用低的地方去消费。

7.2.4 个人承包方式的选择

政策规定如下。

工商登记为个体工商户的，按个体工商户所得征收个人所得税。

工商登记仍为企业的，先征收企业所得税，再根据承包方式对分配所得征收个人所得税。

对经营成果不拥有所有权，仅按合同规定取得一定所得的，按工资、薪金所得征收个人所得税。

只向发包方、出租方交纳一定费用后经营成果可以自由支配的，按5%～35%五级超额累进税率的承包经营、承租经营所得征收个人所得税。

对实际经营期不满1年的，个体工商户应将其换算成全年所得，确定税率；承包所得以其实际承包、承租经营的月数作为一个纳税年度计算纳税。

7.2.5 分次申报纳税的税务筹划

个人所得税对纳税义务人取得的劳务报酬所得，稿酬所得，特许权使用费所得，利息、股息、红利所得，财产租赁所得，偶然所得和其他所得等七项所得，都是明确应该按次计算征税的。由于扣除费用依据每次应纳税所得额的大小分别规定了定额和定率两种标准，从维护纳税义务人的合法利益的角度看，准确划分"次"变得十分重要。

对于只有一次性收入的劳务报酬，以取得该项收入为一次。例如，接受客户委托从事设计装潢，完成后取得的收入为一次。属于同一事项连续取得劳务报酬的，以一个月内取得的收入为一次。同一作品再版取得的收入，应视为另一次稿酬所得计征个人所得税；同一作品先在报刊上连载，然后再出版，或先出版，再在报刊上连载的，应视为两次稿酬所得缴税。即连载作为一次，出版作为另一次。财产租赁所得，以一个月内取得的收入为一次。

7.2.6 享受附加减除费用的税务筹划

在一般情况下，工资、薪金所得，以每月收入额减除5 000元费用后为应纳税所得额。但部分人员在每月工资、薪金所得减除5 000元费用的基础上，将再享受减除 4 800 元的附加减除费用。主要包括：

（1）在中国境内的外商投资企业和外国企业中工作并取得工资、薪金所得的外籍人员；

（2）应聘在中国境内的企业单位、事业单位、社会团体、国家机关中工作并取得工资、薪金所得的外籍专家；

（3）在中国境内有住所而在中国境外任职或者受雇取得工资、薪金所得的个人。

7.3 个人所得税筹划案例

案例一 专项附加扣除税务筹划

小王的月薪为32 000元，妻子小刘的月薪为10 000元（不考虑专项扣除和其他扣除），两人育有一个孩子，其在上小学，他们每月还需还房贷。小王和哥哥一起赡养老人，小刘为独生子女。表7-3为两种专项附加扣除方案情况比较。

【筹划方案】

表7-3 两种专项附加扣除方案情况比较表

计算过程	方案一：小王扣除		方案二：小刘扣除	
	小王	小刘	小王	小刘
①月薪（元）	32 000	10 000	32 000	10 000
②子女教育（元）	1 000	0	0	1 000
③房屋贷款（元）	1 000	0	0	1 000
④赡养老人（元）	1 000	2 000	1 000	2 000
⑤月应税所得（元）=①-②-③-④-5 000	24 000	3 000	26 000	1 000
⑥年综合所得（元）=⑤×12	288 000	36 000	312 000	12 000
⑦适用税率，速算扣除数	20%，16 920	3%，0	25%，31 920	3%，0
⑧应纳税额（元）	40 680	1 080	46 080	360

通过计算比较，方案一合计纳税 41 760 元，方案二合计纳税 46 440 元，方案一共节税 4 680 元。因此，选择高收入的一方多扣除可以节税。

【政策依据】

6 项专项附加扣除中有 5 项支出扣除为定额扣除。另一项大病医疗支出为限额据实扣除，在年终汇算时进行，因此，大病医疗支出需要纳税人在平时发生支出时取得相关票据。对于一个家庭来说，6 项专项附加扣除选择哪一方进行扣除直接关乎个人税负分摊，这也是进行税务筹划的意义所在。

专项附加扣除中各扣除项目的适用办法如下。

1. 子女教育。

纳税人的子女接受全日制学历教育的相关支出，按照每个子女每月 1 000 元标准定额扣除。子女包括婚生子女和非婚生子女；学历教育包括小学、初中、普通高中、中等职业、技工教育、大学专科、本科、研究生、博士生等教育，也包括海外教育。从扣除时间角度而言，可自子女年满三周岁当月至博士毕业当月每月定额扣除。从扣除方式来看，父母可以选择由一方按 100% 扣除，也可以由双方各按 50% 扣除，一经选定年内不得更改。

2. 继续教育。

纳税人接受继续教育支出包含两方面的内容。一是纳税人在中国境内接受学历（学位）教育的支出，可在接受教育期间按照每月 400 元的标准定额扣除，扣除时间为入学当月至毕业当月。个人接受继续教育的，可以选择由其父母扣除，也可以选择由本人扣除。二是纳税人接受技能人员职业资格继续教育、专业技术人员职业资格继续教育的支出，在取得相关证书的当年，按照 3 600 元定额扣除，但应当留存相关证书等资料备查。

3. 赡养老人。

被赡养人是指年满 60 岁的父母（指生父母、继父母、养父母），以及子女均已去世的年满 60 岁的祖父母、外祖父母。纳税人赡养一位及以上被赡养人的赡养支出，统一按照以下标准定额扣除：一是纳税人为独生子女的，按照每月 2 000 元的标准定额扣除；二是纳税人为非独生子女的，由其与兄弟姐妹分摊每月2 000元的扣除额度，每人分摊的额度不能超过每月1 000元。注意，赡养老人的支出扣除时间为被赡养人年满60周岁的当月至赡养义务终止的年末。

4.住房贷款利息。

纳税人本人或者配偶使用商业银行或者住房公积金在中国境内购买首套住房的贷款利息支出，在实际发生贷款利息的年度，按照每月1 000元的标准定额扣除，扣除期限最长不超过240个月。

经夫妻双方约定，可以选择由其中一方扣除，一般不能按各50%扣除。但如果夫妻双方婚前分别购买住房发生的首套住房贷款利息支出，婚后可以选择其中一套购买的住房，由购买方按扣除标准的100%扣除，也可以由夫妻双方对各自购买的住房分别按扣除标准的50%扣除，具体扣除方式在一个纳税年度内不能变更。

5.住房租金。

纳税人在主要工作城市没有自有住房而发生的住房租金支出，可以按照以下标准定额扣除：直辖市、省会（首府）城市、计划单列市以及国务院确定的其他城市为1 500元/月；其他城市中，市辖区户籍人口超过100万以上的城市扣除标准为1 100元/月；市辖区户籍人口不超过100万（含）的城市扣除标准为800元/月。

此外，纳税人的配偶在纳税人的主要工作城市有自有住房的，视同纳税人在主要工作城市有自有住房。夫妻双方主要工作城市相同的，只能由一方扣除住房租金支出，由签订租赁住房合同的承租人扣除，且应当留存住房租赁合同、协议等有关资料备查。特别注意的是，纳税人及其配偶在一个纳税年度内不能同时分别享受住房贷款利息专项附加扣除和住房租金专项附加扣除。

6.大病医疗。

在一个纳税年度内，纳税人发生的与基本医保相关的医药费用支出，扣除医保报销后个人负担（指医保目录范围内的自付部分）累计超过15 000元的部分，由纳税人在办理年度汇算清缴时，在80 000元限额内据实扣除。

纳税人应当留存医药服务收费及医保报销相关票据原件（或者复印件）等资料备查，且必须在医疗保障信息系统记录的医药费用实际支出的当年扣除。

纳税人及其配偶、未成年子女发生的医药费用支出，可按规定分别计算扣除额。其中，纳税人发生的医药费用支出可以选择由本人或者其配偶扣除，未成年子女发生的医药费用支出可以选择由其父母一方扣除。

案例二　新税法下年终奖如何进行税务筹划

刘某2019年的收入情况为：每月取得工资收入3 000元（不考虑任何税前扣除项目），2019年1月一次性取得上年年终奖20 000元。

张某2019年的收入情况为：每月取得工资收入10 000元（不考虑任何税前扣除项目），2019年1月一次性取得上年年终奖20 000元。

【筹划方案】

（一）刘某筹划方案

方案一： 年终奖单独作为一个月工资薪金，应纳税额＝年终奖×适用税率－速算扣除数（查找年终奖金额÷12后得出的数额对应的适用税率和速算扣除数）。

年终奖单独计税，20 000÷12对应的适用税率为3%，速算扣除数为0，应缴个人所得税为600（20 000×3%）元。

方案二： 年终奖计入综合所得，年终奖计入年度综合所得计算纳税。

年终奖并入综合所得计税，3 000×12+20 000=56 000（元），低于60 000元基本扣除费用标准，全年无须缴纳个人所得税。

结论：刘某选择方法二将年终奖并入综合所得能够获得更多税收实惠。

（二）张某筹划方案

方案一： 年终奖单独计税，20 000÷12对应的适用税率为3%，速算扣除数为0，应缴个人所得税为600（20 000×3%）元。

全年综合所得为120 000（10 000×12）元，减除60 000元基本扣除费用为60 000元，适用10%税率，速算扣除数为2 520，应缴个人所得税为 3 480 元。合计共缴税 4 080（600+3 480）元。

方案二：年终奖并入综合所得计税，全年综合所得为 140 000(10 000×12+20 000)元，减除 60 000 元基本扣除费用为 80 000 元，适用 10% 税率，速算扣除数 2 520。全年应缴纳个人所得税 5 480 元。

结论：张某选择方法一单独计税少缴税 1 400 元。

【政策依据】

根据新个人所得税法规定，对于 2019 年 1 月 1 日以前取得的年终奖，单独作为年终奖进行纳税核算；对于 2019 年 1 月 1 日以后取得的年终奖，可以选择按照年终一次性奖金单独作为一个月工资、薪金计算纳税，也可以选择并入年度综合所得进行纳税；2022 年以后取得的年终奖应当并入综合所得进行纳税。因此在可以选择纳税方法期间，选择哪一种方法进行计税就为纳税人提供了筹划的空间。以下是年终奖的两种计算方法。

方法一：年终奖单独作为一个月工资、薪金。应纳税额＝年终奖 × 适用税率 − 速算扣除数（查找年终奖金额 ÷12 后得出的数额对应的适用税率和速算扣除数）。

方法二：年终奖计入综合所得。年终奖计入年度综合所得计算纳税。

那么，年终奖选择哪种方式计税，就成为税务筹划的关键所在。具体对个人是否有利，需要根据具体数据进行测算、选择。

案例三 "私车公用"学问深

情况一。李某和万某是某单位员工，二人月收入总额均为 6 800 元。他们在上班时间将私家车交由单位使用，双方约定车辆保险费、维修费、折旧费等由个人负责，每月车辆租金或补贴为 2 000 元。万某与单位签订租赁合同，李某没签合同而是拿车辆补贴。2019 年 8 月李某和万某月工资均为 4 800 元，当地规定的公务交通费用扣除标准为每月 500 元。

情况二。若其他条件不变，假定李某和万某均为中层管理人员，二人月收入总额为 4 万元。2019 年 8 月二人月工资均为 2 万元。李某和万某均将私家车交由单位使用，万某与单位签订租赁合同，李某拿车辆补贴。每月车辆租金或补贴为 1.1 万元。当月二人各发生一次车辆维修费 500 元。当地规定的公务交通费扣除标准为每月 500 元。

【筹划方案】

（一）情况一筹划方案

方案一：单位对李某直接发放车辆补贴。

李某当月应纳个人所得税 =（4 800+2 000-5 000-500）×3% =39（元）。

方案二：万某与单位签订租赁合同，则万某当月应缴纳税金计算如下（为方便计算，不考虑含税换算）。

首先，万某租车收入应缴纳的增值税及城建税附加 =2 000×3%×（1+7% +3%）=66（元）。

其次，万某应按财产租赁所得计算缴纳个人所得税 =（2 000-66-500-800）×20% =126.8（元）。

万某当月工资收入为 4 800 元，低于起征点，不用缴税。

万某当月应纳税金合计 =66+126.8=192.8（元）。

万某比李某多缴纳税金 17.8（192.8-175）元。

（二）情况二筹划方案

方案一：李某应缴纳个人所得税 =（20 000+11 000-5 000-500）×25% -2 660=3 715（元）。

方案二：万某应缴纳个人所得税 =（20 000-5 000）×20% -1 410=1 590（元）。

万某租车增值税及城建税附加 =11 000×3%×（1+7% +3%）=363(元)。

万某租车应缴纳个人所得税 =（11 000-363-500）×（1-20%）×20% =1 622（元）。

万某当月应纳税金合计 =1 590+363+1 622=3 575（元）。

万某比李某少缴税 140（3 715-3 575）元。

【政策依据】

由以上两个案例比较可知,"私车公用"的个税筹划方法,在工资、薪金名义所得税率高于20%时,节税效果较为明显;若工资、薪金名义所得税率低于20%时,则节税效果不大或者不适用。

通过"私车公用"调整薪酬结构进行个税筹划,是大家比较关注的问题。无论是企业以减少资金占用为目的,或者以为员工"薪酬筹划"节税为目的,在实务操作中由于具体方式不同,相应的处理结果也不尽相同。

目前,企业使用员工车辆大多采用两种方式:一种是给员工直接发放现金车贴;另一种是与员工签订车辆租赁合同,由企业租用员工车辆并支付相应的租赁费用。企业与员工签订车辆租赁合同,企业支付租赁费用的,员工去税务部门代开发票,是按"财产租赁所得"计算缴纳个人所得税的;员工与企业没有签订车辆租赁合同,而取得的车辆补贴,是按"工资、薪金所得"计算缴纳个人所得税的。

在实务操作中,还应特别关注以下几点。

(1)《财政部 国家税务总局关于全面推开营业税改征增值税试点的通知》(财税〔2016〕36号)规定,个人提供有形动产租赁服务,需要按照3%的税率缴纳增值税。个人出租有形动产月租金在3万元以下是否免征增值税,仍需咨询当地主管税务机关。员工可以携带相关租赁合同、身份证等资料,申请代开增值税普通发票。

(2)如果员工与企业签订的"车辆租赁合同"中,租车费用中包括了汽油费及通行费,那么租车的汽油费及过路费进项不能再进行相应的抵扣;如果员工与企业签订的"车辆租赁合同"中,约定支付给员工车辆租金中不包括汽油费及通行费,则车辆在使用中实际发生汽油费、过路费等支出时,取得了开给企业的增值税专用发票,相关的进项税额可以抵扣。

(3)在企业对某员工的总支出既定的情况下,在筹划员工薪酬和租车费用时,还应注意二者之间的比例是否协调。另外,车辆租金标准需参照市场同类车辆及车型的价格设定。

案例四　包吃住，一举两得少缴税

张教授到外地一家企业讲课，关于讲课的劳务报酬，该教授面临着两种选择：一种是企业支付教授讲课费50 000元，往返交通费3 000元、住宿费5 000元、伙食费2 000元等一概由教授自己负责；另一种是企业支付教授讲课费40 000元，往返交通费、住宿费、伙食费等全部由企业负责。张教授请注册税务师事务所进行税务筹划，税务师事务所给张教授提供了个人所得税缴纳的两个筹划方案，请他比较后进行选择。

【筹划方案】

方案一：教授自付往返交通费、住宿费及伙食费。

（1）应纳个人所得税额=[50 000×（1-20%）-5 000]×25%-2 660=6 090（元）。

（2）教授实际收到讲课费=50 000-6 090=43 910（元）。

（3）教授实际的净收入=43 910-3 000-5 000-2 000=33 910（元）。

方案二：企业支付往返交通费、住宿费及伙食费。

（1）应纳个人所得税额=[40 000×（1-20%）-5 000]×25%-2 660=4 090（元）。

（2）教授实际收到讲课费=40 000-4 090=35 910（元）。

（3）教授实际的净收入=35 910（元）。

【政策依据】

由企业支付往返交通费、住宿费及伙食费，减少了应代扣代缴个人所得税的计税基础，在一定程度上能够减少个人所得税的缴纳，增加个人的收入。此外，对于企业来讲，企业的实际支出没有变多，反而有可能有所减少。

个人在提供服务时，若采取不同收入取得方式也会带来不同的效果，对个人经济收入会有一定的影响。一般而言，要从以下几个角度去考虑。

（1）可以将一次劳务活动分为几次去做，这样可以使每次的应纳税所得额相对较少，从而对应的税率相对较低，这样税款加总以后，比合并缴纳时的税款数额要少。

（2）费用开支最好由企业来支付。因为这样可以减少个人劳务报酬应纳税所得额，同时又不会增加企业额外的负担。

（3）在签订劳务合同时，要注意用条款说明税款由谁支付。税款支付方式不同，最终得到的实际收益也会不一样。对企业来讲，企业为个人缴纳税款可以由企业少付的讲课费进行弥补，负担也不会加重多少。

由此可见，包吃住是一种一举两得的税务筹划方法，而且该方法涉及的法律风险很小，值得企业与个人采用。

第8章
其他税种的税务筹划

8.1 房产税税务筹划

8.1.1 房产税简介

（一）房产税的概念

房产税是以房产为征税对象，按照房产的计税价值或房产租金收入向房产所有人或经营管理人等征收的一种税。

房产税法，是国家制定的调整房产税征收与缴纳之间权利及义务关系的法律规范。现行房产税法的基本规范，是1986年9月15日国务院颁布的《中华人民共和国房产税暂行条例》（以下简称《房产税暂行条例》）。同年9月25日财政部、国家税务总局印发了《关于房产税若干具体问题的解释和暂行规定》。之后，国务院以及财政部、国家税务总局又陆续发布了一些有关房产税的规定、办法。这些构成了我国房产税法律制度。

征收房产税有利于地方政府筹集财政收入，也有利于加强房产管理。

（二）房产税的特点

1.属于个别财产税。

按照征税对象的范围不同，财产税可以分为一般财产税与个别财产税。房产税属于财产税中的个别财产税，其征税对象只有房屋，征税对象规模小。

2.税源狭窄。

现行房产税的征收范围仅限于城镇的经营性房屋,为了不增加农民负担,没有将坐落在农村的房屋纳入征税范围。此外,对某些拥有房屋,但自身没有纳税能力的单位,税法也通过免税的方式将这类房屋排除在征税范围之外。

3.征收成本低。

由于房产具有不可隐匿的特征,所以降低了纳税人偷税的可能性,征收成本相对较低,适宜于地方政府对税源实施监管,成为地方税收收入中的重要来源。

4.税源稳定。

房产本身具有价值,随着经济持续增长、人均收入水平的提高,房产税税源稳定、可靠并会稳步增加。

5.税负难以转嫁。

房产税具有直接税性质,税负一般难以转嫁。由于税负难以转嫁,房产税具有纵向公平的税收原则,财富较多的人将通过房产税多纳税,财富较少的人将通过房产税少纳税,有利于使税负公平。

(三)房产税的立法原则

1.筹集地方财政收入。

在分税制体制下,财产税是各级地方财政的主体税。我国的房产税属于地方税,征收房产税可以为地方财政筹集一部分市政建设资金,缓解地方财力不足的矛盾。而且,房产税以房屋为征税对象,税源比较稳定,随着社会经济的发展、房地产市场和工商各业的兴旺,房产税收入将成为地方财政收入的一个主要来源。

2.调节财富分配。

房屋是法人和个人拥有财富的主要形式。对房屋,尤其是对个人拥有的经营性房屋征收房产税,在调节财富分配方面可以发挥积极作用。

3.有利于加强房产管理,配合城市住房制度改革。

对房屋拥有者征收房产税,不仅可以调节单位居民之间的财富分配,还有利于加强对房屋的管理，提高房屋的使用效益。另外，房产税规定对个人拥有的非营业用房屋不征房产税，是为了鼓励个人改善住房条件，配合和推动城市住房制度改革。

（四）房产税纳税义务人、征税范围和税率

1. 纳税义务人。

房产税是以房屋为征税对象，按照房屋的计税余值或租金收入，向产权所有人征收的一种财产税。房产税以征税范围内的房屋产权所有人为纳税人。其中包括以下内容。

（1）产权属国家所有的，由经营管理单位纳税；产权属集体和个人所有的，由集体单位和个人纳税。

所称单位，包括国有企业、集体企业、私营企业、股份制企业、外商投资企业、外国企业以及其他企业和事业单位、社会团体、国家机关、军队以及其他单位；所称个人，包括个体工商户以及其他个人。

（2）产权出典的，由承典人纳税。所谓产权出典，是指产权所有人将房屋、生产资料等的产权，在一定期限内典当给他人使用，而取得资金的一种融资业务。这种业务大多发生于出典人急需用款，但又想保留产权回赎权的情况。承典人向出典人交付一定的典价之后，在质典期内即获抵押物品的支配权，并可转典。产权的典价一般要低于卖价。出典人在规定期间内须归还典价的本金和利息，方可赎回出典房屋等的产权。由于在房屋出典期间，产权所有人已无权支配房屋，因此，税法规定由对房屋具有支配权的承典人为纳税人。

（3）产权所有人、承典人不在房屋所在地的，或者产权未确定及租典纠纷未解决的，由房产代管人或者使用人纳税。

所谓租典纠纷，是指产权所有人在房产出典和租赁关系上，与承典人、租赁人发生各种争议，特别是权利和义务的争议悬而未决的。此外还有一些产权归属不清的问题，也都属于租典纠纷。对租典纠纷尚未解决的房产，规定由代管人或使用人为纳税人，主要目的在于加强征收管理，保证房产税及

时入库。

（4）无租使用其他房产的问题。纳税单位和个人无租使用房产管理部门、免税单位及纳税单位的房产，应由使用人代为缴纳房产税。

2. 征税范围。

房产税以房产为征税对象。所谓房产，是指有屋面和围护结构（有墙或两边有柱），能够遮风避雨，可供人们在其中生产、学习、工作、娱乐、居住或储藏物资的场所。房地产开发企业建造的商品房，在出售前不征收房产税；但对出售前房地产开发企业已使用或出租、出借的商品房，应按规定征收房产税。

房产税的征税范围为城市、县城、建制镇和工矿区，具体规定如下。

（1）城市是指国务院批准设立的市。

（2）县城是指县人民政府所在地的地区。

（3）建制镇是指经省、自治区、直辖市人民政府批准设立的建制镇。

（4）工矿区是指工商业比较发达、人口比较集中、符合国务院规定的建制镇标准但尚未设立建制镇的大中型工矿企业所在地。开征房产税的工矿区须经省、自治区、直辖市人民政府批准。房产税的征税范围不包括农村，这主要是为了减轻农民的负担。因为农村的房屋，除农副业生产用房外，大部分是农民居住用房。没有将农村房屋纳入房产税征税范围，有利于农业发展，提高农村经济，促进社会稳定。

3. 税率。

我国现行房产税采用的是比例税率。由于房产税的计税依据分为从价计征和从租计征两种形式，所以房产税的税率也有两种：一种是按房产原值一次减除10%~30%后的余值计征的，税率为1.2%，适用于房屋所有权转让的情况；另一种是按房产出租的租金收入计征的，税率为12%，适用于房屋出租的情况。自2008年3月1日起，对个人出租住房，不区分用途，按4%的税率征收房产税。税率与对应的适用情况如表8-1所示。

表 8-1　税率与对应的适用情况

税率	税率适用情况
1.2%的规定税率	自有房产用于生产经营
12%的规定税率	出租非居住的房产
4%的优惠税率	个人出租住房

（五）计税依据和应纳税额的计算

1. 计税依据。

房产税的计税依据是房产的计税价值或房产的租金收入。按照房产计税价值征税的，称为从价计征；按照房产租金收入征税的，称为从租计征。

（1）从价计征。

《房产税暂行条例》规定，房产税依照房产原值一次减除10%～30%后的余值计算缴纳。具体减除幅度，由当地省、自治区、直辖市人民政府确定。

① 房产原值是指纳税人按照会计制度规定，在会计核算账簿"固定资产"科目中记载的房屋原价。因此，凡按会计制度规定在账簿中记载有房屋原价的，应以房屋原价按规定减除一定比例后作为房产余值计征房产税；没有记载房屋原价的，按照上述原则，并参照同类房屋确定房产原值，按规定计征房产税。

值得注意的是，自2009年1月1日起，对依照房产原值计税的房产，不论是否记载在会计账簿固定资产科目中，均应按照房屋原价计算缴纳房产税。房屋原价应根据国家有关会计制度规定进行核算。对纳税人未按国家会计制度规定核算并记载的，应按规定予以调整或重新评估。

自2010年12月21日起，对按照房产原值计税的房产，无论会计上如何核算，房产原值均应包含地价，包括为取得土地使用权支付的价款、开发土地发生的成本费用等。宗地容积率低于0.5的，按房产建筑面积的2倍计算土地面积并据此确定计入房产原值的地价。

② 房产原值应包括与房屋不可分割的各种附属设备或一般不单独计算价值的配套设施，这些设备与设施主要有暖气、卫生、通风、照明、煤气等

设备；各种管线，如蒸汽、压缩空气、石油、给水、排水等管道及电力、电信、电缆导线；电梯、升降机、过道、晒台等。属于房屋附属设备的水管、下水道、暖气管、煤气管等应从最近的探视井或三通管起，计算原值；电灯网、照明线从进线盒连接管起，计算原值。

自2006年1月1日起，为了维持和增加房屋的使用功能或使房屋满足设计要求，凡以房屋为载体，不可随意移动的附属设备和配套设施，如给排水、采暖、消防、中央空调、电气及智能化楼宇设备等，无论在会计核算中是否单独记账与核算，都应计入房产原值，计征房产税。对于更换房屋附属设备和配套设施的，在将其价值计入房产原值时，可扣减原来相应设备和设施的价值；对附属设备和配套设施中易损坏、需要经常更换的零配件，更新后不再计入房产原值。

③ 纳税人对原有房屋进行改建、扩建的，要相应增加房屋的原值。房产余值是房产的原值减除规定比例后的剩余价值。此外，还应注意以下两个问题。

第一，对投资联营的房产，在计征房产税时应予以区别对待。对于以房产投资联营，投资者参与投资利润分红，共担风险的，按房产余值作为计税依据计征房产税；对以房产投资，收取固定收入，不承担联营风险的，实际是以联营名义取得房产租金，应根据《房产税暂行条例》的有关规定由出租方按租金收入计缴房产税。

第二，对融资租赁房屋的情况，由于租赁费包括购进房屋的价款、手续费、借款利息等，与一般房屋出租的"租金"内涵不同，且租赁期满后，当承租方偿还最后一笔租赁费时，房屋产权要转移到承租方。这实际是一种变相的分期付款购买固定资产的形式，所以在计征房产税时应以房产余值计算征收。根据《财政部 国家税务总局关于房产税城镇土地使用税有关问题的通知》（财税〔2009〕128号）的规定，融资租赁的房产，由承租人自融资租赁合同约定开始日的次月起依照房产余值缴纳房产税。合同未约定开始日的，由承租人自合同签订的次月起依照房产余值缴纳房产税。

④居民住宅区内业主共有的经营性房产缴纳房产税。从 2007 年 1 月 1 日起，对居民住宅区内业主共有的经营性房产，由实际经营（包括自营和出租）的代管人或使用人缴纳房产税。其中自营的，依照房产原值减除 10% ~ 30% 后的余值计征，没有房产原值或不能将业主共有房产与其他房产的原值准确划分开的，由房产所在地地方税务机关参照同类房产核定房产原值出租的，依照租金收入计征。

⑤凡在房产税征收范围内的具备房屋功能的地下建筑，包括与地上房屋相连的地下建筑以及完全建在地面以下的建筑、地下人防设施等，均应当依照有关规定征收房产税。上述具备房屋功能的地下建筑是指有屋面和维护结构，能够遮风避雨，可供人们在其中生产、经营、工作、学习、娱乐、居住或储藏物资的场所。自用的地下建筑，按以下方式计税。

第一，工业用途房产，以房屋原价的 50%~60% 作为应税房产原值。

应纳房产税的税额 = 应税房产原值 ×[1-（10%~30%）]×1.2%

第二，商业和其他用途房产，以房屋原价的 70% ~ 80% 作为应税房产原值。

应纳房产税的税额 = 应税房产原值 ×[1-（10%~30%）]×1.2%

房屋原价折算为应税房产原值的具体比例，由各省、自治区、直辖市和计划单列市财政和地方税务部门在上述幅度内自行确定。

第三，对于与地上房屋相连的地下建筑，如房屋的地下室、地下停车场、商场的地下部分等，应将地下部分与地上房屋视为一个整体，按照地上房屋建筑的有关规定计算征收房产税。

（2）从租计征。

房产出租的，以房产租金收入为房产税的计税依据。

所谓房产的租金收入，是房屋产权所有人出租房产使用权所得的报酬，包括货币收入和实物收入。

如果是以劳务或者其他形式为报酬抵付房租收入的，应根据当地同类房产的租金水平，确定一个标准租金额从租计征。

对出租房产，租赁双方签订的租赁合同约定有免收租金期限的，免收租金期间由产权所有人按照房产原值缴纳房产税。

出租的地下建筑，按照出租地上房屋建筑的有关规定计算征收房产税。

2.应纳税额的计算。

房产税的计税依据有两种，与之相适应的应纳税额计算也分为两种：一是从价计征的计算；二是从租计征的计算。具体计算解读如表8-2所示。

表8-2 应纳税额计算方法

计税方法	税率	计税公式
从价计征	1.2%的规定税率	应纳税额＝应税房产原值×（1－减除比例）×1.2%。 （注意：房产原值包括地价）
从租计征	12%的规定税率（或4%）	应纳税额＝租金收入×12%（或4%）

（1）从价计征的计算。

从价计征是按房产的原值减除一定比例后的余值计征房产税，其计算公式为：

应纳税额＝应税房产原值×（1－减除比例）×1.2%

如前所述，房产原值是"固定资产"科目中记载的房屋原价；减除一定比例是省、自治区、直辖市人民政府规定的10%～30%的减除比例；计征的适用税率为1.2%。

例如，某企业的经营用房原值为5 000万元，按照当地规定允许减除30%后按余值计征房产税，适用税率为1.2%。请计算其应纳房产税税额。

应纳税额＝5 000×（1－30%）×1.2%＝42（万元）

（2）从租计征的计算。

从租计征是按房产的租金收入计征房产税，其计算公式为：

应纳税额＝租金收入×12%（或4%）

例如，某企业出租房屋10间，年租金收入为300 000元，适用税率为12%。请计算其应纳房产税税额。

应纳税额 =300 000×12% =36 000（元）

（六）税收优惠

房产税的税收优惠是根据国家政策需要和纳税人的负担能力制定的。由于房产税属地方税，给予地方一定的减免权限，从而有利于地方因地制宜地处理问题。

目前，房产税的税收优惠政策主要有以下几项。

1.国家机关、人民团体、军队自用的房产免征房产税。但上述免税单位的出租房产以及非自身业务使用的生产、营业用房，不属于免税范围。

上述"人民团体"，是指经国务院授权的政府部门批准设立或登记备案并由国家拨付行政事业费的各种社会团体。

上述"自用的房产"，是指这些单位本身的办公用房和公务用房。

2.由国家财政部门拨付事业经费的单位，如学校、医疗卫生单位、托儿所、幼儿园、敬老院、文化、体育、艺术这些实行全额或差额预算管理的事业单位所有的，本身业务范围内使用的房产免征房产税。

3.宗教寺庙、公园、名胜古迹自用的房产免征房产税。

宗教寺庙自用的房产，是指举行宗教仪式等的房屋和宗教人员使用的生活用房。

公园、名胜古迹自用的房产，是指供公共参观游览的房屋及其管理单位的办公用房。宗教寺庙、公园、名胜古迹中附设的营业单位，如影剧院、饮食部、茶社、照相馆等所使用的房产及出租的房产，不属于免税范围，应照章纳税。

4.个人所有非营业用的房产免征房产税。

个人所有的非营业用房，主要是指居民住房，不分面积多少，一律免征房产税。对个人拥有的营业用房或者出租的房产，不属于免税房产，应照章纳税。

5.经财政部批准免税的其他房产，主要有以下几类。

（1）对非营利性医疗机构、疾病控制机构和妇幼保健机构等卫生机构自用的房产，免征房产税。

（2）从2001年1月1日起，对按政府规定价格出租的公有住房和廉租住房，包括企业和自收自支事业单位向职工出租的单位自有住房，房管部门向居民出租的公有住房，落实私房政策中带户发还产权并以政府规定租金标准向居民出租的私有住房等，暂免征收房产税。

（3）经营公租房的租金收入，免征房产税。公共租赁住房经营管理单位应单独核算公共租赁住房租金收入，未单独核算的，不得享受免征房产税优惠政策。

6. 自2018年10月1日至2020年12月31日，对按照去产能和调结构政策要求停产停业、关闭的企业，自停产停业次月起，免征房产税、城镇土地使用税。企业享受免税政策的期限累计不得超过两年。按照去产能和调结构政策要求停产停业、关闭的中央企业名单由国务院国有资产监督管理部门认定发布，其他企业名单由省、自治区、直辖市人民政府确定的去产能、调结构主管部门认定发布。认定部门应当及时将认定发布的企业名单（含停产停业、关闭时间）抄送同级财政和税务部门。各级认定部门应当每年核查名单内企业情况，将恢复生产经营、终止关闭注销程序的企业名单及时通知财政和税务部门。企业享受规定的免税政策，应按规定进行减免税申报，并将房产土地权属资料、房产原值资料等留存备查。

7. 自2019年1月1日至2021年12月31日，对高校学生公寓免征房产税。本条所称高校学生公寓，是指为高校学生提供住宿服务，按照国家规定的收费标准收取住宿费的学生公寓。企业享受本条规定的免税政策，应按规定进行免税申报，并将不动产权属证明、载有房产原值的相关材料、房产用途证明、租赁合同等资料留存备查。

（七）征收管理

1. 纳税义务发生时间。

（1）纳税人将原有房产用于生产经营，从生产经营之月起缴纳房产税。

（2）纳税人自行新建房屋用于生产经营，从建成之次月起缴纳房产税。

（3）纳税人委托施工企业建设的房屋，从办理验收手续之次月起缴纳房产税。

（4）纳税人购置新建商品房，自房屋交付使用之次月起缴纳房产税。

（5）纳税人购置存量房，自办理房屋权属转移、变更登记手续，房地产权属登记机关签发房屋权属证书之次月起，缴纳房产税。

（6）纳税人出租、出借房产，自交付出租、出借房产之次月起，缴纳房产税。

（7）房地产开发企业自用、出租、出借本企业建造的商品房，自房屋使用或交付之次月起，缴纳房产税。

（8）纳税人因房产的实物或权利状态发生变化，而依法终止房产税纳税义务的，其应纳税款的计算应截止到房产的实物或权利状态发生变化的当月末。

2.纳税期限。

房产税实行按年计算、分期缴纳的征收方法，具体纳税期限由省、自治区、直辖市人民政府确定。

3.纳税地点。

房产税在房产所在地缴纳。房产不在同一地方的纳税人，应按房产的坐落地点分别向房产所在地的税务机关纳税。

4.纳税申报。

房产税的纳税人应按照条例的有关规定，及时办理纳税申报，并如实填写"房产税纳税申报表"。

8.1.2　房产税筹划要点

（一）从征税范围进行筹划

按照税法规定，房产税在城市、县城、建制镇和工矿区征收。这意味着在这范围之外的房产不用征收房产税，因此一些对地段依赖性不是很强的纳税人可依此进行税务筹划。例如，对于一些生产农副产品的企业，生产经营往往需要一定数量的仓储库，如将这些仓储库建在县城内，无论是否使用，企业每年都需按规定计算缴纳一大笔房产税和土地使用税，而将仓储库建在城郊附近的农村，虽位置偏僻，但若交通便利，则对公司的经营影响不大，这样每年就可节省这笔费用。

（二）从计税依据进行筹划

房产税的计税依据是房产的计税价值或房产的租金收入，因此根据房产的用途可以分别进行筹划。

1. 自用房产的税务筹划。

自用房产的房产税是依照房产原值一次减除10%~30%后的余值计算缴纳的，因此税务筹划的空间在于明确房产的概念、范围，合理减少房产原值。

（1）合理划分房产原值。

税法规定，房产是以房屋形态表现的财产。房屋是指有屋面和围护结构（有墙或两边有柱），能够遮风避雨，可供人们在其中生产、工作、学习、娱乐、居住或储藏物资的场所。独立于房屋之外的建筑物不征房产税，但与房屋不可分割的附属设施或者一般不单独计价的配套设施需要并入房屋原值计征房产税。这就要求我们在会计核算时，需要将房屋与非房屋建筑物以及各种附属设施、配套设施进行适当划分，单独列示，分别核算。

（2）正确核算地价。

税法规定，房屋原价应根据国家有关会计制度规定进行核算，而《企业会计准则第6号——无形资产》规定，企业取得的土地使用权通常应确认为无形资产。自行开发建造厂房等建筑物，相关的土地使用权与建筑物应当分别进行处理。外购土地及建筑物支付的价款应当在建筑物与土地使用权之间进行分配；难以合理分配的，应当全部作为固定资产。也就是说对自建、外购房屋业务，均要求将土地使用权作为无形资产单独核算，"固定资产"科目中不包括未取得土地使用权支付的费用。因此，企业在外购土地及建筑物支付价款时，一定要根据"配比"的原则，合理分配建筑物与地价款，分别进行账务处理。

（3）及时做好财产的清理、登记工作。

企业在生产经营过程中，难免会出现财产损毁、报废和超期使用等情况。作为固定资产的房产，它的挂账原值是计算房产税的基础数据，它的清理能直接影响房产税的应纳税所得额。因此，企业一定要及时检查房屋及不可分割的各种附属设备运行情况，做好财产清理、登记工作，并及时向税务机关报批财产损失，以减轻税负。

（4）转变房产及附属设施的修理方式。

税法规定，对于修理支出达到取得固定资产时计税基础50%以上，或修理后固定资产的使用年限延长2年以上的，应增加固定资产的计税基础。因此，我们在修理房产时，将房产的资本性大修理支出分解成多次收益性小修理支出，使每次修理费低于限额，这样每次的修理费可以直接从损益中扣除，不会增加房产的计税基础，从而相应减少房产税税负。

2.出租房产的税务筹划。

按照税法规定，房产出租的，以房产租金收入计算缴纳房产税。因此，对出租房屋税务筹划的关键在于如何正确核算租金收入。

合理分解房租收入。

目前企业出租房屋时不仅只是出租房屋设施自身，还有房屋内部或外部的一些附属设施及配套服务费，如机器设备、办公用具、附属用品。税法对这些设施并不征收房产税，而我们在签订房屋出租协议时，往往将房产和这些设施放在一起计算租金，这样就无形增加了企业的税负。因此我们在签订房屋租赁合同时，应合理、有效分解租赁收入，将附属设施及配套服务费单独计算使用费收入，以减轻房产税的税负。

（三）从计税方式进行筹划

房产税的计税方式有从价计征和从租计征两种，从价计征是按房产计税价值计征，税率为1.2%；从租计征是按房产的租金收入计征，税率为12%（或4%）。随着经济的发展，房屋的租金普遍升高，而如果房屋是以前年度修建的，则其账面原值很低，这就造成了在两种计征方法下税负不一致的情况，

"出租"房屋要比"自用"房屋税负重。因此，要转变租赁方式，变从租计征为从价计征。

（1）将出租变为投资。

企业将房屋对外出租，按规定要按租金收入缴纳房产税。例如，将房屋对外投资入股，参与被投资方的利润分配，共同承担风险，投资方就不用按12%的高税率缴纳房产税，而被投资方只需按房屋余值的1.2%缴纳房产税。相比之下，这样计算的房产税要少得多。

（2）将出租变为仓储管理。

签订出租合同出租房屋属于从租计征的征税范围，但如果是仓储合同则属于从价计征的征税范围。租赁与仓储是两个不同的概念，租赁只需提供空房就行了，不对存放的商品负责；而仓储不仅需要添置设备、设施，配备相关的人员，还要对存放的商品负责，从而会增加人员的工资和经费开支。仓储虽然会增加开支，但这些开支会远远低于节税数额，扣除这些开支后，企业还是有可观的收益的。

（3）将出租变为承包。

根据税法规定，如果承包者或承租者未领取任何类型的营业执照，则企业向其提供各种资产收取的各种名义的价款，均属于企业内部分配行为，不属于租赁行为。因此，如果企业以自己的名义领取营业执照和税务登记证，将房屋承租人聘为经营者，将房屋出租行为变为自办工厂或商场再承包出去，收取承包收入，那么原有的房产就可以按从价计征，这样就可以避免较高的房产税。

8.1.3 房产税筹划案例

案例一　设备、房产分别租，企业巧节税

甲公司要把下属一家开工不足的工厂出租给乙公司，双方需要签订租赁合同，厂房内包括一台生产机器，该机器不属于房屋附属设备和配套设施。

【筹划方案】

方案一：甲公司将厂房连同设备一起出租给乙公司，年租金200万元，如图8-1所示。

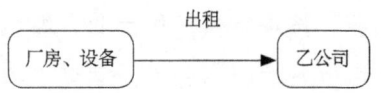

图8-1　将厂房连同设备一起出租

方案二：甲公司将厂房与设备分别出租给乙公司，签署两个租赁合同。房屋年租金100万元，设备年租金100万元，如图8-2所示。

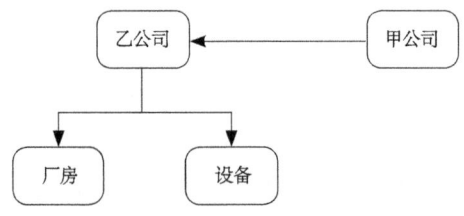

图8-2　将厂房与设备分别出租

【方案对比】

在方案一的情况下，将厂房连同设备一起出租，甲公司要缴纳的税款如下。

缴纳房产税=200×12%=24（万元）；缴纳增值税=200×13%=26（万元）。两项合计为50万元。

在方案二的情况下，甲公司将厂房与设备分别出租给乙公司，签订两个租赁合同。甲公司以每年100万元的租金出租厂房，以每年100万元的租金出租设备。虽然两项租金合计仍为200万元，但因设备出租不涉及12%的房产税，纳税总额因合同内容的改变而发生明显改变。甲公司出租厂房缴纳的房产税=100×12%=12（万元）。厂房的增值税依据100万元和9%的税率缴纳9万元，设备的增值税依据100万元和13%的税率缴纳13万元；设备出租不涉及房产税，即节约了16万元。这样甲公司总体纳税就从50万元减少到 34 万元。

【政策依据】

根据《财政部 国家税务总局检发〈关于房产税若干具体问题的解释和暂行法规〉、〈关于车船使用税若干具体问题的解释和暂行法规〉的通知》(财税地字〔1986〕8号)解释,房屋是指有屋面和围护结构(有墙或两边有柱),能够遮风避雨,可供人们在其中生产、工作、学习、娱乐、居住或储藏物资的场所。房产原值应包括与房屋不可分割的各种附属设备或一般不单独计算价值的配套设施。另依据《国家税务总局关于进一步明确房屋附属设备和配套设施计征房产税有关问题的通知》(国税发〔2005〕173号)规定,为了维持和增加房屋的使用功能或使房屋满足设计要求,凡以房屋为载体,不可随意移动的附属设备和配套设施,如给排水、采暖、消防、中央空调、电气及智能化楼宇设备等,无论在会计核算中是否单独记账与核算,都应计入房产原值,计征房产税。

企业租赁大都涉及房屋租赁,如出租车间、厂房、宾馆、门面房等,这些都和房屋有关。我国现行房产税采用的是比例税率。由于房产税的计税依据分为从价计征和从租计征两种形式,所以房产税的税率也有两种:一种是按房产原值一次减除10%~30%后的余值计征的,税率为1.2%;另一种是按房产出租的租金收入计征的,税率为12%。从租计征是按房产的租金收入计征,其计算公式为:应纳税额 = 租金收入 × 12%(或4%)。但企业往往出租的不仅是房屋设施自身,还有房屋内部或外部的一些附属设施,如机器设备、办公家具、附属用品等。税法规定,这些设施并不在征收房产税的范围之内。但是,如果把这些设施与房屋不加区别地同时写在一份租赁合同里,那么设施也要缴纳房产税。

案例二 合理规划房产原值,少缴税

甲企业位于某市市区,企业除厂房、办公用房外,还包括厂区围墙、烟囱、水塔、变电塔、游泳池、停车场等建筑物,总计工程造价10亿元,除厂房、办公用房外的建筑设施工程造价2亿元。假设当地政府规定的扣除比例为30%。

【筹划方案】

方案一：将所有建筑物都作为房产计入房产原值，如图8-3所示。

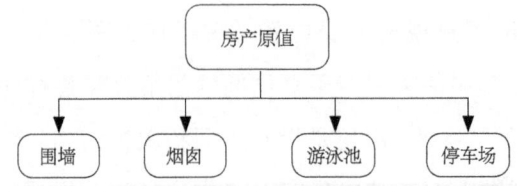

图8-3 所有建筑物都作为房产计入房产原值

方案二：将游泳池、停车场等都建成露天的，在会计账簿中单独核算，如图8-4所示。

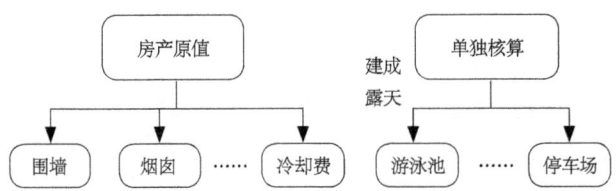

图8-4 将建成露天的建筑物单独核算

【方案对比】

按照房产税法，方案一应纳房产税金额=100 000×（1-30%）×1.2%=840（万元）。

按照房产税法，方案二应纳房产税金额=（100 000-20 000）×（1-30%）×1.2%=672（万元）。方案二相对于方案一少缴纳房产税168万（840-672）元。

【政策依据】

房产税是以房屋为征税对象，按照房屋的计税余值或租金收入，向产权所有人征收的一种财产性税收。

房产出租的，房产税采用从租计征方式，以租金收入作为计税依据，按12%（或4%）税率计征。对于出租方的代收项目收入，应当与实际租金收入分开核算，分开签订合同，从而降低从租计征的计税依据。

房产是以房屋形态表现的财产。独立于房屋之外的建筑物，如酒窖、菜窖、室外游泳池、玻璃暖房、各种油气罐等，则不属于房产。对于与房屋不可分离的附属设施，属于房产。如果将除厂房、办公用房以外的建筑物建成露天的，并且把这些独立建筑物的造价同厂房、办公用房的造价分开，在会计账簿中单独核算，对于企业房产税而言，则这部分建筑物的造价不计入房产原值，无须缴纳相关的房产税。

8.2 契税税务筹划

8.2.1 契税简介

（一）契税的概念

契税是以在中华人民共和国境内转移土地、房屋权属为征税对象，按照当事人签订的合同（契约）以及所确定价格的一定比例，向产权承受人征收的一种财产税。征收契税有利于增加地方财政收入，有利于保护合法产权，避免产权纠纷。

契税法是指国家制定的用以调整契税征收与缴纳权利及义务关系的法律规范。现行契税法的基本规范，是 1997 年 4 月 23 日国务院发布并于同年 10 月 1 日开始施行的《中华人民共和国契税暂行条例》（以下简称《契税暂行条例》）。

（二）纳税义务人和征税范围

1. 纳税义务人。

契税的纳税义务人是在中华人民共和国境内承受土地、房屋权属转移的单位和个人。境内是指中华人民共和国实际税收行政管辖范围内。土地、房屋权属是指土地使用权和房屋所有权。单位是指企业单位、事业单位、国家机关、军事单位和社会团体以及其他组织。个人是指个体经营者及其他个人，包括中国公民和外籍人员。

2．征税范围。

契税是以在中华人民共和国境内转移土地、房屋权属为征税对象，向产权承受人征收的一种财产税。土地、房屋权属未发生转移的，不征收契税。具体征税范围包括以下5项内容。

（1）国有土地使用权出让。

国有土地使用权出让是指土地使用者向国家交付土地使用权出让费用，国家将国有土地使用权在一定年限内让与土地使用者的行为。

国有土地使用权出让，受让者应向国家缴纳出让金，以出让金为依据计算缴纳契税。不得因减免土地出让金而减免契税。

（2）土地使用权的转让。

土地使用权的转让是指土地使用者以出售、赠与、交换或者其他方式将土地使用权转移给其他单位和个人的行为。土地使用权的转让不包括农村集体土地承包经营权的转移。

（3）房屋买卖。

房屋买卖即以货币为媒介，出卖者向购买者过渡房产所有权的交易行为。以下几种特殊情况，视同房屋买卖。

以房产抵债或实物交换房屋。经当地政府和有关部门批准，以房抵债和实物交换房屋，均视同房屋买卖，应由产权承受人按房屋现值缴纳契税。

例如，甲某因无力偿还乙某债务，而以自有的房产折价抵偿债务。经双方同意，有关部门批准，乙某取得甲某的房屋产权，在办理产权过户手续时，按房产折价款缴纳契税。例如，以实物（金银首饰等等价物品）交换房屋，应视同以货币购买房屋。

以房产作投资、入股。这种交易业务属房屋产权转移，应根据国家房地产管理的有关规定，办理房屋产权交易和产权变更登记手续，视同房屋买卖，由产权承受方按契税税率计算缴纳契税。

例如，甲企业以自有房产投资乙企业并取得相应的股权，其房屋产权变为乙企业所有，故产权所有人发生变化。因此，乙企业在办理产权登记手续后，按甲企业入股房产现值（国有企事业房产须经国有资产管理部门评估核价）缴纳契税。例如，丙企业以股份方式购买乙企业房屋产权，丙企业在办理产权登记后，按取得房产买价缴纳契税。

以自有房产作股投入本人独资经营的企业，免纳契税。因为以自有的房地产投入本人独资经营的企业，产权所有人和使用人未发生变化，不需办理房产变更手续，也不办理契税手续。

买房拆料或翻建新房，应照章征收契税。例如，甲某购买乙某房产，不论其目的是取得该房产的建筑材料还是翻建新房，实际构成房屋买卖。甲某应首先办理房屋产权变更手续，并按买价缴纳契税。

（4）房屋赠与。

房屋的赠与是指房屋产权所有人将房屋无偿转让给他人所有。其中，将自己的房屋转交给他人的法人和自然人，称作房屋赠与人；接受他人房屋的法人和自然人，称为受赠人。房屋赠与的前提必须是产权无纠纷，赠与人和受赠人双方自愿。

由于房屋是不动产，价值较高，故法律要求赠与房屋应有书面合同（契约），并到房地产管理机关或农村基层政权机关办理过户手续，才能生效。如果房屋赠与行为涉及涉外关系，还需公证处证明和外事部门认证，才能有效。房屋的受赠人要按规定缴纳契税。

（5）房屋交换。

房屋交换是指房屋所有者之间互相交换房屋的行为。

随着经济的发展，有些以特殊方式转移土地、房屋权属的，也将视同土地使用权转让、房屋买卖或者房屋赠与。一是以土地、房屋权属作价投资、入股；二是以土地、房屋权属抵债；三是以获奖方式承受土地、房屋权属；四是以预购方式或者预付集资建房款方式承受土地、房屋权属。

(三) 税率、计税依据和应纳税额的计算

表 8-3 为契税税率及计税依据汇总表。

表 8-3 契税税率及计税依据汇总表

征税对象	纳税人	计税依据	税率	计税公式
国有土地使用权出让	受让方	成交价格（注意：国有土地使用权出让，受让者需要向国家缴纳出让金，以出让金为依据缴纳契税。不能因为减免土地出让金而减免契税）	3%~5%的幅度比例税率，各省、自治区、直辖市人民政府按本地区的实际情况在幅度内确定税率	应纳税额＝计税依据×税率
土地使用权转让				
房屋买卖	买方			
土地使用权赠与、房屋赠与	受赠方	征收机关参照市场价格核定		
土地使用权交换、房屋交换	付出差价方	等价交换免征契税；非等价交换的按照差额征税		

1. 税率。

契税实行 3%~5% 的幅度比例税率。实行幅度比例税率是考虑到我国经济发展的不平衡，各地经济差别较大的实际情况。因此，各省、自治区、直辖市人民政府可以在 3%~5% 的幅度比例税率规定范围内，按照本地区的实际情况决定。

2. 计税依据。

契税的计税依据为不动产的价格。由于土地、房屋权属转移方式不同，定价方法不同，具体计税依据视不同情况而决定。

（1）国有土地使用权出让、土地使用权出售、房屋买卖，以成交价格为计税依据。成交价格是指土地、房屋权属转移合同确定的价格，包括承受者应交付的货币、实物、无形资产或者其他经济利益。

（2）土地使用权赠与、房屋赠与，由征收机关参照土地使用权出售、房屋买卖的市场价格核定。

（3）土地使用权交换、房屋交换，为所交换的土地使用权、房屋的价

格差额。也就是说，交换价格相等时，免征契税；交换价格不等时，由多交付货币、实物、无形资产或者其他经济利益的一方缴纳契税。

（4）以划拨方式取得土地使用权，经批准转让房地产时，由房地产转让者补缴契税。计税依据为补缴的土地使用权出让费用或者土地收益。

为了避免偷、逃税款，税法规定，成交价格明显低于市场价格并且无正当理由的，或者所交换土地使用权、房屋价格的差额明显不合理并且无正当理由的，征收机关可以参照市场价格核定计税依据。

（5）房屋附属设施征收契税的依据。

① 不涉及土地使用权和房屋所有权转移变动的，不征收契税。

② 采取分期付款方式购买房屋附属设施土地使用权、房屋所有权的，应按合同规定的总价款计征契税。

③ 承受的房屋附属设施权属如为单独计价的，按照当地确定的适用税率征收契税；如与房屋统一计价的，适用与房屋相同的契税税率。

（6）个人无偿赠与不动产行为（法定继承人除外），应对受赠人全额征收契税。在缴纳契税时，纳税人须提交经税务机关审核并签字盖章的"个人无偿赠与不动产登记表"，税务机关（或其他征收机关）应在纳税人的契税完税凭证上加盖"个人无偿赠与"印章，在"个人无偿赠与不动产登记表"中签字并将该表格留存。

3. 应纳税额的计算。

契税采用比例税率。当计税依据确定以后，应纳税额的计算比较简单。应纳税额的计算公式为：

应纳税额 = 计税依据 × 税率

（四）税收优惠

1. 契税优惠的一般规定。

（1）国家机关、事业单位、社会团体、军事单位承受土地、房屋用于办公、教学、医疗、科研和军事设施的，免征契税。

（2）城镇职工按规定第一次购买公有住房，免征契税。

此外，财政部、国家税务总局规定：自 2000 年 11 月 29 日起，对各类公有制单位为解决职工住房而采取集资建房方式建成的普通住房，或由单位购买的普通商品住房，经当地县以上人民政府房改部门批准，按照国家房改政策出售给本单位职工的，如属职工首次购买住房，均可免征契税。

（3）因不可抗力灭失住房而重新购买住房的，酌情减免。不可抗力是指自然灾害、战争等不能预见、不可避免并不能克服的客观情况。

（4）土地、房屋被县级以上人民政府征用、占用后，重新承受土地、房屋权属的，由省级人民政府确定是否减免。

（5）承受荒山、荒沟、荒丘、荒滩土地使用权，并用于农、林、牧、渔业生产的，免征契税。

（6）经外交部确认，依照我国有关法律规定以及我国缔结或参加的双边和多边条约或协定，应当予以免税的外国驻华使馆、领事馆、联合国驻华机构及其外交代表、领事官员和其他外交人员承受土地、房屋权属的，免征契税。

（7）公租房经营单位购买住房作为公租房的，免征契税。

（8）对个人购买住房契税的税收优惠如表 8-4 所示。

表 8-4　个人购买住房契税税收优惠汇总表

个人购买住房	契税优惠政策
城镇职工按规定第一次购买公有住房 （含按政策经批准的集资房、房改房）	免征契税
个人购买家庭唯一住房，面积为 90 平方米及以下的	减按 1%的税率征收契税
个人购买家庭唯一住房，面积为 90 平方米及以上的	减按 1.5%的税率征收契税
个人购买家庭第二套改善性住房，面积为 90 平方米及以下的 （不含北京、上海、广州、深圳的住房）	减按 1%的税率征收契税
个人购买家庭第二套改善性住房，面积为 90 平方米及以上的 （不含北京、上海、广州、深圳的住房）	减按 2%的税率征收契税

注：家庭第二套改善性住房是指已拥有一套住房的家庭购买的家庭第二套住房。

（9）纳税人申请享受税收优惠的，根据纳税人的申请或授权，由购房所在地的房地产主管部门出具纳税人家庭住房情况书面查询结果，并将查询结果和相关住房信息及时传递给税务机关。暂不具备查询条件而不能提供家庭住房查询结果的，纳税人应向税务机关提交家庭住房实有套数书面诚信保证，诚信保证不实的，属于虚假纳税申报，按照《税收征管法》的有关规定处理，将不诚信记录纳入个人征信系统。

2.契税优惠的特殊规定。

2018年1月1日至2020年12月31日，企业、事业单位改制重组过程中涉及的契税按以下规定执行。该规定出台前，企业、事业单位改制重组过程中涉及的契税尚未处理的，符合以下规定的可按以下规定执行。

（1）企业改制。企业按照《中华人民共和国公司法》（以下简称《公司法》）有关规定整体改制，包括非公司制企业改制为有限责任公司或股份有限公司，有限责任公司变更为股份有限公司，股份有限公司变更为有限责任公司，原企业投资主体存续并在改制（变更）后的公司中所持股权（股份）比例超过75%，且改制（变更）后公司承继原企业权利、义务的，对改制（变更）后公司承受原企业土地、房屋权属，免征契税。

（2）事业单位改制。事业单位按照国家有关规定改制为企业，原投资主体存续并在改制后企业中出资（股权、股份）比例超过50%的，对改制后企业承受原事业单位土地、房屋权属，免征契税。

（3）公司合并。两个或两个以上的公司，依照法律规定、合同约定，合并为一个公司，且原投资主体存续的，对合并后公司承受原合并各方土地、房屋权属，免征契税。

（4）公司分立。公司依照法律规定、合同约定分立为两个或两个以上与原公司投资主体相同的公司，对分立后公司承受原公司土地、房屋权属，免征契税。

（5）企业破产。企业依照有关法律法规规定实施破产，债权人（包括破产企业职工）承受破产企业抵偿债务的土地、房租权属，免征契税。对非债权人承受破产企业土地、房屋权属，凡按照《中华人民共和国劳动法》等国家有关法律法规政策妥善安置原企业全部职工，与原企业全部职工签订服务年限不少于 3 年的劳动用工合同的，对其承受所购企业土地、房屋权属，免征契税。对非债权人承受破产企业土地、房屋权属，按规定妥善安置原企业全部职工，与原企业超过 30% 的职工签订服务年限不少于 3 年的劳动用工合同的，对其承受所购企业土地、房屋权属，减半征收契税。

（6）资产划转。对承受县级以上人民政府或国有资产管理部门按规定进行行政性调整、划转国有土地、房屋权属的单位，免征契税。同一投资主体内部所属企业之间土地、房屋权属的划转，包括母公司与其全资子公司之间，同一公司所属全资子公司之间，同一自然人与其设立的个人独资企业、一人有限公司之间土地、房屋权属的划转，免征契税。母公司以土地、房屋权属向其全资子公司增资，视同划转，免征契税。

（7）债权转股权。经国务院批准实施债权转股权的企业，对债权转股权后新设立的公司承受原企业的土地、房屋权属，免征契税。

（8）划拨用地出让或作价出资。以出让方式或国家作价出资（入股）方式承受原改制重组企业、事业单位划拨用地的，不属上述规定的免税范围，对承受方应按规定征收契税。

（9）公司股权（股份）转让。在股权（股份）转让中，单位、个人承受公司股权（股份），公司土地、房屋权属不发生转移，不征收契税。

（五）征收管理

1. 纳税义务发生时间。

契税的纳税义务发生时间是纳税人签订土地、房屋权属转移合同的当天，或者纳税人取得其他具有土地、房屋权属转移合同性质凭证的当天。

2. 纳税期限。

纳税人应当自纳税义务发生之日起 10 日内，向土地、房屋所在地的契税征收机关办理纳税申报，并在契税征收机关核定的期限内缴纳税款。

3. 纳税地点。

契税在土地、房屋所在地的征收机关缴纳。

4.契税申报。

(1)根据人民法院、仲裁委员会的生效法律文书发生土地、房屋权属转移,纳税人不能取得销售不动产发票的,可持人民法院执行裁定书原件及相关材料办理契税纳税申报,税务机关应予受理。

(2)购买新建商品房的纳税人在办理契税纳税申报时,由于销售新建商品房的房地产开发企业已办理注销税务登记或者被税务机关列为非正常户等原因,致使纳税人不能取得销售不动产发票的,税务机关在核实有关情况后应予受理。

5.纳税登记与返回。

纳税人办理纳税事宜后,征收机关应向纳税人开具契税完税凭证。纳税人持契税完税凭证和其他规定的文件材料,依法向土地管理部门、房产管理部门办理有关土地、房屋的权属变更登记手续。土地管理部门和房产管理部门应向契税征收机关提供有关资料,并协助契税征收机关依法征收契税。

另外,对已缴纳契税的购房单位和个人,在未办理房屋权属变更登记前退房的,退还已纳契税;在办理房屋权属变更登记之后退还的,不予退还已纳契税。

表8-5为契税纳税基本规定。

表8-5 契税纳税基本规定

基本要点	主要规定
纳税义务发生时间	纳税人签订土地、房屋权属转移合同的当天,或者取得其他具有土地、房屋权属转移合同性质凭证的当天
纳税期限	纳税义务发生之日起10日内
纳税地点	土地、房屋所在地

8.2.2 契税筹划要点

(一)契税税务筹划的条件

契税的计税依据为不动产的价格。由于土地、房屋权属转移方式不同,定价方法不同，具体计税依据视不同情况决定。为了避免偷、逃税款，税法规定，成交价格明显低于市场价格并且无正当理由的，或者所交换土地使用权、房屋的价格的差额明显不合理并且无正当理由的，征收机关可以参照市场价格核定计税依据。契税的计税依据主要有以下几个方面。

1.土地使用权赠与、房屋赠与，由征收机关参照土地使用权出售、房屋买卖的市场价格核定。

2.以划拨方式取得土地使用权，经批准转让房地产时，由房地产转让者补缴契税。计税依据为补缴的土地使用权出让费用或者土地收益。

3.国有土地使用权出让、土地使用权出售、房屋买卖，以成交价格为计税依据。成交价格是指土地、房屋权属转移合同确定的价格，包括承受者应交付的货币、实物、无形资产或者其他经济利益。

4.土地使用权交换、房屋交换，计税依据为所交换的土地使用权、房屋的价格差额。当交换价格相等时，免征契税；当交换价格不等时，由多交付货币、实物、无形资产或者其他经济利益的一方缴纳契税。

（二）契税优惠的税务筹划

1.企业分立可以享受的契税减免优惠政策。

所谓企业分立，是指企业依照法律规定、合同约定分设为两个或两个以上投资主体相同的企业行为。分立有存续分立和新设分立两种形式。

（1）原企业存续，而其一部分分出、派生设立为一个或数个新企业的，为存续分立。

（2）原企业解散，分立出的各方分别设立为新企业的，为新设分立。

在企业分立中，对派生方、新设方承受原企业土地、房屋权属的，不征契税。

2.企业合并可以享受的契税减免优惠政策。

所谓企业合并，是指两个或者两个以上的企业，依照法律规定、合同约定合并为一个企业的行为。合并有吸收合并和新设合并两种形式。

（1）一个企业存续，其他企业解散的，为吸收合并。

（2）设立一个新企业，原各方企业解散的，为新设合并。

在企业合并中，新设方或者存续方承受被解散方土地、房屋权属的，若合并前各方为相同投资主体的，不征契税，其余的征收契税。

3. 企业改制重组时可以享受的契税减免优惠政策：

（1）企业整体改制或整体变更时，对改建后的公司承受原企业土地、房屋权属，免征契税，即改建成立后的公司在办理土地使用权及房屋权属的变更时，免征契税。

（2）非公司制国有独资企业或国有独资有限责任公司，以其部分资产与他人组建新公司，且该国有独资企业（公司）在新设公司中所占股份超过50%的，对新设公司承受该国有独资企业（公司）的土地、房屋权属，免征契税。

（3）企业在改制重组时，在股权转让中，单位、个人承受企业股权，企业土地、房屋权属不发生转移，免征契税。

8.2.3 契税筹划案例

案例一　签订等价交换合同，享受免征契税政策

蓝天公司拟出售一块价值4 500万元的土地给金地公司，然后从金地公司购买其另外一块价值4 500万元的土地。

【筹划方案】

方案一： 双方签订土地销售与购买合同。蓝天公司应缴纳契税 =4 500×4% =180（万元），金地公司应缴纳契税 =4 500×4% =180（万元）。

方案二： 蓝天公司与金地公司改变合同的订立方式，选择签订土地使用权交换合同。蓝天公司与金地公司约定以4 500万元的价格等价交换双方土地。根据契税的规定，蓝天公司和金地公司各自免征契税180万元，一共节省360万元契税。

【政策依据】

根据《中华人民共和国契税暂行条例》及其实施细则规定，土地使用权、房屋交换，契税的计税依据为所交换的土地使用权、房屋的价格差额，由多交付货币、实物、无形资产或其他经济利益的一方缴纳税款；交换价格相等的，免征契税。

案例二　签订分立合同，降低契税支出

金星实业公司拟出售一化肥生产车间给紫金实业公司，该化肥生产车间有一幢生产厂房及其他生产厂房附属物，附属物主要为围墙、烟囱、水塔、变电塔、油池油柜、若干油气罐、挡土墙、蓄水池等，化肥生产车间总占地面积为4 000平方米，该市对房屋征收的契税征收税率为4%。

【筹划方案】

方案一：整体评估价为800万元（其中生产厂房评估价为260万元，4 000平方米土地评估价为340万元，其他生产厂房附属物评估价为200万元），紫金实业公司按整体评估价800万元购买，应缴纳契税=800×4%=32（万元）。

方案二：金星实业公司与紫金实业公司签订两份销售合同。第一份合同为销售生产厂房及占地4 000平方米土地使用权的合同，销售合同价款为600万元；第二份合同为销售独立于房屋之外的建筑物、构筑物以及地面附着物（主要包括围墙、烟囱、水塔、变电塔、油池油柜、若干油气罐、挡土墙、蓄水池等），销售合同价款为200万元。因为分别签订销售合同，紫金实业公司只就第一份销售合同缴纳契税，应缴纳契税=600×4%=24（万元），节约契税支出8（32-24）万元。

【政策依据】

《财政部 国家税务总局关于房屋附属设施有关契税政策的批复》（财税〔2004〕126号）规定如下。

1.对于承受与房屋相关的附属设施（包括停车位、汽车库、自行车库、顶层阁楼以及储藏室，下同）所有权或土地使用权的行为，按照契税法律、

法规的规定征收契税；对于不涉及土地使用权和房屋所有权转移变动的，不征收契税。

2.采取分期付款方式购买房屋附属设施土地使用权、房屋所有权的，应按合同规定的总价款计征契税。

3.承受的房屋附属设施权属如为单独计价的，按照当地确定的适用税率征收契税；如与房屋统一计价的，适用与房屋相同的契税税率。

根据上述文件对免征契税的规定，在支付独立于房屋之外的建筑物、构筑物以及地面附着物价款时不征收契税。

案例三　改变购买不动产方式，享受免征契税政策

安全有限责任公司因发展需要，需要向国有独资公司兴安有限责任公司购买三幢商品房，价值9 900万元。

【筹划方案】

方案一：安全有限责任公司直接向国有独资公司兴安有限责任公司购买三幢商品房，支付9 900万元。安全有限责任公司应缴纳契税＝9 900×4%＝396（万元）。

方案二：安全有限责任公司与兴安有限责任公司签订投资协议，共同出资组建兴盛有限责任公司，注册资本为1亿元。安全有限责任公司出资100万元，出资方式为货币资金，投资比例为1%；兴安有限责任公司出资9 900万元，出资方式为三幢商品房，投资比例为99%，并约定兴盛有限责任公司成立后，于6个月内办理商品房产权变更手续。办理完商品房产权变更手续后，安全有限责任公司与兴安有限责任公司另签订一份股权转让协议，约定兴安有限责任公司将所持兴盛有限责任公司9 900万元股份原价转让给安全有限责任公司股东。在兴盛有限责任公司办理商品房产权变更手续时，由于新设立的兴盛有限责任公司承受兴安有限责任公司投入的房产，因兴安有限责任公司投资比例超过50%，享受免征契税396万元。在安全有限责任公司与兴安有限责任公司另签订一份股权转让协议之后，合并后安全有限责任公司承受原兴盛有限责任公司的房产，也可以享受免征契税396万元。在整

个房产手续变更过程中，无须缴纳契税。

【政策依据】

根据《财政部 税务总局关于继续支持企业事业单位改制重组有关契税政策的通知》（财税〔2018〕17号）的相关规定：企业按照《中华人民共和国公司法》有关规定整体改制，包括非公司制企业改制为有限责任公司或股份有限公司，有限责任公司变更为股份有限公司，股份有限公司变更为有限责任公司，原企业投资主体存续并在改制（变更）后的公司中所持股权（股份）比例超过75%，且改制（变更）后公司承继原企业权利、义务的，对改制（变更）后公司承受原企业土地、房屋权属，免征契税。执行期限为2018年1月1日起至2020年12月31日。

第三部分　分环节的税务筹划

第9章
企业筹资的税务筹划

在企业的筹资行为中，不同的筹资行为和方案会对企业产生不同的影响，为企业带来不同的税收征缴的效果。因此，企业在进行筹资决策时，应比较筹资收益和财务风险，权衡利弊得失，做出正确的选择。

9.1　企业筹资税务筹划的动因和条件分析

9.1.1　企业筹资税务筹划的动因分析

企业经营的目标是追求企业价值最大化，税务筹划作为一项企业经营活动，同样以追求企业价值最大化为目标。为降低筹资成本，企业应重视税务筹划。税务筹划是企业理财的一项重要内容，合理的税务筹划有利于规范企业的运行，保证企业筹资活动健康有序进行，实现资金的良性循环。

9.1.2 企业筹资税务筹划的条件分析

企业筹资活动的税务筹划源自于筹资方式的多样性，不仅表现在资金来源方面，更重要的是资金筹集成本的差异。筹资方式的多样性和筹资成本的差异化为企业进行税务筹划提供了广泛空间。另外，为应对金融危机的影响，减轻企业融资压力，国家和部分地方政府相继出台了一系列税收优惠政策和措施，为企业在筹资税务筹划中提供了方向和操作条件。

9.2 企业筹资活动中税务筹划的具体内容

9.2.1 企业权益筹资的税务筹划

企业的筹资方式可分为权益资本筹资方式和债务资本筹资方式两大类。不同类别的筹资方式，不但隐含的财务风险不同，而且对企业税负的影响也不一样，从而在很大程度上决定着不同筹资方式的资金成本。所以，减轻企业税负是企业筹资决策中必须认真考虑的一个重要因素。

对于企业来说，权益性筹资主要是通过金融市场发行股票得以实现的。企业发行股票筹集资金，普通股成本一般按照"股利增长模型法"计算。发行股票的筹资费用较高，在计算资本成本时要考虑筹资费用。

企业权益筹资时的税务筹划主要体现在以下几个方面。

一是对企业留存收益的筹资进行筹划。目前在我国税法的规定中，除去机会成本的因素以外，企业留存收益的资金成本还是很低的。但是从税负角度上来讲，企业留存收益是企业税后利润的一部分，所以企业留存收益的税收标准一般较高。面对这样的问题，当企业留存收益过大时，资金成本会很大，企业的节税手段和效果不是那么合理。企业留存收益属企业股东所有，我国税收法律规定，企业的税后利润要提取相应比例的公积金和公益金，其余利润要通过股东大会的决议才能确定分配标准，其中股东分红和股利需要缴纳一定的个人所得税。所以要从股东的角度出发，同时顾全企业的长远发展，企业扩大生产规模需要资金的时候要经由股东大会的决定提取相应的盈余公积金，这样就满足了企业资本的需要。例如，企业把留存收益再次投入资本市场后，等于把股东的资本进行再次投资，这样既满足了企业权益筹资的需要，又提高了股东的收益率，一举两得。

二是对企业股票的筹资进行筹划。按照我国税法的规定，股息的税收征收工作是针对税后利润的，企业发行股票所支付的股息不能享受相应的股息所得税的收益，所以加重了企业的税负，企业权益资本筹资的税务筹划空间就变得微乎其微了。但是根据税法规定，外商企业允许在一定的期限内分期缴纳出资，所以企业就可以利用这样一个时间段来进行合理的税务筹划工作。

权益资本筹资方式有发行股票、企业自我积累等。发行股票属于增加权益资本，优点是风险小、无固定利息负担等；缺点是其成本为股息，不作为费用列支，必须从税后利润中支付，税收负担较重。自我积累方式因为资金的占有和使用融为一体，税收难以分割或抵消，存在双重征税的问题，税收负担较重，因而难以实行税务筹划。

债务资本的筹资方式有银行借款、发行债券、融资租赁等。借款和发行债券都属于扩大借入资金，借入资金的成本是利息，按税法规定可作为财务费用在税前列支，其优点是资金成本能够减税，缺点是到期必须还本付息，当企业资不抵债时，有可能要破产清算，风险较大。

所以，企业就面临着资本结构的选择：是通过发行股票等方式筹集权益资本，还是通过举债的方式筹集债务资本。下面通过一个案例来进行分析说明。

案例：某企业普通股目前市价为56元，估计年增长率为12%，本年发放股利为2元。若企业发行新股票，发行金额为100万元，筹资费用率为股票市价的10%，则新发行股票的成本为16.4%。企业发行股票筹集资金，发行费用可以在企业所得税税前扣除，但资金占用费即普通股股利必须在所得税税后分配。该企业通过发行股票方式筹资可获得节税收益2.5（100×10%×25%）万元。

由上例可以看出，股票筹资的筹资成本与税收没有直接关系，企业通过发行股票筹资获得的节税收益非常有限。但通过发行股票筹得的资金不需要偿还，可被企业长期占用，也就是权益性资金具有长期稳定性、安全性的特点，且无固定的股息负担。因此，企业在筹资时不能仅从税收上考虑，应对筹资成本、财务风险和经营利润进行综合考虑，并要善于将股权筹资和债务筹资结合使用，选择最佳结合点。下面举例说明。

案例： 假定某股份制企业共有普通股400万股，每股10元，没有负债。由于产品市场前景看好，企业准备扩大经营规模。该企业董事会经过研究，商定三个筹资方案。

【筹划方案】

方案一： 发行股票600万股（每股10元），共6 000万元。

方案二： 发行股票300万股，债券3 000万元，债券利率为8%。

方案三： 发行债券6 000万元。

该企业预计下一年度的资金盈利率如表9-1所示。

表9-1 资金盈利率概率表

盈利率	10%	14%	18%
概率	30%	40%	30%

企业预计盈利率=10%×30%+14%×40%+18%×30%=14%

预期盈利=10 000×14%=1 400（万元）

【方案对比】

方案一：

应纳企业所得税=1 400×25%=350（万元）

税后利润=1 400-350=1 050（万元）

每股净利=1 050÷1 000=1.05（元/股）

方案二：

利息支出=3 000×8%=240（万元）

应纳企业所得税=(1 400-240)×25%=290(万元)

税后利润=1 400-240-290=870(万元)

每股净利=870÷700≈1.24(元/股)

方案三：

利息支出=6 000×8%=480(万元)

应纳企业所得税=(1 400-480)×25%=230(万元)

税后利润=1 400-480-230=690(万元)

每股净利=690÷400=1.725(元/股)

按照上面相同的方法，可测算出企业的盈利率在10%、14%和18%时，各方案所能实现的每股净利率，见表9-2。

表9-2　各方案所能实现的每股净利率情况表

方案 每股净利率 盈利率	方案一	方案二	方案三
10%	0.75	0.81	0.975
14%	1.05	1.24	1.725
18%	1.35	2.47	2.475

由此可见，随着借贷筹资额的增加，企业的每股净利率将随之增加，股东能充分享有负债融资带来的好处。但另一方面，随着借贷筹资额的增加，每股净利率的标准差也随之增加，即企业经营风险随之增加，而且这里还没有考虑筹资数额的增加可能带来筹资成本增加等因素。因此，企业在筹资时不能仅从税收上考虑，而应着眼于企业价值最大化这一财务管理目标，不断优化企业的资本结构，努力实现股东权益最大化。

案例： 乐天股份有限公司计划筹措1 000万元资金用于某产品生产线的建设。目前乐天股份有限公司有三种方案可以筹措该项资金，并且对于该公司而言这三种方案的借款年利率都为8%，企业所得税税率都为25%，三种方案的息税前利润都为100万元。

【筹划方案】

方案一：向社会公开发行股票，如图9-1所示。

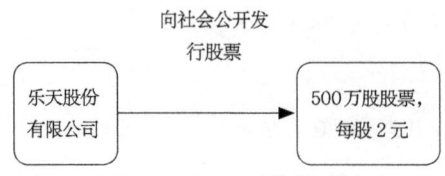

图9-1 向社会公开发行股票

方案二：公开发行400万股票，每股2元，向银行借款200万元，如图9-2所示。

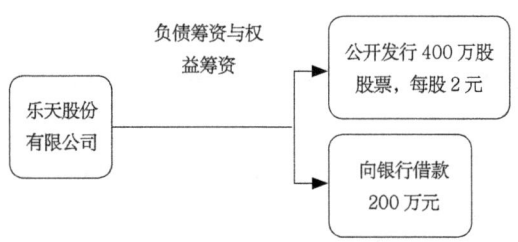

图9-2 负债筹资与权益筹资1

方案三：公开发行200万股票，每股2元，向银行借款600万元，如图9-3所示。

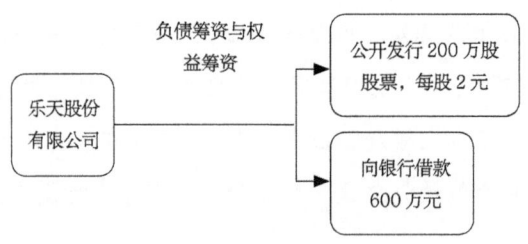

图9-3 负债筹资与权益筹资2

【方案对比】

三种方案的投资利润率如表9-3所示。

表 9-3 三种方案投资利润率情况表

项目	方案一	方案二	方案三
负债资本额（万元）	0	200	600
权益资本额（万元）	1 000	800	400
负债比例	0	20%	60%
息税前利润（万元）	100	100	100
利息（万元）	0	16	48
税前利润（万元）	100	84	52
所得税税额（25%）	25	21	13
税后利润（万元）	75	63	39
税前投资收益率	10%	10.5%	13%
税后投资收益率	7.5%	7.88%	9.75%

企业的筹资作为一个相对独立的行为，对企业经营、理财业绩的影响，主要是通过企业整体资本结构的变动而发生作用的。因此，在分析企业筹资的税务筹划时，需要考虑以下两个方面的问题：一是筹资结构的变动对企业经营绩效与整体税负的影响；二是企业应如何合理调整筹资结构，以同时实现节税与所有者总体收益最大化的双重目标。筹资结构是由企业筹资方式决定的，不同的筹资方式，将形成不同的税前、税后资金成本。企业的筹资方式主要有：发行股票、吸收直接投资、利用留存收益、向银行借款、利用商业信用、发行公司债券、融资租赁等。其中，通过发行股票、吸收直接投资、利用留存收益等方式筹集的资金属于企业的权益资金；通过向银行借款、利用商业信用、发行公司债券、融资租赁等方式筹集的资金属于负债资金。所有这些筹资方式基本上都可满足企业从事生产经营的资金需要。但就税收负担而言，这些筹资方式产生的税收后果却彼此迥异。

如果仅就税收负担而言，并不考虑企业最优资本结构问题，负债筹资较权益筹资的效果要好。这是因为负债筹资所支付的借款利息等可以在所得税前作为一项财务费用加以扣除，具有一定的抵税作用，能够降低企业的资金成本。

而权益筹资所支付的股息等则不能在所得税前扣除，因而所得税税负会相对重一些。

从表9-3可以看出，随着负债筹资比例的提高（从0到20%，再到60%），企业应纳所得税税额呈递减趋势（从25万元减为21万元，再减至13万元），税后投资收益率呈递增趋势（从7.5%上升为7.88%，再上升为9.75%），从而显示了负债筹资的节税效应。

在上述三种方案中，方案三无疑是最佳的税务筹划方案。但是，是否在任何情况下，采用负债筹资方案都是有利的呢？利用筹资无差别点，给出分析企业筹资税务筹划最佳方案的一般方法。所谓筹资无差别点是指两种筹资方式下，每股净利润相等时的息税前利润点。具体计算公式为（不考虑优先股）：

[（筹资无差别点－筹资方式Ⅰ的年利息）×（1－税率）]÷筹资方式Ⅰ下普通股股份数=[（筹资无差别点－筹资方式Ⅱ的年利息）×（1－税率）]÷筹资方式Ⅱ下普通股股份数

将上表中的有关数据代入公式，负债筹资与权益筹资的无差别点为：[（筹资无差别点-0）×（1-25%）]÷500万股=[（筹资无差别点-16）×（1-25%）]÷400万股。通过计算求得筹资无差别点为80万元，即当息税前利润为80万元时，负债筹资与权益筹资的每股利润相等；当息税前利润大于80万元时，负债筹资比权益筹资较为有利；当息税前利润小于80万元时，则权益筹资比负债筹资有利。

对于企业而言，上述三种筹资方案都可行，并且不存在企业的经营风险的情况下，根本问题在于如何筹资才可以降低企业的实际税负，这才是对于企业而言最有利的筹资举措。

另外，在进行负债筹资的所得税税务筹划时，还需注意以下几个问题。

1. 利息资本化问题。资本性利息支出（如企业开办期间的利息支出、建造固定资产在资产尚未交付使用或者虽已交付使用，但尚未办理竣工决算以前发生的借款利息等），不得作为费用一次性从应税所得中扣除。而生产经营期间发生的利息支出可计入财务费用。因此，为了实现税务筹划，企业应尽可能加大筹资利息支出计入财务费用的份额，缩短筹建期和资产的购建周期。

2. 利息扣除标准问题。我国《企业所得税暂行条例》规定，纳税人在生产经营期间，向金融机构借款的利息支出，按照实际发生数扣除；向非金融机构借款的利息支出，包括纳税人之间相互拆借的利息支出，按照不高于金融机构同类、同期贷款利率计算的数额以内的部分准予扣除，超过部分不得在税前扣除。

3. 关联方借款利息问题。企业从关联方取得的借款金额超过其注册资本50%的，超过部分的利息支出，不得在税前扣除。

由此可见，当企业息税前投资收益率高于负债成本率时，因为财务杠杆作用，债务资本的增加可提升权益资本的收益水平，节税效果也越明显。但是，负债利息必须到期支付的特点，又导致了债务筹资可能产生财务风险，当负债的成本率超过了息税前投资收益率，权益资本收益会随着负债比例的提升而下降，这显然是得不偿失的。所以，企业在利用筹资方式实行税务筹划时，不但要从税收上考虑，而且要注意企业收益提升所带来的风险，要充分考虑企业自身的特点以及风险承受水平，以税后利润最大化为目标，准确选择筹资方式。

9.2.2 企业负债筹资的税务筹划

债务性筹资通常包括长期借款、短期借款、发行债券、向社会公众或企业内部职工借款等。借款筹资主要是向金融机构（如银行）进行融资，其成本主要是支付的利息。对企业来讲，借款筹资具有一定的抵税作用，即企业归还利息后，利润有所减少，所得税税负将有所下降。特别是税前还贷政策，其本质就是用财政的钱还贷款，企业的实际税负更是大大降低。因此，利用贷款从事生产经营活动是企业减轻税负、合理避税的一个很重要的途径。

一是企业间拆借筹资的税务筹划。企业为了筹资便利，在关联方中产生借贷，在企业主要管理层建立相应的财务枢纽来控制和操作企业关联方拆借业务。这样使对外部企业的整体筹资有信用和风险的保障，对内可以调节企业的资金和债务。这样一来财务服务功能的强化可以节省相应的费用，同时财务枢纽给企业带来的税务效益和资金管理也不容小觑。

二是企业银行借贷款的税务筹划。在目前我国经济环境之下，银行借贷款是企业筹集资金的有效途径，企业通过技术改良和支柱产业规划等工作可以向银行所在地的地方政府筹集相应的预算经费，但借贷款的规模要视企业抵押和信用评级来定。在这样的情况下，国家政策贷款和普通贷款的申请和利用就需要银行借贷款的税务筹划工作人员来进行相应的税务筹划。根据我国税法规定，企业向金融机构借贷的利息支出按照实际发生额进行征税，向非金融机构的借贷款不高于金融机构同类和同期的利率计算的数额进行相应的扣除。在这种情况下企业可以充分利用其财务功能，扩大借贷规模，加强税务筹划工作，同时企业还可以与银行协商利率和贷款期限。这样本息付款的形式就可以便于加强企业银行借贷款的税务筹划工作。

案例： 某企业取得 5 年期的长期借款 100 万元，年利率为 10%，筹资费用率为 0.4%，那么该企业可以少缴所得税 12.6 [（100×5×10% +100×0.4%）×25%] 万元。虽然企业可以通过向金融机构借款、融资，其利息在税前冲减企业利润，从而减轻企业所得税税负，但向银行等金融机构借款进行筹资的筹划空间不大，有条件的企业还可以通过发行债券进行筹资。

案例： 某企业发行总面额为 400 万元的 5 年期债券，票面利率为 11%，发行费用率为 5%，该企业可节税 60 [（400×5×11% +400×5%）×25%] 万元。

由上可知，取得借款和发行债券的成本主要是利息和筹资费用，它可计入税前成本费用加以扣除或摊销，能起到抵税作用。这里财务杠杆在债务性筹资中起很大的作用。假设企业负债经营，债务利息不变，当利润增多时，每一份利润所负担的利息就会相对减少，从而使投资者收益有更大幅度的提高，这种债务对投资者收益的影响即为负债融资的财务杠杆作用，它的好处是节税和激励企业加强管理。但是应当明确的是，这种分析是基于纯粹的理论意义，并未考虑其他制约条件，尤其是忽略了风险因素及风险成本的追加等。因为随着负债比例的提高，企业的财务风险及融资的成本必然相应增加，一旦负债的成本水平超过了息税前投资收益率，则负债融资将呈现负的杠杆效应，即权益资本收益率随着负债额度、比例的提高而下降。因此，企业要通过负债实现节税效果，必须建立在"息税前投资收益率不低于负债成本率"的前提之下。

我国现行财务制度规定，企业筹资的利息支出，凡在筹建期间发生的，计入开办费，自企业投产营业起，按照不短于5年的期限摊销；在生产经营期间发生的，计入财务费用。其中，与购建固定资产或无形资产相关的，在资产尚未交付使用或者虽已交付使用，但尚未办理竣工决算以前，计入购建资产的价值。财务费用能够直接冲减当期损益，而开办费和固定资产、无形资产价值则须分期摊销，逐步冲减当期损益。所以，为了实现税务筹划，企业在控制筹资风险的情况下，应尽量增大筹资的利息支出，尽可能增大筹资利息支出计入财务费用的份额，缩短筹建期和资产的购建周期。

9.2.3 企业资本结构选择的税务筹划

企业税务筹划工作的开展应该以所有者权益的提高作为标准，所以企业的资本结构选择将是企业税务筹划的核心和着眼点。在目前的法律条件下，企业进行税务筹划时应该确立企业相应的负债规模和比例，同时进一步强化企业负债筹资的合理结构。企业在实际的操作过程中，要根据各种不同的资本结构情况在多种方案中选择最优的税务筹划方案，同时在利用企业负债进行税务筹划的过程中，要注意相关的法律规定，以规避相应的法律风险。

一是企业资本性的利息支出不应在税前扣除。企业资本性的利息支出是在企业建造和购置固定资产范围内发生的借贷款利息，包括企业开办期间的若干支出。我国税法明确规定资本性利息支出不纳入费用一次性从应缴税款中扣除。

二是企业利息的税前扣除标准的规定。我国相关税法明确规定，企业在生产经营期间向金融机构借贷款的利息支出要按照实际发生的数额计算，而且向非金融机构借款的利息支出按照不高于金融机构同期贷款利率计算数额以内的部分进行扣除，超过部分不予扣除。同时在面对外商和外资企业的税法中也规定企业生产经营的合理借款的利息在税务部门审核后进行列支。合理的借款利息是按照不高于一般商业贷款的利率进行计算。

案例：乐天集团现有职工100人，职工人均月工资为1 200元。乐天集团在当年度向职工集资人均10 000元，年利率为10%，同期同类银行贷款利率为6%。当年度税前会计利润总额为200 000元。

【筹划方案】

方案一：按照10%直接支付利息，如图9-4所示。

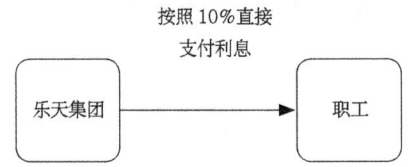

图9-4 按照10%直接支付利息

方案二：按照6%发放利息，剩余4%以提高职工工资形式发放，如图9-5所示。

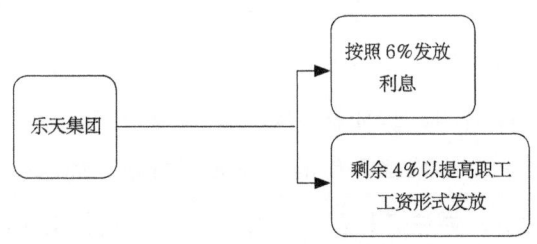

图9-5 按照6%发放利息，剩余4%以提高职工工资形式发放

【方案对比】

方案一：

因为借款利率超过可扣除标准，超支利息应调整应纳税所得额=100×10 000×（10%-6%）=40 000（元），因此，乐天集团本年度的应纳企业所得税为6万元，需要在之前的基础上补缴企业所得税=40 000×25%=10 000(元)。

方案二：

如果乐天集团将职工集资利率降为6%，将降低的利息通过提高职工工资来解决，那么职工的个人收入不但没有减少，还降低了利息所得项目应纳的个人所得税。对企业来说，集资利息未超过同期同类银行贷款利息，可以将其全额扣除。

每人每月增加工资400元，增加后人均月工资达到1 600元。将利息费用转为工资费用后，应纳企业所得税减少了10 000元。

企业在生产、经营活动中发生的利息费用，按下列规定扣除。

（1）非金融企业向金融企业借款的利息支出、金融企业的各项存款利息支出和同业拆借利息支出、企业经批准发行债券的利息支出可据实扣除。

（2）非金融企业向非金融企业借款的利息支出，不超过按照金融企业同期同类贷款利率计算的数额的部分可据实扣除，超过部分不予扣除。

其中，所谓金融机构，是指各类银行、保险公司及经中国人民银行批准从事金融业务的非银行金融机构，包括国家专业银行、区域性银行、股份制银行、外资银行、中外合资银行以及其他综合性银行；还包括全国性保险企业、区域性保险企业、股份制保险企业、中外合资保险企业以及其他专业性保险企业；城市信用社、农村信用社、各类财务公司以及其他从事信托投资、租赁等业务的专业和综合性非银行金融机构。非金融机构，是指除上述金融机构以外的所有企业、事业单位以及社会团体等企业或组织。

鉴于目前我国对金融企业利率要求的具体情况，企业在按照合同要求首次支付利息并进行税前扣除时，应提供金融企业的同期同类贷款利率情况说明，以证明其利息支出的合理性。

金融企业的同期同类贷款利率情况说明中，应包括在签订该借款合同时，本省任何一家金融企业提供的同期同类贷款利率情况。该金融企业应为经政府有关部门批准成立的可以从事贷款业务的企业，包括银行、财务公司、信托公司等金融机构。同期同类贷款利率是指在贷款期限、贷款金额、贷款担保以及企业信誉等条件基本相同的情况下，金融企业提供贷款的利率，既可以是金融企业公布的同期同类平均利率，也可以是金融企业对某些企业提供的实际贷款利率。

（3）关联企业利息费用的扣除。企业从其关联方接受的债权性投资与权益性投资的比例超过规定标准而发生的利息支出，不得在计算应纳税所得额时扣除。

（4）企业向自然人借款的利息支出在企业所得税税前的扣除。

① 企业向股东或其他与企业有关联关系的自然人借款的利息支出，应根据《企业所得税法》第四十六条及《财政部 国家税务总局关于企业关联方利息支出税前扣除标准有关税收政策问题的通知》（财税〔2008〕121号）规定的条件，计算企业所得税扣除额。

② 企业向除①规定以外的内部职工或其他人员借款的利息支出，其借款情况同时符合以下条件的，其利息支出在不超过按照金融企业同期同类贷款利率计算的数额的部分，准予扣除。

条件一：企业与个人之间的借贷是真实、合法、有效的，并且不具有非法集资目的或其他违反法律、法规的行为。

条件二：企业与个人之间签订了借款合同。

企业发生的合理的工资、薪金支出准予据实扣除。工资、薪金支出是企业每一纳税年度支付给本企业任职或与其有雇佣关系的员工的所有现金或非现金形式的劳动报酬，包括基本工资、奖金、津贴、补贴、年终加薪、加班工资，以及与任职或者是受雇有关的其他支出。

方案一对于企业而言，没有风险，企业严格按照企业所得税法的要求，调增本年的收入总额，增加1万元的企业所得税款。

方案二虽然能够将企业的多余利息支出计入企业职工的工资、薪金之中，但是存在被违规查处的可能性，因此需要审慎决定。

9.2.4 企业租赁性筹资的税务筹划

租赁大致可分为两大类：经营性租赁和融资性租赁。这两种租赁方式都能达到通过租金的平稳支付而减少企业利润、减轻税负的目的。

就经营性租赁来说，承租人可获得双重好处：一是可以避免因长期拥有机器而承受负担和风险；二是可以在经营活动中，以支付租金的方式冲减企业利润，从而减轻税负。当承租人和出租人同属一个大的利益集团时，租赁可使这两个主体分别作为出租人和承租人，直接、公开地将资产从一个企业向另一个企业转移，并根据本集团整体利益的需要收取适当的租金，最终达到在集团内部转移利润、减轻税负的目的。这就是典型的租赁避税效应。

融资租赁作为一种特殊的筹资方式，可以及时取得资产的使用权，而且能够避免资产所有权所带来的风险。融资租赁费用中承租方支付的手续费及安装交付使用后支付的利息，可以在支付当期直接从应纳税所得额中扣除，因此筹资成本较权益资金成本要低。同时，对于融资租入设备的改良支出可以作为递延资产，在不短于5年的时间内摊销。而企业自有固定资产的改良支出，则作为资本性支出，增加固定资产的原值，且固定资产的折旧年限一般长于5年，这样融资租赁还可以达到快速摊销固定资产改良支出的目的，具有节税效应。

案例：某企业因扩大生产经营规模的需要，准备引进一套固定资产。该固定资产价格为52万元，估计使用年限为10年。企业管理层通过研究，讨论出两种方案。

【筹划方案】

方案一：选择长期借款方式购置，估计借款需要52万元，借款期限为8年，年利率为12%，固定资产使用期间每年还要支付维修费1 000元。

方案二：通过融资租赁方式购置，预计租赁期为8年，每年年底支付租金10.2万元。

【方案对比】

（1）对比两种方案的资金成本和现金流出量。根据资料，借款平均年利率为12%，所以举债购置的资金成本为12%。租金年金贴现系数=520 000÷102 000=5.098，查年金贴现值系数表得年利率为11.27%。显然，采用融资租赁方式筹资的成本相对较小。

融资租赁的年租金为102 000元；举债购置的年还本付息额＝债款额×投资回收系数＝520 000×0.2 013＝104 676（元），年维修费为1 000元。因此，举债购置时，年现金流量为105 676元。显然，融资租赁方式的年现金流量小于举债购置方式的年现金流量。

（2）结合税收收益等因素对比分析两个方案的现金流出量。假定资金成本平均为11％，使用直线法计提折旧，所得税税率为25％。融资租赁的年现金流出量为102 000元，考虑税收因素后的租金年流出量现值＝102 000×（1－25％）×5.146＝76 500×5.146＝393 669(元)。举债购置的税后现金流出量经逐年计算、逐年贴现后，其现值为393 669元。不难看出，举债购置的税后现金流出量现值远大于融资租赁税后现金流出量现值，表明融资租赁支出少，经济效益好，应为首选方案。

9.3　企业筹资的税务筹划应注意的问题

企业在进行筹资的税务筹划时，要充分考虑企业自身资本结构的特点，注意企业资本结构的变化及收益的提高所带来的风险，以及企业的风险承受能力。企业选择何种筹资方式、采用怎样的资本结构、限定多高的债务比率都是一种风险与利润的权衡取舍，要始终围绕企业价值最大化而非企业税负最轻这一筹划目标，依据企业自身情况、综合各方面因素统筹而定。税务筹划作为企业寻求筹资成本和收益平衡的合理选择，在一定程度上降低了企业的负担，但企业必须清醒地认识到在筹资税务筹划中存在的一些问题。

9.3.1　企业筹资税务筹划中的风险规避

企业在筹资阶段实施税务筹划合理节税不可避免地会存在一定的风险，但这种风险是可以防范和控制的。可以建立风险预警机制或聘请专门的税务筹划机构和人员进行筹划，以达到降低风险的目的。

税务筹划风险主要包括筹资结构不当引发的财务风险和市场、社会信誉等因素造成的市场风险。筹资结构不当引发的财务风险在于过度负债筹资，造成企业为定期支付利息而导致现金流不畅，同时由于财务杠杆的作用，可能会使负债筹资的负效应加剧，甚至引起资金链断裂。市场风险主要来源于市场资金供求状况、利率、通货膨胀率等因素影响。

9.3.2 企业筹资税务筹划要符合市场与企业发展的要求

在市场经济和现代企业制度下，筹资与税务筹划受多种因素的影响，企业必须将税务筹划与经营相结合，从经营全局考虑，将筹资税务筹划作为其中的一个重要环节，更加注重全局和长远利益。税务筹划必须与企业未来发展战略需求相一致，企业不能为了眼前的短期利益而放弃长期利益，一味地为了节税而节税。因此企业必须注重筹资决策的整体性和战略性，综合考虑多种因素对筹资的影响，以减轻税负并增加企业整体价值。最后，企业筹资税务筹划还需要综合考虑通货膨胀和资金时间价值的影响，通货膨胀在一定程度上反映了当前的市场运行情况，资金时间价值主要体现在对具体筹资方式的影响上。企业要寻求最佳均衡点，不能一味追求降低税收负担而以过高的负债经营。

总而言之，企业的税务筹划工作是一个任重道远的工作，在不同的企业资本结构条件下将会有不同的筹划标准和方案，这要根据企业的行业特点和资本、运营情况进行考量。选择相应的资本结构对企业的税务筹划工作是一种帮助和补充。

第10章
企业投资的税务筹划

投资分为直接投资和间接投资。直接投资涉及企业应缴纳的所有税种，如增值税、所得税、财产税、行为税等，因此，企业考虑的税收因素较多。间接投资一般仅涉及对股息和利息征收的所得税和对证券交易征收的印花税，因此，企业考虑的税收因素较少。因而在进行税务筹划时，直接投资有更大的筹划空间。企业投资的主要目的是盈利，在追求盈利的过程中，由于投资领域、投资方向、企业组织形式、投资方式等存在差异，企业税负也不尽相同。由于税收因素的存在，企业在投资决策中应注重运用税务筹划策略，因此，税务筹划日益成为企业投资决策过程中的一项重要工作。本章主要从直接投资的角度分析投资决策的税务筹划策略。

10.1　企业投资领域的税务筹划

投资领域从宏观上讲就是投资产业或投资区域，从微观上讲就是确定企业的经营范围，即具体的生产经营产品。我国税法规定了一些区域性和产业性的税收优惠政策，对一些特定企业给予税收优惠待遇。另外，纳税人生产经营的产品不同，缴纳的税种尤其是流转税也不相同。由此看出，投资者的投资领域是影响税负的首要环节。

企业所得税法倡导"以产业优惠为主、区域优惠为辅"的原则，利用税收优惠的税务筹划可以考虑以下策略：投资可享受减免税优惠的行业或项目，包括农林牧渔业、国家重点扶持的公共基础设施项目、符合条件的环境保护和节能节水项目等；投资建立国家重点扶持的高新技术企业，建立符合条件的小型企业，建立创业投资企业并从事国家重点扶持和鼓励的创业投资。

对于国家支持发展的地区，政府往往制定一些比较优惠的税收政策以扶持原有企业，吸引新企业的投资。企业要充分利用这些税收优惠政策，在其他条件相同的情况下，尽可能地在这些地区投资，实现减轻企业税负的筹划目的。

考虑经济发展程度和地理位置等因素，我国经济区域可分为东、中、西三个地区。其中西部地区包含西藏自治区、重庆市、甘肃省、四川省、贵州省、广西壮族自治区、青海省、陕西省、内蒙古自治区、云南省、新疆维吾尔自治区、宁夏回族自治区。此外，湖南省湘西土家族苗族自治州、吉林省延边朝鲜族自治州、湖北省恩施土家族苗族自治州可执行西部税收政策。根据《关于深入实施西部大开发战略有关税收政策问题的通知》（财税〔2011〕58号），对西部地区内资鼓励类产业、外商投资鼓励类产业及优势产业的项目在投资总额内进口的自用设备，在政策规定范围内免征关税。自2011年1月1日至2020年12月31日，对设在西部地区的鼓励类生产企业减按15%的税率征收企业所得税。对2010年12月31日前建立的、按照《财政部 国家税务总局 海关总署关于西部大开发税收优惠政策问题的通知》（财税〔2001〕202号）第二条第三款规定可以享受企业所得税"两免三减半"优惠的电力、邮政、交通、水利与广播电视企业，其享受的优惠政策能一直延续到期满。

《财政部 国家税务总局关于新疆困难地区新办企业所得税优惠政策的通知》（财税〔2011〕53号）指出2010年1月1日至2020年12月31日，在新疆维吾尔自治区建立的属于《新疆困难地区重点鼓励发展产业企业所得税优惠目录》中的企业，获得第一笔生产经营性收入所属纳税年度计算，在前两年免征企业所得税，在第3年到第5年减半征收企业所得税。

《财政部 税务总局 国家发展改革委关于延续西部大开发企业所得税政策的公告》（财政部公告2020年第23号）规定，自2021年1月1日至2030年12月31日，对设在西部地区的鼓励类产业企业减按15%的税率征收企业所得税。本条所称鼓励类产业企业是指以《西部地区鼓励类产业目录》中规定的产业项目为主营业务，且其主营业务收入占企业收入总额60%以上的企业。公告所称西部地区包括内蒙古自治区、广西壮族自治区、重庆市、四川省、贵州省、云南省、西藏自治区、陕西省、甘肃省、青海省、宁夏回族自治区、新疆维吾尔自治区和新疆生产建设兵团。湖南省湘西土家族苗族自治州、湖北省恩施土家族苗族自治州、吉林省延边朝鲜族自治州和江西省赣州市，可以比照西部地区的企业所得税政策执行。

10.2　企业投资方向的税务筹划

国家根据不同时期的社会发展规划及产业导向，对不同产业制定了差别税收政策，以实现对整个国家或地区的产业布局，达到宏观调控的目的。对于国家支持的行业、商品类别等，在制定税收政策时往往能给予比较优惠的税收政策，企业可以通过对投资产业的选择，达到减轻税负的目的。由于国家税收产业优惠政策具有时效性，本文仅就2010年以来部分优惠政策做如下分析。

（一）农、林、牧、渔业项目

《国家税务总局关于实施农、林、牧、渔业项目企业所得税优惠问题的公告》（国家税务总局公告2011年第48号）规定企业从事《中华人民共和国企业所得税法实施条例》第八十六条规定的享受税收优惠的农、林、牧、渔业项目，除另有规定外，根据《国民经济行业分类》（GB/T4754—2002）来执行。企业从事农、林、牧、渔业项目，属于《产业结构调整指导目录（2011年版）》中淘汰与限制类的项目，不得享受该条例第八十六条规定的优惠政策。

（二）环保、节能节水项目

为鼓励企业运用合同能源管理机制，加大节能减排技术改造工作力度，《财政部 国家税务总局关于促进节能服务产业发展增值税、营业税和企业所得税政策问题的通知》（财税〔2010〕110号）规定：对符合条件的节能服务公司实施合同能源管理项目，取得的营业税应税收入，暂免征收营业税。节能服务公司实施符合条件的合同能源管理项目，将项目中的增值税应税货物转让给用能企业，暂免征收增值税。对符合条件的节能服务公司实施合同能源管理项目，符合企业所得税法规定，自项目获得第一笔生产经营收入所属纳税年度起，前三年免征企业所得税，第4年至第6年按照25%的法定税率减半征收企业所得税。

（三）软件企业

为进一步促进软件产业发展，推动我国信息化建设，《财政部 国家税务总局关于软件产品增值税政策的通知》（财税〔2011〕100号）确定软件产品增值税政策如下。增值税一般纳税人销售自主开发的软件产品，根据17%税率来征收增值税，超过税负3%的部分采取即征即退政策。增值税一般纳税人将进口软件产品实行本地化改造后对外销售，其销售的软件产品享受该条第一款规定的增值税即征即退政策。本地化改造是对进口的软件产品实行重新设计、改进、转换等，仅对进口软件产品进行汉字化处理不包含在内。纳税人受托研发软件产品，其著作权为受托方的征收增值税，著作权为委托方或双方共有的不征收增值税；对经过国家版权局登记的，纳税人在销售中转让其所有权与著作权的，可免征增值税。

上面谈到的软件产品，指的是信息处理程序与数据、文档。软件产品包含嵌入式软件产品、信息系统与计算机软件产品。嵌入式软件产品指的是嵌入在计算机硬件、机器设备中并随其一并销售，形成计算机硬件、机器设备组成部分的软件产品。

（四）高新技术企业

高新技术企业为根据《中华人民共和国企业所得税法》与实施条例规定，认定机构根据《高新技术企业认定管理办法》（国科发火〔2016〕32号）确定获得的高新技术企业证书并享受所得税优惠15%的企业。为支持国内新兴产业的发展，适应新的经营模式，国家税务总局公告2011年第18号文件《国家税务总局关于扩大适用免抵退税管理办法企业范围有关问题的公告》规定，工商登记时间两年以上的集成电路设计、软件设计、动漫设计企业及其他高新技术企业（小规模纳税人除外）从事以下业务的，可实行免抵退税管理办法：自主研发、设计由其他企业生产加工后进行收购或委托国内其他企业生产加工后收回的货物出口；委托境外企业加工后进口再使用本企业品牌的货物出口；自主研发、设计软件，加载到外购的硬件设备中的货物出口；国家税务总局规定的其他情形。

（五）其他鼓励类产业

为支持养老、托育、家政等社区家庭服务业发展，《财政部 税务总局 发展改革委 民政部 商务部 卫生健康委关于养老、托育、家政等社区家庭服务业税费优惠政策的公告》（财政部 税务总局公告2019年第76号文件），自2019年6月1日起执行至2025年12月31日，为社区提供养老、托育、家政等服务的机构，按照以下规定享受税费优惠政策：（1）提供社区养老、托育、家政服务取得的收入，免征增值税。（2）提供社区养老、托育、家政服务取得的收入，在计算应纳税所得额时，减按90%计入收入总额。（3）承受房屋、土地用于提供社区养老、托育、家政服务的，免征契税。（4）用于提供社区养老、托育、家政服务的房产、土地，免征不动产登记费、耕地开垦费、土地复垦费、土地闲置费；用于提供社区养老、托育、家政服务的建设项目，免征城市基础设施配套费；确因地质条件等原因无法修建防空地下室的，免征防空地下室易地建设费。为减轻疫灾对纳税人带来的损失，财政部联合国家税务总局出台临时性税收政策——《关于支持新型冠状病毒感染的肺炎疫情防控有关税收政策的公告》（财政部 税务总局公告2020年第8号），对疫情防控重点保障物资生产企业为扩大产能新购置的相关设备，允许一次性计入当期成本费用在企业所得税税前扣除。疫情防控重点保障物资生产企业可以按月向主管税务机关申请全额退还增值税增量留抵税额。对纳税人运输疫情防控重点保障物资取得的收入，免征增值税。受疫情影响较大的困难行业企业2020年度发生的亏损，最长结转年限由5年延长至8年。对纳税人提供公共交通运输服务、生活服务，以及为居民提供必需生活物资快递收派服务取得的收入，免征增值税。

10.3 企业组织形式的税务筹划

企业组织形式不同，税收政策也不尽相同，例如公司制企业、合伙企业、个人独资企业之间以及总分公司、母子公司之间的税收待遇就不相同。因此，企业组织形式也是投资者在进行投资税务筹划时应考虑的一个因素。

（一）企业初设时组织形式的税务筹划

企业的组织形式可分为个人独资企业、合伙企业和公司制企业。

我国对个人独资企业比照个体工商户的生产、经营所得，只征个人所得税。个人独资企业比较适合规模小、员工少的企业，因为财税部门对个人独资企业的会计核算要求相对不高，一般采取定期定额征收个人所得税的方式，实际税负较低。

合伙企业是要分别对各合伙人从合伙企业分得的利润征收个人所得税。合伙企业比较适合规模不是很大，但投资人数较多的企业。

公司制企业，无论是有限责任公司还是股份有限公司，均要缴纳企业所得税并且投资者个人还要负担分回的股利、红利的个人所得税。股份有限公司比较适合规模较大、资金需求多、筹资难度大、管理较为复杂的企业。

尽管合伙企业和个人独资企业在税负上只缴纳个人所得税，不缴纳企业所得税，但如果综合考虑企业的税基、税率、优惠政策等多种因素，公司制企业也有很多有利的一面，因为国家的税收优惠政策一般只适用于公司制企业。在测算两种性质企业的税后整体利益时，不能只看名义税率，还要看整体税率。

（二）企业发展阶段组织形式的税务筹划

企业在发展过程中为扩大规模、开拓市场，可以选择设立分公司或子公司的方式。分公司是指在业务、资金、人事等方面受本公司管辖而不具有法人资格的分支机构，分公司在法律上、经济上没有独立性，仅仅是总公司的附属机构。分公司不是法人，不能单独享受税收优惠，但其经营过程中的亏损可以并入总公司损益，因此可少缴部分所得税。

子公司是指其一定比例以上的股份被另一公司所拥有或通过协议方式受到另一公司实际控制的公司。子公司是独立法人，可享受许多税收优惠。

当企业获利能力不稳定，常发生亏损时，采用分公司的形式就可将亏损转嫁到总公司，减轻总公司的所得税税负。而当企业获利能力相对稳定的时候，通过设立子公司则可享受许多税收优惠。

10.3.1 公司制企业与个人独资企业或合伙企业的选择

投资者在投资创办经营主体时，在组织形式上可以选择股份有限公司、有限责任公司，个人投资者也可以选择合伙企业、个人独资企业或个体工商户形式。当企业缴纳所得税时，公司制企业缴纳企业所得税，当其税后利润以股息形式分配给投资者时，企业投资者要以双方税率的差异决定是否补税；个人投资者要就其股息收入按照20%的税率缴纳个人所得税；而合伙人和个人独资企业投资者的生产经营所得，只征收一次个人所得税。企业创立之初，应根据规模大小、生产经营范围、资金雄厚程度以及发展需要，结合税收负担的轻重，恰当地选择组织形式，以便既满足长期经营发展的需要，又有利于增加投资者的税后投资收益。

如果将有限责任公司与股份有限公司相比，两者缴纳所得税的方法相同。但股份有限公司，尤其是上市公司，投资规模大、筹资渠道多、管理水平高，容易获得税收优惠；而且，股份有限公司用资本公积转增股本不属于股息、红利性质的分配，对个人取得的股本数额不作为个人所得，不征收个人所得税，所以企业应尽可能地采取这一形式。如果将有限责任公司与个体工商户、合伙企业和个人独资企业相比，前者不但要缴纳企业所得税，投资者个人还要缴纳个人所得税，从这一点看，有限责任公司处于不利地位。

案例：见6.3节企业所得税筹划案例一

10.3.2 分公司与子公司形式的选择

企业扩张主要有两种组织形式可供选择：组建子公司或分公司，即母子公司结构和总分公司结构。子公司为独立法人，分公司不具有独立法人资格。

我国税法规定，在中华人民共和国境内，企业和其他取的收入的组织为企业所得税的纳税人，依法缴纳企业所得税。即我国企业所得税法实行法人税制，子公司独立缴纳企业所得税，而分公司与总公司汇总纳税。具体进行税务筹划时根据具体情况可考虑以下策略。

（1）当低税区的企业或有税收优惠的企业向高税区投资或建立不能享受税收优惠的分支机构时，可采用分公司的形式，即总分公司结构。流转税在分公司所在地缴纳，所得税在总公司所在地按低税率缴纳或享受税收优惠。

（2）当高税区的企业或无税收优惠的企业到低税区扩张，或向可以享受税收优惠的行业投资时，最好设立子公司（即母子公司结构），以使子公司在独立纳税时享受税收优惠。但如果子公司将其实现的税后利润作为股息分配时，如果母公司所得税税率高，其分回的股息要补缴所得税，则本应获得的税收优惠丧失。

所以，如果母公司不急需资金，最好让子公司将税后利润留存不做分配，这样既可以获得递延纳税的好处，又可使子公司保留更多的资金扩大经营。即使企业投资的地区不是低税区或无法享受其他税收优惠，但如果设立的子公司规模不大或盈利水平不高，也可享受按20%低税率纳税的好处。

（3）如果预期公司初建即可盈利，应选择组建子公司。因为定期减免的税收优惠往往是给独立法人企业的,所以在子公司盈利的情况下,子公司就可享受政府给予的税收优惠。如果预期公司初建会亏损,则组建分公司比较有利。分公司的亏损与总公司汇总纳税时,就可以减轻总公司的纳税负担。

(4)设立分公司在企业兼并中可获得好处。我国税法规定,被兼并企业在被兼并后不具有独立纳税人资格且不确认全部资产转让所得或损失的,其兼并前尚未弥补的经营亏损,如果未超过法定弥补期限,可由兼并企业继续按规定用以后年度实现的与被兼并企业资产相关的所得弥补。所以,当兼并企业自身具有大量利润时,将被兼并的亏损企业作为自己的分公司,就可以用被兼并企业以前年度发生的未超过法定弥补期限的亏损及兼并过程中发生的相关费用冲抵自己的盈利,减轻自身的所得税税负。

如果盈利企业兼并了亏损企业,但仍然保留亏损企业的法律地位,即进行控股兼并,在此情况下,兼并企业可以将盈利多的经营项目转移到亏损企业去经营,这样可以使应纳税的盈利额转移到亏损企业去补亏,这部分盈利额就不需要缴纳所得税了。

案例:华天集团是一家拥有甲、乙两家分公司的集团公司,2009年公司本部实现利润4 000万元,其分公司甲实现利润700万元,分公司乙损失500万元,企业所得税税率为25%。

【筹划方案】

方案一: 华天集团将甲、乙两家公司作为分公司,采取统一纳税的方式,如图10-1所示。

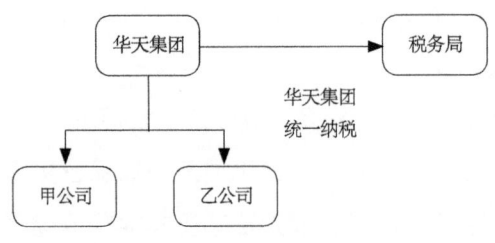

图10-1 统一纳税方式

方案二：华天集团将甲、乙两家公司作为子公司，采取分别纳税的方式，如图10-2所示。

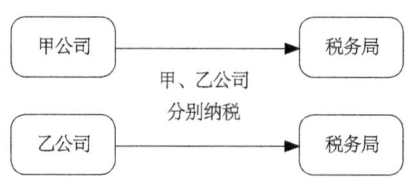

图10-2 分别纳税方式

【方案对比】

方案一：

华天集团继续按照企业以前的规定，将甲、乙两家公司作为分公司。分公司不具有独立法人资格，不是企业所得税的纳税人。分公司作为总机构的分支机构，应当和总机构汇总计算所得并缴纳企业所得税。

则华天集团本年应该缴纳的所得税=（4 000+700-500）×25%=1 050（万元）

方案二：

子公司作为独立法人，实行独立核算并独立申报纳税，是完全独立的纳税人，承担全面的纳税义务。

如果上述甲、乙两家公司作为子公司，总体税收就发生了变化。假设甲、乙两家子公司的所得税税率仍为25%。公司本部应纳企业所得税=4 000×25%=1 000（万元），甲公司应纳企业所得税=700×25%=175（万元），乙公司由于2009年度发生亏损，则该年度不应缴纳企业所得税。那么华天集团2009年度应纳企业所得税为1 175（1 000+175）万元。高出总分公司结构整体税收125（1 175-1 050）万元。

（1）根据《国家税务总局关于印发〈跨地区经营汇总纳税企业所得税征收管理办法〉的公告》（国家税务总局公告2012年第57号）（以下简称"税总2012年57号公告"）规定，居民企业在中国境内跨地区（指跨省、自治区、直辖市和计划单列市，下同）设立不具有法人资格分支机构的，该居民企业为跨地区经营汇总纳税企业（以下简称"汇总纳税企业"）。汇总纳税企业实行"统一计算、分级管理、就地预缴、汇总清算、财政调库"的企业所得税征收管理办法。

汇总纳税企业按照《企业所得税法》规定汇总计算的企业所得税，包括预缴税款和汇算清缴应缴应退税款，50％在各分支机构间分摊，各分支机构根据分摊税款就地办理缴库或退库；50％由总机构分摊缴纳，其中25％就地办理缴库或退库，25％就地全额缴入中央国库或退库。

（2）对于以总机构名义进行生产经营的非法人分支机构，无法提供汇总纳税企业分支机构所得税分配表，也无法提供税总2012年57号公告第二十三条规定的相关证据证明其二级及以下分支机构身份的，应视同独立纳税人计算并就地缴纳企业所得税。

（3）因此，对于分公司的企业所得税管理：符合规定条件的汇总纳税的分公司，实行"就地预缴、汇总清算"；无法提供汇总纳税企业分支机构所得税分配表，又无法证明分支机构的，按照独立纳税人就地缴纳企业所得税；分公司实行独立核算、不汇总纳税的，按照独立纳税人就地缴纳企业所得税。

华天集团应选择方案一，该方案是法律规定所允许的，在纳税行为之前进行筹划，并达到了一定的节税效果。

10.4 企业投资方式的税务筹划

投资方式主要指通过投资形成的资本结构、出资方式、投资形式等。不同的投资方式会形成不同的税收负担。在选择投资方式时可从以下几个方面进行筹划，以减轻税负。

第一，在投资总额中压缩注册资本比例。在企业设立之初，应通过在投资总额中压缩注册资本的比例实现税务筹划。注册资金的比重低，低于投资总额的差额可通过债务筹资的方式解决，所增加的借款利息可以在税前扣除，从而节省所得税支出，同时还可以减少股东投资风险，获取财务杠杆收益。

第二，尽可能选择分期出资。企业设立时，在确定注册资本后，投资者既可选择一次性投资，使企业的实收资本与注册资本相等，也可选择分期出资。分期出资时，企业所需资金仍然以负债形式从外部筹措，发挥利息减税的作用。

第三，尽可能用实物、无形资产出资。《中华人民共和国公司法》（以下简称《公司法》）规定，股东可以用货币出资，也可以用实物、知识产权、土地使用权等可以用货币估价并可以依法转让的非货币资产作价出资。选择以实物、无形资产出资的好处如下。

（1）可以享受减免关税和进口环节增值税。我国税法规定，以下实物资产投资可免征关税和进口环节增值税：按照中外合资经营企业的中外双方所签订的投资合同中的作为外方出资的机械设备、零部件及其他物件；合营企业以投资总额内的资金进口的机械设备、零部件及其他物件；经审批，合营企业以增加资本方式新进口的国内不能保证供应的机械设备、零部件及其他物件。

（2）以无形资产投资，可以节减税款。当投资者以非货币资产投资时，须进行资产评估。尽管我国《公司法》规定，对作为出资的非货币资产应当评估作价，核实资产，不得高估或低估作价，但是投资者仍然可以选择估价方法等手段高估资产价值。这样既可以节省投资成本，又可以使高估的资产价值通过多列折旧费和摊销额的方式缩小所得税计税依据。

（3）合理筹划固定资产购置时机。在购置固定资产时，企业应充分利用税收优惠期的相关规定。企业进行固定资产投资可以获得折旧抵税的好处，当企业能够享受所得税定期减免税待遇时，企业就应当合理选择固定资产的购置时机。如果企业从获利年度起享受定期减免税待遇，应尽量在生产经营的前期购置固定资产，尽量推迟获利年度的实现，延长企业享受减免税的优惠期。

（4）优惠期外购置也有好处。企业在优惠期外购置固定资产，可以使企业在高税率下多扣除折旧额。例如，某企业在定期减免优惠期即将结束时想购置固定资产，由于正常纳税期的税率要高于优惠期内的税率，所以企业应等到优惠期结束后再购置固定资产，这样企业在高税率下就可以多提折旧，减少企业的税收成本。

第11章
企业经营的税务筹划

追求企业利润最大化是企业的经营目标之一。企业在不违反法律法规的前提条件下，通过对纳税主体的经营活动等涉税事项做出事先安排，从而降低企业的税收负担，有助于提高企业财务与会计水平，有利于纳税人实现财务利益最大化，有利于提高纳税人的纳税意识和企业的竞争力，有助于优化产业结构和资源配置，实现企业利润最大化。

作为一个现代企业，如何在恪守税法和不违背企业发展的前提下，充分利用好现行的税收政策，以最大限度地控制成本、节约费用，企业进行税务筹划就是企业获得最大利益的必经途径，是每一个企业管理者必须关心的重要问题。企业的日常经营活动是企业得以长期生存发展的根本活动，对企业有着至关重要的影响。企业经营活动的税务筹划主要可以通过选择合适的采购方式、会计政策、会计估计、合理分摊费用等方式来实现。企业在进行税务筹划的时候，不仅要考虑纳税的减少，还要考虑企业的整体效益，才能实现企业价值最大化。

11.1 企业采购的税务筹划

企业采购的税务筹划是建立在增值税销项税额、进项税额、进项税额转出以及应纳税额总体的分析和把握上的，所以企业要把不予抵扣的进项税额转变为可以抵扣的进项税额，以降低采购成本。例如，某钢铁企业（增值税一般纳税人）下设原料部，除负责采购正常生产经营所需的原材料外，还负责向社会收购废钢。购进的废钢经过加工、挑选、整理后可以直接使用，而挑选、整理、加工工程中的费用计入废钢成本。向社会收购的废钢一部分是从废旧物资公司购进的，可取得废旧物资发票，抵扣10%的税金，降低了成本；一部分是从个体散户中购进的，无发票，增加了成本。若企业设立控股的废旧物资公司，将废钢收购及挑选、整理业务交由废旧物资公司承担，废旧物资公司按照废钢收购价加上挑选整理费将整理好的废钢卖给该企业，并开具废旧物资发票，则企业购入的所有废钢进项税额均可以抵扣。可见，通过设立废旧物资公司将不予抵扣的进项税额转化为可抵扣的进项税额，降低了废钢的成本。

11.2 会计核算的税务筹划

会计核算的税务筹划，即利用会计处理方法的可选择性进行税务筹划。在实际经济活动中，同一经济事项有时存在着不同的会计处理方法，而不同的会计处理方法又对企业的财务状况有着不同的影响，同时这些不同的会计处理方法又都得到了税法的承认。所以，通过对有关会计处理方法筹划也可以达到获取税收收益的目的。具体从以下几个方面来阐述。

11.2.1 存货计价方法的选择

存货计价的方法有多种，如先进先出法、加权平均法、移动平均法、个别计价法、计划成本法、毛利率法或零售价法等。不同的计价方法对货物的期末库存成本、销售成本影响不同，继而影响当期应纳税所得额的大小。特别是在物价持续上涨或下跌的情况下，影响的程度会更大。纳税人就是利用其进行税务筹划的。例如在物价持续下跌的情况下采用先进先出法，会使税负降低。由于不同的存货计价方法可以改变销售成本，继而影响应纳税所得额，所以从税务筹划的角度，纳税人可以通过采用不同的计价方法对发出存货的成本进行筹划，根据自己的实际情况选择使本期发出存货成本最有利于税务筹划的存货计价办法。在不同企业或企业处于不同的盈亏状态下，应选择不同的计价方法。

（1）盈利企业。

由于盈利企业的存货成本可最大限度地在本期所得额中税前抵扣，因此，企业应选择能使本期成本最大化的计价方法。

（2）亏损企业。

亏损企业选择计价方法应与亏损弥补情况相结合。企业选择的计价方法必须使不能得到或不能完全得到税前弥补的亏损年度的成本费用降低，使成本费用延迟到以后能够完全得到弥补的时期，保证成本费用的抵税效果得到最大限度的发挥。

（3）享受税收优惠的企业。

如果企业正处于企业所得税的减税期或免税期，就意味着企业获得的利润越多，得到的减免税额就越多。因此，企业应选择减免税优惠期间内存货成本最小化的计价方法，减少存货费用的当期摊入，扩大当期利润。相反，当企业处于非税收优惠期间时，应选择使存货成本最大化的计价方法，将当期的存货费用尽量扩大，以达到减少当期利润，推迟纳税期的目的。

案例： 参见6.3节企业所得税筹划案例四

11.2.2　固定资产折旧的税务筹划

固定资产价值是通过折旧形式转移到成本费用之中的，折旧额的多少取决于固定资产的计价、折旧年限和折旧方法。

（1）固定资产计价的税务筹划。

按照会计准则的要求，外购固定资产的成本主要包括购买价款、相关税费、使固定资产达到预定可使用状态前所发生的可归属于该项资产的运输费、装卸费、安装费和专业人员服务费等。按照税法的规定，购入的固定资产按购入价加上发生的包装费、运杂费、安装费，以及缴纳的税金后的价值计价。由于折旧费用是在未来较长时间内陆续计提的，为降低本期税负，新增固定资产的入账价值要尽可能低。例如，对于成套固定资产，其易损件、小配件可以单独开票作为低值易耗品入账，因低值易耗品领用时可以一次或分次直接计入当期费用，降低了当期的应纳税所得额；对于在建工程，则要尽可能早地转入固定资产，以便尽早提取折旧。如果整体固定资产工期长，在完工部分已经投入使用时，对该部分最好分项决算，以便尽早计入固定资产账户。

（2）固定资产折旧年限的税务筹划。

固定资产折旧年限取决于固定资产能够使用的年限，固定资产使用年限是一个估计的经验值，包含了人为的成分，因而为税务筹划提供了可能性。采用缩短折旧年限的方法，有利于加快成本回收，可以使后期成本费用前移，从而使前期会计利润发生后移。在税率不变的情况下，可以使企业所得税递延缴纳。需要注意的是，税法对固定资产折旧规定了最低的折旧年限，税务筹划不能突破关于折旧年限的最低要求。如果企业享受开办初期的减免税或者在开办初期享受低税率优惠，在税率预期上升的情况下购入的固定资产就不宜缩短折旧年限，以避免将折旧费用提前到免税期间或低税率期间实现，减少企业享受税收优惠。只有在税率预期下降时缩短折旧年限，才能够在实现货币时间价值的同时达到少纳税的目的。

（3）固定资产折旧方法的税务筹划。

按照会计准则的规定，固定资产折旧的方法主要有平均年限法、工作量法等直线法（或称平速折旧法）和双倍余额递减法、年数总和法的加速折旧法。不同的折旧方法对应纳税所得额的影响不同。虽然从整体上看，固定资产的扣除不可能超过固定资产的价值本身，但是，由于对同一固定资产采用不同的折旧方法会使企业所得税税款提前或滞后实现，从而会产生不同的货币时间价值。如果企业所得税的税率预期不会上升，应采用加速折旧的方法，一方面可以在计提折旧期间少缴企业所得税；另一方面可以尽快收回资金，加速资金周转。但是税法规定，在一般情况下纳税人可扣除的固定资产折旧费用的计算，应该采取直线法。只有当企业的固定资产由于技术进步等原因，确需加速折旧时，才可以缩短折旧年限或者采取加速折旧的方法。这与会计准则的规定是有区别的。纳税人应尽可能创造条件达到符合实行加速折旧法的要求，以便选择对自己有利的折旧计算方法，获取货币的时间价值。采用直线法计提折旧，在折旧期间折旧费用均衡地在企业收益中扣除，对利润的影响也是均衡的，企业所得税的缴纳同样比较均衡；采用双倍余额递减法和年数总和法计提折旧，在折旧期间折旧费用会随着时间的推移而逐年减少，对企业收益的抵减也是逐年递减的，企业所得税会随着时间的推移而逐年上升。从税务筹划的角度出发，为获得货币的时间价值，应尽量采用加速折旧法。但是需要注意的是，如果预期企业所得税的税率会上升，则应对在未来可能增加的税负与所获得的货币时间价值进行比较决策。同样的道理，在享受减免税优惠期内添置的固定资产，采用加速折旧法一般来讲是不合算的。

案例：温实集团2019年2月对一台生产设备进行大修理（3月完工），该设备的原值为500万元，发生修理费用120万元，其中：购买大修理用配件、材料取得增值税专用发票，发票注明的货款为100万元，增值税税额为13万元。由企业内部人员进行修理，支付工资3万元。修理后该设备经济使用寿命延长不到两年，仍用于原用途。

【筹划方案】

方案一：温实集团按照企业资产改良的相关规定，将本次修理改善支出计入企业的资产中，并按期计提折旧，如图11-1所示。

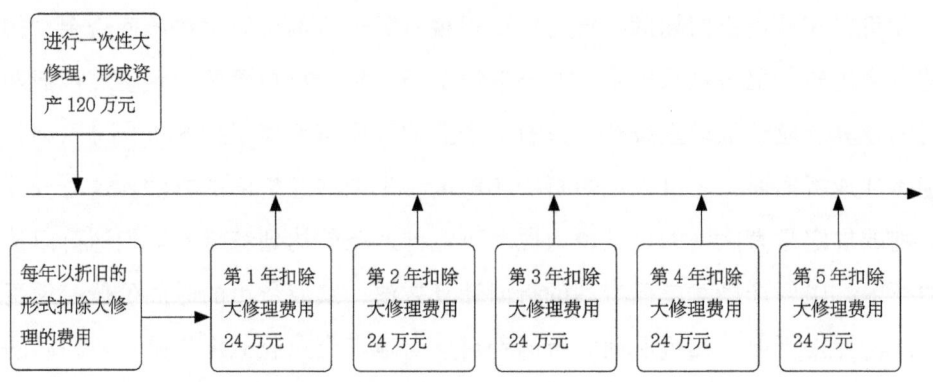

图 11-1 按期计提折旧

方案二：温实集团将本次修理支出拆分为 3 次小修理活动进行，按照资产的日常修理进行处理，如图 11-2 所示。

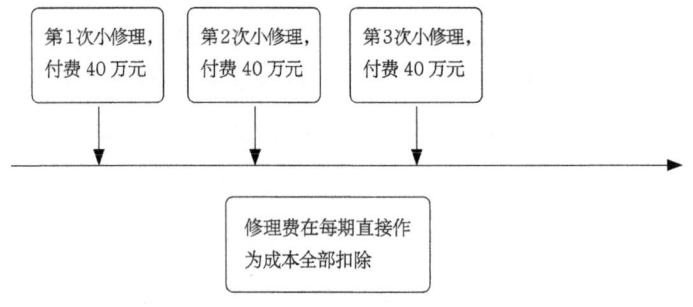

图 11-2 修理费在每期直接作为成本全部扣除

【方案对比】

方案一：

企业的全部修理支出为 120 万元，占企业固定资产原值的比例大于 20%，因此应该视为资产改良进行处理，进行相应的纳税调整。调增应纳税所得额 118（120-120÷60）万元，并在剩下的 5 年内予以摊销。

方案二：

固定资产修理是指为保持固定资产的正常运转和使用而恢复固定资产原有性能的行为。固定资产修理按其修理范围的大小、修理时间的长短和修理费用的多少分为固定资产大修理和固定资产经常修理。

固定资产修理不会增加资产的经济利益，也不会提高资产的效率，其费用在发生时计入当期费用。如果修理费用的发生不均衡，而且数额较大，可以采用待摊或预提的方法。预提法的基本要求是，在固定资产大修理之前，于每一会计期间按照固定资产原值的一定比例估计大修理费用，计入当期费用并在负债账户（通常为"预提费用"账户）中进行累计。因此，企业的固定资产修理支出将直接计入企业的费用，并在本期冲减相应的应纳税额。

温实集团如果将固定资产改良尽可能地转变为大修理或分解为三次修理能获得可观的经济收益。

《企业所得税法》第十三条规定，在计算应纳税所得额时，企业发生的固定资产的大修理支出作为长期待摊费用，按照规定摊销的，准予扣除。《企业所得税法实施条例》第六十九条规定，企业所得税法第十三条第（三）项所称固定资产的大修理支出，是指同时符合下列条件的支出：（一）修理支出达到取得固定资产时的计税基础50%以上；（二）修理后固定资产的使用年限延长2年以上。企业所得税法第十三条第（三）项规定的支出，按照固定资产尚可使用年限分期摊销。

由于会计制度与税法对固定资产改良支出的处理存在较大差异，在年终申报所得税时应按照税法的规定进行纳税调整。企业当年度提取的固定资产折旧大于税法规定的提取数或摊销数，则应当按照其差额部分进行纳税调整，即超过部分不得在税前扣除，应调整增加应纳税所得额；企业当年度提取的固定资产折旧小于或等于税法规定的提取数或摊销数，则应按实际提取的固定资产折旧额在税前扣除，不作任何纳税调整。因此，方案一需要按照企业资产改良的相关规定进行处理。

方案一对于企业而言，没有风险，企业严格按照《企业所得税法》的要求，调增本年的应纳税所得额，增加企业的应纳税额。

方案二通过合理筹划的方式，将企业的支出数额在一定的期间内分别投入企业的固定资产中，将企业的资产改良转换为企业的资产修理，即可以将企业的两次投入都转化为费用,计入当期损益,扣减当期的应纳税额,因此温实集团可以选择方案二进行合理筹划。

当然,方案二的方法比较费时费力。

11.3 费用列支的选择与税务筹划

在日常经营活动中,企业还可以通过合理分摊费用进行税务筹划。这里的费用主要指的是生产经营成本和期间费用。由于费用是产品成本的组成部分,当营业额不变时,成本增加,利润就会相应地减少,利润减少就使得税基减少,最终导致应税金额的减少,达到节税的目的。但是由于这个时候企业的利润也是减少的,所以企业在进行税务筹划的时候,不仅要考虑纳税的减少,还要考虑企业的整体效益。对费用列支,税务筹划的指导思想是在税法允许的范围内,尽可能地列支当期费用,预计可能发生的损失,减少应缴所得税和合法递延纳税时间来获得税收利益。例如,对于已发生费用及时核销入账,如已发生的坏账、存货盘亏及毁损的合理部分都应及早列入费用;能够合理预计发生额的费用、损失,采用预增加后续税源的方式。因此,企业应该重视税务筹划。计提费用及时入账,如业务招待费、公益救济性捐赠等企业应准确掌握允许列支的限额,将限额以内的部分充分列支;尽可能地缩短成本费用的摊销期,以增加前几年的费用,递延纳税时间,达到节税目的。

案例:华天实业为一家建筑施工企业,该企业在高温期间将为全体职工提供降温费,每人每月 1 500 元,单位内部一共有 500 人,共计 750 000 元。本年度,该企业可以选择两种方式发放降温费。本年度职工的全体工资共计 5 200 000 元。

【筹划方案】

方案一:直接将降温费以货币形式和工人工资一起于下月初发放,如图 11-3 所示。

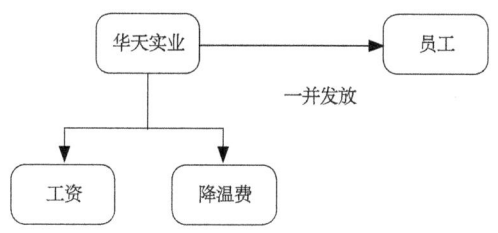

图 11-3　以货币形式发放

方案二：以劳保用品的实物形式发放给职工，如图 11-4 所示。

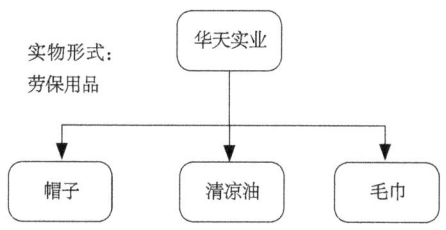

图 11-4　以实物形式发放

【方案对比】

方案一：

税法规定企业职工福利费包括以下 3 项内容。

1.尚未实行分离办社会职能的企业，其内设福利部门所发生的设备、设施和人员费用，包括职工食堂、职工浴室、理发室、医务所、托儿所、疗养院等集体福利部门的设备、设施及维修保养费用和福利部门工作人员的工资薪金、社会保险费、住房公积金、劳务费等。

2.为职工卫生保健、生活、住房、交通等所发放的各项补贴和非货币性福利，包括企业向职工发放的因公外地就医费用、未实行医疗统筹企业职工医疗费用、职工供养直系亲属医疗补贴、供暖费补贴、职工防暑降温费、职工困难补贴、救济费、职工食堂经费补贴、职工交通补贴等。

3.按照其他规定发生的其他职工福利费，包括丧葬补助费、抚恤费、安家费、探亲假路费等。

由此可以看出，企业发生的防暑降温支出可以发放职工防暑降温费的方式作为职工福利费列支。

但企业发生的防暑降温支出作为职工福利费列支有一个限制条件，就是职工福利费支出总额不能超过工资薪金总额的14%。另外企业发生的职工福利费，还应该单独设置账册，进行准确核算。没有单独设置账册准确核算的，税务机关将责令企业在规定的期限内进行改正。逾期仍未改正的，税务机关可对企业发生的职工福利费进行合理的核定。

如果企业发生的包括职工防暑降温费在内的职工福利费支出总额超过了工资薪金总额的14%，那么即使是合理的支出也是不能在税前扣除的。

对于华天实业而言，本年度职工的工资共计5 200 000元，福利费的抵扣限额为728 000元，超过限额的部分不得在税前抵扣，需要进行相应的纳税调整。因此，华天实业本年度的应纳税额应该调增22 000元。

方案二：

税法规定企业发生的合理的劳动保护支出准予扣除。劳动保护支出的确认需要同时满足3个条件：一是必须是确因工作需要；二是为其雇员配备或提供；三是限于工作服、手套、安全保护用品、防暑降温品等用品。准予扣除的劳动保护支出，必须是企业已经实际发生的劳动保护支出，同时还必须是合理的劳动保护支出。

由此可见，防暑降温用品属于劳动保护支出的范围，并且只要是合理的就准予税前扣除，没有限额规定，这显然对企业是最为有利的。

企业实际发生的防暑降温支出，从税务筹划的角度看发物比发钱好，只要是合理的就可以在计算企业所得税时扣除，但超过规定标准发放的部分还需要计算扣缴个人所得税。因此，如果企业的职工福利费支出比较多，或者企业不能对发生的职工福利费进行准确核算，为了防范税务风险，企业最好不要发放职工防暑降温费，而应采用发放防暑降温用品的方式。

11.4 销售过程的税务筹划

11.4.1 混合销售行为的税种选择

税法规定从事货物的生产、批发或者零售的企业、企业性单位和个体工商户的混合销售行为，视为销售货物，应当缴纳增值税；其他单位和个人的混合销售行为，视为销售非增值税应税劳务，不缴纳增值税。通过合理安排应税货物和非应税劳务的比例，以此合理确定税负分界点，达到少纳税的目的。

11.4.2 销售结算方式的选择

对销售结算方式的税务筹划就是通过对取得收入的方式、时间以及计算方法的选择和控制，达到减税或延缓纳税的目的。

11.4.3 促销手段的选择

对于折扣销售，如果销售额和折扣额开在同一张发票上，可按折扣后的销售额计算增值税，否则按全额计税；对于销售折扣，由于发生在销货之后，是一种融资性质的理财费用，税法规定一律不得从销售额中扣减。企业应结合自身的营销策略，选择最有利的促销手段，以降低纳税成本。

案例： 参见6.3节企业所得税筹划案例二

11.5 其他重大事项

企业在发生重大特殊业务时，也是进行税务筹划方案设计的关键时期。因为业务重大，会对企业的经营和财务方面产生很大影响。如果企业能够准确掌握相关税收政策，设计最优筹划方案，结合业务流程、税收政策和会计处理，就可达到筹划目的。例如《企业会计准则——存货》规定，存货的计价方法，包括个别计价法、先进先出法、加权平均法、移动平均法、后进先出法。采用个别计价法，计算期末存货的成本比较合理、准确，但由于工作量繁重，适用范围很小，仅用于不能替代使用的存货等。其他四种方法由于采用了存货成本流转的假设，会出现不同的发出、库存存货的价值，从而影响企业损益。因此，选择合理的存货计价方法，可以减轻企业的所得税税负。

因此在决策时要系统筹划，考虑税务筹划的风险和成本，要着眼于企业整体税负，从税收优惠方案中选择最优的方案。在进行税务筹划时应把握全局、综合衡量，以求整体税负最轻、长期税负最轻，实现企业税后利润最大化。另外，税务筹划必须立足现实，准确把握当前税收法律、法规和政策所发生的变化，及时调整和更新税务筹划方案，采取措施分散风险、趋利避害，保证税务筹划目标的实现。

案例： 华悦公司原计划于2008年11月开始生产经营，当年预计会有亏损，从2009年度至2014年度，每年预计应纳税所得额分别为100万元、500万元、600万元、800万元、1 200万元和1 800万元。

【筹划方案】

方案一： 企业从2008年开始计算生产经营日期。

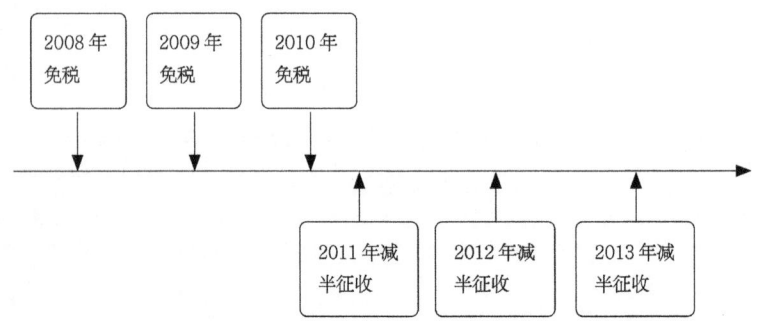

方案二： 企业从2009年开始计算生产经营日期。

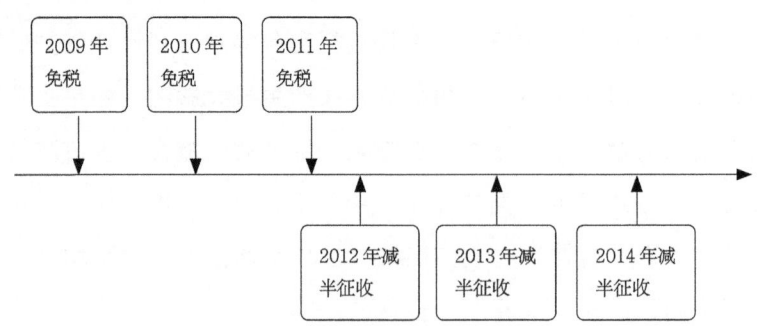

【方案对比】

方案一：

该公司从 2008 年度开始生产经营，应当计算享受税收优惠的期限。该公司 2008 年度至 2010 年度可以享受免税待遇，不需要缴纳企业所得税。从 2011 年度到 2013 年度可以享受减半征税的待遇，因此，需要缴纳企业所得税 =（600+800+1 200）×25% ×50% =325（万元）。2014 年度不享受税收优惠，需要缴纳企业所得税 =1 800×25% =450（万元）。因此，该公司从 2008 年度到 2014 年度合计需要缴纳企业所得税 775（325+450）万元。

方案二：

如果该公司将生产经营日期推迟到 2009 年 1 月 1 日，这样 2009 年度就是该公司享受税收优惠的第一年，从 2009 年度到 2011 年度，该公司可以享受免税待遇，不需要缴纳企业所得税。从 2012 年度到 2014 年度，该公司可以享受减半征收企业所得税的待遇，需要缴纳企业所得税 =（800+1 200+1 800）×25% ×50% =475（万元）。经过企业所得税税务筹划，减轻税收负担 300（775-475）万元。

根据《企业所得税法实施条例》第八十七条的规定，企业可以享受自项目取得第一笔生产经营收入的纳税年度起，第一年至第三年免征企业所得税，第四年至第六年减半征收企业所得税的优惠。企业所得税的一些定期优惠政策是从企业取得生产经营所得的年度开始计算的，如果企业从年度中间甚至年底开始生产经营，则该年度将作为企业享受税收优惠的第一年。由于该年度的生产经营所得非常少，企业享受减免税优惠的意义并不是很大。此时，企业就应当恰当选择享受税收优惠的第一个年度，适当提前或者推迟进行生产经营活动的日期。华悦公司选择方案一比方案二需要多承担 300 万元的税收，因此，华悦公司可以选择方案二，但是方案二存在一定的风险，需要合理进行选择。

案例：华文企业 2018 年和 2019 年预计会计利润都为 100 万元，企业所得税税率为 25%。该企业为提高其产品知名度及竞争力，树立良好的社会形象，决定向贫困地区捐赠 20 万元。该企业共提出以下三套方案。

【筹划方案】

方案一：2018年年底直接将20万元捐赠给某贫困地区，如图11-5所示。

图11-5　直接捐赠

方案二：2018年年底通过省级民政部门将20万元捐赠给贫困地区，如图11-6所示。

图11-6　通过民政部门捐赠

方案三：2018年年底通过省级民政部门捐赠10万元，2019年年初通过省级民政部门捐赠10万元，如图11-7所示。

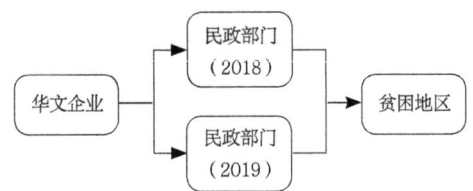

图11-7　分两年通过民政部门捐赠

【方案对比】

方案一：该企业2018年直接向贫困地区捐赠20万元不得在税前扣除，当年应纳企业所得税为25（100×25%）万元。

方案二：该企业2018年通过省级民政部门向贫困地区捐赠20万元，只能在税前扣除12（100×12%）万元，超过12万元的部分不得在税前扣除，当年应纳企业所得税为22〔（100-100×12%）×25%〕万元。

方案三：该企业分两年进行捐赠，由于2018年和2019年的会计利润均为100万元，因此每年捐赠的10万元均没有超过扣除限额12万元，均可在税前扣除。2018年和2019年每年应纳企业所得税均为22.5〔（100-10）×25%〕

万元。

通过比较，该企业采取方案三最好，尽管都是对外捐赠20万元，但方案三与方案二相比可以节税2（8×25%）万元，与方案一比较可节税5（20×25%）万元。

【政策依据】

《企业所得税法实施条例》第五十一条规定，公益性捐赠是指企业通过公益性社会组织或者县级以上人民政府及其部门，用于符合法律规定的慈善活动、公益事业的捐赠。第五十三条规定，企业发生的公益性捐赠支出，不超过年度利润总额12%的部分，准予扣除。年度利润总额，是指企业依照国家统一会计制度的规定计算的年度会计利润。

公益事业的捐赠支出，是指《中华人民共和国公益事业捐赠法》规定的向公益事业的捐赠支出，具体范围包括：

（1）救助灾害、救济贫困、扶助残疾人等困难的社会群体和个人的活动；

（2）教育、科学、文化、卫生、体育事业；

（3）环境保护、社会公共设施建设；

（4）促进社会发展和进步的其他社会公共和福利事业。

《财政部 国家税务总局 民政部关于公益性捐赠税前扣除有关问题的通知》中第一条所称的公益性社会团体和第二条所称的社会团体均指依据国务院发布的《基金会管理条例》和《社会团体登记管理条例》的规定，经民政部门依法登记、符合以下条件的基金会、慈善组织等公益性社会团体。

（1）符合《中华人民共和国企业所得税法实施条例》第五十二条第（一）项到第（八）项规定的条件。

（2）申请前3年内未受到行政处罚。

（3）基金会在民政部门依法登记3年以上（含3年）的，应当在申请前连续2年年度检查合格，或最近1年年度检查合格且社会组织评估等级在3A以上（含3A）；登记3年以下1年以上（含1年）的，应当在申请前1年年度检查合格或社会组织评估等级在3A以上（含3A）；登记1年以下的基金会具备本款第（一）项、第（二）项规定的条件。

（4）公益性社会团体（不含基金会）在民政部门依法登记3年以上，净资产不低于登记的活动资金数额，申请前连续2年年度检查合格，或最近1年年度检查合格且社会组织评估等级在3A以上（含3A），申请前连续3年每年用于公益活动的支出不低于上年总收入的70%（含70%），同时需达到当年总支出的50%以上（含50%）。

前款所称年度检查合格是指民政部门对基金会、公益性社会团体（不含基金会）进行年度检查，作出年度检查合格的结论；社会组织评估等级在3A以上（含3A）是指社会组织在民政部门主导的社会组织评估中被评为3A、4A、5A级别，且评估结果在有效期内。

县级以上人民政府及其部门和第二条所称的国家机关均指县级（含县级，下同）以上人民政府及其组成部门和直属机构。

符合规定的基金会、慈善组织等公益性社会团体，可按程序申请公益性捐赠税前扣除资格。

（1）经民政部批准成立的公益性社会团体，可分别向财政部、国家税务总局、民政部提出申请。

（2）经省级民政部门批准成立的基金会，可分别向省级财政、税务（国、地税，下同）、民政部门提出申请。经地方县级以上人民政府民政部门批准成立的公益性社会团体（不含基金会），可分别向省、自治区、直辖市和计划单列市财政、税务、民政部门提出申请。

（3）民政部门负责对公益性社会团体的资格进行初步审核，财政、税务部门会同民政部门对公益性社会团体的捐赠税前扣除资格联合进行审核确认。

（4）对符合条件的公益性社会团体，按照上述管理权限，由财政部、国家税务总局和民政部及省、自治区、直辖市和计划单列市财政、税务和民政部门分别定期予以公布。

企业在捐赠时需要注意的内容如下。

1.受赠单位要分清。

（1）受赠单位必须是县级以上人民政府及其部门和直属机构。如果受赠单位是乡级人民政府或街道办事处，则不能税前扣除。

（2）向公益性社会团体发生的公益性捐赠支出，必须是企业所得税汇算清缴所属年度，且受赠单位是在财政、税务、民政等部门联合发布的名单上。反之，不能税前扣除。

2. 取得票据要合法。

不能用行政事业单位结算票据税前扣除，而应提供省级以上（含省级）财政部门印制并加盖接受捐赠单位印章的公益性捐赠票据，或加盖接受捐赠单位印章的《非税收入一般缴款书》收据联，作为法定扣除凭证。

3. 捐赠跨期要分摊。

实务中，有的企业发生一次性公益捐赠数额大且跨期时间长，应按权责发生制原则，分摊计入当期营业外支出。

4. 直接捐赠要调整。

企业发生的直接捐赠支出，要纳税调增。例如基于政府帮扶解困的定向性，企业根据政府及相关部门扶贫计划，直接向贫困村、农户、城市生活困难的居民、农村小学和特困学生等捐赠。虽然这种行为具有公益性，但不符合税法规定的公益性捐赠要件。

5. 利润不实要重算。

实务中，企业先按自行编制的年度"利润表"预申报企业所得税，然后聘请会计师事务所进行会计报表审计发现会计核算差错，若计算利润不实，就要对会计报表进行调整。企业应以调整后的利润总额，确定公益性捐赠税前扣除限额。

对于华文企业而言，方案一由于是直接捐赠行为，企业是不能进行税前抵扣的，所以方案一是不划算的；方案二是可以进行税前抵扣的，但是通过省级民政部门向贫困地区捐赠20万元，只能在税前扣除12（100×12%）万元，超过12万元的部分不得在税前扣除；方案三通过跨期捐赠，在各年度均可以进行税前扣除，因此对于华文企业而言是最合适的。

第 12 章
企业收益分配的税务筹划

12.1 企业收益的概述

12.1.1 利润的含义

利润是企业在一定会计期间的经营成果。利润包括收入减去费用后的净额、直接计入当期利润的利得和损失。

直接计入当期利润的利得和损失，是指应当计入当期损益、会导致所有者权益发生增减变动的、与所有者投入资本或者向所有者分配利润无关的经济利益的流入和流出。

12.1.2 利润的构成

企业的利润，就其构成来看，既有通过生产经营活动获得的，也有通过投资活动获得的，还包括那些与生产经营活动无直接关系的事项引起的盈亏。企业的利润一般包括营业利润、利润总额和净利润，计算公式分别为：

营业利润 = 营业收入 - 营业成本 - 税金及附加 - 销售费用 - 管理费用 - 财务费用 - 资产减值损失 + 公允价值变动收益（- 公允价值变动损失）+ 投资收益（- 投资损失）

利润总额 = 营业利润 + 营业外收入 - 营业外支出

净利润 = 利润总额 − 所得税费用

12.1.3　利润分配的层次

企业的利润要在国家、企业和个人之间进行分配。利润分配有两个层次，首先要将利润总额在国家与企业两个主体之间进行分配。企业应当按照税法的规定计算出一定期间的应纳税所得额，再根据相应的税率计算出应缴纳的企业所得税，这就实现了利润总额在国家和企业之间的分配，上缴的所得税归国家，净利润归企业。第二个层次就是将净利润在企业与个人（股东或合伙人）之间进行分配。个人投资者（股东）从被投资企业分回的利润（股利）构成了个人收入，应按个人所得税法的规定申报缴纳个人所得税。

12.1.4　筹划的总体思路

通过上述企业利润分配的两个层次可以看出，在第一个层次利润总额的分配中，企业主要缴纳企业所得税，这一层次的利润分配以政府颁布的所得税法为依据，具有强制性的特征，任何企业都不具备控制权和取舍权。企业只能通过合理的安排，尽量减少应纳税所得额或者使企业充分享受税收优惠政策和税前弥补亏损政策，来达到税务筹划的目的。在第二个层次企业净利润的分配中，主要为投资者缴纳个人所得税，所以税务筹划的思路就是要选择合理的方案降低投资者所缴纳的个人所得税。

12.2　筹划的具体方法

12.2.1　合理推迟获利年度

《中华人民共和国企业所得税法》中规定，生产型外商投资企业经营期在十年以上的，从开始获利的年度起，第一年和第二年免征企业所得税，第三年到第五年减半征收企业所得税，即"两免三减半"。不是十年的，应当补缴已免征、减征的企业所得税。《中华人民共和国外商投资企业和外国企业所得税法》第八条第一款和其实施细则第七十五条所说的开始获利的年度，是指开始生产经营后，第一个获得利润的纳税年度。企业开办初期有亏损的，可以依照该法第十一条的规定逐年结转弥补，以弥补后有利润的纳税年度为开始获利年度。

合理推迟获利年度，使经营初期形成亏损，不仅使企业在亏损的年份可以免缴纳企业所得税，并且将"两免三减半"的优惠政策开始时间尽可能地后移，从而减少了应纳税所得额，减轻了税负。在企业经营初期，由于规模较小、知名度低，往往处于亏损状态，如果这时候企业一味追求利润额，在经营期开始的第一年和第二年就确定了获利年度，优惠经营初期即使获利了，利润额也很小。过早地进入"两免三减半"的优惠期，企业可以减免掉的利润额是非常有限的，而后期企业获利较大时，由于已经过了减免优惠期，需要全额缴税，这就增大了企业税负。企业在经营初期，如果发现本年将有盈利，但利润额很低时，企业应扩大费用支出，如加大广告宣传力度、增加产品科研开发费用等，推迟获利年度的开始；或者通过其他合理手段，选择资产计价和摊销方法等推迟获利年度的开始。推迟获利年度的实质就是使企业获得优惠政策的期限更长。即使最终企业的经营期不足十年，出现需要补缴税款的情况，相比而言也是比较划算的，这无形中使企业得到一笔无息贷款，对企业的生存发展是有好处的。

案例： 甲、乙两个外商投资企业均从事电子工业，预计生产期同为16年，两个企业的经营业绩分别见表12-1和表12-2。

表12-1　甲外商投资企业年度盈亏情况表　　金额单位：万元

年度	1995	1996	1997	1998	1999	2000	2001
利润	-50	-40	-30	100	120	200	300

表12-2　乙外商投资企业年度盈亏情况表　　金额单位：万元

年度	1995	1996	1997	1998	1999	2000	2001
利润	20	-10	30	-20	80	200	300

从表 12-1 和表 12-2 中可知，两家外商投资企业自 1995 年至 2001 年的累计利润总额均为 600 万元，但两家企业缴纳的企业所得税却不相同。

甲外商投资企业是在深入研究了相关税收政策后，对企业整个生产经营过程进行了统筹安排。

从表 12-1 中的有关数据计算可知，甲外商投资企业在 1995 年，即开始生产经营的第 1 年出现了亏损，亏损额为 50 万元，1996 年亏损 40 万元，1997 年亏损 30 万元，1998 年当年盈利 100 万元，按政策规定弥补 1995 年至 1997 年度的亏损后，1998 年当年累计亏损额为 20 万元。1999 年当年盈利 120 万元，按规定弥补完以前年度的亏损后盈利 100 万元。因此，1999 年为开始获利年度。

根据"两免三减半"的规定，甲外商投资企业 1999 年和 2000 年两年的生产经营利润免缴企业所得税，2001 年至 2003 年的利润减半征收企业所得税。这样甲外商投资企业在 1995 年至 2001 年 7 年内累计缴纳企业所得税 =300×25%×50% =37.5（万元）

乙外商投资企业未经税务筹划，而是顺其发展。由于乙外商投资企业在生产经营的第 1 年就盈利 20 万元，因而 1995 年为开始获利年度，按政策规定，1995 年和 1996 年两年的生产经营所得免缴企业所得税，1997 年至 1999 年 3 年的生产经营所得减半征收企业所得税。因此，该企业在 1995 年至 2001 年 7 年内累计缴纳企业所得税 =（30-10+80-20）×25%×50%+（200+300）×25%=135（万元）。

通过以上计算分析可知，甲外商投资企业在 1995 年至 2001 年 7 年里，比乙外商投资企业少缴企业所得税 97.5 万元，并且甲外商投资企业在 2002 年和 2003 年仍可享受减半征收企业所得税的税收优惠，而乙外商投资企业则要继续按法定税率（25%）计算缴纳企业所得税。在 2002 年和 2003 年这两年的时间里，甲外商投资企业的税负将继续低于乙外商投资企业的税负。

根据《财政部 国家税务总局关于进一步鼓励软件产业和集成电路产业发展企业所得税政策的通知》（财税〔2012〕27 号）的规定，我国境内新办的集成电路设计企业和符合条件的软件企业，经认定后，在 2017 年 12 月 31 日前自获利年度起计算优惠期，第一年至第二年免征企业所得税，第三年至第五年按照25%的法定税率减半征收企业所得税，并享受至期满为止。因此，符合条件的企业可以考虑利用税法允许的会计政策和会计处理方法的选择权，在经营初期形成亏损以推迟获利年度，使"两免三减半"开始的时间尽可能滞后，从而减轻企业税负。

案例： 西铭软件有限公司是2013年9月在内地成立的软件生产企业，开业当年如果确认一笔收入就可以获利20万元。按规定，该公司可以从2013年起享受"两免三减半"的税收优惠，2013年纳税人就可以免征企业所得税。根据公司业务发展预测，2014年实现的利润约为120万元，2015年实现的利润将达到180万元。请对该公司进行税务筹划。

该公司如果选择2013年开始享受减免税优惠政策，则2013年和2014年是免税年度，2015—2017年是减半征税年度；而如果选择2014年开始享受减免税优惠政策，2014—2015年将成为免税年度，由于利润增长快，纳税人享受的税收优惠会更多。

方案一： 该公司从2013年起享受"两免三减半"的税收优惠，则2013年和2014年免征企业所得税，2015年应缴纳企业所得税=180×25%×50%=22.5（万元）。

方案二： 该公司将这笔20万元的收入选择在2014年确认，即从2014年起享受"两免三减半"的税收优惠，则2013年应纳税所得额为0，不需要缴纳企业所得税，而2014年和2015年可享受免征企业所得税的优惠。

对比可见，方案二比方案一在2013—2015年少缴纳企业所得税22.5万元，因此该公司应当选择方案二。企业应当注意的是，采用推迟获利年度的税务筹划策略具有一定的风险性。如果预测不准确，企业在选择该策略后的下一纳税年度发生销售受阻，导致总利润不足，就会出现减免税的额度比筹划前的还要少，这是非常不划算的。

12.2.2 利用弥补以前年度亏损的所得税政策

（一）一般情况下亏损弥补的税务筹划策略

《企业所得税法》第五条规定：企业每一纳税年度的收入总额，减除不征税收入、免税收入、各项扣除以及允许弥补的以前年度亏损后的余额，为应纳税所得额。第十八条规定：企业纳税年度发生的亏损，准予向以后年度结转，用以后年度的所得弥补，但结转年限最长不得超过五年。

由上面的规定可以看出，企业所得税的应纳税所得额需要扣除弥补以前年度亏损的金额，扣除得越多，应纳税所得额越少，企业所缴纳的所得税也越少。企业可以自身内部弥补和外部弥补两种方式弥补亏损。内部弥补即用以后年度（五年之内）的利润来弥补，具体的操作方法是：在税法允许的范围内，利用资产计价方法和计提折旧、摊销方法的选择，以高价位材料计入成本、加速折旧、多列支税前扣除项目和扣除金额、多摊销费用等增加企业亏损的金额，在利用未来年度利润弥补时，就增加了企业用于弥补亏损的金额，减少了应纳税所得额。企业通过外部弥补亏损的方法，主要是指收购亏损企业，将亏损企业的亏损带到本企业中进行弥补。

案例：有A和B两家企业，A企业的经济效益很好，B企业的经济效益比较差，B企业的原材料供应对A企业有利。目前B企业资不抵债，A企业与B企业进行谈判，将B企业员工并到A企业，A企业一次性地支付一定款项给B企业。A企业与B企业合并，A企业需要了解B企业5年内的亏损额，然后A企业依据税法规定，采取税法要求的合并方式，将B企业的亏损计算到合并后的企业中。假如B企业亏损1 000万元，A企业可以用200万元购买B企业，但这200万元对A企业来讲，可能意味着A企业就可以获得税收筹划的收益50万元。这是因为B企业的1 000万元亏损进入到A企业后，可以抵补A企业当年利润1 000万元，因此A企业就会少缴250万元的企业所得税，等同于A企业只花费了50万元就购进了B企业。

案例：卓美广告有限公司自2009年起开始营业，经营期在10年以上。2009—2014年6年间的利润分布情况如表12-3所示。

假设该公司预计2015年税前利润为30万元,请对该公司进行税务筹划。

卓美广告有限公司2009年出现的亏损用2010—2014年的盈利弥补,只弥补了90万元,尚有10万元未弥补。待到2015年盈利,已经超过5年弥补期,则不能得到弥补。为此,该公司应当在2014年下半年预先做出合理的盈利安排,从而充分利用利润弥补亏损的税收优惠政策。

表12-3 各年利润分布情况　　　　　　　　　金额单位:万元

年度	2009	2010	2011	2012	2013	2014	合计
税前利润	-100	10	16	24	15	25	-10

方案一:

该公司维持2014年的盈利不变,则2014年应纳税所得额=-100+10+16+24+15+25=-10(万元),应纳企业所得税=0(万元),2015年应纳企业所得税=30×25%=7.5(万元)。

方案二:

该公司通过提前确认收入或延迟确认费用等方式,将2014年度的税前利润提高到35万元。

具体操作方法有两种:第一,通过与客户协商,将2015年的一部分销售收入提前到2014年实现;第二,将一部分可以在2014年支付,也可以在2015年支付的成本、费用推迟到2015年支付,并在2015年入账。如果采用这两种方法将2015年10万元的盈利转移到2014年,就能够弥补2009年的全部亏损。

则2014年应纳税所得额=-100+10+16+24+15+35=0(万元),应纳企业所得税=0(万元),2015年应纳企业所得税=(30-10)×25%=5(万元)。

对比可见,由于该公司在2014年下半年预先做出合理的盈利规划,方案二比方案一减轻税收负担2.5(7.5-5)万元。因此,该公司应当选择方案二作为最佳的税务筹划策略。

在实际生产经营中,有些时候企业相邻年度的盈利与亏损是可以进行调整的,从税务筹划的角度看,这种调整有利于企业对前期亏损实现充分弥补。

（二）特殊情况下亏损弥补的税务筹划策略

当企业从两个以上联营企业分回的税后利润需要补缴企业所得税，且被投资方适用的企业所得税税率不同时，在安排弥补亏损的顺序上，企业应尽量先用适用低税率的被投资企业分回利润弥补亏损，在弥补不够的情况下，再用适用高税率的被投资企业分回利润弥补亏损，然后计算应当补缴的税款。采用这种筹划方法，虽然弥补亏损后计算补缴税款的所得额保持不变，但由于应补税的投资企业和被投资企业的税率差缩小了，其结果必然会减少需要补缴的企业所得税税款。

案例：奥博股份有限公司与A、B两家位于国外的企业发生股权投资业务，拥有A企业75%的股权，拥有B企业55%的股权。2013年，A企业应纳税所得额为600 000元，按18%的税率缴纳企业所得税；B企业应纳税所得额为2 000 000元，按20%的税率缴纳企业所得税。2014年，奥博股份有限公司自营业务发生亏损40 000元，经税务机关认定的应纳税所得额为-360 000元，适用25%的企业所得税税率。当年收到A、B企业分回利润分别为320 000元和900 000元。请对该公司进行税务筹划。

方案一：先用B企业分回利润弥补亏损，然后计算应补缴税款。B企业分回利润补亏=900 000-360 000=540 000（元），该公司应补缴税款=540 000÷（1-20%）×（25%-20%）+320 000÷（1-18%）×（25%-18%）≈61 067（元）。

方案二：先用A企业分回利润弥补亏损，再用B企业分回利润弥补亏损，然后再计算应补缴税款。A企业分回利润补亏=320 000-360 000=-40 000（元）。B企业分回利润补亏=900 000-40 000=860 000（元），该公司应补缴税款=860 000÷（1-20%）×（25%-20%）=53 750（元）。

对比可见，方案二比方案一少补缴税款7 317（61 067-53 750）元。

奥博股份有限公司在安排弥补亏损的顺序上，应尽量先用税率较低的A企业分回利润弥补亏损，再用税率较高的B企业分回利润弥补亏损，然后计算应补缴税款，这样就可以达到减轻企业税负的目的。

因此，该公司应当选择方案二。当被投资企业适用的企业所得税税率存在差异时，纳税人先用税率较低的企业分回利润弥补亏损可以减轻税收负担。当然，如果被投资企业适用的企业所得税税率相同，则无论先用哪家企业的分回利润弥补亏损，税负都不变。

12.2.3 保留在低税地区利润不分配

我国税法规定，纳税人从其他企业分回的已经缴纳所得税的利润，其已缴纳的税额可以在计算本企业所得税时予以调整，即联营企业投资方从联营企业分回的税后利润，如果投资方企业所得税税率低于联营企业所得税税率，不退还所得税；如果投资方企业所得税税率与联营企业适用税率一致，则投资方从联营企业分回的税后利润不予补缴所得税；如果投资企业所得税税率高于联营企业所得税税率，投资方企业分回的税后利润应按规定补缴所得税。高税率地区向低税率地区投资办企业，低税率地区获得的投资收益向高收益地区分配时，两个地区之间的税率差应由投资企业补回。

从上述规定中可以看出，如果被投资企业的利润不向投资企业分配，那么就无须缴纳所得税，一旦分配，就很有可能缴纳所得税。保留低税率地区的利润，一方面免于由税率差所引起的企业补缴税款，另一方面将利润转增为投资资本，对企业的长远发展有利。

12.2.4 利用直接再投资和追加投资的税收优惠

直接再投资是指外商投资企业的外国投资者将其从该企业取得的利润在提取前直接用于增加该企业注册资本，或者在提取后直接用于投资举办其他外商投资企业。直接再投资有三种方式：第一种是以增加注册资本的方式再投资原有企业或重新开办其他外商投资企业；第二种是再投资兴办、扩建出口企业或者先进技术企业；第三种是从海南经济特区内企业获得的利润直接再投资于海南经济特区的基础设施建设项目和农业发展项目。第一种方式适用退税率为40%，后两种适用退税率为100%。

从以上的规定中可以看出，后两种方式明显要比第一种方式好，不过选择后两种方式需要具备一定条件。外国投资者直接再兴办、扩建的企业，自开始生产、经营起3年内没有达到产品出口企业标准的，或者没有继续确认为先进技术企业的，不能享受100%的退税率。企业在进行此项筹划时，最重要的就是要使自身符合条件，成为产品出口企业或先进技术企业。第三种方式，只适用于海南投资的外商投资企业，因此应用范围较窄，对于一般的企业没有太大的意义。

追加投资是指外国投资者从境外再调入一部分资金，再追加到这个项目中。根据税法规定，追加投资形成的新增注册资本额达到或者超过6 000万美元，以及追加投资形成的新增注册资本额达到或超过1 500万美元，且达到或超过企业原注册资本50%，凡符合以上条件的，可以单独计算并享受《中华人民共和国外商投资企业和外国企业所得税法》第八条第一、二款所规定的企业所得税定期减免优惠，即前面提到的"两免三减半"优惠政策。

案例： 某外商原来注册资本金是1 000万美元，现在追加投资再投入1 000万美元，这样其注册资本金就超过50%，原来1 000万美元注册的公司享受"两免三减半"的优惠政策已经到期，追加投入新的1 000万美元不再单独注册公司，而是在原公司基础上再注册，再增加注册资本金，增加项目规模，那么经过国家审验以后，可以就这1 000万美元的注册资本金单独享受"两免三减半"的优惠政策。假设该公司今年利润额为1 000万美元，那么按照50%的比例，就有500万美元享受免税2年、减税3年的优惠政策。

12.2.5 股利分配形式的税务筹划策略

股利是公司将盈余按照持股比例分配给股东的收益，主要包括现金股利、股票股利和财产股利三种类型。目前，我国税法和相关经济法律、法规对企业股利分配的不同形式规定了不同处理规则和计税方法，这就为企业提供了税务筹划空间。实务中，纳税人应结合实际盈利情况，预先针对股利分配的不同形式做出税务筹划安排。

案例： 山东永久电源股份有限公司为上市公司，2019年发行在外的普通股为3 000万股，面值为1元，每股市价为20元。2019年末，该公司共有5 400万元的留存收益可供分配。为了方便比较，假定用金额相等的留存收益发放现金股利与股票股利，股东均为持股期限超过1年的个人，现有两种方案可供选择。

【筹划方案】

方案一： 发放现金股利5 400万元，每股股利约为1.8（5 400÷3 000）元。

方案二： 发放股票股利，每10股发放1股，共300万股，除权价每股约为18.18 [20÷（1+0.1）]元。

根据上述情况，请对该公司进行税务筹划。

当公司用相同金额的盈余发放现金股利或股票股利时，对于个人股东而言，现金股利按照实际发放的金额计缴个人所得税，而股票股利则按照股票票面金额计缴个人所得税。

【方案对比】

方案一： 该公司发放现金股利5 400万元。根据《财政部 国家税务总局 证监会关于实施上市公司股息红利差别化个人所得税政策有关问题的通知》（财税〔2012〕85号）的规定，个人从公开发行和转让市场取得的上市公司股票，持股期限超过1年的，暂减按25%计入应纳税所得额。则全体股东合计应纳个人所得税=5 400×25%×20%=270（万元）。

方案二： 该公司发放股票股利300万股。根据《国家税务总局关于印发〈征收个人所得税若干问题的规定〉的通知》（国税发〔1994〕89号）的规定，股份制企业在分配股息、红利时，以股票形式向股东个人支付应得的股息、红利（即派发红股），应以派发红股的股票票面金额为收入额，按利息、股息、红利项目计征个人所得税。则全体股东合计应纳个人所得税=300×25%×20%=15(万元)。

对比可见，发放股票股利的税负要比发放现金股利的税负轻很多。因此，该公司应当选择方案二作为最优的股利分配方案。股票股利除了能够节税之外，对于派发股利的企业而言，还能够起到保留现金、增加投资机会的作用；对于股东而言，股价在除权时可能成倍地下降，但在一个成长性较好的公司中，其股价可能上升，会出现较好的填权行情，发放股票股利通常表现为公司成长的信号。

12.2.6 避免股息所得转化为资本利得的税务筹划策略

根据《企业所得税法》的规定，企业股权投资所得（股息所得）与股权投资转让所得（资本利得）在税收待遇方面存在显著的差异。当企业将所持有的被投资企业的全部或部分股权对外转让时，很可能造成本应享受免税的股息所得转化为资本利得，从而全额并入应纳税所得额缴纳企业所得税。为避免这种情况的发生，企业在股权转让前应尽量使被投资企业最大限度地分配利润，即先分配、后转让。通过这样的税务筹划，企业可以有效地避免股息所得转化为资本利得，进而达到节税或者递延纳税的目的。

案例： 山东兰雅制药有限公司（以下简称"兰雅公司"）为一家生产企业，2019年年初，购入康源生物技术有限公司（以下简称"康源公司"）普通股股票40万股，每股市价为25元，占康源公司股本总额的60%。2019年年末，康源公司实现净利润600万元，企业所得税税率为15%。2020年，兰雅公司自营利润300万元，企业所得税税率为25%。现有两种利润分配方案可供选择。

【筹划方案】

方案一： 康源公司保留利润不分配。2020年11月，兰雅公司将其拥有的康源公司60%的股权全部转让出售，转让价格为1 220万元。

方案二： 2020年3月，康源公司董事会决定将税后利润的50%用于分配现金股利，兰雅公司分得180万元。2020年11月，兰雅公司将其拥有的康源公司60%的股权全部转让出售，转让价格为1 040万元。

根据上述情况，请对其进行税务筹划。

康源公司应当在股权转让之前将累积的未分配利润分配，从而有效地避免股息所得转化为资本利得，解决重复纳税的问题。但纳税人需要注意的是，在进行股权转让之前分配股息时，其分配额应以不超过可供分配的被投资单位累计未分配利润和盈余公积的部分为限。

【方案对比】

方案一：康源公司保留利润不分配，兰雅公司将其拥有的股权全部转让。则兰雅公司自营利润应纳企业所得税 =300×25% =75（万元），股权转让所得应纳企业所得税 =（1 220-40×25）×25% =55（万元），2020年合计应纳税额 =75+55=130（万元）。

方案二：康源公司分配现金股利后，兰雅公司再进行股权转让。《企业所得税法》第二十六条规定，符合条件的居民企业之间的股息、红利等权益性投资收益免征企业所得税。则兰雅公司自营利润应纳企业所得税 =300×25% =75（万元），股息所得应纳企业所得税 =0（万元），股权转让所得应纳企业所得税 =（1 040-40×25）×25% =10（万元），2020年合计应纳税额 =75+10=85（万元）。

对比可见，由于在股权转让之前进行了利润分配，方案二比方案一减轻税收负担45（130-85）万元，有效地避免了重复征税。投资企业要做到先分配、后转让，首先应对被投资企业控股，从而控制被投资企业的利润分配政策；其次，被投资企业要有足够的现金可供分配。

案例：华文实业集团由甲、乙两个法人股东（均为居民企业）于2008年年初出资1 000万元设立。甲的出资比例为32%，乙的出资比例为68%。2017年6月31日，华文实业集团所有者权益总额为8 000万元，其中实收资本为1 000万元、盈余公积为1 200万元、未分配利润为5 800万元。

【筹划方案】

方案一：直接签订股权转让协议，甲将其持有华文实业集团32%的股权按2 800万元的公允价值全部转让给丙。

方案二：甲与乙达成协议，甲先按《公司法》规定的程序撤出32%的出资1 000万元，从华文实业集团获得2 800万元补偿，再由丙与华文实业集团签订增资协议，规定由丙出资2 800万元，占华文实业集团注册资本的32%。

【方案对比】

方案一：在股权转让环节，甲企业应纳税所得额 =2 800-1 000×32% =

2 480（万元），应纳企业所得税＝2 480×25％＝620（万元）。

方案二：按照《国家税务总局关于企业所得税若干问题的公告》（国家税务总局公告2011年第34号）的相关规定，甲企业因撤资收回的2 800万元的补偿收入，其中320万元（初始投资1 000×32％）属于投资收回，不缴纳企业所得税；按撤资比例32％计算的应享有华文实业集团的累计未分配利润和盈余公积2 240 [（5 800+1 200）×32％]万元部分，应确认为股息所得，按规定可以免缴企业所得税；其余部分＝2 800－320－2 240=240（万元），应确认为股权转让所得，应纳企业所得税＝240×25％＝60（万元）。而丙的出资行为除应缴纳印花税外，不涉及其他税收问题。

《国家税务总局关于企业所得税若干问题的公告》（国家税务总局公告2011年第34号）第五条"投资企业撤回或减少投资的税务处理"规定，投资企业从被投资企业撤回或减少投资，其取得的资产中，相当于初始出资的部分，应确认为投资收回；相当于被投资企业累计未分配利润和累计盈余公积按减少实收资本比例计算的部分，应确认为股息所得；其余部分确认为投资资产转让所得。被投资企业发生的经营亏损，由被投资企业按规定结转弥补；投资企业不得调整减低其投资成本，也不得将其确认为投资损失。

根据《企业所得税法》及其实施条例的有关规定，符合条件的居民企业之间的股息、红利等权益性投资收益为免税收入。

"符合条件"是指居民企业直接投资于其他居民企业取得的投资收益，不包括连续持有居民企业公开发行并上市流通的股票不足12个月取得的投资收益。《国家税务总局关于贯彻落实企业所得税法若干税收问题的通知》（国税函〔2010〕79号）第三条"关于股权转让所得确认和计算问题"规定，企业转让股权收入，应于转让协议生效、且完成股权变更手续时，确认收入的实现。转让股权收入扣除为取得该股权所发生的成本后，为股权转让所得。企业在计算股权转让所得时，不得扣除被投资企业未分配利润等股东留存收益中按该项股权所可能分配的金额。

可见，甲企业通过变"股权转让"为"先撤资再增资"，节约税收560

(620-60)万元。所以,企业变"股权转让"为"先撤资再增资",可合理避税,减少相当于按撤资比例计算的被投资企业累计未分配利润和盈余公积部分应缴纳的企业所得税。当然,企业撤资必须符合《公司法》关于减少注册资本的有关规定。

第13章
企业并购与重组的税务筹划

13.1 并购与重组的概述

13.1.1 企业并购的含义

在我国,由于企业并购活动起步晚,相关法律不太健全,在实际操作中兼并、收购和合并三者常作同义词使用,并不太强调它们之间的区别,统称为并购。

(1)兼并。1996年8月20日财政部颁布的《企业兼并有关财务问题的暂行规定》中对兼并的解释如下:"一个企业通过购买等有偿方式取得其他企业的产权,使其丧失法人资格或虽然保留法人资格但改变投资主体的一种行为。"

兼并有广义和狭义之分。狭义的兼并是指一个企业通过产权交易获得其他企业的产权,使这些企业丧失法人资格,并获得企业经营管理控制权的经济行为。这相当于吸收合并。而广义的兼并法人并不一定丧失其资格,广义的兼并包括狭义的兼并、收购。《国家体改委 国家计委 财政部 国家国有资产管理局关于企业兼并的暂行办法》《国有资产评估管理办法施行细则》和《企业兼并有关财务问题的暂行规定》都采用了广义的兼并概念。

（2）收购。收购是指一家企业用现金、股票或者债券等支付方式购买另一家企业的股票或者资产，以获得该企业的控制权的行为。收购有两种形式：资产收购和股权收购。资产收购是指一家企业通过收购另一家企业的资产以达到控制该企业的行为，股权收购是指一家企业通过收购另一家企业的股权以达到控制该企业的行为。

（3）合并。合并是指两个或两个以上的企业互相合并成为一个新企业。合并包括两种法定形式，即吸收合并和新设合并。吸收合并是指两个或两个以上的企业合并后，其中一个企业存续，其余的企业解散。例如，甲、乙公司吸收合并，如果甲公司继续存在，那么乙公司就解散；如果以乙公司的名义存在，那么原来的甲公司解散。新设合并，是指两个或者两个以上的企业合并后，参与合并的所有企业全部解散，重新成立一个新的企业。例如，甲、乙公司采用新设合并，合并后，甲、乙公司都解散，新成立一个丙公司。

13.1.2 企业并购的类别分析

（1）横向并购、纵向并购和混合并购。按并购双方产品与产业的关系，并购可以划分为横向并购、纵向并购和混合并购。

横向并购又称为水平并购，是指处于相同或横向相关行业，生产经营相同或相关的产品的企业之间的并购。

纵向并购又称为垂直并购，是指生产和销售过程处于产业链的上下游、相互衔接、紧密联系或具有纵向协作关系的专业化企业之间的并购。

混合并购是指不同产业领域，产品属于不同市场，且与其产业部门之间不存在特别的生产技术联系的企业之间的并购。

（2）善意并购和恶意并购。按并购是否取得目标企业的同意与合作，并购可以划分为善意并购与恶意并购。

善意并购是指目标企业同意并购企业的并购条件并承诺给予协助。

恶意并购是指并购企业在目标企业管理层对其并购意图不清楚或对其并购行为持反对态度的情况下，对目标企业强行进行的并购。

13.1.3 企业重组的含义

企业重组，是对企业的资金、资产、劳动力、技术、管理等要素进行重新配置，构建新的生产经营模式，使企业在变化中保持竞争优势的过程。企业重组贯穿于企业发展的每一个阶段。企业重组是针对企业产权关系和其他债务、资产、管理结构所展开的企业的改组、整顿与整合的过程，以此从整体上和战略上改善企业经营管理状况，强化企业在市场上的竞争能力，推进企业创新。

广义的企业重组，包括企业的所有权、资产、负债、人员、业务等要素的重新组合和配置。狭义的企业重组是指企业以资本保值、增值为目标，运用资产重组、负债重组和产权重组方式，优化企业资产结构、负债结构和产权结构，以充分利用现有资源，实现资源优化配置。

企业是各种生产要素的有机组合。企业的功能在于把各种各样的生产要素进行最佳组合，实现资源的优化配置和利用。在市场经济条件下，市场需求和生产要素是不断变化的，特别是在科学技术突飞猛进、经济日益全球化、市场竞争加剧的情况下，企业生存的内外环境的变动加快，企业要在这种变动的环境中保持竞争优势，就必须不断地及时进行竞争力要素再组合，企业重组就是要素再组合的一种手段。在市场竞争中，对企业长远发展最有意义的是建立在企业核心竞争力基础之上的、持久的竞争优势。企业的竞争优势是企业盈利的根本保证，没有竞争力的企业连基本的生存都得不到保证，更谈不上发展。所以，通过企业内部各种生产经营活动和管理组织的重新组合以及通过从企业外部获得企业发展所需要的各种资源和专长，培育和发展企业的核心竞争力，是企业重组的最终目的。

13.1.4 企业重组的类别分析

企业重组的主要形式包括资产重组、债务重组和股权重组等。根据企业进行重组的目的，可以将企业的重组活动进一步细分。

（1）以资本扩张为主要目的的企业重组。以资本扩张为主要目的的企业重组主要有上市扩股、并购等形式。

（2）以资本收缩为主要目的的企业重组。以资本收缩为主要目的的企业重组主要有资产剥离或出售、企业分立、分拆上市、股票回购等形式。

（3）以资本重整为主要目的的企业重组。以资本重整为主要目的的企业重组主要包括改组改制、股权或资产置换、国有股减持、管理层收购、职工持股计划等形式。

（4）表外资本经营。表外资本经营是指不在报表上反映的，但将导致控制权变化的行为。其具体形式包括托管、战略联盟（合作）。

（5）债务重组。债务重组是指对企业的债权进行处理，并且涉及债权债务关系调整的重组方式。

13.2　企业并购涉及的税收政策及税务筹划方法

企业并购将会涉及多个税种，如企业所得税、增值税等，本节分别从企业并购涉及的不同税种来论述企业并购相关的税收政策及进行相关案例分析。

13.2.1　企业并购有关所得税的税收政策及税务筹划方法

企业所得税是对企业的生产经营所得和其他所得征收的一种税，其税负的大小直接影响税后净利润的形成，关系到企业的切身利益。由于并购的形式多样，本小节以股权投资为例，从涉及的所得税的税收政策以及案例分析两个方面来介绍如何针对企业并购所得税部分进行税务筹划。

（一）企业并购有关所得税的税收政策

《企业所得税法》第二十六条规定企业的下列收入为免税收入。

（1）国债利息收入。

（2）符合条件的居民企业之间的股息、红利等权益性投资收益。

（3）在中国境内设立机构、场所的非居民企业从居民企业取得与该机构、场所有实际联系的股息、红利等权益性投资收益。

（4）符合条件的非营利组织的收入。

（二）企业并购中有关所得税的税务筹划案例分析

案例：A公司于2008年2月20日以银行存款900万元投资B公司，占B公司股本总额的70%，B公司当年获得税后利润为500万元。A公司企业所得税税率为25%，B公司企业所得税税率为15%，A公司可以用以下两个方案来处理这笔税后利润。

【筹划方案】

方案一：2009年3月，B公司董事会经过决议，决定对2008年税后利润进行分配，先提取10%的法定公积金和5%的任意盈余公积金后再用于分配，A公司分得利润150万元。2009年9月，A公司将其拥有的B公司70%的股权全部转让给C公司，转让价为人民币1 000万元，转让过程中发生税费0.5万元。

方案二：B公司保留盈余不分配。2009年，A公司将其拥有的B公司70%的股权全部转让给C公司，转让价为人民币1 160万元，转让过程中发生税费1万元。

假设A公司2008年度内生产经营所得为100万元。

【方案对比】

方案一：A公司生产经营所得为100万元，企业所得税税率为25%，应纳企业所得税=100×25%=25（万元）。

对于股息收益，只要是被投资单位支付的分配额，而且是从税后利润中分配，均应作为投资方的股息所得。

转让所得=（1 000-900-0.5）=99.5（万元）

应纳所得税=99.5×25%≈24.88（万元）

因此，A公司在2009年处理B公司的股权过程中，合计应纳所得税=25+24.88=49.88（万元）。

方案二：同理，A公司生产经营所得应纳企业所得税=100×25%=25（万元)。

由于B公司保留盈余不分配,从而导致股息和资本利得发生转化,即当被投资企业有税后盈余而发生股权转让时,被投资企业的股份就会发生增值,如果此时发生股权转让,这个增值实质上就是投资方在被投资企业的股息转化为资本利得。因为企业保留利润不分配,才会导致股权转让价格升高。这种收益应全部并入企业的应纳税所得额,依法纳税。

A公司资本转让所得=1 160-900-1=259(万元),应纳所得税=259×25%=64.75(万元)。

A公司2008年处理B公司股权过程中合计应纳所得税额=25+64.75=89.75(万元)。

应当注意的是,税收上确认股权转让所得与会计上确认股权转让收益不同。在计算股权转让所得时,应按"计税成本"计算,而不能按企业会计账面反映的"长期股权投资"科目余额计算。

股息所得是投资方从被投资单位获得的税后利润,属于已征收过企业所得税的税后所得,原则上不再重复征收企业所得税。

资本利得是投资企业处理股权的收益,即企业收回、转让或清算股权投资所获得的收入,减去股权投资成本后的余额。这种收益应全额并入企业的应纳税所得额,依法缴纳企业所得税。

投资方可以充分利用上述政策差异进行税务筹划,在股权转让之前,投资方应该先将被投资企业的税后盈余分配完毕,从而可以有效地避免股息所得转化为资本利得,消除重复纳税。

案例: 为优化股权结构,丙公司股东大会作出决议,将其持有丁公司40%股权转让给甲公司,甲公司为丙公司的控股股东,乙公司为甲公司的全资子公司。

【筹划方案】

方案一: 通过有偿转让,采取"两步走"操作方式,如图13-1所示。第一步,提请股东大会;第二步,转让。

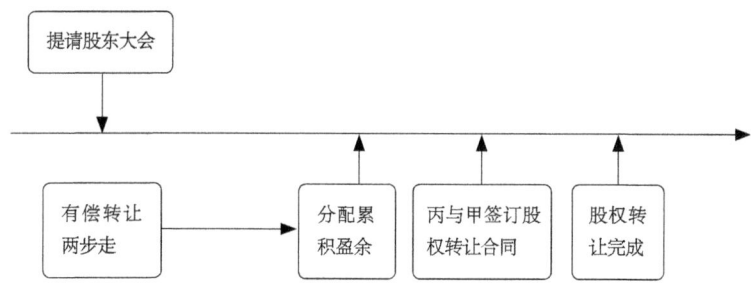

图 13-1 有偿转让"两步走"方式

方案二：划转方式，如图 13-2 所示。先将丙公司直接持有丁公司 40％ 的股权划转给乙公司（由甲公司 100％ 控股），再由乙公司将该股权划转给甲公司。

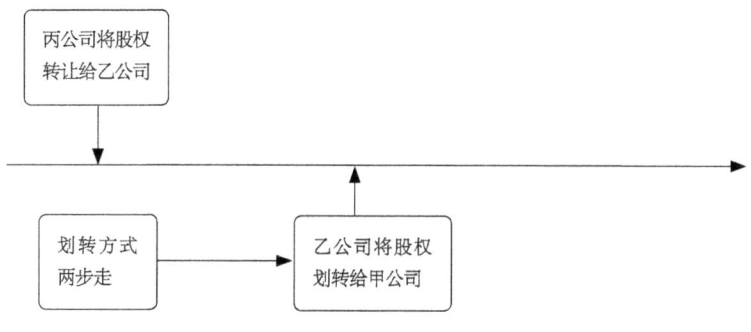

图 13-2 划转方式

【方案对比】

方案一：第一步，提请股东大会，对丁公司历年累积盈余进行分配。丙公司对丁公司初始投资成本为 800 万元。经资产评估机构对丁公司 2015 年 7 月 31 日各项资产、负债评估，净资产公允价值为 3 900 万元，与账面净资产价值相等。其中，实收资本 2 000 万元、法定盈余公积 180 万元、未分配利润 1 720 万元，应分配股息、红利 =1 900×40％ =760（万元）。根据《企业所得税法》及其实施条例规定，居民企业直接投资于其他居民企业取得的投资收益，属于免税收入。

第二步，转让。通过分配利润后，丙公司与甲公司商定的股权转让价格 = 3 900×40％ −760=800（万元），与计税成本相等，不需缴纳企业所得税。但是，本次股息、红利分配方案中,乙公司不参与,但保留其分配权利。另查阅丁公司资产负债表,税务师发现"短期借款"余额为3 000万元,系从A银行借入。据了解,丁公司与A银行建立了良好的信用关系,从未违约。近几年来,丁公司生产规模不断扩大,所需资金均由A银行提供,且利率与其他银行相比,处于较低水平。但借款合同明确下列内容:如借款人违反本规定用途,在税前会计利润未用于清偿借款人在该年度内清偿的本金、利息和费用或者税前会计利润不足以清偿下一期本金、利息和费用时,借款人不得以任何形式向股东分配股息、红利。据丁公司财务部经理解释,此条款必须遵守,否则会失信于银行。因此,丙公司提出先分配股息、红利后出售股权的"两步走"方案是不可行的,应按转让股权方式进行税务处理。

《国家税务总局关于贯彻落实企业所得税法若干问题的通知》(国税函〔2010〕79号)规定,企业在计算股权转让所得时,不得扣除被投资企业未分配利润等股东留存收益中按该股权所可能分配的金额。丙公司应缴纳企业所得税=(1 560-800)×25%=190(万元)。

方案二:《财政部 国家税务总局关于促进企业重组有关企业所得税处理问题的通知》(财税〔2014〕109号)规定,享受特殊性税务处理是指对100%直接控制的居民企业之间,以及受同一或相同多家居民企业100%直接控制的居民企业之间按账面净值划转股权或资产。

第一步,先将丙公司直接持有丁公司40%的股权划转给乙公司。按《国家税务总局关于资产(股权)划转企业所得税征管问题的公告》(国家税务总局公告2015年第40号)第一条第(三)款规定进行会计处理。即100%直接控制的母子公司之间,子公司向母公司按账面净值划转其持有的股权或资产,子公司没有获得任何股权或非股权支付。母公司按收回投资处理,或按接受投资处理,子公司按冲减实收资本处理。母公司应按被划转股权或资产的原计税基础,相应调减持有子公司股权的计税基础。

第二步,再由乙公司将该股权划转给甲公司。这样操作,既符合《财政部 国家税务总局关于促进企业重组有关企业所得税处理问题的通知》(财税

〔2014〕109号）及国家税务总局公告2015年第40号文件的要求，又能实现股东大会提出的优化股权目标。

【政策依据】

关于企业重组业务企业所得税特殊性税务处理问题，《财政部 国家税务总局关于企业重组业务企业所得税处理若干问题的通知》（财税〔2009〕59号）、《国家税务总局关于发布〈企业重组业务企业所得税管理办法〉的公告》（国家税务总局公告2010年第4号）、《国家税务总局关于企业重组业务企业所得税征收管理若干问题的公告》（国家税务总局公告2015年第48号）、财税〔2014〕109号及国家税务总局公告2015年第40号等文件都做了相应规定，重组企业唯有严格对照执行才能实现预期的重组目的。

1. 税务筹划应兼顾各方利益，不能"一厢情愿"。丙公司提出"先分配股息、红利，后转让"方案，从税收政策层面无障碍，但要充分考虑丁公司的实际情况。如果丁公司资金充裕，且银行借款或借款合同中未明确在特殊情形下不能分配股息、红利条款，通过"两步走"方式操作是可行的。

2. 准确理解税法精神实质。税务筹划的前提是在准确把握税收政策基础上开展的，否则会引发税务风险。如按丙公司最初提出的第二种税务筹划草案实施，在以后的执法检查中，极有可能被税务机关认定为丙公司以其持有丁公司的股权对甲公司投资。企业应按《财政部 国家税务总局关于非货币性资产投资企业所得税政策问题的通知》（财税〔2014〕116号）、《国家税务总局关于非货币性资产投资企业所得税有关征管问题的公告》（国家税务总局公告2015年第33号）相关规定，确认资产转让所得，否则会存在补缴税款、加收滞纳金和税收罚款的税收风险。

13.2.2 企业并购有关增值税的税收政策及税务筹划方法

增值税，是以商品（劳务）在流转过程中产生的增值额作为计税依据而征收的一种流转种。由于并购的形式多样，本小节将以企业合并为例，从涉及的增值税的税收政策以及案例分析两个方面来介绍如何对企业并购增值税部分进行税务筹划。

（一）企业并购有关增值税的税收政策

根据《增值税暂行条例》以及《增值税暂行条例实施细则》的规定，小规模纳税人的认定标准如下。

1. 从事货物生产或者提供应税劳务的纳税人，以及以从事货物生产或者提供应税劳务为主，并兼营货物批发或者零售的纳税人，年应征增值税销售额（以下简称"应税销售额"）在50万元以下（含本数，下同）的。"以从事货物生产或者提供应税劳务为主"是指纳税人的年货物生产或提供应税劳务的销售额占全年应税销售额的比重在50%以上。

2. 对上述规定以外的纳税人，年应税销售额在80万元以下的。

3. 年应税销售额超过小规模纳税人标准的其他个人按小规模纳税人纳税。

4. 非企业性单位、不经常发生应税行为的企业可选择按小规模纳税人纳税。

（二）企业并购中有关增值税税务筹划的案例分析

案例：甲、乙两个企业均为小规模纳税人，从事机械配件批发。甲企业的年销售额为54万元（不含税），年可抵扣购进金额为45万元；乙企业的年销售额为67万元（不含税），年可抵扣购进金额为59万元。由于两个企业的年销售额达不到一般纳税人标准，税务机关对甲、乙企业均按简易办法征税。甲企业年应纳增值税 $=54×3\%=1.62$（万元），乙企业年应纳增值税 $=67×3\%=2.01$（万元）。

由于甲、乙企业从事的都是机械配件批发，年销售额都低于80万元，税务部门将其归为小规模纳税人，按3%征收增值税。假设甲、乙两个企业通过合并，组成一个独立核算的纳税人，则合并后的企业销售额为121万元，超过80万元，符合一般纳税人的认定资格。合并后的企业应纳增值税 $=(121-104)×13\%=2.21$（万元），则甲、乙两个企业通过合并，企业税负减轻了1.42[（1.62+2.01）-2.21]万元。

这类并购常发生在两个或多个生产或销售相同或相似产品，并且可抵扣的增值税进项税额比较大的小规模纳税人企业中，通过并购达到一般纳税人的标准，不仅可以获得增值税进项税额的抵扣带来的税收节约利益，而且通过横向并购可以达到消除竞争，扩大市场份额，形成规模效应的目的。

13.3 企业重组涉及的税收政策及税务筹划方法

13.3.1 企业重组有关所得税的税收政策及税务筹划方法

本小节以企业分立为例，从涉及的所得税的税收政策以及案例分析两个方面来介绍如何针对企业重组所得税部分进行税务筹划。

（一）企业重组有关所得税的税务筹划

根据《财政部 国家税务总局关于企业重组业务企业所得税处理若干问题的通知》（财税〔2009〕59号）的规定，企业分立时，被分立企业所有股东按原持股比例取得分立企业的股权，分立企业和被分立企业均不改变原来的实质经营活动，且被分立企业股东在该企业分立发生时取得的股权支付金额不低于其交易支付总额的85%，可以选择按以下规定处理。

1. 分立企业接受被分立企业资产和负债的计税基础，以被分立企业的原有计税基础确定。

2. 被分立企业已分立出去资产相应的所得税事项由分立企业继承。

3. 被分立企业未超过法定弥补期限的亏损额可按分立资产占全部资产的比例进行分配，由分立企业继续弥补。

4. 被分立企业的股东取得分立企业的股权（以下简称"新股"），如需部分或全部放弃原持有的被分立企业的股权（以下简称"旧股"），"新股"的计税基础可从以下两种方法中选择确定：直接将"新股"的计税基础确定为零；或者以被分立企业分立出去的净资产占被分立企业全部净资产的比例先调减原持有的"旧股"的计税基础，再将调减的计税基础平均分配到"新股"上。

（二）企业重组中有关所得税的税务筹划案例分析

案例： A公司系由甲、乙公司两个投资者共同设立的一家有限责任公司，每位股东均出资500万元，A公司注册资本为1 000万元。现拟将A公司的一部分设为B公司，A公司存续经营，并且股东不变。B公司成立后，除向A公司原股东支付股权外，未给予A公司及其股东任何其他利益。A公司分立前资产、负债和净资产的账面价值分别为3 800万元、2 500万元和1 300万元，评估后价值分别为4 500万元、2 500万元和2 000万元；分立后B公司资产、负债和净资产的账面价值分别为1 600万元、900万元和700万元，评估后价值分别为1 800万元、900万元和900万元。

1. 由于公司分立时未发生股权支付额，对A公司不计算分立资产的转让所得，及分立出去的净资产虽然高于账面价值200万元，但视为免税重组。

2. A公司在分立时如果有未超过法定补亏期限的亏损，可按B公司分立的净资产占A公司的比例进行分配，由B公司在分立后的剩余补亏年限内弥补。

3. 由于B公司在建账时，按《公司法》评估确认价值作为资产的入账价值，对其高于计税基础账面价值200万元在以后各年应逐年据实调整或进行综合调整。假定采用综合调整法，期限为10年，则每年调增应纳税所得额20万元。

4. 假定B公司的注册资本为700万元，甲、乙公司在B公司仍平均持股，每位股东的股权份额为350万元。由于在免税业务中对公司的两位股东未计算股权转让所得或损失，为防止有关各方面利用分立业务进行避税，原股东分立后各相关企业的股权投资计税成本应与分立前持平，不管甲、乙两位股东在其公司账面如何记录长期股权投资，其在A、B公司股东的计税成本只能从下列两种方法中选择。

方法一，甲、乙两位股东在B公司股权投资的计税成本为0，在A公司股权投资的计税成本各为500万元。

方法二，调整计算。

首先计算在B公司股权的计税成本总额＝股东持有的旧股（A公司）的总成本×B公司分立的净资产（公允价值）÷A公司原总净资产（公允价值）＝

1 000×（900÷2 000）=450（万元）。

然后计算 A 公司股权投资的计税成本总额 = 股东持有的旧股（A 公司）的总成本 −B 公司股权投资的计税成本 =1 000−450=550（万元）。

5. A 公司被分立后，应相应转销分立出去的资产、负债和所有者权益账面价值，但在转销所有者权益时，如果转销了"未分配利润"和"盈余公积"项目，应经过税务机关核准。因为转销的未分配利润和盈余公积具有应税属性，其中视为对股东所作的分配额，股东应按规定计缴个人所得税。

从实际来看，如果全部股东继续保持在新创立的全部子公司的相同比例的所有权，或者全体股东按比例均衡地取得全部分立企业的股票或股份，一般比较容易满足免税分立的条件。反之，如果对全体股东非均衡地分配全部分立企业的股票或股份，很有可能会被判断为被分立企业对股东进行利润分配。

案例：乐云股份有限公司（以下简称"乐云公司"）于 20×5 年 1 月以 600 万元货币资金与天涯实业股份有限公司（以下简称"天涯公司"）投资成立了 S 商贸股份有限公司（以下简称"S 公司"），乐云公司占有 20% 的股权，天涯公司占有 80% 的股权。三家公司的注册地址均位于北京市。后因乐云公司经营策略调整，拟于 20×9 年 11 月终止对 S 公司的投资，天涯公司有意收购乐云公司持有 S 公司的 20% 的股权。乐云公司终止投资时，S 公司的资产负债表简表如表 13-1 所示。

表 13-1　S 公司资产负债表　　　　　　　　单位：万元

资产	金额	负债及所有者权益	金额
流动资产	4 000	流动负债	1 000
其中：货币资金	3 000	其中：短期借款	1 000
存货	1 000	长期借款	0
长期投资	1 000	所有者权益	9 000
固定资产	5 000	其中：实收资本	3 000
其中：机械设备	2 000	资本公积	1 000
厂房	3 000	盈余公积	1 500

续表

资产	金额	负债及所有者权益	金额
其他资产	0	未分配利润	3 500
资产总计	10 000	负债及所有者权益总计	10 000

经评估，S公司净资产公允价值为9 000万元，乐云公司持有20%股权的公允价值为1 800万元。乐云公司终止投资有以下三种可行方案。

【筹划方案】

方案一：乐云公司直接将20%的股权以1 800万元的价格转让给天涯公司，如图13-3所示。

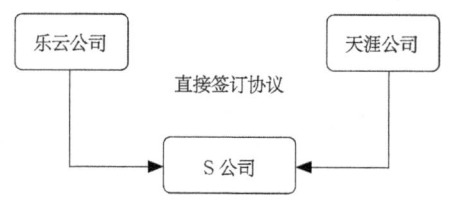

图13-3　直接转让股权

方案二：乐云公司与天涯公司协商，先将S公司3 500万元未分配利润进行分配，乐云公司收回股息700万元，再以1 100万元的价格将20%的股权转让给天涯公司，如图13-4所示。

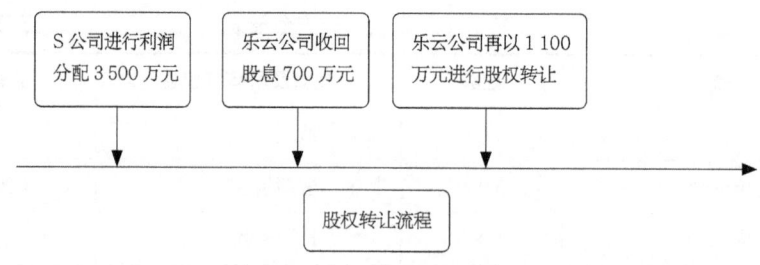

图13-4　先分配再转让股权

方案三：乐云公司与天涯公司协商，先将S公司750万元盈余公积和3 500万元未分配利润转增资本，再以1 800万元的价格将20%的股权转让给天涯公司，如图13-5所示。

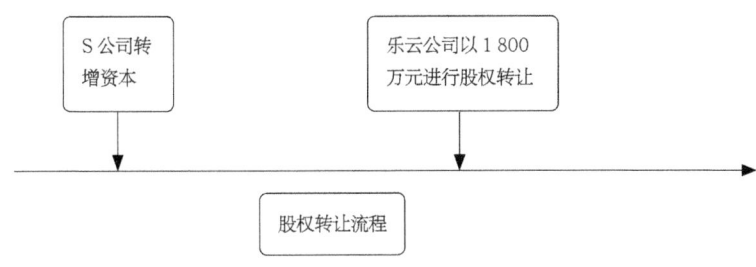

图13-5　先转增资本再转让股权

【方案对比】

根据《中华人民共和国企业所得税法》第六条的规定，企业以货币形式和非货币形式从各种来源取得的收入，为收入总额。包括转让财产收入。

《中华人民共和国企业所得税法实施条例》第十六条规定："企业所得税法第六条第（三）项所称转让财产收入，是指企业转让固定资产、生物资产、无形资产、股权、债权等财产取得的收入。"

《国家税务总局关于贯彻落实企业所得税法若干税收问题的通知》（国税函〔2010〕79号）第三条规定："企业转让股权收入，应于转让协议生效、且完成股权变更手续时，确认收入的实现。转让股权收入扣除为取得该股权所发生的成本后，为股权转让所得。企业在计算股权转让所得时，不得扣除被投资企业未分配利润等股东留存收益中按该项股权所可能分配的金额。"

因此，企业转让股权取得的收入属于企业所得税的征税范围，企业所得税是企业转让股权时应当考虑的核心税务因素。

方案一：直接转让股权。

乐云公司的税务成本及税后利润如下。

股权成本 =600（万元）

股权转让所得 =1 800（万元）

应纳税所得额 =1 800-600=1 200（万元）

应纳企业所得税 =1 200×25% =300（万元）

税后净利润 =900（万元）

采用直接转让股权方案，乐云公司的税务成本为 300 万元，税后净利润为 900 万元。

方案二：先分配再转让股权。

乐云公司的税务成本及税后利润如下。

1. S 公司做出利润分配决策，将 3 500 万元未分配利润向乐云公司和天涯公司进行分配。根据《中华人民共和国企业所得税法》第二十六条第（二）项以及《中华人民共和国企业所得税法实施条例》第八十三条，境内居民企业直接投资于其他境内居民企业取得的股息、红利等权益性投资收益属于企业所得税的免税收入。因此：

乐云公司取得股息收入 =3 500×20％ =700（万元）

应纳税所得额 =0

应纳企业所得税 =0

2. S 公司分配其 3 500 万元的未分配利润后，净资产公允价值减少为 5 500 万元。乐云公司持有 20％ 的股权的公允价值为 1 100 万元。乐云公司以 1 100 万元的价格将 20％ 的股权转让给天涯公司。

股权成本 =600（万元）

股权转让所得 =1 100（万元）

应纳税所得额 =1 100-600=500（万元）

应纳企业所得税 =500×25％ =125（万元）

税后净利润 =375（万元）

采用先分配再转让股权方案，乐云公司最终的税务成本为 125 万元，税后净利润为 1 075（700+375）万元。

方案三：先转增资本再转让股权。

乐云公司的税务成本及税后利润如下。

1. S 公司将其盈余公积与未分配利润转增资本。

《中华人民共和国公司法》第一百六十八条规定："公司的公积金用于弥

补公司的亏损、扩大公司生产经营或者转为增加公司资本。但是，资本公积金不得用于弥补公司的亏损。法定公积金转为资本时，所留存的该项公积金不得少于转增前公司注册资本的百分之二十五。"

被投资公司将盈余公积和未分配利润转增资本，实际上是被投资公司先对其股东进行股息、红利的分配，再由股东将取得的股息、红利进行投资的行为。公司股东应当按照股息、红利等权益性投资收益的免征税规定进行企业所得税处理，并增加该项长期股权投资的计税基础。

S公司目前共有未分配利润3 500万元，盈余公积1 500万元。根据上述规定，可以转增资本的盈余公积为750万元，可以转增资本的未分配利润为3 500万元。转增资本后相关财务数据变化如下。

S公司实收资本＝3 000+3 500+750=7 250（万元）

S公司盈余公积、未分配利润相应减少750万元、3 500万元。

S公司所有者权益不变，净资产公允价值不变。

乐云公司持股成本＝7 250×20％＝1 450（万元）

乐云公司持股公允价值不变。

2．乐云公司以1 800万元的价格将20％的股权转让给天涯公司。

股权转让所得＝1 800（万元）

应纳税所得额＝1 800-1 450=350（万元）

应纳企业所得税＝350×25％＝87.5（万元）

税后净利润＝1 800-600-87.5=1 112.5（万元）

采用先转增资本再转让股权方案，乐云公司最终的税务成本为87.5万元，税后净利润为1 112.5万元。

【政策依据】

上述三种股权投资退出方案的税务成本存在很大差异，原因在于适用税收优惠的程度不同。

前已述及，境内居民企业之间取得的股息、红利等权益性投资收益免征企业所得税。直接转让股权方案完全没有利用这一税收优惠；在先分配再转让股权方案中，未分配利润按照持股比例部分利用了这一税收优惠，但盈余公积部分没有享受优惠；在先转增资本再转让股份方案中，未分配利润和转增资本的盈余公积按持股比例享受了这一优惠，享受优惠的程度最大，因此其税务成本最低。

（1）原有架构无法节约税务成本。

由于乐云公司作为 S 公司的股东，注册地位于北京市，适用 25% 的企业所得税税率，如果其当年没有可以弥补的亏损，则转让股权取得所得的企业所得税成本比较高。

（2）在境内低税负地区搭建持股平台，进一步节约税务成本。

《中华人民共和国企业所得税法》第二十九条规定，民族自治地方的自治机关对本民族自治地方的企业应缴纳的企业所得税中属于地方分享的部分，可以决定减征或者免征。

新疆、西藏、广西等地区均具备国家层面和省级层面的税收优惠政策，可以成为境内企业搭建投资持股平台的目的地。以新疆喀什地区为例，该区域不仅享受国家西部大开发优惠政策，而且叠加享受国务院关于扶持新疆困难地区发展的优惠政策，同时也可以享受新疆维吾尔自治区层面的税收优惠政策，是境内企业搭建投资持股平台的"天堂"。

乐云公司可以在投资初始阶段制定税务架构方案，充分利用境内不同地区的税负差异，实现节约股权投资退出的税务成本。

乐云公司可以先在新疆喀什地区设立投资公司，再由投资公司向 S 公司进行股权投资。在新疆喀什地区，符合条件的创业投资类新办企业自取得第一笔生产经营收入所属纳税年度起，五年内免征企业所得税。因此，投资公司的实际税负率为 0。按照上述先转增资本再转让股权方案，投资公司转让股权的应纳税所得额为 350 万元，应纳税额为 0，相较上述筹划方案进一步节省税务成本 87.5 万元。投资公司完成股权投资退出后，将股权转让所得按照股息、红利分配给乐云公司，乐云公司取得的股息、红利收入属于免税收入。通过上述税务架构方案，乐云公司不仅可以实现股权投资的目的，而且可以极大地节约甚至免除其整个股权投资过程的税务成本。

案例： 某公司董事会于 2×19 年 5 月 20 日向股东大会提交解散申请书，股东大会于 5 月 25 日通过该申请，并做出决议，5 月 31 日解散，6 月 1 日开始正常清算。公司于开始清算后发现，1 月—5 月公司预计可盈利 8 万元（适用企业所得税税率为 25%）。于是在尚未公告的前提下，股东大会再次通过决议把解散日期改为 6 月 15 日，于 6 月 16 日开始清算。公司在 6 月 1 日—6 月 14 日共发生费用 14 万元。按照规定，清算期间应单独作为一个纳税年度，即这 14 万元费用本属于清算期间费用，但因清算日期的改变，该公司 1 月—5 月由原盈利 8 万元变为亏损 6 万元。清算日期变更后，假设该公司清算所得为 9 万元。

【筹划方案】

方案一： 该公司在 2×19 年 6 月 1 日开始破产清算，如图 13-6 所示。

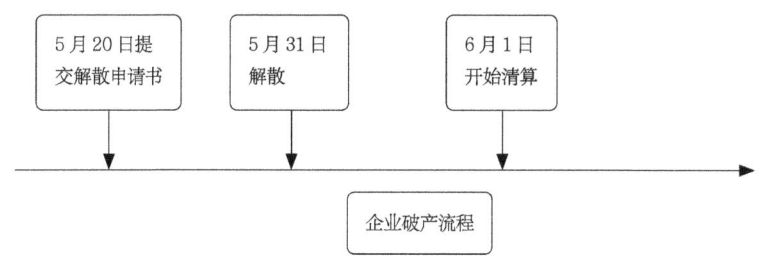

图 13-6　2×19 年 6 月 1 日开始破产清算

方案二： 该公司在 2×19 年 6 月 16 日开始破产清算，如图 13-7 所示。

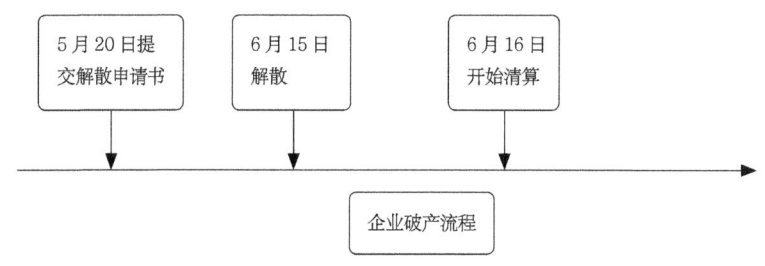

图 13-7　2×19 年 6 月 16 日开始破产清算

【方案对比】

方案一：清算开始日为6月1日时，1月—5月应纳所得税=80 000×25%=20 000（元）。

清算所得为亏损5（9-14）万元，不纳税，合计应纳税额为20 000元。

方案二：清算开始日为6月16日时，1月—5月亏损6万元，该年度不纳税，清算所得为9万元，须抵减上期亏损后再纳税。清算时应纳企业所得税额=（90 000-60 000）×25%=7 500（元）。

通过税务筹划，后者减轻税负12 500（20 000-7 500）元。

【政策依据】

企业清算的程序如下。

（1）在解散事由出现之日起15日内成立清算组，开始清算。

（2）清算组应当自成立之日起10日内通知债权人，并于60日内在报纸上公告。

（3）清理公司财产，分别编制资产负债表和财产清单。

（4）资产处置，包括收回应收款项、非现金资产转让等。

（5）清偿债务。按下列顺序清偿债务。

①支付清算费用。

②应付未付的职工工资薪金、劳动保险费、法定补偿金等。

③应缴未缴的各项税费。

④尚未偿付的债务。

（6）剩余财产分配。

（7）制作清算报告，申请注销登记。

企业清算源于终止。企业清算是指企业因为特定原因终止时，清理企业财产、收回债权、清偿债务并分配剩余财产的行为。

企业只要进入清算，持续经营的假设将不复存在。持续经营原本是会计核算的四大基本前提之一，企业会计确认、计量、记录和报告全都以持续经营为前提。

《企业所得税法》对应纳税所得额的计算总体是在会计利润总额的基础上进行纳税调整的，也就是说会计假设在所得税上也是大体被遵循的，只不过在个别地方基于保护税基的需要被进行了修正。

企业清算期间已经不是企业正常的生产经营期间，正常的核算原则将不再适用，因而会计核算及应纳税所得额的计算也应终止持续经营假设。

与终止持续经营前提相对应，企业清算时应以清算期间作为独立纳税年度。财税〔2009〕60号文件规定，企业应将整个清算期作为一个独立的纳税年度计算清算所得。无论清算期间实际是长于12个月还是短于12个月都要视为一个纳税年度，以该期间为基准计算确定企业应纳税所得额。企业如果在年度中间终止经营，则该年度终止经营前属于正常生产经营年度，此后则属于清算年度。

同时，需要注意的是，企业的清算所得不适用任何企业所得税优惠政策。《企业所得税法》第二十五条规定，国家对重点扶持和鼓励发展的产业项目，给予企业所得税优惠。而企业在清算期间，正常的生产经营都已经停止，企业取得的所得已经不是正常的生产经营所得，企业所得税优惠政策的适用对象已经不存在，因而企业清算期间所得税优惠政策应一律停止，企业应就其清算所得依照税法规定的25%的法定税率缴纳企业所得税。

13.3.2 企业重组有关增值税的税收政策及税务筹划方法

本小节以企业分立的税务筹划为例，从涉税的增值税的税收政策以及案例分析两个方面来介绍如何针对企业重组增值税部分进行税务筹划。

（一）企业重组有关增值税的税收政策

我国现行增值税制度规定：

1. 纳税人直接购进的免税农产品按购买价的13%计算进项税额；

2. 纳税人外购和销售货物所支付的运输费，根据运费结算单据（普通发票）所列费用全部按照7%的扣除率计算进项税额。

（二）企业重组中有关增值税税务筹划的案例分析

案例： 某乳品厂为保证每天不断地向市场供应各种新鲜奶制品，自设有牧场和乳品加工厂。牧场喂养奶牛，提供新鲜牛奶；乳品加工厂将牛奶加工成含不同成分的袋装、盒装牛奶和酸奶出售。根据现行税收制度规定，乳品厂属于工业企业，不属于农业生产者，不享受农产品自产自销的免税待遇。按《增值税暂行条例》规定，该企业生产的奶制品适用13%的增值税税率，全部按13%税率计算销项税额，而该企业可以抵扣进项税额的主要有饲养奶牛所消耗的饲料，饲料包括草料和精饲料。草料大部分为向农民收购或牧场自产，但只有向农民收购的草料经税务机关批准后，才可按收购额的9%扣除进项税额；精饲料由于前一个环节（生产、经营饲料单位）是免税（增值税）的，而本环节又不能取得增值税专用发票，当然不能抵扣。这样企业可以抵扣的项目仅为外购草料的9%，以及一小部分辅助生产用品。因此，企业的实际增值税税负超过3%，这必然会影响企业的正常生产经营和发展。假定该乳品厂每天销售的袋装、盒装牛奶和酸奶的销售额为46 800元（含税），平均每天向农民、牧民外购草料价值为7 500元，每天的生产成本及开支的其他期间费用假定为W。

该乳品厂每天应缴纳的增值税税额 =46 800÷（1+13%）×13% −500×9% ≈ 5 339（元）。每天的经营利润为46 800÷（1+13%）−（500−500×9%）−W ≈（40 961−W）（元）。

该乳品厂的增值税税负率 =5 339÷40 000×100% =13.35%。

其中40 000元为该厂每天的不含税销售额，显然，13.35%的税负率是偏高的。企业税负率偏高的原因在于，牧场生产原奶不能享受增值税对农业生产者免税的待遇，乳品加工厂使用牛奶也不享受收购农产品按购买价的9%计算进项税额的优惠政策。

为此，该乳品厂经过有关审批手续，将牧场和乳品加工厂申请为两个独立的增值税纳税人，实行独立核算，在生产协作上仍按以前程序不变，但牧场和乳品加工厂之间按正常的企业之间的购销关系结算价款。企业重新分设后，牧场自产自销未经加工的鲜奶属于农业生产者销售自产农产品，可享受增值税免税待遇，其销售给乳品加工厂的牛奶也按正常的成本利润定价；分立后的乳品加工厂从牧场购进鲜奶，属于收购农产品，可按收购额计提9%的进项税额，其销项税额的计算不变,那么其税负将大为减轻。经过以上的机构分立,解决了企业税负偏高的问题,而且也不违背现行税收政策的规定。

该乳品厂分立后假定牧场每天向乳品加工厂提供未经加工的鲜奶,价值20 000元,乳品加工厂将鲜奶加工后仍然以46 800元(含税)的价格对外销售,其他的费用开支同前面一样。

对于牧场而言,由于享受增值税免税待遇,其每天向农民外购的草料不能计算抵扣增值税进项税额,也不计算增值税销项税额,即不承担增值税负担。对于乳品加工厂而言,其每天向牧场购进的20 000元鲜奶按9%的扣除率计算抵扣增值税进项税额,草料不在乳品加工厂计算抵扣增值税进项税额。

则乳品加工厂每天应缴纳的增值税=46 800÷(1+13%)×13% -20 000×9% ≈3 584(元)。

两个厂每天总体的增值税负担为3 584元,每天总体的经营利润为46 800÷(1+13%)-(20 000-20 000×9%)+20 000-500-W ≈(42 716-W)(元)。

分立后,两个厂每天总体缴纳的增值税减少了1 755元(5 339-3 584)。

总体经营利润增加了1 755[(42 716-W)-(40 961-W)]元。

由于牧场和乳品加工厂是由一个企业分立出来的,属于关联企业,如果牧场将提供给乳品加工厂的鲜奶价格提高,就会发现两个厂总体的增值税负担和经营利润都会发生变化。

假设牧场每天向乳品加工厂提供未经加工的鲜奶同以前一样,只是价格提高到25 000元,其他条件仍同前面一样。此时牧场照样不承担增值税,而乳品加工厂每天应缴纳的增值税=46 800÷(1+13%)×13% -25 000×9% ≈3 134(元)。

两个厂每天总体的增值税负担为3 134元,每天的经营利润=46 800÷(1+13%)-(25 000-25 000×9%)+25 000-500-W=(43 166-W)(元)。

与提高价格前相比,两个厂每天总体的增值税减少了450(3 584-3 134)元,总体经营利润增加了450[(43 166-W)-(42 716-W)]元。

之所以将牧场提供的鲜奶价格提高会带来总体增值税负担的减少和总体利

润水平的提高,是因为对于乳品加工厂而言,鲜奶可以按9%扣除率计算抵扣增值税进项税额;而对于牧场而言,鲜奶不用计征增值税,那么鲜奶的价格越高,两个厂总体的增值税负担就越轻。又由于乳品加工厂购进鲜奶的成本是以收购价减去抵扣的增值税进项税额计算的,随着鲜奶价格的提高和乳品加工厂计算抵扣增值税进项税额的增加,其利润额也会增加,从而使总体经营利润增加。但是运用这种方法需要注意的一点是,企业之间的交易如果明显不符合公平原则,主管税务机关有权对交易价格进行调整,因此,在运用这种方法进行税务筹划时应注意价格制定的合理性。

第14章
企业转让定价的税务筹划

14.1 关联企业与转让定价

我国税法规定，关联企业即有下列关联关系之一的企业、其他组织或者个人，具体指：在资金、经营、购销等方面存在直接或者间接的控制关系；直接或者间接地同为第三者控制；在利益上具有相关联的其他关系。此外，《国家税务总局关于印发〈特别纳税调整实施办法（试行）〉的通知》（国税发〔2009〕2号）（以下简称"2号文"）提出了更为明确的对关联方判定的8条标准，简要概括为：25%以上的股权控制、50%以上借贷资金或担保借贷资金总额的10%以上、50%以上的高级管理人员委派、共享50%以上高级管理人员、专有技术等的控制、购销活动的控制、劳务控制和实质控制。

转让定价这个术语来源于公司集团内部或利益关联方之间为了实现其整体战略目标，有效协调集团内各个单位之间或利益关联方之间的关系，以谋求整体最大限度的利润而实现的一种交易定价行为。一般发生在关联企业内部交易或者是相互关联的企业业务之间。转让定价之所以出现是因为存在着一定的动机激励。将利润从适用税率较高（或者免税）的企业转移到适用税率较低（或者应税）的企业，从而降低总体税负，这可能是最普遍的原因。当然也存在其他经营管理方面的非税收动机，如打入与控制市场；调节利润，改变子公司形象；资金转移，多得补贴与退税；避免外汇风险；加速成本收回和利润汇回；从合资企业中多得好处等。

关联企业之间进行转让定价的方式很多，主要有以下几种。

（一）销售货物的转让定价筹划

集团公司利用其关联企业之间提供原材料、产品销售等往来，通过采用"高进低出"或"低进高出"等内部作价方法，将收入转移到低税负地区的独立核算企业，而把费用尽量转移到高税负地区的独立核算企业，从而达到转移利润和减轻公司整体税负的目的，它包括以下两种情况。

1.关联企业间商品交易采取压低定价的策略，使企业应纳的流转税变为利润而转移，进而避税。例如适用企业所得税基本税率为25%的企业，为减轻企业所得税税负，将自制产成品低价售给适用15%低税率的联营企业，虽然减少了企业的销售额，却使联营企业多得了利润，企业可以从中多分联营企业的利润，从而实现减轻税负的目的。

2.关联企业之间商品交易采取抬高定价的策略，转移收入，进行避税。有些实行高税率增值税的企业，在从其低税负的关联企业购进产品时，故意抬高进价，将利润转移给关联企业。这样，既可以增加本企业增值税抵扣税额，减轻增值税税负，又可以减轻所得税税负，然后从低税负的关联企业中多获一部分利润。

案例：华强建材总公司（以下简称"华强公司"）生产一种建筑材料生产模具，主要销往山东、上海、江苏、珠海、广州、深圳等省市。每件产品市场售价为31 000元，每单件产品基本费用如下：生产成本15 000元，销售费用3 000元，管理费、财务成本等综合费用暂不考虑。应如何进行税务筹划？

筹划前，华强公司应缴纳所得税较高，为此，该公司决定在珠海设立一家全资子公司专门负责公司产品的销售工作，总公司只专注于生产。总公司给销售公司每件产品的价格为26 000元。

集团公司应缴企业所得税=（26 000-15 000）×25%=2 750（元）。

销售公司应缴企业所得税=（31 000-26 000-3 000）×15%=300（元）。

两公司共计应缴所得税=2 750+300=3 050（元）。比未设立销售公司单件产品少缴税200 [（31 000-15 000-3 000）×25%-3 050]元。

现在，该集团公司经进一步筹划分析，只要在税法准许的情况下，能够达到同行业一般生产型企业的平均利润水平，就可以将部分利润转让给珠海销售公司，故将销售给珠海销售公司的产品售价降到 23 000 元/件。

集团公司应缴企业所得税为（23 000-15 000）×25% =2 000（元）。

销售公司应缴企业所得税为（31 000-23 000-3 000）×15% =750（元）。

两公司共计应缴企业所得税为 2 000+750=2 750（元）。

由此可见，单件产品价格转让后比转让前少缴企业所得税 300（3 050-2 750）元。比未设立销售公司时少缴企业所得税 500（3 250-2 750）元。

（二）提供劳务的转让定价筹划

关联企业之间通过相互提供劳务时多收、少收甚至不收劳务费用，使关联企业之间的利润根据需要进行转移，其做法同通过销售货物转让定价法基本相同，均可以达到减轻税收负担的目的。

（三）租赁业务中的转让定价筹划

关联企业之间通过租赁业务进行转让定价筹划主要有三种方法：（1）利用自定租金进行筹划，如在高税率地区的公司借入资金购买机器设备，以最低价格租给低税率地区的关联企业，后者再以高价租给另一个高税率地区的企业获取较高利润；（2）利用售后回租进行筹划，设备可以提取折旧，承租方还可以在利润中扣除设备租金；（3）利用多个国家不同的折旧政策进行筹划。

（四）无形资产的转让定价筹划

无形资产是指长期使用而没有实物形态的资产，一般指企业拥有的商标、专利权、非专利技术、著作权、土地使用权等。由于无形资产具有单一性和专有性的特点，转让价格没有统一的市场价格标准可以参照，比其他转让定价更为方便，关联企业可以通过无形资产的特许权使用费转让定价，来调节其利润，以追求税收负担最小化。

（五）贷款业务中的转让定价筹划

作为关联企业之间的一种投资形式，贷款比参股有更大的灵活性。关联企业中的子公司，以股息形式偿还母公司的投资报酬，在纳税时不能作为费用扣除，而支付的利息可以作为费用在税前扣除，因此，关联企业间可以通过贷款中的转让定价方式来转移利润。例如，关联企业的一方为了增加关联企业的另一方的盈利，可以通过提供贷款、少收或不收利息、减少企业生产费用，达到盈利的目的；相反，为了造成关联方亏损或获得微利时，可以以较高的利率收取贷款利息，提高其产品成本。也有些企业由于资金比较宽裕、利润较多或贷款比较通畅，但其税负较重，往往采用无偿提供贷款或采取预付款的方式将资金给关联企业使用，这样，这部分资金所支付的利息全部由提供资金的企业来负担，增加了成本，减轻了企业税务负担。

（六）通过分摊管理费用转移利润进行筹划

我国税法规定，外国企业在中国境内设立的机构、场所，向其总机构支付的同本机构、场所的生产、经营有关的合理的管理费用，应当提供总机构出具的管理费汇集范围、总额、分摊依据和方法的证明文件，并附有注册会计师的审查报告。但税法没有具体规定支付标准，这给企业进行税务筹划提供了相应的空间。

以上是转让定价筹划的基本方法，目前被企业广泛使用。但是，从我国税法方面讲，对企业之间的转让定价，税务部门有权进行调整。调整的依据有以下两个。

1.企业实行转让定价后，转让企业是否有利润，并且利润是否达到同行业的平均利润水平。

2.对买卖双方企业之间的关系的认定上，两者是否属于关联企业。

所谓关联企业，是指两个或两个以上的企业在管理、控制或资本等方面存在着直接或间接的关系的企业。关联企业包括总机构与它的分支机构，同一总机构的不同分支机构、母公司与子公司、同一母公司的不同子公司等。

税务机关对关联企业的认定标准是：

（1）相互之间直接或间接持有其中一方的股份总和达到25%或以上的；

（2）企业与另一企业之间借贷资金占企业自有资金50%或以上的，或企业借贷资金总额的10%是由另一企业担保的；

（3）直接或间接为第三者拥有或控制股份达到15%以上的；

（4）企业生产的产品或商品的销售（包括价格和交易条件等）是由另一家企业所控制的；

（5）企业的董事或经理等高级管理人员一半以上或有一名常务董事是由另一企业委派的；

（6）对企业生产、经营具有实际控制的其他利益上相关联的企业（包括家庭、亲属关系等）；

（7）企业生产、经营购进的材料、零配件等（包括价格和交易条件等）是由另一企业所控制或供应的；

（8）企业的生产、经营活动必须由另一企业提供的特许权利（包括工业产权、专有技术等）才能进行的。

从法律的角度来说，经济主体有权确定自己的购销价格，不应受外界因素的干扰。但关联企业间的交易的定价涉及税收，很可能造成巨额税收流失，并助长偷逃税行为和营造不良社会经营风气，因此需要税务机关介入并规范该行为。然而，在满足一定税法规范的前提下利用转让定价仍然存在很大的合理节税空间。

14.2 税务筹划应考虑的要素

14.2.1 转让定价之价格

关联企业在选择转让定价进行税务筹划时，必须考虑到产品、服务等的市场价格。一意孤行，为减轻税负而不顾市场竞争的规则，只会适得其反。

14.2.2 转让定价之利润

税务实践中，税务机关通常根据正常交易价格来判断关联交易的转让定价是否符合正常交易理念。但正常交易价格往往具有不确定性，它通常是在一定的价格区间内波动。因而，税务机关在判断关联交易是否存在转让定价的滥用问题时，对销售毛利率、销售净利率等利润指标的依赖程度往往较高。企业的利润指标与行业平均水平的比较往往是税务机关进行判断甚至得出结论的重要依据，这就为管理效率较高、盈利水平高出行业平均水平的企业提供了转让定价运作的空间。在利用转让定价进行税务筹划时，要充分考虑到价格和财务状况，因为利用转让定价避税并非是毫无成本的。转让定价筹划不慎便可能导致关联企业陷入频繁的税务审计与调查之中，并且使利润低的企业遭受转让定价调整。关联企业必须在法律和转让定价运作之间保持平衡。

案例：江西天人制衣有限公司专门生产服装，每件服装的市场售价为200元，每件服装的生产成本为90元、销售费用为60元，假定制衣过程中的管理费等其他费用不予考虑，只考虑企业所得税。则江西天人制衣有限公司每件服装的最终税负为：企业所得税＝（200-90-60）×25％＝12.5（元）。

第一种情况，假定江西天人制衣有限公司董事会决定，在云南某少数民族地区设立一家具有独立法人地位的销售公司（适用15％的企业所得税税率），江西天人制衣有限公司的一切产品均由该销售公司负责销售。为扩大公司利润，江西天人制衣有限公司总部决定利用转让定价进行税务筹划，将销售给云南销售公司的产品单价定为120元/件。转让定价筹划后每件服装的税负为：江西天人制衣有限公司总部的企业所得税＝（120-90）×25％＝7.5（元），云南销售公司的企业所得税＝（200-120-60）×15％＝3（元），江西天人制衣有限公司最终的税负为10.5元，比转让定价筹划前节税2元。

第二种情况，假定该公司税务师建议将转让价格进行调整，公司董事会接受税务师的建议，将销售给云南销售公司的产品单价定为100元/件。此种情况下每件服装的税负为：公司总部的企业所得税＝（100-90）×25％＝2.5（元），云南销售公司的企业所得税＝（200-100-60）×15％＝6（元），江西天人制衣有限公司最终的税负为8.5元，比转让定价筹划前节税4元。

江西天人制衣有限公司通过在云南设立销售公司，采用转让定价的方式进行销售，单件服装可节省企业所得税 4 元。于企业而言，该行为为节税行为，然而税务机关是否应予以规制，将其界定为规避纳税的非法行为呢？从表面上看，江西天人制衣有限公司以单价 100 元的价格将服装转让给云南销售公司，有违正常交易的正常价格，深层分析并不必定如此。从相关部门公布的数据可知，纺织业的平均毛利率在 10.42% 左右，以此为依据可以核定江西天人制衣有限公司的正常定价 =90÷（1-10.42%）=100.47（元）。这与其转让定价的 100 元转让价格近乎一致，这意味着江西天人制衣有限公司的转让定价交易符合同行业的平均利润，并没有背离市场交易的准则，符合正常交易理念，属合法的税务筹划行为。

14.2.3 转让定价与税收分配

转让定价介入后，在关联企业间的利润重新分配的同时，税收也在不同的税收管辖权和不同的税收地区之间重新分配。各税收管辖权国家和地区对待转让定价的态度必然有所不同，这也直接影响转让定价筹划的功效。

案例：总部设在马来西亚的某跨国公司，通过印度子公司销售其在马来西亚生产的计算机。该计算机每台制造成本为 500 美元，总部调拨给印度子公司的转让定价为每台 600 美元，印度子公司把该计算机的零售价定为每台 700 美元，而同时销售费用是每台 100 美元。这样印度子公司的销售利润就为零，印度税务机关不能从中征税。对此，印度税务机关提出抗议，认为该跨国公司是有意将利润转移到税负较轻的马来西亚，这一内部交易的调拨价应调整为 500 美元。但马来西亚税务机关却不以为然，认为如果把转让定价调整为 500 美元，这就是成本价，将使马来西亚税务机关无税可征。但印度税务机关最终还是调整了这一交易的转让定价，把印度子公司的应税利润调整为每台 100 美元，并据此征收企业所得税。本来，该跨国公司在马来西亚的账面利润为 100 美元（调拨价 600 美元减去制造成本 500 美元），当地税务机关早已据以征税。

从整个集团公司来说，其实际利润只有 100 美元，而印度和马来西亚两地税务机关都对其征税，从而导致双重征税。按经济合作与发展组织（Organization for Economic Co-operation and Development，OECD）转让定价调整原则，当印度税务机关调低转让定价100美元时，经协商马来西亚税务机关也应调减应税利润100美元。但事实上这个规定如同摆设，因为有关方在这方面大多缺乏协商，结果只见一个关联方调低转让定价，未见另一关联方随之相应降低此项定价，双重征税最终无法消除。总部设在马来西亚的跨国公司，利用转让定价进行税务筹划，将公司的全部利润转移至低税率国家或地区，必将引起不同税收管辖权国家或地区的税收利益分配之争，不仅没有达到税务筹划的目的，反而遭到不同国家或地区的双重征税。为此，在不同的税收管辖权或不同税率的国家或地区之间转让定价，需要考虑到企业所在地的税收管辖权国家或地区的税收利益，使双方能够公平、合理地分享税收。

14.2.4　其他应予考虑的因素

纳税人在跨国交易中制定的定价结构必须满足交易所涉及的国家征税机关的要求。转让定价得经过仔细筹划，以下因素应予以重点考虑：① 基于纯粹的商业基础建立明确的定价制度；② 依据所涉及国家的税法，审核每一个定价决策；③ 使商业条件下每一个有关交易合理，是公平交易；④ 确保商业实质和形式；⑤ 确保交易主要是出于商业上的目的，而非主要为了避税；⑥ 仔细查阅集团公司之间所有的跨国交易；⑦ 保留详细的文档和记录。

14.3　转让定价筹划方法

14.3.1　税法中的调整规则

关于关联交易的调整，税法中有明确规定：企业与其关联方之间的业务往来，不符合独立交易原则而减少企业或者其关联方应纳税收入或者所得额的，税务机关有权按照合理方法调整。企业与其关联方共同开发、受让无形资产，或者共同提供、接受劳务发生的成本，在计算应纳税所得额时应当按照独立交易原则进行分摊。而独立交易原则是用来判断某项业务是否需要调整的标准，该原则是指没有关联关系的交易各方，按照公平成交价格和营业常规进行业务往来。税法规定对关联企业所得不实的，调整方法如下。

一是可比非受控价格法，是指按照没有关联关系的交易各方进行相同或者类似业务往来的价格进行定价的方法。

二是再销售价格法，是指按照从关联方购进商品再销售给没有关联关系的交易方的价格，减除相同或者类似业务的销售毛利进行定价的方法。2号文规定，该方法的公平交易价格＝销售给非关联方的价格×（1－可比非关联交易毛利率）。

三是成本加成法，是指按照成本加合理的费用和利润进行定价的方法。2号文规定，该方法的公平交易价格＝合理成本×（1＋可比非关联交易成本加成率）。

四是交易净利润法，是指按照没有关联关系的交易各方进行相同或者类似业务往来取得的净利润水平确定利润的方法。2号文中指出，该方法的利润指标可以选择可比非关联交易的资产收益率、营业利润率、完全成本加成率和贝里比率。

五是利润分割法，是指将企业与其关联方的合并利润或者亏损在各方之间采用合理标准进行分配的方法。该方法参考关联交易各参与方所执行的功能、承担的风险以及使用的资产等贡献度来确定分配比例。

六是其他符合独立交易原则的方法。

14.3.2 可利用的筹划空间

一项税务筹划方法的顺利实施取决于税务机关对此的认可或者是不存在质疑。在税务机关眼中关联企业间的交易应该是实质重于形式的，即交易的发生能够使得参与方实质受益，而且交易的定价必须满足独立交易原则。因此，为避免一定的税收风险，企业最好按照税法所规定的方法定价。虽然方法有很多种，但是可以利用的并不多，因为需掌控的信息是有限的。可是不同的方法会造成不同的税负，企业可以选择最优的方案，关键在于税务机关的认可。

此外，税法规定的有些标准是模糊的，甚至是空白的，企业可利用不同的视角定义具体的操作，从而选择更为优化的方式。

14.4 筹划中应考虑的问题

第一，虽然有时候税务筹划可以减少整体利益集团的税负，但是可能会导致经营管理方面的一系列问题，因此企业不能不考虑整体的战略发展目标而盲目地筹划。

第二，即使有时候筹划方案可以达到很好的整体效果，但是也可能实施不了，因为关联企业的目标并不是一致的。如2号文中所述的8种关联企业中，有一些只是部分而非绝对控股，在这种情况下，虽然总体减税，但是由于一方的税负单独增加，损害了另一方所有股东的利益，该方的股东大会可能会否决定价标准。

第三，税务筹划很可能不是短时间内就能筹备的，企业应该站在长远的角度来考虑，不能使业务变动太大或者太频繁。因为这很可能会引起税务机关的注意，而且如果长期发生其他变动，筹划方案的设计可能会带来负面的效果，而改变当初筹备已久的筹划策略，会付出较高的成本。

第四，关联交易一定要真实发生，要有合法的交易合同及相关的手续，而这会涉及相应的印花税，税负较小。在交易价格比市场价格只高一点或低一点的情况下，税务机关不能对其进行调整，因为市场价格是波动的，不可能保持不变。企业应该就改变价格和业务召开会议并记录，并落实相关的同期资料准备，这些都能降低被税务机关调查的风险。

第四部分　分行业的税务筹划

第15章
制造业税务筹划

15.1　制造业税务筹划的简介

制造企业通过税务筹划，能够有效降低企业税负，是企业增加经济效益，提高企业市场竞争力，实现企业效益最大化的重要方式。同时，通过合理的税务筹划，不仅可以有效维护企业利益，避免陷入"税收陷阱"，保证企业依法纳税，而且对国家税务机关开展征税工作具有积极的推动作用。因此，制造企业应当进一步加强其所得税税务筹划，以促进企业健康发展。

15.1.1　制造企业税务筹划的必要性

制造企业作为一般纳税人，施行的是申报缴纳税金的方式，并在经营过程中接受相关部门的财务监督。虽然我国不少制造企业在长期的经营中已经积累了一定的涉税处理工作及税务筹划的经验，且配备了相应的财务管理人员进行财务处理工作。但是，很多企业在进行涉税处理及税务筹划工作时，仍存在诸多问题需要解决。例如，公司管理层缺乏深入的税务筹划意识，且对税务筹划的重要性认识不够全面，导致税务筹划工作的效率与质量较低。其次，很多制造企业的财务管理人员的专业素养无法满足现在市场的需求，对企业长期经营过程中得出的经验无法有效地进行总结和归纳，无法对涉税处理及税务筹划工作进行更新，对税务筹划缺乏主动性。最后，不少制造企业的税务筹划工作仅仅局限于企业生产的某个环节或者部门，只是在企业"吃过亏"的地方实施了税务筹划，且并未制定相应的税务筹划方案及策略，导致税务筹划工作经常是"拆东墙补西墙"。

正是由于制造企业中的涉税处理及税务筹划工作存在以上这些问题，制造企业的税负普遍较高，而过高的税负导致很多企业的税务管理水平较低，经济效益得不到有效的提升。企业只能通过税务筹划工作来降低制造企业中过高的税负，以此实现企业内部经济利益的最大化。另外，由于我国税收体系仍不够完善、政策仍不够稳定，其会随着市场经济的变化而不断发生改变。并且，由于很多企业的财务人员专业素养较低，无法在新税收政策出台之后及时采取应对措施，进而导致制造企业的税收风险增高，只能通过相应的税务筹划工作来予以规避。还有部分制造企业由于对涉税处理工作缺乏合理的规划，在实际经营过程中容易遭受法律风险。在这种情况下，制造企业只能通过全面的税务筹划工作，设立较为完善的税务筹划制度来保证涉税活动的规范性，进而避免企业内部的税务风险和法律风险。需要注意的是，随着我国经济结构的转型，我国制造企业正从"中国制造"向"中国创造"转变，这对制造企业的创新能力和创新意识要求更高。并且，在网络技术的不断影响下，我国制造企业的智能化、自动化水平有了明显的提升，促使制造企业的经济结构和税务结构发生了一定的变化。而当前我国本土制造企业税务管理中存在管理混乱、税务理念陈旧、税收状况复杂、税收压力大、筹资渠道单一等问题，使制造企业的市场竞争力无法得到有效的提升，迫切需要科学、合理的税务筹划方案来规范企业内部的财务管理活动、提高企业财务工作价值，进而为企业带来更大的利润空间，使企业能够在激烈的市场竞争中生存下来。

15.1.2 新税制下的制造业税务筹划策略

（一）利用税收优惠策略

1. 利用增值税免税政策。

制造企业可以针对增值税开展的节税措施较多。第一，利用免税政策来分析制造企业内部主营业务中是否存在免税项目，借助这一政策规定对企业内的相关免税项目进行免税，进而全面节约制造企业的纳税成本。第二，利用即征即退税收政策实现制造企业的节税，即征即退税收政策是对制造企业极具针对性的政策规定，例如企业利用废弃材料生产出来的产品，不仅能够节约制造企业的生产成本，达到节能减排的目的，同时企业利用废弃材料生产出的产品还能享受即征即退的税收优惠政策，最大限度地减轻制造企业的纳税压力。第三，增值税政策中对于录用残疾人的制造企业也有相关的优惠政策，即制造企业录用残疾人员达到一定数量后，即可享受即征即退优惠政策。

2. 营业税改征增值税。

新税制中的改革关键点就是营业税改征增值税（以下简称"营改增"），营改增政策对于制造企业的税务筹划策略有着极大的参考借鉴作用。新税制中的交通运输服务仅按照9%的税率征收增值税，为此制造企业的运输费用抵扣也就有6%的提升空间，进而有效降低了制造企业的纳税金额，减轻了制造企业的纳税负担。

3. 所得税优惠政策。

第一，所得税优惠政策中指出，企业研发产生的税费在一定程度上可以进行扣除，因此制造企业加大对技术研发的投入力度，在不会大幅度增加企业技术研发成本的环境下全面提升企业的核心竞争力。第二，企业进行证券投资的投资行为也可应用税收优惠政策，企业从证券市场得到的收入并不会计入纳税范围之中。

（二）认定制造企业纳税资质

制造企业通过认证企业纳税主体资质，可全面提升税务筹划工作部署效果。在进行企业纳税主体资质审核过程中，需要根据企业规模对纳税工作进行纳税主体分析，如制造企业的年应税销售额大于 50 万元则代表该企业属于一般纳税人，年应税销售额小于 50 万元则是小规模纳税人。一般纳税人需要抵扣增值税进项税额，小规模纳税人则不需要开具增值税专用发票。纳税主体资格认定后，制造企业按照增值税税率 13% 缴纳增值税。而存在销售纳税票支出的企业可将发票作为纳税进项税额抵扣依据，减少企业的纳税资金支出。

（三）完善制造企业进项税额抵扣管理

将新税制作为企业纳税进项税额抵扣的主要控制因素，根据企业的发展情况调整企业的进项税额抵扣资金，企业将由原有的 16% 增值税缴纳税率转变为 13% 的增值税缴纳税率。税务筹划管理人员需要根据纳税政策来部署企业的纳税工作，实现进项税额与税务筹划工作的管理协同性。

（四）利用固定资产投资进行税务筹划

企业在新税制下需要将固定资产纳入税务筹划管理工作，借助固定资产对企业的资本运行情况进行分析，进而减少企业的税务支出，保证制造企业的稳定发展。

15.1.3 制造企业税务筹划过程中规避风险的措施

（一）合理梳理纳税核算方法

纳税核算方法不合理是制造企业税务筹划过程中最常出现的风险之一，纳税核算方法、原始数据、统计数据等均可能导致纳税核算结果出现风险。例如，部分制造企业将产品销售收入与产品售后服务费全部计入销售收入，这样给企业造成了销售收入与劳务收入混为一体的情况，这种收入计算方法在税法中被定为混合销售。混合销售会将制造企业中的劳务收入纳入主营业务收入，而该部分的收入往往会占制造企业总销售价款的 20% 左右，这种计算方法虽然给客户的交易与结算带来了诸多便利，却增加了制造企业的纳税金额。会计数据统计方法不合理、纳税核算方法不合理会给制造企业增加巨额的纳税金额，这项纳税金额可能会直接给企业的经营发展带来较大的负面影响。

采用最为合理的纳税核算方法，使制造企业缴纳较少的税款是制造企业管理层对税款缴纳的要求。制造企业税务筹划人员应合理地根据最新税法、会计准则等，将企业的销售收入、劳务收入等进行剥离，优化调整制造企业的主营业务收入和其他业务收入。同时，制造企业还可以细化销售费用、售后服务费用、工资奖金、职工福利费、技术工及合同工的劳务费用等明细账，理清账务，加大税前扣除力度等，这样可以根据相关地方税收政策享受当地的税收优惠，同时也能够合法合规地减少纳税总额，减轻制造企业的税收负担。

（二）制定科学的税务筹划方案

科学、合理地进行税务筹划是有效规避制造企业纳税风险的有效措施，税务筹划人员需要紧紧跟随最新的税法规定、会计准则等来进行合理的规划，且还需要税务筹划人员具备较为扎实的财务、会计等专业知识。目前部分制造企业中的税务筹划人员在相关专业知识、技能等专业素质方面尚不完善，这样易造成制造企业税务筹划方案不完善。这种不完善主要表现在税务筹划人员在税务筹划过程中未兼顾制造企业在市场环境中所出现的短期利益和长期利益，无法洞察制造企业的无形利益，仅对制造企业的局部利益、短期利益进行了税务筹划，从而不利于制造企业的可持续发展。

由于制造企业涉及面较广、业务量较大，在税务筹划工作中，部分经营活动和企业业务无法进行税务筹划，因此，需要制造企业的税务筹划人员科学、合理地设计税务筹划项目，使得税务筹划既兼顾企业的长短期利益，又包含企业的无形利益。制造企业税务筹划人员在进行税务筹划工作时，需要积极与企业的高层管理人员进行沟通，对企业的各项经营业务、投资业务、拟投资业务等进行详细的沟通，了解企业经营发展的长短期战略目标，对这些目标进行统筹规划，提炼总结这些目标中的涉税业务，对这些涉税业务运用科学理论进行分析和研究，最终运用纳税专业知识并紧密结合最新税法、会计准则等相关法律法规，确定企业税务筹划方向，从而合理确定税务筹划项目。

（三）树立正确的纳税观念

最大限度地规避纳税风险，为制造企业从纳税方面节约巨额资金，是制造企业管理层对税务筹划人员的相关要求。为了最大限度地规避纳税风险，税务筹划人员易出现操作不当，进而出现较为严重的纳税法律风险。根据最新税法、相关会计法律法规进行合理避税是税务筹划人员应该具备的专业素质，但是在实际操作过程中，税务筹划人员易受到制造企业管理层的影响，或因对最新纳税、会计等相关法律法规掌握不及时、不准确等，出现操作不当，触犯相关法律，使得企业出现纳税法律风险，进而影响企业的相关声誉及其在市场中的整体形象。

企业纳税最重要的是树立正确的纳税观念，将纳税视为企业应尽的社会责任，而不应将其视为企业的负担，从而运用相关手段偷税、逃税。制造企业应在全企业树立"税收遵从"的纳税意识，定期或不定期地组织财务人员学习最新的法律法规，让其积极了解和掌握相关法律法规更新的相关内容。同时，制造企业纳税人员应积极与税务机关建立良好的关系，提高所在地主管税务部门对企业税务筹划方案的认可，与所在地主管税务部门负责企业税收工作的税收管理人员保持联系，及时有效地规避企业税务筹划过程中出现的失误或问题。另外，企业要积极理顺内部的股权关系和纠缠不清的业务关系，规避关联交易的嫌疑，在全企业建立依法纳税、合理纳税的正确纳税理念。

15.2 制造业税务筹划要点

15.2.1 固定资产折旧方式

在制造企业中，固定资产折旧费需要计入产品成本或者是期间费用中，直接影响企业成本费用的计算，进而影响企业应纳税所得额。我国税务管理中常用的企业固定资产折旧方法有平均年限法、工作量法、年数总和法和双倍余额递减法。因此，对企业固定资产折旧方法的选择，是企业所得税税务筹划的重要方式。在固定资产折旧方式税务筹划中，应当以税法允许范围内能够最大化实现折旧费抵税效应的手段进行税务筹划。以新材料生产制造的高新技术企业为例，我国企业所得税法规定，这一类企业在进行固定资产折旧时，可以将企业中属于促进科技进步的关键设备，经由纳税人向当地税务机关申请，逐级经过税务机关审核后，采用加速折旧方法进行纳税调整。通过加速折旧方法，能够提高企业当期固定资产折旧费，增加企业当期成本费用，减少企业当期利润总额，进而减少企业应纳税所得额。

制造企业涉及的生产设备较多，且在生产过程中设备会发生不可避免的损坏，进而产生一定的折旧费用。企业可以基于自身的实际情况来选择固定资产折旧方法，以保证自身的折旧成本最低，且企业所得税也不会有所增加。另外，制造企业还需要进行相应的产品销售业务筹划，对销售结算方式、折扣销售方式等予以规划，从而保证企业能够适用更多的优惠政策，并享受更多的税收优惠。

15.2.2 销售收入结算方式

企业会计核算采用的是权责发生制，在销售收入确定中，一旦确认收入，不论资金是否收回，都应当计入会计当期收入，并缴纳当期所得税。因此，选择不同的销售收入结算方式，也是企业进行税务筹划的手段。我国税法规定，企业确认销售收入需要遵循权责发生制以及实质重于形式原则，因此，对销售收入结算方式的税务筹划，主要是对销售收入确认时间点进行筹划。例如，在制造企业中，可以推迟临近会计期末发生的销售收入的确认时间。在直接收到货款时，可以将收款时间合理推迟，或者是将提货单的交付时间推迟，从而将销售收入的确认时间放在下一个会计期间内，减少企业当期利润总额和企业应纳税所得额；在不采用直接收款方式结算时，企业还可以根据自身经营的实际情况，在充分考虑资金回收风险后，采取赊销或分期付款的销售收入结算方式，从而减少企业应纳税所得额。

15.2.3　工资薪金支出

我国税法明确规定，企业对于工资薪金的合理性支出，可以在税前利润中进行扣除。工资薪金包括企业支付给企业任职员工或者具有雇佣关系的员工的劳动报酬，包括工资、奖金、补贴等。制造企业在进行工资薪金支出的税务筹划中，首先，可以改变企业的用工方式，将费用性用工改变为临时工形式，并与企业具有临时雇佣关系的员工签订劳动合同，使其成为企业职工，从而对其发放的工资能够实现税前扣除；其次，适当增加企业劳动保护费的支出，既可以用于为员工营造良好的办公环境，还可以税前扣除；最后，将超出扣除标准的补助费用计入差旅费，从而实现在税前列支。通过对工资薪金支出的合理规划，用足计税工资的总额费用，实现最大化减少企业应纳税所得额，减轻企业税负。

15.2.4　运用财务杠杆原理

为了保证税务筹划工作的实施效果及效率，企业必须制定出科学的税务筹划方案，基于合法性、前瞻性、可行性、简明性及责任性原则来制定税务筹划方案，并基于战略的角度来选择税务筹划方法。制造企业应对税负问题予以全面考虑，并对纳税方案是否能够实现财务利益最大化的目的予以考量。如果制造企业可以税前扣除纳税人的借款利息，可以运用财务杠杆原理来进行负债经营，进而达到节税的目的。虽然财务杠杆会对企业税务管理产生积极的作用，但是也存在一定的风险，需要企业融资成本和财务风险与负债比率之间形成正相关关系。在这种情况下，负债的比率越高，风险越高。因此，制造企业在进行税务筹划工作时，应该基于企业的实际情况、企业的战略规划来选择纳税方式，并实施税务筹划工作，以此获取更多企业效益。其次，制造企业还需要制定明确的税务筹划目标，基于企业的战略规划来确定企业税务管理目标，以此明确企业税务筹划工作开展的方向、路线。例如，以减轻企业税负、降低企业纳税风险、提高企业经济效益为税务筹划工作的目的，并基于企业的实际税负情况和战略发展方针对税种筹划方案进行全面的设计。

综上，从实际应用来说，财务杠杆的应用在企业税务管理实践中，发挥着积极的作用，不过也极易产生风险。在开展税务筹划时，必须从实际出发，结合企业发展战略规划，合理选择纳税方式，做好实时税务筹划，最大程度地保障企业效益。

15.2.5 材料物资采购的发票管理

制造企业应对材料物资采购的发票管理进行筹划，并对企业经营活动当中形成的发票管理予以筹划。我国税法规定，企业在购买生产经营的设备装置时，需从收款方取得合法、合规的增值税发票，不合规的增值税发票不得进行税务抵扣。制造企业的生产成本主要为生产原材料的采购，但是由于部分小型材料供应商的资质问题，无法获取正规的增值税发票，使制造企业无法进行正常的进项税抵扣，从而使原材料采购成本上升，导致企业无法获得最大的经济效益。因此，制造企业需要制定更完善的采购管理制度，并将材料的质保责任及后续沟通责任落实到个人，从而促使发票尽快回笼，确保企业能够进行有效的进项税抵扣，保证企业缴纳的增值税税额为最低。

"营改增"实施后，企业购买设备获得的专用发票，能够进行税务抵扣。需要注意的是，在发票的获取方面极易产生纳税风险，若获得的发票为不合规的增值税发票，则无法进行税务抵扣，因此企业需要做好严格的把控。从生产成本角度来说，制造企业生产经营产生的成本，具体是原材料的采购成本。受到材料供应商资质水平的影响，可能会出现无法获得正规发票的情况，造成无法抵扣进项税额，增加原材料采购成本，影响企业的经济效益。为避免此类风险，企业可以通过健全采购管理制度的方式，明确采购职责，落实到具体人员，保证税额的顺利抵扣。

15.2.6 合理规划制造业的增值税筹划方案

在制造企业内部运转过程中，税务筹划是一个很重要的部分，它需要企业内部各部门之间的密切配合、相互督促。然而就目前情况而言，增值税的税务筹划目标不够明确是很多制造企业存在的比较突出的问题。增值税的税务筹划是一项专业性较强、系统化程度高的企业管理活动，制造企业的特点决定了税务筹划的过程更为复杂，这就要求负责税务筹划的人员具备较强的专业知识，并能熟练地运用信息化操作系统，对税务知识和相关法律政策有较全面的了解。增值税税务筹划需要大量的财务数据和烦琐的核算过程，通过计算不同税务筹划方案下制造企业内部实际税负负担，最终选择一个实际税负最低的方案。我国相关税收法律制度正在逐步完善，其间会产生许多漏洞，如果企业人员利用这一漏洞进行增值税税务筹划，必然会造成税收风险，引起法律纠纷。

（一）建立科学、明确的目标

增值税税务筹划维护的是企业的整体利益，建立科学、明确的税务筹划目标有利于更好地实施筹划方案。制造企业是一个经济利益体，实现企业价值最大化是其经营的一个很重要的目的，减少税收仅仅是一项基本的措施，如何实现制造企业价值最大化才是关键所在。因此，在企业管理的过程中，企业领导要注重对各部门人员灌输时时刻刻保证企业利益最大化的观念，不能只为满足自身利益而忽略企业整体利益，自身利益是和企业利益密切相关的。

（二）培养专业人员

定期培训内部人员，组织大家进行相关税务知识的学习，加深对税收政策的理解，同时对财务部门人员的税收工作业绩进行严格考核。除此之外，企业还应加强各部门对于不同税收项目和税收结果之间的控制与核对，针对不同的税收结果，要转变思维方式，及时调整税务筹划方案，最大程度降低税收金额。只有建立了科学、明确的增值税税务筹划目标，各部门之间才能更好地配合，企业整体利益才能得到保证。在制造企业内部，增值税税务筹划方案的制定与策划基本都是财务人员在负责，而税务筹划是一项复杂的财务管理工作，如果财务人员对理论知识掌握得不够全面，将导致税务筹划方案在实施过程中不能顺利进行。针对以上问题，企业可以聘请专业人员，其能够根据企业自身特点和内部大环境，结合社会经济发展情况制定一套合理的增值税税务筹划方案。企业平时还要加强对专业人员的定期培训，详细解读企业的战略目标和经营情况，综合大家的意见，鼓励专业人员运用更为灵活的筹划方法。

（三）提高财务管理水平

财务管理水平关系到制造企业的整体利益，提高企业财务管理水平显得尤为重要。因此，企业应该适当提高财务部门在企业各部门中的地位，定期开展财务知识专题讲座，普及财务税收知识，严格考核财务人员工作业绩，努力培养高素质、高能力、创新性财务管理人才，为企业税务筹划方案的制定和实施打下良好的人才基础。另外，企业应从自身情况出发，结合企业内外部环境变化，制定出一套严谨性高、实用性强的财务管理制度。完善的管理制度有助于规范财务管理人员的工作方式，便于财务管理人员及时发现管理中的错误，保证税务筹划工作的可靠性。

（四）合理规避税收风险

增值税税务筹划方案是企业考虑了各部门利益和自身经营情况后制定的。尽管如此，社会飞速发展，我国相关法律政策为了适应社会变革在不断地更新和完善，以前制定的合理的税务筹划方案可能就会变得不合理甚至不合法，因此就会产生税收风险。税收法律是国家为了规范企业经营行为所制定的，不同地区经济发展状况不同，相应的税收法律也不同，企业的经营方式也会随着社会发展而改变。为了合理地规避税收风险，企业在制定增值税税务筹划方案时要仔细、谨慎，能提前预见未来可能发生的变化，并及时根据变化调整相关方案，要懂得灵活变通。

制造业是我国第一产业的重要组成部分，它在国民经济中占据重要的地位。税收制度的变革对制造业最大的影响就是强化了对制造业的扶持和引导，同时还激发了企业的创新力，企业效益明显提高。增值税税务筹划是一项综合性极强的财务管理活动，筹划方案的制定与执行需要综合能力强的专业人员负责。面对税收政策的改变，制造企业要加强对相关税收制度的理解，根据内外部环境变化和企业经营特点，制定一套详细合理的税务筹划方案。在执行方案的过程中，要随时关注制度变化，及时调整、完善现有方案，毕竟增值税税务筹划不是一蹴而就的，它需要企业内部各部门长期的相互配合。只有进行了合理的税务筹划，制造企业才能提高自身的竞争力，实现企业利益最大化。

15.2.7 做好风险评估工作

企业的税务筹划风险可能在企业经营过程中随时发生，企业财务人员必须做好风险评估工作。风险评估工作是规避纳税风险的必要环节，财务人员应当结合企业的发展规划，对各个项目税务筹划方案的风险要点进行提炼，设置风险要点控制的责任人，加强对这些风险要素的掌控，从而有效避免风险的发生；同时，财务人员需要监督和检查企业内部的纳税工作，实时掌握企业的纳税是否合理、科学，对于存在的纳税问题要及时纠正，使风险评估工作有效落实。

从税务筹划实践来说，为实现风险问题的合理规避，要做好风险评估工作。在具体实践中，要构建完善的风险评估机制，这需要从企业经营环境出发，结合企业发展特点，明确税务筹划开展的目的，明确风险管理的主要内容等。通过明确主要负责人的方式，做好涉税风险的把控。定期开展纳税检查，分析纳税是否健康，及时发现存在的问题，采取有效的措施，做好问题纠正。基于风险评估的结果，明确极易产生风险的节点，制定有效的防范措施，强化风险的防范和控制。

15.3 制造业税务筹划案例

（一）综合案例1

企业A主要进行设备生产业务，一年收入数千万元，其实际利润在一千万元左右。在日常操作中，企业A的财务团队碰到了很多财税难题，主要的难题如下。

1. 采购大量的原材料过程中，有些供应小配件的企业不愿意提供任何发票，导致进项税额不能抵扣，增值税税负变高，同时企业利润虚高。

2. 由于供应端发票问题，企业A为了减轻自身税负，使业务团队和财务团队尽量不向其终端用户开发票。但是，在"营改增"和"金税三期"的大环境下，越来越多的客户迫使企业不得不开发票，从而导致企业A账面收入和利润大幅度上升，甚至接近实际利润水平。

3. 企业A适用的企业所得税税率为25%，企业A不具备任何科技属性，没有可以使用的税收优惠政策。一千多万元的真实利润，只能依靠买发票的方式进行冲抵。

4. 部分需要提取出来用于特殊目的的现金，越来越难通过银行备用金模式实现。

在"营改增""金税三期"等税务趋严的大背景下，企业A的财务团队面临着巨大的挑战，故希望在寻求到一个合理避税解决方案的同时，能实现合法合规。

【风险和责任】

1. 企业A存在隐瞒收入的偷漏税行为，存在罚金、滞纳金等责任。
2. 企业A存在买卖发票等虚开发票相关行为，有罚金、滞纳金甚至刑事责任。
3. 企业A的财务人员和管理人员，存在财税管理不善的相关连带责任。

【解决方案】

企业A选择贸易型个人独资企业或者服务型个人独资企业节税产品，来解决税负高的问题。具体的操作模式如下。

1.选择贸易型个人独资企业（采购平台）。

企业A设立一个贸易型的个人独资企业作为企业A的采购平台。以往企业A直接跟供应商发生业务往来，现在由新设立的贸易型个人独资企业（即采购平台）跟供应商发生业务往来，再提价卖给企业A。如此可实现将利润截留在贸易型个人独资企业内，由个人独资企业来纳税，以实现整体税负的降低。

2.选择贸易型个人独资企业（销售平台）。

企业A设立一个贸易型的个人独资企业作为企业A的销售平台。以往企业A直接跟经销商发生业务往来，现在由新设立的贸易型个人独资企业（即销售平台）跟经销商发生业务往来，企业A以接近成本价的价格将产品卖给贸易型个人独资企业（即销售平台），销售平台将产品价格提高到市场价后卖给经销商。如此，同样可实现将利润留存到销售平台内，由销售平台来纳税，以达到整体最低税负。

3.服务型个人独资企业。

企业A设立一个服务型的个人独资企业作为企业A的配套，如为企业A提供需要的设计、市场拓展、市场调研、系统开发等专业服务。这里，可以理解为企业A将这部分配套服务外包给了该服务型的个人独资企业，服务型的个人独资企业与企业A签订外包服务并开发票给企业A，这样企业A收到正规发票，可以用于抵扣企业所得税，而企业A将资金转移给了个人独资企业，最终个人独资企业纳税后，资金到个人手里。

对于企业A而言，其实只是做了重新架构，将采购或者销售、配套服务等重新拆分，就能以极低的成本解决大量的企业税务问题。

【风控重点】

1.企业A和小企业之间资金流、服务流、合同流、发票流的管理和控制。

2.新设个人独资企业以及商业模式变更后，相关交易证据的准备和收集，杜绝被认定为虚开的风险。

（二）综合案例2

A公司为一家木盒制造厂，其经营模式为从供应商处购入原木，再将原木加工成高档木盒进行销售。随着销售规模的扩大，为更好地控制木材质量、节约成本，A公司购入林地自产木材、加工木盒。A公司应如何整合业务，才能充分地享受税收优惠政策呢？

1. 增值税优惠政策

农业生产者销售自产农业产品免征增值税。其中，农业生产者指直接从事植物的种植、收割和动物的饲养、捕捞的单位和个人，只要是直接从事农业生产即可，不仅指农村专门从事农业生产的单位和个人。原木指伐倒的去其枝芽、梢头或者皮的乔木、灌木，以及锯成一定长度的木段。原木属于林业产品，为农业产品。企业销售自产原木免征增值税。

企业购入原木，可凭原木收购发票或者销售发票上注明的原木买价和13%的扣除率计算抵扣进项税额。进项税额计算公式为：进项税额＝买价×扣除率。

2. 企业所得税优惠政策

林木产品初加工指通过将伐倒的乔木、竹（含活立木、竹）去枝、去梢、去皮、去叶、锯段等简单加工处理，制成的原木、原竹、锯材。将购入的原木加工成高档木盒不属于林木产品初加工，不适用农产品初加工免征企业所得税的政策。

企业从事林木的培育和种植的所得，指企业对树木、竹子的育种和育苗、抚育和管理以及规模造林活动取得的所得，包括企业通过拍卖或收购方式取得林木所有权并经过一定的生长周期，对林木进行再培育取得的所得。企业购入林地、种植林木对外销售取得的所得，免征企业所得税。

【方案对比】

方案一：企业自产木材加工木盒。

A公司自产木材加工成木盒对外销售，不属于农业生产者销售自产农产品，不适用免征增值税政策，木盒的增值税税率为13%。A公司虽然从事林木的种植，但其最终产品为木盒，种植业务仅是其生产过程中的一个环节，A公司并未取得种植林木所得，不能享受林木培育和种植所得免征企业所得税的政策，其所得需按25%的税率计算缴纳企业所得税。

方案二：设立子公司专门从事林木种植业务。

为享受农业生产者销售自产农业产品免征增值税政策以及林木培育和种植免征企业所得税政策，A公司可对业务进行梳理，将林木种植业务和制造木盒业务分开，分别由两家公司经营。A公司经营业务为制造木盒并对外销售，同时成立一家全资子公司（或关联公司）B，B公司从事林木种植业务。具体业务模式为B公司种植林木，将林木加工成原木销售给A公司，A公司从B公司购入原木加工成木盒对外销售。

此种情形下，B公司销售自产原木免征增值税，向A公司开具普通发票。A公司可凭B公司的销售发票上注明的原木买价和9%的扣除率计算进项税额予以抵扣。经营林木成本能取得增值税扣税凭证的支出主要为肥料、农药、种苗、设备，B公司享受免征增值税政策，其对应进项税额需作转出处理。由于经营林木取得的进项税额远低于其销售额的9%，与方案一相比，企业整体增值税税负将明显降低。

B公司销售自产原木取得的所得，属于从事林木的培育和种植所得，免征企业所得税。A公司制造木盒销售，享受不了免征企业所得税优惠，应按适用税率缴纳企业所得税。与方案一相比，由于原木所得免征企业所得税，企业整体应缴纳的企业所得税将减少。

例如，业务分割前A公司整体对外销售木盒5 000万元，成本为3 000万元，其中木盒加工成本为500万元，在生产原木过程中取得增值税抵扣凭证的金额为2 000万元，加工木盒过程中取得增值税抵扣凭证的金额为500万元，不考虑其他因素。

A公司应纳税所得额为2 000（5 000-3 000）万元，应缴纳企业所得税为500（2 000×25%）万元。

A公司销项税额=5 000×13%=650（万元）；进项税额=2 500×13%=325（万元）；应纳增值税为325（650-325）万元。

经业务分割后，B公司生产原木销售给A公司，A公司从B公司购入4 000万元的原木，该原木均已做成木盒对外销售。

A公司的应纳税所得额为500（5 000-4 000-500）万元，应缴纳企业所得税125（500×25%）万元。B公司向A公司销售原木成本为2 500万元，B公司享受免税政策，其应纳税所得额为0，应纳税额为0。业务分割后共应缴纳企业所得税125万元，企业将少缴纳企业所得税375（500-125）万元。

A公司销项税额=650万元，进项税额=500×13%+4 000×9%=425（万元）；应纳增值税=650-425=225（万元）；B公司应纳增值税为0。业务分割后共应缴纳增值税225万元，企业将少缴纳增值税100（325-225）万元。

因此，方案二与方案一相比，A公司将能充分享受相关税收优惠政策。需要注意的是，B公司应当按主管税务机关的要求，提交相关资料办理备案手续后方可享受税收优惠政策，未办理相关手续的，不得享受相关优惠。

从原木定价上而言，如果原木价格定得越高，A公司能抵扣的增值税额将越多，缴纳的增值税将越少，企业整体增值税税负将越低。同时，B公司的利润将越大，而A公司的利润将越小，由于B公司经营林木免征企业所得税，企业整体所得税税负也将越低。那么，是不是B公司将价格定得越高越好呢？A公司与B公司为关联企业，其交易应符合独立交易原则，如果其交易不符合独立交易原则，造成减少应税收入或者应纳税所得额的，税务机关有权按照合理的方法进行调整。因此，为避免涉税风险，原木的价格应参考市场同类木材的价格制定。

第16章
建筑业税务筹划

16.1 建筑业税务筹划的简介

16.1.1 建筑企业的基本特点

第一,开发和生产项目的特殊性。在建筑业中,开发和生产项目是建筑施工过程的重要组成部分,而如今经济的整体发展,建筑业的开发和生产项目的单件性、流通性和长期性使得建筑业具有周期性,由于投入到产出的运行较为复杂,所以其周期往往较长。第二,与其他产业的关联性,是指它有较强的产业关联性,与国民经济中多个行业都有联系。而由于很多行业在建筑生产中必不可少,如玻璃、家电、塑料、钢铁、水泥等材料行业,建筑业在发展的同时,能带动这些行业的发展,从而带动国民整体经济的快速发展。第三,对国家政治的敏感性。在当前的社会背景下,建筑业虽取得了其他的发展空间,但当国家和政府出台各种相关政策时,如政府对于建筑业的投资规模大小的控制制度或国家制定的税收计划,建筑业就会很容易受其影响,导致产业规模发生变化,造成巨大波动,有些同样会使建筑业的成本核算变动较大。

16.1.2 近期建筑业财税政策的变动情况

（一）增值税税率下调

2019年我国落实减税降费的税收政策《财政部 税务总局 海关总署关于深化增值税改革有关政策的公告》（2019年第39号），并于同年4月1日起正式实施。原适用16%税率的，现税率调整为13%；原适用10%税率的，现税率调整为9%。众所周知，建筑业需要大量的建筑材料，增值税税率的下调无疑在一定程度上降低了建筑企业的成本费用，增加了企业的经济效益。

（二）计税方法的适用范围扩大

我国在《财政部 税务总局关于建筑服务等营改增试点政策的通知》（财税〔2017〕58号）中指出，在建筑工程当中，建筑工程总承包单位为房屋建筑提供工程服务，建设单位自行采购一般建筑工程材料，如砂石、建材等，并使用简易计税方法进行计税。这一计税范围打破了传统的计税方式，有效地扩大了计税范围。计税范围的扩大将以往的部分物资用品纳入了计税范围，使得企业在进行物资的采购时，能够减轻企业的财税负担，提高企业的利润。

（三）纳税所得额上限调高

我国为支持小型微利企业的发展，2019年财政部、税务总局联合发布了《财政部 税务总局关于实施小微企业普惠性税收减免政策的通知》（财税〔2019〕13号）：小型微利企业自2019年1月1日起，企业年应纳税所得由100万元上限提升至300万元，这一政策的实行有效地推动了我国小型微利企业的发展。另外对小型微利企业年应纳税所得额不超过100万元的部分，减按25%计入应纳税所得额，按20%的税率缴纳企业所得税；对年应纳税所得额超过100万元但不超过300万元的部分，减按50%计入应纳税所得额，按20%的税率缴纳企业所得税。

（四）小规模纳税人标准统一

2018年5月《中华人民共和国增值税暂行条例实施细则》颁布，其中规定年应征增值税销售额在500万元及以下的纳税人为小规模纳税人，税率标准均下降一个百分点。纳税人标准的统一打破了以往各行业间小规模纳税人的不同指标，加快了我国财税政策的发展，有利于各行业间的公平竞争，减少社会对于财税的不良反响。

16.1.3 营改增对建筑工程项目的影响

（一）积极影响

就建筑工程项目而言，企业在实施增值税政策后在一定程度上有效避免了企业的重复征税问题，实施增值税后只对增值的部分进行征税，大大降低了建筑企业的税负。建筑工程项目的纳税具有一定的特殊性，其不属于一般纳税人，如果采用传统的税务筹划策略，则企业在缴纳增值税后，部分进项税额不能进行抵扣，会增加企业的税收成本。而在营改增后，建筑工程项目只需缴纳增值税，有效地解决了税收政策的弊端，降低了企业的经营成本，为企业固定资产的更新提供了便利，实现了企业产业构成的优化，降低了建筑工程项目的纳税风险。在实施营改增后，对建筑工程项目的发票管理更加严格，实现了买卖双方的统一。如果项目开展过程中哪个环节出现少纳税现象，则其他环节就需要多缴纳税款，有效地避免偷漏税行为，有利于营造一个良好的税收环境，同时可以有效地降低企业的税收风险。

（二）消极影响

营改增后，建筑企业在工程建设过程中，通常有较大部分开支无法获得增值税专用发票，例如采购建筑材料时，若选择小规模纳税企业，这些小规模纳税企业不具有开具增值税专用发票的资质，这将导致建筑企业难以把该部分成本开支的进项税额进行抵扣，从而增加企业税负。另外建筑企业在施工过程中，采购的砂石等原材料经过了原料供应商额定税率的征收，对该征收部分建筑企业也难以获取与之对应的增值税专用发票，从而进一步加大了企业的税负。

第一，增加建筑企业税负。首先，大型机器设备等固定资产更新周期长，导致当期税负加重。由于建筑业自身施工的特点，对大型机器设备的需求往往比较大，企业会根据自身资金情况等采取外购或者租赁的方式满足施工需求。对于建筑企业在营改增前购置的大型机器设备等固定资产，由于其更新周期较长，造成建筑企业在实施营改增后一定时期内对固定资产购置较少，最后由于可抵扣的进项税额偏低，同时在销项税额一定的情况下，增加了建筑企业的当期税负。其次，劳务人工成本导致税负加重。据有关数据显示，建筑企业在施工过程中，劳务人工成本占工程总造价的25%左右。建筑劳务企业作为为建筑企业提供劳务人工资源的主要单位，但是由于建筑劳务企业没有可以进行抵扣的进项税额，其难以承担较高的增值税，最后极可能通过提价等手段来将该部分税负转嫁到建筑企业，把建筑企业的税负抬高。最后，部分增值税专用发票难以取得导致税负增加。建筑企业在施工过程中，由于各工程项目多为分散化施工，若强行统一建筑材料的采购，往往不够经济。事实上，建筑企业为缩减各工程项目的建设开支，多在项目所在地选择规模较小的纳税单位进行材料采购，加上大多数辅助性材料的经营者多为小规模纳税人，这些都使建筑企业获取足额材料增值税专用发票的难度加大，从而增加了企业的税负。

第二，减少建筑企业利润。营改增政策实施以后，建筑企业的项目建设成本受到一定影响，项目总成本很有可能增加。这是由于建筑企业获取足额进项税额发票的难度加大，建筑企业只得到部分诸如零星建筑材料的小额增值税专用发票，有部分大宗建筑材料无法得到相应足额的增值税专用发票，给建筑企业成本支出带来一定压力。此外，增值税作为一种价外税，与传统的营业税不相同，建筑企业在计算实际收入时是不含税的，这在一定程度上会降低建筑企业的收入水平。建筑企业在收入相对减少和成本控制难度加大这两种因素的共同作用下，企业利润可能会减少。

第三，增大建筑企业资金压力。受建筑业自身特殊性的影响，建筑企业对工程款项的收取和其应税行为存在时间性差异问题，并不同步。在建筑企业实际施工中，工程款项以及相关材料费用并不是一经过验工就可以马上收取的；但建筑企业需要按期缴纳增值税，该部分税款对建筑企业来说不算小，有可能会造成建筑企业现金流紧张。另外，建筑企业在营改增后要预先缴纳增值税，这在一定程度上也增加了企业现金流的压力。

16.1.4 建筑工程项目增值税筹划中存在的问题

第一，进项发票取得困难，企业税负增加。在建筑企业中，发生的成本费用因没有及时取得增值税专用发票而导致进项税额无法抵扣的现象比比皆是。例如，因资金不充足无法及时支付供应商的材料款而导致进项发票无法及时取得；劳务成本占总成本比重过高，建筑业是劳动密集型行业，劳务成本往往能占到总成本的30%左右，而这部分成本由于多种原因很难取得增值税专用发票。另外，大部分建筑企业为了降低材料采购成本，会从一些私人单位或者规模较小的单位采购材料，且不要求供应商提供增值税专用发票，导致材料无进项抵扣税额。建筑企业在施工项目所在地从个体户手中购买的沙、石、五金材料等往往也无法取得增值税专用发票。虽然可以去税务机关代开，但出于成本考虑，个体经营者大多不愿意去代开。另外，很多小的机械租赁，如三轮车、小型垃圾清运车等也无法取得发票。

第二，在营改增之前，营业税为价内税，建筑业的计税基数为包含营业税在内的营业额，税率为3%，建筑业只需按照营业额乘以3%即可计算出应缴纳的营业税。而在营改增之后，增值税为价外税，建筑业的计税基数变为用当期的销项税额减去当期认证过的可抵扣的进项税额的差额来计算当期的应缴税额，其税率也按照一般计税和简易计税分为两档，一般计税税率为9%，简易计税的征收率为3%。所以，建筑企业在计算税款时首先得确认是新项目还是老项目，以此来选择合适的税率，另外，在之后签订合同时也须在合同中标明是含税价还是不含税价，避免因合同内容不清晰引发法律风险。

第三，计税基数和税率的变化，势必会增加会计核算的难度。首先，收入的确认不再仅仅是按照合同额或者营业额来确认，而是要将含税价换算为不含税价，要区分新项目和老项目，新项目不含税价＝含税价÷（1+9%），老项目不含税价＝含税价÷（1+3%）。其次，成本、费用的核算也以不含税价为基础，这就要求企业在购买或者提供劳务时要仔细核对取得的发票，准确区分其中的进项税款，同时还须比较从小规模纳税人处购买原材料与从一般纳税人处购买原材料哪个成本更低。再次，由于税款由价内税转变为了价外税，所以签订合同时要综合考虑，避免利润降低的情况发生。最后，会计科目的设置也较之前有了较大的变化，营改增之前只需在"应交税费"科目下设置二级明细科目"应交营业税"即可，营改增之后不仅需要在"应交税费"科目下设置二级明细科目"应交增值税"，还需要在"应交增值税"科目下设置三级明细科目或者设置专栏，如进项税额、可抵扣进项税、进项税额转出、期末留抵税额等。

第四，以下甲方为发包方或业主方，乙方为建筑企业施工方。首先，建筑企业在项目成本核算中，合同签订中绝大多数是甲方供材，甲方取得了材料供应商的进项发票，并采用总额法与乙方签订合同，即乙方不但无材料进项发票，且需按包含材料的合同总额缴纳增值税，导致乙方承担了材料的双重税负。其次，建筑企业在项目成本核算中，工人工资是项目成本的主要构成部分，但是这部分工人流动性极大，且不提供劳务发票，大部分包工头也不愿意提供劳务发票，导致人工费无进项发票抵扣。再次，建筑企业在项目成本核算中，机械租赁占比也比较高，这部分同样也是私人经营，无法提供机械租赁发票抵扣。另外，在项目进行中，多数甲方结算时间跨度大、周期长，前期需要乙方垫付大量资金，且在无进项情况下，需要自己提前预缴税款，从而导致企业经营风险增大。最后，实行营改增之后，大部分供应商会给建筑企业提供抵税发票，从而提高材料的价格，但是建筑企业不能进行外包运输业务，所以运输成本不能进行抵扣。

第五，进项税额抵扣票据问题。从理论上讲，增值税税制"环环征收、层层抵扣"方式，解决了营业税税制"道道征收、全额征税"方式的重复征税问题。但由于建筑企业的环境复杂，进项税额往往难以抵扣。建筑企业劳务成本大约占总成本的20%～30%，而营改增专业劳务分包企业与建筑业并不同步，该部分成本以及自有人工成本在目前设定的税收改革方案下，难以取得可抵扣的增值税进项发票。购入的有些建材，如砖、瓦、灰、沙、石等几乎无法取得增值税专用发票，因为供应商多数是个体户或小规模纳税人；商品供应商往往也无法开具增值税专用发票；项目部发生的水费、电费、办公场地租赁费，交通费用中的汽车油费、路费、维修费等在当前的环境下都难以取得增值税专用发票进行抵扣。

16.2 建筑业税务筹划要点

16.2.1 合理利用税收优惠条件

在实施营改增税收政策后，我国税法以法律的形式规定了各种税收优惠政策，建筑工程项目合理利用税收优惠政策可以有效减轻企业的税收负担。合理利用企业税收优惠政策需要企业重视对税收优惠政策的研究，力争通过调整企业的收入使企业可以享受多种税收优惠政策，从而实现最大程度的合理避税，提升企业经济效益。就建筑工程项目而言，其在进行税务筹划时要寻找税收优惠政策与建筑工程项目业务的契合点，对满足税收优惠条件的业务采用税收优惠的方式进行税务筹划，从而实现企业的科学、最优化纳税。在进行建筑工程项目税务筹划时可以采用延迟纳税的方式，通过延迟纳税时间，一方面可以增加企业资金的时间价值，另一方面可以有效缓解企业的资金压力，大大减少建筑工程项目的筹资成本。例如《财政部 国家税务总局关于将铁路运输和邮政业纳入营业税改征增值税试点的通知》（财税〔2013〕106号）附件3《营业税改征增值税试点过渡政策的规定》中规定，试点纳税人提供技术转让、技术开发和与之相关的技术咨询、技术服务的，免征增值税。一些具备专利技术（如绿色施工、BIM技术）的建筑企业可以利用这一条款来减轻企业的税负。建筑企业还可以通过延迟纳税时间来进行税务筹划，税法中对于纳税期限虽然有明确的规定，但是同时也允许企业因特殊原因无法按时缴纳税款的，可以申请延迟纳税，这样通过获得可观的资金时间价值，能在一定程度上缓解企业资金的周转，降低了建筑企业的短期筹资成本。

相关建筑企业应该充分运用免税政策以及一些优惠政策，例如，科技优惠退税等。建筑企业可以提高科研的发展水平，将废旧的物资循环使用。例如，相关的建筑企业可以研究新型的混凝土，然后将废旧沥青等材料加入混凝土中混匀，从而开发可再生的混凝土，同时要求废渣的比例不能少于30%建材等。这种做法不仅可以提高建筑企业保护环境的意识，而且还能够享受税收优惠政策，提高相关建筑企业的竞争力，促进企业全面发展。

16.2.2 科学选择物资供应商

建筑工程项目在开展过程中会涉及物资采购问题，企业在进行税务筹划时要注意对物资供应商的选择，供应商的选择直接关系到企业的后期纳税额度以及能否享受税收优惠。为了充分抵扣进项税额，建筑企业要对现有供应商重新进行梳理，确定供应商是否具有一般纳税人身份，建立供应商信息库，明确日常更新及维护管理，及时补充尚未记录齐全的供应商信息，掌握供应商诚信程度及其供应物资的价格、质量、进项税率等情况。包括货物、劳务及服务供应商，确定供应商的纳税人身份，收集供应商相关基础信息及证照资料，以便选择合适的供应商，准确判断可取得发票类型；根据供应商相关基础信息及证照资料，建立供应商管理信息库，明确日常更新及维护制度。

营改增后，供应商能否开出增值税专用发票，影响着进项税抵扣问题，从而决定着建筑企业的成本。在具体选择供应商时，要在供应商含税报价的基础上结合能否得到足额抵扣进项税款一起考虑，合理进行增值税税务筹划，从而减轻建筑企业增值税的税负。如果供应商为一般纳税人，则其物资的价格就偏高，但是一般纳税人供应商可以开具相应的增值税专用发票；如果供应商是小规模纳税人，则其物资的价格就相对较低，但是不能开具相应的增值税专用发票。如果委托税务机关代为开具发票，则抵扣幅度相对较小。因此，建筑企业在选择供应商时要综合企业的业务类型特点以及供应商的优惠幅度进行考虑，最终选择最划算的，将企业的纳税成本尽可能降低。

16.2.3 建筑工程项目增值税的筹划要点

第一，增值税筹划必须落实到投标前建筑工程项目营业收入筹划，落实到施工管理人工费、物质材料、分包成本、机械租赁费用等各业务环节，重点对供应商、分包商的纳税人身份进行选择，合理设计分包工程模式、物资采购模式，测算综合成本比价最低。综合测算分析影响因素，筹划增值税最低税负。

第二，增值税筹划必须保证项目施工期间进、销项税额的合理匹配，谨防进项税额倒挂现象。应优先、充分取得进项税额发票，形成当期增值税的进项税额留抵，延迟纳税资金支出，达到无息使用税金的目的。必须做好工程项目所在地预缴增值税事项的策划，重点在于筹划预收工程款收取时期和取得分包商、材料商增值税发票的时期，必须提前做好分包筹划及材料采购筹划。

第三，合同签订应该明确合同总价、不含税价、税款等内容，约定提供的增值税发票类型、税率、发票结算方式及提供发票不合规的违约赔偿风险等。同一合同有不同税率的服务内容，应分别明确税率、价款、服务范围，分别核算，避免被从高征税的风险。

16.2.4 建筑服务销售收入环节筹划

第一，建筑服务销售收入环节影响的是增值税销项税额。投标前应该做好增值税及附加税费的税务筹划，为投标成本测算报价提供依据。投标前应充分了解项目所在地的税收法规政策及优惠政策，估算人工费、材料费、分包成本、机械租赁费用、企业管理费等工程造价相关的增值税及附加税费，通过测算项目税负，预计项目利润，做好投标前税务筹划。分析、判断签订建筑服务工程合同（税率11%）还是拆分为清包工程（税率3%）、甲供工程（税率3%）等简易计税工程合同和销售采购合同。

第二，直接人工费，包括直接发生的工资、福利费等不属于增值税应税项目，不能作为进项税额抵扣，不需要开具发票。如果为取得人工费发票抵扣进项税，可考虑选用劳务派遣公司派遣人员，取得全额计税发票或差额计税发票。劳务派遣公司可选择差额简易计税，差额部分可开具增值税专用发票用于抵扣进项税额，扣除代用工单位支付给劳务派遣员工的工资、福利费和为其办理社会保险及住房公积金部分只能开具普通发票，不能抵扣进项税额。

16.2.5　物资材料采购环节筹划

第一，商品混凝土的采购。建筑企业尽量选择不享受免征增值税优惠的供应商，如果因业主指定、质量标准或其他原因选择了享受免征增值税优惠的供应商，建筑企业要与供应商沟通协调，要求供应商降低采购价格，来弥补建筑企业减少的进项税抵扣额；同时建筑企业也可以采用自行购置水泥，委托商品混凝土生产单位加工生产的方式，将适用高税率的水泥用于本企业的进项税抵扣。如果建筑企业必须选择规模小、不具有混凝土分包作业资质的分包商，建筑企业可以与分包商谈判，由分包商自行挂靠到具有混凝土分包作业资质的企业。为控制建筑企业自身的进项税抵扣风险，建筑企业一定要做到合同、付款、发票三流一致，并且要求分包商提供被挂靠企业是正常经营企业、无虚开增值税专用发票记录等违法行为的证明。

第二，针对"甲供材料"的采购方式，建筑企业在与业主单位签订合同时，应根据建筑业增值税法的要求完善相关合同条款。对业主单位供料或甲供设备款，明确应以建筑企业的名义与销货方签订采购合同。建筑企业可采取以下方式。一是甲方指定采购单位，建筑企业直接进行采购并付款，增值税专用发票开具给建筑企业。二是由建筑企业同甲方及供应商签订三方协议，采取建筑企业委托甲方采购并付款的形式，供应商将增值税专用发票直接开具给建筑企业。采取上述方式后，建筑企业可取得增值税进项税额发票进行抵扣。

第三，针对建筑企业在施工过程中发生的水电费，可采取以下方式。一是甲方为增值税一般纳税人，建筑企业可直接向甲方要求开具增值税专用发票；二是甲方不是一般纳税人，则建筑企业可要求其作为小规模纳税人，到其主管税务机关按3%征收率代开增值税专用发票。三是建筑企业也可以采取由甲方支付，在工程决算总价款中直接扣减水电费的方式，减少自身销项税额的发生。

第四，针对零星辅助材料的采购。在几个项目或三级公司比较集中的片区附近，选择一个一般纳税人身份的供应商，通过集中采购的方式统一采购零星物资。也可以在采购时，比较两种不同纳税人身份的供应商的报价，选择实际成本低者进行采购。同时还可以利用网络集中采购的途径，通过各大电商统一购买办公用品、低值易耗品、劳保用品等，并要求电商开具增值税专用发票。

第五，物资材料采购为有形动产销售，取得增值税专用发票，一般纳税人供应商的可抵扣进项税税率为13%，小规模纳税人供应商的可抵扣进项税征收率为3%。选择主材料供应商时，优先考虑一般纳税人材料供应商，综合考虑材料供应商的企业资质、信用、货物质量、价格、供货时间保障等方面进行选择。选择地材、辅助材料供应商时，尽量选择施工当地的供应商，减少运输费用；也可以通过电商平台集中采购，在综合成本比价后，效益最大化下选择有利采购方式。选择零星物资供应商时，零星供应商主要是小规模纳税人。首先需要根据价税平衡点来判断、选择合理的零星供应商，可以考虑定点采购，定期开具发票结算的形式，要求对方提供由其主管税务机关代开的增值税专用发票；工程未开工前必须提前确定主材采购供应商。签订合同约定预付货款条款，约定在收到业主预付工程款应缴税款日前提供材料发票。以材料发票的进项税额抵减预收工程款的销项税额，减少不必要的大额税金支出。

16.2.6　分包成本环节筹划

分包成本主要有专业工程分包（专业承包资质）和劳务工程分包（劳务作业企业资质）。取得增值税专用发票，一般纳税人分包商的适用税率为

11%，小规模纳税人分包商的适用税率为3%。第一，清包工工程模式、甲供工程模式下，分包商可以选择简易计税方法，取得增值税专用发票可进项抵扣税率为3%。第二，对于切块分包模式，可以考虑按建筑劳务、主材采购、机械租赁部分分别签订合同，约定取得不同税率的增值税专用发票，增加进项可抵扣税额。第三，工程未开工前必须提前确定分包商。签订合同约定预付工程款条款，约定在收到业主预付工程款应缴税款日前提供分包发票。如此预缴增值税时可以扣除分包价款，计算缴纳当期少预缴的增值税。在汇总申报缴纳时，可抵扣分包进项税，也减少不必要的大额税金支出。

16.2.7 机械设备使用环节筹划

2016年4月30日前以取得的有形动产为标的物提供的经营租赁，可以选择适用简易计税方法，可开具增值税专用发票。外租施工机械的租用模式不同，取得增值税发票的税率不同。通过机械租赁方式或者分别签订进出场费、燃料费、修理费合同取得不同的进项税，判断是否降低费用、是否增加可抵扣进项税、是否降低综合费用，优化选择合适的租用模式。

16.2.8 费用类筹划

工程项目应缴增值税为建筑服务收入的销项税额减去人工费、物质材料、分包成本、机械租赁费用等各业务环节的可抵扣进项税额。增值税及附加税费占营业收入的比重体现了企业的税负高低，对比同行业的税负，逐项分析可能降低税额的方式，通过提升项目各业务环节的管理水平，进一步筹划以降低税负、优化资金流。增值税筹划不应该盲目以增值税税负最低化为目的，应同时考虑综合成本费用最低，最终以工程项目利润最大化，防范税务风险为目的。另外，运输费用取得的增值税专用发票，必须慎重选择"一票制"还是"两票制"，可进项抵扣税率不一样，以综合平衡成本最低为优。一票制是指供应商就销货价款和运杂费合计金额向建筑企业提供统一税率的一张销售发票。两票制是指供应商就货物销售价款和运杂费向建筑企业分别结算，提供货物销售和交通运输两张发票，货物销售价款与运杂费的可进项抵扣税率不同。其他直接费主要包括生产工具使用费、检验试验费、临时设施摊销、安全措施费等，按取得专用发票的税额抵扣进项税。项目管理费用（间接费用）主要有项目部人员发生的办公费、房租、油料、差旅费等。项目管理费用发生较零星，如采购办公用品、油料、住宿等可选择定点采购合作协议，按月结算、开具增值税专用发票抵扣进项税额。取得房屋租赁发票时，需了解出租人的纳税人身份及可能选择简易计税享受税收优惠情况。合同约定取得发票类型和税率，确保房租进项税额可抵扣。

16.2.9　创新经营业务模式

第一，建立材料、运输装卸和劳务自给供应链。营改增后，规模较大的建筑企业可以根据需要成立相应的材料、运输装卸和劳务子公司，形成自给供应链。建筑企业在材料采购环节，不用再考虑选择哪种供应商，所获得的发票全部为增值税专用发票，实现进项税额抵扣。实际上，这与选择一般纳税人作为供应商是一样的效果。在需要运输装卸、人工时，以购买子公司相关劳务的形式加大费用支出，这样通过内部成本外部化，增加进项税额抵扣额度，可以更好地实现筹划节税的目的。这样既可以减轻建筑企业的税收负担，又能使得建筑企业沿着自己施工主业来延伸自己的产业链，获得更加长远的发展。

第二，借款购买设备变为租赁设备，尽量成立设备租赁公司。由于行业特点所致，建筑企业中对机械设备的需要较多，尤其是大型机械设备。在营改增后，在银行借款购买机械设备所发生的利息不能作为进项抵扣，而机械设备等有形动产租赁的增值税可抵扣。在这种情况下，建筑企业可以优先考虑采取租赁大型机械设备的方式。有条件的集团企业可以尽量成立设备租赁公司，既可以借这次营改增所规定的租赁费可抵扣而利息不可抵扣的机会来大力发展设备租赁业务，又可以满足集团内各项目施工需求和进项抵扣。

16.2.10 集团内部拆借资金可充分利用"统借统还"业务

《财政部 国家税务总局关于全面推开营业税改征增值税试点的通知》（财税〔2016〕36号）的附件3《营业税改征增值税试点过渡政策的规定》规定，"统借统还"业务中，集团企业或集团企业中的核心企业以及集团所属财务企业按不高于支付给金融机构的借款利率水平或者支付的债券票面利率水平，向集团企业或者集团内下属单位收取的利息免征增值税。统借方向资金使用单位收取的利息，高于支付给金融机构借款利率水平或者支付的债券票面利率水平的，应全额缴纳增值税。为缓解中小企业融资难的问题，《财政部 国家税务总局关于非金融机构统借统还业务征收营业税问题的通知》（财税〔2000〕7号）和《国家税务总局关于贷款业务征收营业税问题的通知》（国税发〔2002〕13号）以及《国家税务总局关于明确若干营业税问题的公告》（国家税务总局公告2015年第92号）相继规定，在符合上述条件的"统借统还"业务中，对于集团企业、集团企业中的核心集团企业所属财务企业（统称"统借方"）收取的符合规定的利息，均规定不征收营业税。本次营改增将该项优惠政策平移，对符合条件的"统借统还"业务免征增值税。例如，A建筑集团2016年共向金融机构融入多笔资金合计100亿元，平均融资加权成本为8%，当年A集团向下属子公司发放借款90亿元，实际收取借款利率为10%。在该业务中，若A集团向子公司收取借款利率10%，由于该10%大于A集团支付给金融机构的借款利率8%，所以A集团向下属子公司发放借款90亿元收取的利息要全额缴纳税率为6%的增值税。在实际工作中，由于A集团资金的融入与借出存在金额与期限不完全相同等原因，无法做到一一对应，所以A集团应该先与主管税务机关充分沟通，让税务机关认可A集团向金融机构融进资金的成本（即借款利率水平）可以采用加权平均，即让税务机关认可其借款利率水平为8%；然后A集团与借款的下属子公司先签订利率为8%借款合同，其余的利率2%可以按季、按年再通过签订服务费合同的形式来交纳。这样做的好处就是A集团向下属子公司发放借款90亿元收取利率为8%的利息免征增值税，只是对形式为服务费而实质为2%利率的利息缴纳增值税，从而进一步提高 A 集团的最终获利空间。

16.2.11　加强合同选择与管理

营改增后，货物、劳务、服务都将纳入抵扣链条，产业的上下游环节更加紧密。价税分离、进项抵扣等新变化将对相关试点纳税人的商业谈判、定价策略产生影响。应在合同签订前进行筹划，规避涉税风险。第一，明确合同相对人的主体身份。纳税人身份必须写入合同，在此基础上，合同中还需要包含具有一般纳税人资格认定的有关资料及文件复印件作为合同的附件，同时对合同中相对人的主体信息进行载明，以解决营改增下增值税专用发票开具的有关问题。第二，确定商品、服务的性质。在营改增税制改革环境下，根据有关要求及规定内容，由于企业纳税人在不同税率以及征收率项目兼营情况下，需要按照销售额分别核算实施税务征收；对于没有分别进行核算的情况，则需要按照更高的标准进行计算征收。因此，对于同一个合同中存在多个增值税征收项目的情况，例如建筑企业中较为典型的工程总承包（EPC）合同，需要进行分别签订，或者是对商品或服务价格在合同中进行约定，实施分开核算，避免企业在税务征收中按照较高税率进行计算征收，增加企业税收负担。第三，纳税义务发生时间的确定。由于在营改增税制下，企业税务征收核算中，对于未收讫款项、开具发票等情况的核算，是按照合同中约定时间进行纳税认定与核算实施的，企业在合同签订时需要从这方面进行考虑，对于付款时间点进行筹划，通过推迟纳税发生时间，来减轻企业税负。但是，由于企业纳税发生时间在与企业的纳税申报期有关的情况下，与企业的滞纳金、增值税专用发票抵扣认证以及行政复议、诉讼等事宜都有一定关系，因此，需要谨慎对待。

在施工合同中普遍存在着缺乏规范性、各个单位的责任和义务的划分和规定较为模糊、开具发票的相关信息未进行明确等问题。在营改增政策实施以后，施工合同中存在的上述问题，常常会导致合同双方在增值税发票的出具、税款的抵扣等方面存在着一定的矛盾。因此，为了有效避免营改增政策下施工合同中出现这些问题，建筑企业应该做好以下几方面的税务筹划。第一，建筑企业在与建设单位等上游企业签订合同的过程中，应该注意在合同中标注价格、税率、承建单位开具发票的相关信息以及开具发票时是采用增值税普通发票还是专用发票。第二，供应商以及施工者可以被认为是建筑企业的下游单位，此时建筑企业应该重点关注是否已经签订合同。若没有签订合同，将无法保障下游单位给建筑企业开具相应的发票，从而将会导致建筑企业无法抵扣增值税的进项税额。第三，当建筑企业要对进项税额进行抵扣时，根据增值税专用发票的相关规定，企业应注意所提供的材料还应该包含所签订的合同和相应的付款证明。若建筑企业无法提供，同样会面临进项税额无法成功抵扣的困境。总而言之，建筑企业的施工合同中的税务筹划措施是建筑企业充分认识到施工合同对于纳税的重要性，并且提高对此的重视程度，紧密结合企业实际状况，对合同严格把关，提高施工合同的严谨性、规范性等特征来制定的，从而保障施工合同中的税务筹划工作可以顺利地开展。

同时建筑企业应尽可能签订有关包料包工的建筑合同。签订包料包工合同意味着建筑企业可以自行选择供应商或者材料自给，企业可以尽可能取得增值税专用发票，从而进行进项税额抵扣。相反，如果建筑企业签订"甲方供料"合同，将很难取得增值税专用发票，对于一些费用也无法进行进项税额抵扣，最终导致企业税负增加。建筑企业合同，主要包括材料采购合同、工程项目合同及劳务合同等。合同为营改增后建筑企业纳税的重要依据，若合同不完善，在营改增后合同则得不到相应法规的保护，就会产生很多进项税额抵扣问题，所以建筑企业管理人员一定要充分意识到合同管理的好坏与税负的轻重有较大关系。营改增后，建筑企业在材料采购、分包等合同中应明确约定由对方承担足额、有效、合法的增值税专用发票；同时还要约定对方单位提供相应的请款申请、购销凭证、增值税专用发票。要注意查阅合同内容，以确保材料质量，同时询问供应商是否能提供增值税专用发票，从而避免企业难以抵扣进项税额的情况。

最后，建筑企业首先要从思想上意识到合同管理的重要性；不论是采用何种经营模式，在合同谈判、签订时都需要认真、全面地考虑到自己的需求，关注合同中的定价方式、发票开具方式等内容。为了避免重复征税，增加企业的负担，企业在进行采购时，可以让供应商与所需要材料的部门单独签订合同，实行独立的合同管理；当然，如果出现任何差错都会追究相应的责任。另外，因为建筑业涉及的内容多、专业面广，所以需要大量兼具专业知识、法律知识以及造价管理知识的合同管理人才；这是建筑企业目前所欠缺的，为了企业的长远发展，在有能力的情况下可以进行培养；也可以采取外聘的方式，但要对所聘请人员的专业水准进行考察。

16.2.12 筹划纳税时间

筹划纳税时间，以便获取充足的资金时间价值实行差额缴税，即以当月销项税额减进项税额作为下月的应交税额。建筑企业应在实际操作中力争做到销项税额与进项税额同步确认。建筑企业应以实际收到工程价款日作为确认纳税义务发生时间及开具发票时间，这样可以避免垫付税金，有利于改善企业的现金流。提前收齐当期可供抵扣的进项税额发票并进行验证，保证当期销项税额同对应的进项税额可完全抵扣，减少当期的资金流出。

16.2.13 科学地管理发票

营改增后，由于抵扣增值税进项税额必须符合合同流、资金流、票流和物流（劳务流）"四流合一"的关键要件，企业绝对不能收取发票抬头是"××项目部"名字的增值税专用发票。在真实交易的前提下，所有的增值税专用发票必须与合同相匹配。为了更好地满足取得发票的抵扣要求，在所有采购合同中都应增加发票约束条款。该条款至少应约定以下内容：（1）发票开具和提供的时间；（2）提供的发票类型；（3）提供假票或虚开发票应承担的责任。

增值税发票管理在增值税管理中是重中之重。增值税发票管理主要分为发票领购保管、发票开具使用、发票收取与保管。发票领购保管必须由专人领购、专人保管，严禁其他任何人和任何单位以本企业名义向税务机关申领发票，严禁向税务机关以外的人员和单位购买、借用发票。对已开具的发票存根及已作废的发票，月末按照发票顺序装订成册，保管5年后，按照规定程序经批准后销毁。严禁任何人员将本单位发票提供他人使用。这些重点措施将保证增值税发票在领购保管环节不出问题，从发票源头上防范风险。发票开具使用中，发票的内容必须是真实发生的业务，且有合同为依据。严禁虚开、代开、提供空白增值税发票。发票的收取与保管中，按一般计税方法计税的项目，除"购进的旅客运输服务、贷款服务、餐饮服务、居民日常服务和娱乐服务"之外的业务须索要增值税专用发票；按简易计税方法计税的项目和免征增值税的项目只索取增值税普通发票。发票票面上的内容必须与真实业务事项一致，不得随意变更。收取的发票要注意干净整洁、打印规范、盖章准确清晰。

首先，对发票不同种类、不同作用加以了解，对发票索取、认证、保管环节严格管理。其次，进项税额是可以通过发票进行抵扣的，改善发票管理对于减轻企业税负具有重要作用。实施营改增前，建筑企业所使用的发票是地方税务局的通用发票；在营改增之后，增值税发票有普通发票与专用发票两类，国家对专用发票和普通发票的要求有严格的规定，不能混淆和错误使用。而财务人员应该在取得发票时检查是否"四流合一"，即资本流动、货物物流、发票流程和合同必须统一。对专业施工企业的财务管理人员提出了更高的要求，为了适应税收征管的要求，财务人员要积极开发适应发票要求的新系统，严格监督管理新系统发票核查工作，提高新系统使用标准。

建筑企业产品的分散性、跨地区经营的特点普遍存在，增加了票据归集和认证时效的难度。如果外地项目部的票据不能及时提交到财务部门，就会导致进项税额不能及时抵扣或超期无法抵扣，轻则占用资金影响企业现金流，重则造成多缴税费给企业带来直接的经济损失。另外，增值税计税依据为进项税额抵扣销项税额的差额，一般纳税人获得的进项税额越多，其实际税负就越低。因此，有的企业采取虚开增值税专用发票的手段，以获得更多的进项税额。对于这类虚开增值税专用发票的行为，国家的打击力度一直很大，处罚非常严厉。《中华人民共和国刑法》第二百零五条规定，虚开增值税专用发票的，轻则处三年以下有期徒刑或者拘役，重则处十年以上有期徒刑或者无期徒刑。《国家税务总局关于纳税人取得虚开的增值税专用发票处理问题的通知》（国税发〔1997〕134号）、《国家税务总局关于纳税人善意取得虚开增值税专用发票已抵扣税款加收滞纳金问题的批复》（国税函〔2007〕1240号）对企业取得虚开发票都有相关规定：如果纳税人是恶意取得虚开增值税专用发票，不仅不能够抵扣取得的进项税额，而且还要处以罚款，甚至承担刑事责任；纳税人由于购进货物或者劳务时把关不严，而善意取得虚开的增值税专用发票，虽不必承担刑事责任，但取得的进项税额也不允许抵扣，且需补缴税款和加收滞纳金。

建筑企业在涉税实务中，特别需要注意"四流"不一致引发的四种虚开增值税发票的情形：（1）建筑企业因为缺乏资金而由发包方将材料款直接支付给材料供应商，导致资金流不一致；（2）在采购原材料的过程中，供应商从经济角度出发，选择从第三方直接发货，这就造成了货物流向的不一致；（3）税法并不禁止挂靠行为，挂靠行为中，往往由被挂靠方对外开具发票，"合同流""票流""资金流"指向被挂靠方，"物流"则指向挂靠方；（4）有名无实的分包情形，"合同流""票流""资金流"与"物流"不一致。

建议改善的方法如下。针对票据时效性风险，在财务部门的牵头下，采购部、项目部及其他管理部门共同参与税务筹划运作，及时跟进合法票据的取得，即时或定期将票据提交给财务人员，杜绝因超期导致无法抵扣进项税额的情形。针对虚开增值税发票风险，建筑企业一方面要提高对增值税专用发票重要性的认识，在流程设置和内控机制上加以防范；另一方面在取得增值税发票时要严查发票真伪、货物来源、发票来源、销货方纳税资格等，对存在疑点的发票，暂缓付款和申报抵税，以防范涉税风险。

16.2.14 组织架构的筹划

第一,机构扁平化。在营改增背景下,企业增值税征收中对于"以票控税、链条抵扣"的征收管理相对严格,需要按照进、销项税额抵扣规定严格核算征收,而当前建筑企业,尤其是一些大型的建筑企业中,采用多级分公司组织结构模式,在企业运营中,对于承包工程通过分包分公司进行施工,对企业税务核算以及征收相对不利,需要在减少企业组织结构的层级划分,缩短企业运营管理环节基础上,减少其税负风险,为企业创造更多的税务筹划利益。

第二,分工专业化。大型建筑企业可将自身业务经营中较为专业的项目拆分出来,成立独立专业的子公司,进行独立会计核算、独立纳税申报。例如,为了解决集团内从外部租入设备的问题,可以在一定区域内设立专业的设备租赁子公司;针对甲供材料行为,集团可以将自己的材料采购部门独立出来,成立专业的材料供应子公司,并寻求与甲方的合作。税务筹划是在遵守税法、尊重税法、国家政策允许的前提下,通过对企业的涉税业务合理筹划,达到减轻税负,实现企业经营战略目标和财务目标的企业管理手段。

16.2.15 工程工期控制的风险及防范

建筑工程施工合同中有很多时间节点,按时间节点完成工程进度是最终按工期完工的保证。可是建筑工程施工现场受天、地、人及资金等诸多不可控因素影响。"天"指天气,室外作业受冷、热、雨、风、雪等天气状况影响;"地"指地理条件,工程受地形、地质、地下水等现象影响;"人"指人际,由于工程涉及政府、甲方、总包、分包、设计等部门及单位,关系错综复杂,协调难度相对较大;资金,工程耗资巨大,甲方资金的充裕程度也将对项目工期产生影响。受各方条件的综合影响,工期的控制难度和不确定性加大,工程延期属于大概率事件。营改增后工期的不确定性也就直接反映为工程进度款到账时间和金额的不确定性,这种不确定性将导致销项税额和进项税额抵扣很难做到合理统筹,按计划抵扣。可能会出现准备了充足的可抵扣进项税额,工程款却没能按时收取,结果进项税额不能及时抵扣,还占用了一笔不急于采购的货款或分包款项。另一种情况是工程收款比预计提前或金额增加，进项税额准备不足，导致垫付大笔税金。这两种情况都会造成资金的无效占用，增加企业资金的支付压力，这对普遍存在垫资做工程的建筑企业来说，会是雪上加霜。工程工期不可控而导致进、销项税额难以保持同步，是建筑业税务筹划较大的风险所在。建议改善的办法是：工程部与项目部和甲方保持信息畅通，及时获取进度款审批及支付的有效信息，提前规划成本费用开支，取得相应进项税额抵扣，尽可能保持进、销项税额协调同步。

16.2.16 建筑业劳务成本核算筹划

（一）采用计入劳务费方式

建筑企业工程的开展需要大量的劳务人员，一般企业会招募临时的施工人员以保障项目施工进度。在施工人员的劳务费支付方面，会与企业员工的薪酬共同发放，计入职工薪酬，侧面提高了企业员工的数量，加大了企业税收负担。企业在职工劳务税费方面的体现，以员工的社保支出为主，企业将临时劳务人员计入企业职工人数，增加了企业的税费支出，但以临时劳务费方式结算，能够节省企业的税费支出。

（二）采用劳务派遣方式

劳务派遣是一种根据用人单位需求进行人才输送的人力资源协调方式，能够解决企业的用人问题。劳务派遣人员与劳务公司签订劳务合同，劳务公司负责发放劳务人员的薪酬福利。在劳务派遣过程中，企业无须对劳务人员进行二次薪酬发放。劳务派遣应用模式能够有效解决建筑企业的用人需求，同时最大化地减少企业的薪酬税费支出。

16.3 建筑业税务筹划案例

16.3.1 合理利用税收优惠条件的筹划案例

（一）案例情景

A建筑公司共有职工200人，其中自主择业军队转业干部12人，管理人员8人，其余为建筑工人。在一年中，该公司实现收入5 000万元，企业所得税应纳税所得额为500万元。

（二）筹划前

《财政部 国家税务总局关于自主择业的军队转业干部有关税收政策问题的通知》（财税〔2003〕26号）文件规定："为安置自主择业的军队转业干部就业而新开办的企业，凡安置自主择业的军队转业干部占企业总人数60%（含）以上的，经主管税务机关批准，自领取税务登记证之日起，3年内免征营业税和企业所得税。"本例建筑公司安置自主择业军队转业干部的比例仅为6%（12÷200×100%），因此，不能享受安置军队转业干部的税收优惠。该公司本年应负担的相关税费如下。

（1）增值税=5 000×9%=450（万元）。

（2）城市维护建设税、教育费附加=450×（7%+3%）=45（万元）。

（3）企业所得税=500×25%=125（万元）。

（4）合计税费负担为620（450+45+125）万元。

（三）筹划后

此建筑公司的股东可投资新办甲公司和乙公司，然后将管理人员和军队转业干部转移至甲公司，将其余180名建筑工人转移至乙公司。甲公司可专门从事建筑业总包业务，然后将施工劳务分包给乙公司，施工技术、施工材料由甲公司负责提供。仍然以本年度数据测算，假设甲公司取得建筑业总包收入5 000万元，其中分包给乙公司1 000万元（施工劳务部分），甲公司应纳税所得额为400万元，乙公司应纳税所得额为100万元。按此方案实施后的税收负担如下。

甲公司安置军队转业干部的比例达到60%，因此，可免征营业税和企业所得税。

《国家税务总局关于劳务承包行为征收营业税问题的批复》（国税函〔2006〕493号）规定："建筑安装企业将其承包的某一工程项目的纯劳务部分分包给若干个施工企业，由该建筑安装企业提供施工技术、施工材料并负责工程质量监督，施工劳务由施工企业的职工提供，施工企业按照其提供的工程量与该建筑安装企业统一结算价款。按照现行增值税的有关规定，施工企业提供的施工劳务属于提供建筑业应税劳务，因此，对其取得的收入应按照'建筑业'税目征收增值税。"因此，乙公司的税收负担如下。

（1）增值税＝1 000×9%＝90（万元）。

（2）城市维护建设税、教育费附加＝90×（7%+3%）＝9（万元）。

（3）企业所得税＝100×25%＝25（万元）。

（4）合计税费负担为124（90+9+25）万元。

通过税务筹划前和税务筹划后的税费负担对比，很容易计算出税收负担减少了472（590-118）万元。在这个建筑公司筹划方案中，本来公司"无"减免税条件，但通过成立符合减免税条件的新企业，实现"无中生有"，达到了充分利用现有资源，享受减免税的目的。

16.3.2 分包成本环节的筹划案例

（一）案例情景

企业从事建材销售类业务，每年营业额在3亿元左右，需要税率为13%的进项成本发票。由于在多个采购环节无法合理取得成本发票，导致账面利润虚高，企业税负较高。"金税三期"背景下一些传统的避税方式已经无法满足企业减轻税负的需求，且可能会面临"金税三期"的风控稽查等风险。

（二）筹划方案

根据上述实际情况，现对相关业务流程环节更改如下。

在上海某地设立 4 家个人独资企业,每家企业解决 8 000 万元资金。在企业的采购、营销等环节以外包的形式将该环节业务转包给个人独资企业,个人独资企业开具成本发票。企业获取合理成本发票进行成本抵扣,减轻企业所得税税负以及分红税负。

(三)方案优势

个人独资企业核定征收,无企业所得税,个人提现税直接核定,可解决企业缺乏成本发票,资金无法合理提现难题。

(四)增量税负计算

设立 4 家个人独资企业,每家解决 8 000 万元实际税负测算如下。

(1)机械设备租赁类。

增值税 $= 8\,000 \div 1.13 \times 0.13 \approx 920.35$(万元)。

附加税 $= 920.35 \times 0.06 \approx 55.22$(万元)。

个人所得税 $= 8\,000 \div 1.13 \times 0.1 \times 0.35 - 6.55 \approx 241.24$(万元)。

增值税可以进行全额抵扣,实际无税负增加,企业解决 8 000 万元实际税款约为 241.24 万元,综合税负率为 3%。

(2)建筑工程施工安装类。

增值税 $= 8\,000 \div 1.09 \times 0.09 \approx 660.55$(万元)。

附加税 $= 660.55 \times 0.06 \approx 39.63$(万元)。

个人所得税 $= 8\,000 \div 1.09 \times 0.07 \times 0.35 - 6.55 \approx 173.27$(万元)。

增值税可以进行全额抵扣,实际无税负增加,企业解决 8 000 万元实际税款约为 173.27 元,综合税负率为 2.17%。

(3)工程管理设计服务类。

增值税 $= 8\,000 \div 1.06 \times 0.06 \approx 452.83$(万元)。

附加税 $= 452.83 \times 0.06 \approx 27.17$(万元)。

个人所得税 $= 8\,000 \div 1.06 \times 0.1 \times 0.35 - 6.55 \approx 257.6$(万元)。

增值税可以进行全额抵扣,实际无税负增加,企业解决 8 000 万元实际税款约为 257.6 万元,综合税负率为 3.22%。

（4）建材、零部件采购贸易类。

增值税 = 8 000 ÷ 1.13 × 0.13 ≈ 920.35（万元）。

附加税 = 920.35 × 0.06 ≈ 55.22（万元）。

个人所得税 = 8 000 ÷ 1.13 × 0.05 × 0.35 - 6.55 ≈ 117.34（万元）。

增值税可以进行全额抵扣，实际无税负增加，企业解决 8 000 万元实际税款约为 117.34 万元，综合税负率为 1.47%。

16.3.3 组织架构的筹划案例

（一）案例情景

假设建筑企业 A 于 2016 年 6 月与甲方签订一项建筑合同，合同价款为 6 000 万元。合同规定采用包工不包料的方式进行工程价款结算。该项目发生的成本费用如表 16-1 所示。

表 16-1 项目成本费用表　　　　　　　　　单位：万元

费用	事业部制	子公司制	
主要成本费用	建筑企业 A	建筑企业 A	子公司 C
主材料费（甲方提供）	6 000	4 000	3 000
辅助材料费	1 500	1 000	500
人力费	2 000	1 500	500
机械设备费（租入）	200	100	100
机械设备费（前期购入）	800	500	300

如果采取子公司制，那么子公司 C 从建筑企业 A 处取得工程款 2 000 万元。

（二）筹划方案

1. 若企业采取事业部制，需缴纳的税款如下。

（1）增值税。

营改增后建筑企业 A 采用一般计税方法计税。该项目的销项税额 = 6 000 ÷ 1.09 × 0.09 ≈ 495.41（万元）；在其成本中，因工程主要用料由甲方提供，砂石、白灰等辅助材料无法取得增值税专用发票，以前购入的机械设备无法抵扣，所以只有租入设备可以按照13%的税率进行抵扣。由案例可知，租入设备取得的进项税额=200÷1.13×0.13≈23.01（万元）。故共需缴纳增值税=459.41-23.01=436.40（万元）。

根据《财政部 国家税务总局关于全面推开营业税改征增值税试点的通知》（财税〔2016〕36号）的规定："一般纳税人跨县（市）提供建筑服务，适用一般计税方法计税的，应以取得的全部价款和价外费用为销售额计算应纳税额。纳税人应以取得的全部价款和价外费用扣除支付的分包款后的余额，按照2%的预征率在建筑服务发生地预缴税款后，向机构所在地主管税务机关进行纳税申报。"因此，如果建筑企业A选择在工程所在地成立分公司B，需要缴纳375万元，同时向分公司B所在地主管税务机关预缴税款=6 000÷（1+9%）×2%≈110.09（万元）。

（2）企业所得税。

企业所得税=（6 000-1 500-2 000-200-800）×25%=375（万元）

2.若企业采取子公司制，需缴纳的税款如下。

（1）增值税。

营改增后建筑企业A及其子公司C采用一般计税方法计税，子公司C的销项税额为=3 000÷1.09×0.09≈247.71（万元）；进项税中，只有租入设备可以按照13%的税率进行抵扣，可抵扣税额=100÷1.13×0.13≈11.50（万元）；需缴纳增值税=165.14-11.50=153.64（万元）。建筑企业A的销项税额为=4 000÷1.09×0.09≈330.28（万元），只有租入设备可以按照13%的税率进行抵扣，可抵扣税额为=100÷1.13×0.13≈11.5（万元），共需缴纳增值税=330.28-11.5=318.78（万元）。建筑企业A及其子公司C共缴纳增值税=153.64+318.78=472.42（万元）。

（2）企业所得税。

建筑企业A与其子公司C共需缴纳企业所得税=（4 000-1 000-1 500-100-500）×25%=225（万元）。

如果建筑企业 A 新设立的子公司 C 的注册地在新疆困难地区，根据《财政部 国家税务总局关于新疆困难地区新办企业所得税优惠政策的通知》（财税〔2011〕53 号）第一条："2010 年 1 月 1 日至 2020 年 12 月 31 日，对在新疆困难地区新办的属于《新疆困难地区重点鼓励发展产业企业所得税优惠目录》范围内的企业，自取得第一笔生产经营收入所属纳税年度起，第一年至第二年免征企业所得税，第三年至第五年减半征收企业所得税。"子公司 C 可以享受企业所得税的减免优惠。该案例下，子公司 C 可享受企业所得税减免额 =（3 000-500-500-100-300）×25% =400（万元）。

3.方案比较。

两种项目管理形式下，建筑企业 A 缴纳的增值税税额相等，不存在数额差异。两者的差异主要体现在企业所得税上，事业部制形式的建筑企业 A 需要预缴企业所得税 375 万元，子公司制形式下的建筑企业 A 以及子公司 C 共需缴纳企业所得税 225 万元，两者相差 150 万元。另外，事业部制形式的建筑企业 A 需要预缴增值税 110.09 万元，由此对企业的现金流量产生较大压力。

（三）筹划建议

1.加强对合同签订过程的管理。

在合同签订过程中，首先要规范合同签订的主体、增值税的抵扣、企业的名称。如果企业还是以项目部或者以分公司的名义签订合同的，那么在抵扣当中会发生一些基础性的问题，造成无法抵扣进项税，所以企业要统一要求各个分公司项目部以总公司的名义签订合同。

其次，母子公司在签订工程分包合同时，要避免形成《中华人民共和国建筑法》禁止的转包或肢解分包模式的风险。

同时企业要加强管理，避免乱签合同。营改增后，建筑企业在分包合同、材料采购合同等合同中应当明确约定对方要开具增值税专用发票，同时还要约定在对方提供相应的请款申请、购销凭证、增值税发票后再行付款。

2.企业集团应加强对子公司的控制。

企业集团应加强对子公司的授权审批控制。企业集团采用授权批准控制管理使子公司的某项财务活动在发生之前，各级人员必须获得母公司的批准或授权，才能执行业务。而且，子公司在重大投资、资产处置、重组和并购、重要融资、重要财务政策的使用和变更方面的自主权也要受到严格授权。

通过授权会大大减少双方的摩擦和权利的碰撞，子公司可在授权的范围内享有经营自主权，谋求企业利润最大化。母公司作为集团公司的投资中心和融资中心，立足于整个集团发展和企业价值最大化的需要，统一配置资源，使各类资源在整合中放大整体资源的优势。

16.3.4　物资材料采购环节筹划

（一）筹划方式

在营改增后，许多建筑企业增值税税负的高低取决于其能否抵扣进项税额。就混凝土来说，建筑企业取得的方式决定了税负的高低。销售自产的以水泥为主要原料的商品混凝土可以选择简易计税方式，如果我方为一般计税项目，有以下两种更节税的处理方式：

1. 要求对方放弃简易计税方式；
2. 自购水泥交由对方加工。

（二）案例分析

1. 直接采购商品混凝土。

450元（含税）/立方米（水泥260元+其他费用190元），开具3%增值税专用发票；商品混凝土不含税成本=450÷1.03≈436.89（元），税额为13.11元。

2. 自购水泥，交由对方企业加工。

水泥260元，不含税金额为230.09元，税额为29.91元；加工费等=190÷1.03×（1+13%）≈208.45（元），不含税金额为184.47元，税额为23.98元。

商品混凝土含税成本=260+208.45=468.45（元），不含税成本=

230.09+184.47=414.56（元）。

税额 =29.91+23.98=53.89（元）。

节约成本 =436.89-414.56=22.33（元）。

多抵扣进项税额 =53.89-13.11=40.78（元）。

16.3.5　科学选择物资供应商

（一）筹划要点

营改增后，供应商能否开出增值税专用发票影响着建筑企业进项税抵扣问题，从而决定着建筑企业的成本。在具体选择供应商时，要在供应商含税报价的基础上结合能否得到足额抵扣进项税款一起考虑，合理进行增值税税务筹划，从而减轻建筑企业增值税的税负。如果供应商为一般纳税人，则其物资的价格就偏高，但是一般纳税人供应商可以开具相应的增值税专用发票；如果供应商是小规模纳税人，则其物资的价格就相对偏低，但是不能开具相应的增值税专用发票。如果委托税务机关代为开具发票，则抵扣幅度相对较小。因此，建筑企业在选择供应商时要综合企业的业务类型特点以及供应商的优惠幅度，最终选择最划算的筹划方案，将企业的纳税成本尽可能降低。

在实际工作中，经常会有招投标环节，那么对于建筑企业而言，"一般计税"9%的税率与"简易计税"3%的税率哪种计税方式更好呢？

（二）筹划方案

1. 一般计税方式。

应缴增值税 = 合同金额 $A \div (1+9\%) \times 9\%$ – 进项税额 $=8.26\% A$ – 进项税额

2. 简易计税方式。

应缴增值税 = 合同金额 $A \div (1+3\%) \times 3\% = 2.91\% A$

3. 假设一般计税方式下应缴增值税 = 简易计税方法下应缴增值税。

$8.26\% A$ – 进项税额 $= 2.91\% A$

进项税额 $\div A = 5.35\%$

对于一般计税方式最大的优势在于进项税额，所以：

（1）当进项税额占合同总收入的比例=5.35%时，两种方式都可以选择；

（2）当进项税额占合同总收入的比例>5.35%时，选择一般计税方式；

（3）当进项税额占合同总收入的比例<5.35%时，选择简易计税方式。

4．进一步换算为材料的进项税额（以13%税率为例）。

材料价税合计÷（1+13%）×13%=5.35% A

材料价税合计÷A=46.52%

（1）当材料占合同总收入的比例=46.52%时，两种方式都可以选择；

（2）当材料占合同总收入的比例>46.52%时，选择一般计税方式；

（3）当材料占合同总收入的比例<46.52%时，选择简易计税方式。

第17章
房地产业税务筹划

17.1 房地产业税务筹划的简介

17.1.1 房地产业税务筹划必要性分析

随着经济全球化的广泛推进，市场竞争不断加剧。由于国家宏观调控力度不断加强以及建筑材料价格上升，房地产业"暴利"不在，面临着税负威胁和产业政策劣势，房地产企业的市场竞争加剧。房地产企业要想在市场中发展壮大，必须采取一系列方法提高自身经营管理水平以增强竞争优势，税务筹划是一个很好的切入点。一方面，从利润空间来看，房地产业的税负超过利润总额的50%，税收负担重。过重的税负往往使企业把税负转嫁给购房者，导致房价攀升，不利于房地产市场的稳定，损害大部分年轻人的幸福感。而大部分房地产企业习惯了前期的高利润率，对于过重的税负深感压力巨大。部分缺少税务筹划的企业一般都因为税负过重而偷税、漏税，千方百计对抗税务局的稽查与追缴；企业内部财务部门和业务部门各自独立作业，缺少整体协同；也有部分企业积极纳税，产生一些退抵税事项，额外增加了企业的办税成本。另一方面，从产业政策劣势来看，房地产业作为第三产业的龙头，不属于国家重点扶持的产业，限贷、限购、限制首付款比例，增加经济适用房、廉租房的供给量和开征房产税等政策连续出台，从供需双方对房地产业调控降温，产业调控政策力度不断加强。例如，国务院规定河北省保定市雄安新区采取全部开发廉租房、经济适用房的模式，商业地产很难获得厚利。然而房地产业贡献的税收在地方财政收入中占有很大比重，各地经济发展对房地产业的依赖越来越严重，房地产泡沫风险威胁到财政收入的稳定增长，因此，房地产业是税务稽查的重点对象。最近几年更是加强了土地增值税清算力度。宏观经济政策环境相对不稳，纳税违法风险较高。企业进行税务筹划可以通过对税法的学习和运用，降低产业政策的消极影响，主动防范纳税风险，减轻企业税负，提高企业利润率，最终提高企业竞争力。

17.1.2 房地产业税务筹划可行性分析

房地产业在产业政策上表现为劣势，但是由于涉及税种众多，可以充分享受税收优惠政策，税务筹划上具有税收政策优势。房地产业作为第三产业龙头，是地方政府招商引资的重点对象，其资金量大、筹划基数较大，具有资金量优势。普惠性税收减免政策为房地产业的次要业务提供了新的机遇，同时，管理会计培训如火如荼，Python编程运用日益广泛，为税务筹划提供了新的人才机遇，二孩政策的放开更是给房地产业注入了一剂强心针。从长远来看，房地产业将会持续发展，因此进行税务筹划是可行的。

第一，从税收政策来看，随着优化营商环境政策的提出，国家税务总局不断推出减税降费的好政策，普惠性税收减免政策为企业提供了政策利好。国地税合并更是方便了企业的涉税咨询活动，税务局树立"为国聚财，为民收税"的服务目标，每年定期开展"便民办税春风行动"，主动服务意识不断提升，大力提倡企业自主申报，推行"纳税满意度提升"活动，鼓励企业自主选择适合于自身实际的核算方法，企业自主性增强让企业能够放心合法地进行税务筹划。

第二，从人力资源来看，随着国民经济实力的提升，经济活动越来越复杂，管理会计体系建设应运而生，管理会计培训与认证开展得如火如荼，也为税务筹划提供了丰富的人才资源。企业能够招聘到更多懂管理的会计人员加入财务管理行列，为企业税务筹划提供智力支撑。新的市场格局中，市场在资源配置中占决定性地位，企业主体地位的提升促使会计师事务所与税务师事务所积极参与到企业的财务活动中，使企业的税务筹划活动更加专业化。

第三，从资金优势来看，大多数房地产企业为一般纳税人，资金规模大，在拿地、建设、经营与持有的各个阶段都需要缴纳税费，涉及增值税、土地增值税和企业所得税等，几乎涵盖了所有税种。而大部分税种税率级差相当大，这就为企业进行合法的税务筹划创造了空间。企业完全可以通过优化资源管理的方式来达到减轻税负的目的。增值税、土地增值税和企业所得税等几种税费超过其他税种之和，对这几种税的筹划是进行税务筹划的关键。例如，对于增值税可以通过增加进项税额、减少销项税额的办法进行筹划；土地增值税可以充分利用国家免征增值税的优惠政策进行税务筹划，也可以围绕级差利用临界点、增加专项扣除进行筹划；而企业所得税可以通过分立企业利用小规模纳税人的优惠税率来进行税务筹划，这些方法在实务中都取得了很明显的效果。在现行税法允许的范围内进行税务筹划是切实可行的。合法的税务筹划对企业管理水平要求很高，需要对企业各项经营活动提前规划，通盘考虑，在减轻企业税负的同时节省更多的资金用于企业生产，并且能够提高资金使用效率，促进业财融合，有利于企业持续、健康发展。

17.2 房地产业税务筹划要点

17.2.1 增值税的筹划

增值税是指纳税人发生应税行为取得的全部价款和价外费用，财政部和国家税务总局另有规定的除外。房地产开发企业未选择简易征收方式的，适用增值税税率为 9%。对增值税而言，通过减少销项税额，增加进项税额是进行税务筹划的核心所在。

（一）分立企业法

为了激发创业、创新活力，国家出台了一系列税收优惠政策。例如，2018年12月以前，对月销售额不满3万元或者季度销售额不满9万元的小规模纳税人暂免征收增值税；实施普惠性税收减免政策后，从2019年1月起，对季度销售额不满30万元的小规模纳税人免征增值税。在实际税务工作中，增值税的认定一般简化为主营项目的税率。为此，房地产企业可以采用业务剥离的方式，将物业、装修等次要销售业务剥离，成立专门的小规模企业，充分用好小型微利企业增值税起征点的优惠政策，最大限度降低销项税额。在购进货物的时候可以选择一般纳税人供应商，开具的增值税专用发票可以抵扣销项税额。房地产企业可以通过分立企业、选择合作对象和巧用税收优惠政策等方式进行税务筹划。通过分立企业可以降低企业销售额，进而降低企业增值税销项税额，最终达到减轻增值税税负的目的。

（二）资产重组法

根据《国家税务总局关于纳税人资产重组有关增值税问题的公告》（国家税务总局公告2011年第13号）的规定，企业资产重组过程中，通过合并、分立、置换和出售等方式转让的实物资产和债权债务、劳动力，不属于增值税征收范围，不征增值税。在取得土地使用权的过程中，房地产企业可以通过资产重组的方式来达到免缴增值税的目的，有些企业如融创公司就广泛运用并购战略拿地，既优化了资源布局，又取得了可观的经济效益。

（三）抵扣政策法

税法规定了增值税许多不予抵扣的情形，例如采购农产品加工品不予抵扣增值税进项税额，但是采购农产品则可以正常抵扣。企业在原材料采购过程中应该尽可能采购农产品初次产品，再自行进行简单的加工后使用，这样就可以充分享受增值税抵扣政策。对房地产企业而言，在采购木板等建筑材料时，可以采购原木，然后自行进行裁剪和压缩加工，转化为建筑板材使用，只需要付出极小的加工成本。

(四)老项目的税务筹划

房地产企业的计税方法有两种:一般计税法和简易计税法。税收政策规定,房地产企业一般纳税人销售自行开发的项目时,采取一般计税法的,按照获得的全部价款和价外费用扣除土地价款后的余额计算销售额;一般纳税人销售自行开发的老项目时,选择简易计税法的,不能扣除土地价款。房地产企业在2016年5月1日之前开发的项目属于老项目。

假设房地产企业某老项目的销售单价为X,销售面积为Z,一般计税法可抵扣的单位土地价款为T,以上价款均不含税。2019年4月1日后,房地产企业采用一般计税法适用税率调整为9%,房地产企业选择简易计税法适用税率为5%,假设除土地价款外无其他可抵扣金额。两种计税方法下的应纳增值税税额计算如下。

(1)一般计税法:增值税应纳税税额=$(X-T) \times Z \times 9\%$。

(2)简易计税法:增值税应纳税税额=$X \times Z \times 5\%$。

设两种计税方法下的应纳增值税额相等,则$(X-T) \times Z \times 9\% = X \times Z \times 5\%$,最后可得$T \div X = 44.44\%$,即当可抵扣单位土地价款与销售单价之比为44.44%时,一般计税法与简易计税法下的应纳增值税税额相等。当可抵扣单位土地价款与销售单价之比大于44.44%时,房地产企业可选择一般计税法核算老项目的增值税;当可抵扣单位土地价款与销售单价之比小于44.44%时,房地产企业可选择简易计税法核算老项目的增值税。计税方式的选择为老项目的税务筹划提供了操作空间。通过对老项目进行税务筹划,可以使企业的应纳增值税税额相应减少,从而减轻房地产企业的税收负担。

(五)递延纳税的筹划

递延纳税是指在遵循税法规定的前提下,纳税人可以延期缴纳应纳税款,虽然延期纳税并不会减少应纳税额,但是在延期的这段时间里,企业可以无偿使用这笔资金却不会产生利息费用,这减轻了企业的税收负担。房地产企业开发项目数量多且周期长,延迟纳税有利于房地产企业资金周转,减少了利息费用,甚至在一定程度上能使企业享受通货膨胀的好处。在税务筹划过程中，房地产企业可以选择延期开具增值税发票来递延纳税，从而减轻税负。

（六）供应商选择的筹划

供应商纳税人类型不同会使房地产企业在采购过程中面临不同的选择。若供应商为一般纳税人，可以为房地产企业提供有效的增值税专用发票作为进项税额抵扣凭证；若供应商为小规模纳税人，可能无法开具增值税专用发票，但是提供的原材料价格比较低廉且有折扣空间。因此，房地产企业应根据实际情况合理选择供应商。

（七）成立附属物业管理公司

营改增政策实施后，物业管理费被纳入现代服务业范围，按照6%的税率核算。目前许多房地产企业选择将物业外包给第三方机构，将物业管理分离出去，单独核算应纳税款。因此房地产企业可以选择设立自己的物业公司，利用税率的差异来减少税款的缴纳。在销售房产时，企业可以将部分费用分离出来，将其转移到下属物业管理公司的物业管理费中，按照6%的税率纳税，从而减少一部分应纳税额，减轻房地产企业的税收负担。

（八）销售方式的筹划

营业税时代，房地产企业可能会选择赠送礼物的方式来刺激消费，以此增加企业的销售量和营业收入。但是营改增后的增值税政策规定，销售过程中赠予顾客的商品均视同销售，按商品价格征收增值税，这会增加企业的销售成本，因此这种方式已经不适用于增值税时代中的房地产企业。在这种情况下，房地产企业应该改变销售方式，选择折扣销售方式。房地产企业需要综合测算不同税种的税率后确定折扣数，打折销售虽然会相应减少企业收入，但也会降低应纳增值税税基。

（九）土地成本分摊的筹划

房地产企业开发的新项目会选择一般计税法来确定应纳税额，房地产企业一般纳税人增值税应纳税额的计算公式为：增值税应纳税额＝（销售收入－土地成本）÷（1+9%）×9%－进项税额。从增值税计算公式可得，土地成本增加会使销项税额减少，此时增值税应纳税额也会随之减少。根据国家税务总局的相关规定，房地产企业2016年5月1日之后开发的项目属于新项目，其土地成本可以税前抵扣。如果房地产企业同一块土地上既有老项目又有新项目，那么企业就可以合理利用这项规定，选择合适的土地成本分摊方法，区分新老项目的土地成本。土地成本分摊方法常用的有占地面积法和建筑面积法。

案例： 某房地产企业的某一项目总体规划用地800万平方米，土地成本为6.5亿元，其中2016年5月1日之前开发的老项目占地面积为300万平方米，建筑面积为250万平方米。二期项目于近期开发，占地面积为500万平方米，建筑面积为490万平方米。新项目运用两种土地成本分摊方法计算土地成本，可抵扣销项税额的计算过程如下。

（1）占地面积法。

新项目的土地成本 =（5÷8）×6.5 ≈ 4.06（亿元）

土地成本可抵扣销项税额 =4.06÷（1+9%）×9% ≈ 0.34（亿元）

（2）建筑面积法。

新项目的土地成本 =4.9÷（4.9+2.5）×6.5 ≈ 4.3（亿元）

土地成本可抵扣销项税额 =4.3÷（1+9%）×9% ≈ 0.36（亿元）

此时建筑面积法下的土地成本可抵扣销项税额大于占地面积法下的土地成本可抵扣销项税额，因此该企业应选择建筑面积法来核算企业的土地成本，从而减少企业的增值税应纳税额，减轻企业的税收负担。

房地产企业应根据新项目的实际情况，对土地成本的分摊方式进行税务筹划，尤其是在新老项目共存的土地上更应筹划土地成本的分摊方法。房地产企业可以通过选择合理的土地成本分摊方法，减少企业的增值税税额，减轻企业的税收负担。

（十）前期准备阶段

第一，增加精装修房。精装修房需要房地产企业在原毛坯房的基础上装潢、装饰后再出售。房地产企业装修时，需要外购装修材料、家装饰品及简单家电等，这部分材料器具作为流通商品，可以取得增值税专用发票进行抵扣，且抵扣税率为13%。因为政策规定"购买精装房赠送的家具、家电等物品，不按商品税率征收增值税，按销售不动产适用税率申报缴纳增值税"，而销售不动产适用的增值税税率为9%。因此销售精装房时，不仅有装潢、装饰这一块的成本收入形成的利润，还有二者税率的差额形成的利润。因此，如果已在商品房买卖合同中注明销售精装商品房，其中附带销售的家用电器、家具等，可以依照混合销售中的相关规定，按9%的税率计算销项税额，按13%的税率抵扣进项税额。因此，若房地产企业能将毛坯房精装修后再出售，不但可以提高销售价格，还可以取得随精装房采购并销售的装潢材料、灯具、洁具及简单家电13%的进项税额。

第二，合理规划住宅和商业地产的比例。由于购置不动产产生的进项税额较大，其远远高于其他普通商品的进项税额。因住宅项目消费者大多为自然人，而增值税法规定不允许为自然人开具增值税专用发票，因此自然人消费者难以承担房地产企业提高售价而产生的高税负。但是大部分商业地产，如商铺、写字楼等业态的消费者都为企业，他们因自身发展情况需要自持商业地产自用或用于投资，当商业地产价格略微提高的幅度低于他们可取得的可抵扣进项税额时，他们对购置不动产产生的进项税是需要的，他们可以对这部分进项税额进行抵扣从而减轻税负。因此房地产企业在前期规划准备时，可通过加大商业地产比例增加盈利空间，转移税负，调整产品结构，多业态并行。

（十一）工程建设阶段

第一，采取"甲供材料"方式。"甲供材料"就是由甲方（即房地产企业）提供的材料，一般为大宗材料，包括钢板、钢筋、水泥、管材等。采取"甲供材料"方式的，需要甲方与承包方（乙方）在签订合同时事先约定。"甲供材料"这一部分属于甲企业采购材料，如果企业可以取得增值税专用发票，可以按采购货物来计算进项税额，抵扣率为13%；施工方购买材料并提供建筑劳务，因为工程支出只能统一按购买建筑劳务来计算进项税额，抵扣率为

9%。前者比后者要高出4%，所以"甲供材料"方式能够给企业提供进项税额并降低税负。虽然对于房地产企业来说，其既能选择"甲供材料"施工方式，又能取得9%税率的增值税专用发票是最为利好的方式，但是建筑施工单位可能在考虑自身利益的情况下并不会完全满足房地产企业的要求。因此房地产企业需要根据自身优势条件，在与建筑施工单位签订合同时进行协商、博弈，从而使企业利益最大化。

第二，科学选择施工企业。房地产企业在营改增后选择合作方时，有一个重要因素不可不考虑，就是对方能否提供增值税专用发票进行抵扣。如果施工企业是小规模纳税人，即使他们申请代开专用发票也只能提供税率为3%的进项税发票；如果施工企业可以提供增值税专用发票，则房地产企业可以获得税率为9%的进项税发票。例如房地产企业和一般纳税人施工企业签订含税价为232万元的建设合同，那么施工成本是200万元，税率为9%的进项税额为6.96万元。如果与小规模纳税人施工企业签订含税价为232万元的建设合同，那么施工成本是225.24万元，进项税额为6.76万元。倘若与小规模纳税人合作，施工成本不仅增加，还会由于小规模纳税人只能提供低税率的进项税额，使企业税负增加。建议房地产企业在往后的项目建设开发中，选择施工企业时既要考虑施工企业的实力，同时也要考虑施工企业的财务制度规范程度，倾向选择一般纳税人资质的施工企业。

第三，拆分配套业务的税务筹划。目前项目楼盘都在走高端精品路线，越来越重视项目社区的环境建设和绿化，对项目的景观设计和绿化设计有一定的要求。景观、绿化设计项目通常分为两个配套业务，第一是购进花草树木，如果房地产企业与销售绿色植物的企业合作，那么将取得13%抵扣率的增值税专用发票进行抵扣；第二是种植维护服务，如果房地产企业决定将该服务承包给服务企业，那么将取得6%抵扣率的增值税专用发票进行抵扣。然而在实际业务中，往往房地产企业不区分前面两部分的业务，而是直接全部承包给一个企业。如果房地产企业决定将项目景观、绿化设计统一承包给一个企业，那么该企业的主营业务的不同将影响房地产企业可以取得的进项税额。

绿化企业主要是销售绿化植物，也就是农产品销售，兼营植物售后种植。根据相关法规规定，该绿化企业可以提供13%抵扣率的增值税专用发票，房地产企业可以取得13%的进项税额；如果绿化企业主要是种植维护，也就是服务业，那么绿化企业可以提供6%抵扣率的增值税专用发票，房地产企业可以取得6%的进项税额。通过对以上情况的分析，如果支付的成本一样，则房地产企业应该选择主营业务是销售的企业，可以取得税率更高的进项税额；但是如果选择主营业务是服务的企业，那么需要将采购绿色植物和服务业务区分开来，以获得更为有利的进项税额抵扣。

（十二）项目销售阶段

第一，折扣销售的税务筹划。根据房地产企业一般的销售政策，如果消费者一次性全款支付房款，则企业会在原价的基础上给予一定折扣。根据税法相关规定，房产原价与折扣金额应该在同一张发票的金额栏分别注明，这样才可以将折扣后的金额作为税基计算销项税额，否则将按照房产原价计算缴纳增值税。因此房地产企业在销售房产开具发票时应当关注这一点，避免增加销项税额计算税基，从而造成多缴纳不必要的税费。

第二，延迟纳税发生时间。根据相关的法律条文，房地产企业销售房产过程中收到预收房款，需要按照一定比例预缴部分增值税。而如果房地产企业以诚意金的名义向客户收取定金性质的费用，那么这笔诚意金不属于预收房款，也不必按比例预缴增值税，但是这个操作的前提条件是房地产企业尚未与消费者签订购房合同。因此，房地产企业可以根据这点规定，与消费者达成协议收取定金或诚意金，延后签订房屋购买合同，也就达到了推迟缴纳增值税的时间，企业货币时间价值得以增加的目的。同时需要关注的是，当房地产企业与消费者签订购房合同的时候，诚意金就不再是定金性质的了，而是预收房款，房地产企业财务人员需要按时对此预缴部分预缴增值税，避免漏缴、少缴税款的风险。

（十三）日常管理阶段

第一，积极取得增值税专用发票。根据税法相关规定，企业在发生采购成本时，只有取得合法的增值税专用发票，并且在规定的时间内认证发票和申报抵扣，该成本产生的抵扣进项税额才可以真正地抵扣计算增值税。因此，选择供应商的必要条件就是要求其可以提供增值税专用发票，如果供应商不能开具增值税专用发票，也应该提供代开的增值税专用发票。这一方面要求企业采购人员在采购业务过程中，具有取得增值税专用发票的意识，这样才能取得合法且可以抵扣的发票。另一方面，企业财务人员应当把握好发票的认证期限，及时做好增值税发票认证、申报方面的工作。

第二，固定资产的购置。不动产的购置金额较大，其进项税额的抵扣可以减少当期增值税额，但抵扣进项税额后，原来计入不动产及不动产在建工程的成本便降低了，这又导致最终转入固定资产后计提的折旧额减少，折旧减少后会引起利润总额的增加，导致企业所得税增加。所以，房地产企业在做固定资产的采购计划时，应当综合考虑对增值税和企业所得税税负的影响，做到合理规划，避免盲目通过采购固定资产来增加进项税额抵扣，而加大企业所得税税负。

第三，劳务外包。房地产企业主要的销售方式为企业内部成立营销部门或委托专业的销售代理企业销售。如果企业成立营销部门，那么支付的相关的人工成本无法抵扣进项税额。如果进行劳务外包，让专业的销售代理企业提供销售人员进行营销活动，在相同成本的情况下，不仅可以从销售代理企业处获取增值税专用发票抵扣进项税额，还可以为企业节约销售成本。加之房地产企业销售楼盘是分时期销售的，如果只在集中销售期间将销售业务外包给销售代理企业，已销售面积达总面积80％以上后，再聘用少数几名销售顾问进行销售，则企业成本将会降低很多。

第四，控制优化资金管理。作为资金使用大户，房地产企业的资金需求量巨大，通常除了自有资金外，还需向外部借款，但目前的政策规定利息支出不能获得进项税额抵扣，这样就减少了企业收益、加重了企业税负，所以企业财务部门应当平衡好财务杠杆，合理控制现金流，加强资金的计划管理，提高资金使用效率。但是，房地产企业在税务筹划过程中不能为了减少税负，一味地降低企业贷款，而应当结合具体情况分析，利用其他渠道资金减少借款，保证企业的持续现金流以维持正常的经营活动。综上所述，目前房地产企业开发项目模式日趋成熟且固化，企业想从开发项目中寻求的利润越来越小，结合房地产企业各个业务流程的特点，做出具有针对性的税务筹划及经营调整的必要性已毋庸置疑。税务筹划应具有整体性全局观，需要站在企业长远发展的角度来做。房地产企业应从业务源头渗透，关注增值税减轻税负关键点，应对税收风险，把握业务流程特点，从而制定符合企业整体利益且合法合规的筹划方案，减轻税负，最大程度提高企业利益。

17.2.2 企业所得税的筹划

企业所得税是对中华人民共和国境内的企业（居民企业及非居民企业）和其他取得收入的组织，以其生产经营所得为课税对象所征收的一种所得税，不包括个人独资企业及合伙企业。企业所得税税率是企业应纳税所得额与计税基数之间的比率。企业所得税法定税率为25%，符合条件的小型微利企业减按20%的税率征收企业所得税。企业应纳税所得额＝收入总额－不征税收入－免税收入－抵扣项目－允许弥补的以前年度的亏损应纳税额＝应纳税所得额×适用税率－减免税额－抵免税额。企业所得税的计税依据是应纳税所得额，应纳税所得额是指企业收入总额减去成本、费用、损失以及允许扣除项目总额后的金额。因此房地产企业可以利用营改增税制改革后制定的税收政策，以允许扣除项目为切入点对企业所得税实施筹划。

（一）利用税收优惠政策进行筹划

国家对小型微利企业推出了一系列优惠政策。例如，2019年对小型微利企业实行普惠性税收减免。对小型微利企业年应纳税所得额不超过100万元的，减按25%计入应纳税所得额，按20%的税率缴纳企业所得税；对年应纳税所得额超过100万元，但不超过300万元的，减按50%计入应纳税所得额，按20%的税率缴纳企业所得税。小型微利企业是指从事国家非限制性和非禁止行业，且年度应纳税所得额不超过300万元，员工不超过300

人，同时资产总额不超过5000万元的企业。根据普惠性税收减免政策，房地产企业可以分立企业，成立小型微利企业运营装修、物业管理等次要业务，以充分享受税收减免带来的低税率优惠。

（二）利用弥补亏损进行筹划

税法规定，企业年度内发生的亏损可以向以后年度结转，但最长不得超过5年。因此，可以在5年之内充分利用亏损额进行筹划，合理安排企业收支，规划好企业的各项经营活动。房地产企业由于资金量大，在初始投资建设阶段，一般会处于亏损状态，可以从开始盈利的当年利用利润总额弥补亏损，以减少当期的企业所得税，为企业争取资金的时间价值，减少筹资成本。

（三）利用加计扣除政策进行筹划

税法规定，企业安置残疾人员的，在按照支付给残疾职工工资据实扣除的基础上，可以在计算应纳税所得额时按照支付给残疾职工工资的100%加计扣除。企业可以通过招聘少量的残疾人从事内勤工作，达到节税的目的。企业就支付给残疾职工的工资，在进行企业所得税预缴申报时，允许据实计算扣除；在年度终了进行企业所得税年度申报和汇算清缴时，再二次扣除。

（四）借款利息费用的筹划

房地产企业建设项目的特征主要为周期长和对资金需求大，企业可用资金量往往无法负担项目的开发，需要通过向商业银行或其他金融机构借款来筹集所需资金。企业所得税法规定，纳税人在生产经营过程中为了满足资金的需求向金融机构借款所支付的利息费用，可以在缴纳税款前按照实际发生数扣除，因此房地产企业面对资金困境，可以在自身承受能力允许的情况下向银行借款。同时房地产企业应该妥善保管银行开具的利息费用凭证，在进行企业所得税核算时据实扣除利息支出。

（五）"三工费用"的筹划

企业所得税法关于准予扣除项目条款指出，职工福利费、职工教育经费和工会经费分别按照14%、8%和2%的比例准予扣除，但是职工教育经费超过工资总额8%的部分需要结转到以后年度扣除。房地产企业可以将支付给员工的各项现金补贴和非货币性福利、集体福利、部门建设费用和各项困难补助等纳入职工福利费，然后按照14%的比例扣除。

（六）业务招待费的筹划

业务招待费是指纳税人为了满足生产经营中产生的合理需求而需要支付的招待费用。业务招待费的扣除采用"两头卡"的方式，即可以扣除业务招待费总额的60%，但最高扣除额限制为当期营业额的5‰。目前，许多房地产企业的业务招待费不仅超过了最高限额，而且与员工消费产生了混淆，员工培训费用、职工差旅费和业务宣传费等被企业纳入业务招待费，导致超额支出无法扣除。在这种情况下，房地产企业需要合理划分业务招待费范围，单独核算宣传费和会议费等，对当前纳税年度的业务招待费进行合理预估，从而实行科学的税务筹划。

（七）固定资产租赁费的筹划

企业所得税法规定，纳税人通过经营租赁的方式租用固定资产所支付的租金，能够在缴纳税款前直接扣除，但是通过融资租赁的方式租用固定资产所支付的租金中只有手续费和利息支出可以被扣除。房地产企业在项目开发过程中，需要用到许多固定资产，如吊车等，这些固定资产的购置费用庞大，企业在建设房产过程中本身就会面临资金紧张的问题，因此企业可以优先选择租入固定资产的方式，租赁费用可以在缴纳企业所得税前全额扣除，这可以缓解企业的资金压力，减轻税收负担。

17.2.3 土地增值税的筹划

土地增值税是指转让国有土地使用权、地上建筑物及其附着物并取得收入的单位和个人，以转让所取得的收入包括货币收入、实物收入和其他收入减去法定扣除项目金额后的增值额为计税依据向国家缴纳的一种税，不包括以继承、赠予方式无偿转让房地产的行为。房地产企业土地增值税的计税依据为转让建筑物所取得的所有价款减去允许扣除项目总额后的增值额。房地产企业土地增值税法定扣除项目包括取得土地使用权所支付的金额、房地产开发实际发生的成本、房地产开发费用、旧房及建筑物的评估价格、转让房地产相关的税额和其他扣除项目。营改增后，房地产企业无须缴纳营业税，因而企业主要通过扣除已缴增值税方式来转让相关税金。土地增值税相关规定指出，如果自行建造的普通住宅的增值率小于或等于20%，可以免予缴纳土地增值税，并且非自建房也可免缴土地增值税。因此，土地增值税具有较大的筹划空间。

对于土地增值税而言，增值率越高，应纳税额就越高，因此控制增值额，降低增值率是减轻土地增值税税负的有效途径。增值额是指转让房地产取得的收入减除规定的房地产开发成本、费用等支出后的余额。房地产企业在销售和持有阶段都需要缴纳土地增值税。据专家测算，房地产企业毛利率只要超过34.63%，就需要缴纳土地增值税。根据《中华人民共和国土地增值税暂行条例》（以下简称《土地增值税暂行条例》）的规定，企业可以采用多种方法进行税务筹划。

（一）利用临界点进行税务筹划

土地增值税实行的是四级超额累进税率，每一级根据增值额与扣除项的不同比例进行划分，比例越低需要缴纳的土地增值税越少。当纳税人建造的普通标准住宅出售，增值额未超过扣除项目20%时，免征土地增值税。各个级别之间在形式上产生了一些临界点，因此，可以围绕临界点比率进行税务筹划，增加扣除项目可以降低纳税级别，从而达到减轻税负的目的。例如，房地产企业可以围绕临界点对配套基础设施建设支出、利息支出、代收费用等进行筹划。在开发多处房产时，可以围绕临界点决定合并缴纳或者分开缴纳，通过降低增值率来达到少缴税的目的。

"临界点"筹划法是利用政策法规进行筹划的典型手段。根据《土地增值税暂行条例》，纳税人出售普通标准建造住宅，若增值额在扣除项目金额的20%以下，免征土地增值税；若增值额在扣除项目金额之和的20%以上，全部增值额按规定计税。"20%"就是企业土地增值税的临界点，企业土地增值税免征的关键就是怎样计算土地增值额。而扣除项目金额和房地产转让收入这两大因素影响土地增值额的计算。由此可见，房地产企业必须制定合理的税务筹划方案，合理计算土地增值额，谨慎选择房地产转让价格，以此控制增值率不超过20%这个临界点。

（二）利用减免政策进行税务筹划

国家频繁出台对房地产市场的相关政策，企业应及时根据政策变动修改税务筹划方案，随时掌握政策动态，抓住国家优惠政策的机遇。同时，相关筹划人员还要结合实际情况制订相关筹划计划，对国家政策变化及时掌握的同时，还要对新的政策变化有一定的预见性。

《土地增值税暂行条例》规定了一系列减免项目。例如，企业以房地产作价入股，把房地产转让给投资或联营企业的，暂免征收土地增值税；对于一方出资金，一方出土地合作建房，建成后分房自用的，暂免征收土地增值税；在企业兼并中，被兼并方将房地产转让给兼并企业的，暂免征收土地增值税。企业可以通过合作建房来建造办公楼、售楼部自用，免去租金和土地增值税费用；在开发其他企业的项目时，可以改销售为投资入股，既能享受持久收益，又能够免缴土地增值税；还可以通过兼并方式取得土地，实现减轻税负的目标。

（三）通过分解销售来进行税务筹划

土地增值税是超额累进税率，即房地产的增值率越高，适用的税率越高。因此，如果通过分解房产的价格来进行销售，就可以降低增值率，进而降低土地增值税。当前许多房地产企业都开发了精装修房，房屋的销售价格包含了装修费用，所以精装修房售价明显高于毛坯房售价。销售时如果把装修费用单独签订合同，就可以降低房屋销售额。因此，可以分别签订房屋买卖合同与装修合同，通过分解售价降低增值率，以达到节税的目的。

（四）利用代建房进行筹划

企业应合理选择代建房方式进行筹划。代建房就是房地产企业代替客户进行房地产开发的房屋，完成之后房地产企业会向客户收取一定的费用。据我国相关税法规定，代建房行为不纳入土地增值税征税范围。因此，采取代建房方式进行筹划的利益是显而易见的。代建房业务是指客户提供土地，房地产企业代替客户进行房产的建造，建造完工后客户向房地产企业支付代建费用。对房地产企业来说，代建房业务虽然提供了收入，但是由于房地产所有权没有转移，取得的收入属于劳务收入范畴，因此无须缴纳土地增值税。房地产企业可以适当增加代建房业务的比重，代建房业务的开发不仅可以使企业赚取劳务收入，还无须缴纳土地增值税，有利于企业减轻税负，增加营业利润。

（五）单独核算普通住宅

房地产企业建造的住宅种类繁多，主要分为高档住宅、普通住宅、公寓式住宅和别墅等。国家税收政策规定，房地产企业自行建造并销售普通住宅，若土地增值额小于或等于扣除项目总额的20%，则无须缴纳土地增值税。若没有分别对各住宅类型核算增值额的，其普通住宅不能适用上述免征土地增值税的优惠条款。因此企业应当通过对普通住宅单独核算增值额的方式减轻企业税收负担，进行合理税务筹划。

（六）利息支出的筹划

我国土地增值税的实施细则规定，对于与房地产开发项目有关的财务费用内的利息费用，如果能够作为房地产转让项目被计算和分摊，并且金融机构可以提供相关凭证，该利息费用准予全额扣除，但是该笔利息费用设有上限，必须小于或等于依据银行同样期限、同样种类贷款利率计算的数额。当房地产企业当期支出大额利息费用时，可以出具金融机构的抵扣凭证全额扣除该笔利息费用；当房地产企业当期支出较少利息费用时，可以将应当进行分摊的利息费用忽略不计，进而扣除更多房地产开发费用，从而减少土地增值税应纳税额，最终使企业税后收益最大化。

17.2.4 城镇土地使用税和房产税的筹划

城镇土地使用税的征税对象为纳税人实际占用的土地。房地产企业通常会在竞拍到土地后立刻进行房产的建设开发,但是可能会因为资金问题或者其他因素导致部分土地被空置。房地产企业不应该将土地白白地闲置在那里,而可以对土地进行合理的利用,如将这些土地租给有需要的企业或个人。租借土地虽然不能帮助房地产企业减少城镇土地使用税,但是租赁收入可以增加企业收益,解决资金紧张的困境,有利于经济效益最大化目标的实现。房产税的征收对象为房地产企业的库存房产,但是现在房地产市场供求关系严重不平衡,可供销售的房产数量完全无法满足人们对房产的需求,我国多个城市都出现了一房难求的情况,因此房产税的筹划对房地产企业来说没有太大意义。

17.2.5 契税和印花税的筹划

契税以国有土地使用权、土地使用权和房屋所有权的权属转移为征税对象,房地产企业主要是以国有土地使用权的出让为依据计算缴纳契税。根据契税政策的相关规定,企业在接受其他企业的股权转让时,若企业土地、房屋所有权等没有转移,则无须缴纳契税。所以,房地产企业能够用股权转让方式代替直接购买方式来获取土地的使用权,以此来减轻企业税收负担。

案例:假设现有甲房地产公司想要取得乙公司某块土地的使用权,该土地成本为 5 000 万元,乙公司报价 8 000 万元,契税税率为 4%。现有两种情况:若甲房地产公司直接购买乙公司的土地,则需要缴纳 320(8 000×4%)万元的契税;若甲房地产公司取得乙公司转让的股权,甲房地产公司便可以代替乙公司开发土地,此时土地使用权仍然归乙公司所有,所以甲房地产公司不需要缴纳契税。

印花税的征税对象是合同、凭证、账簿等文件,计税依据为这些文件中记载的金额,税率比较小,没有对企业造成税收负担,税务筹划的作用不大,因此不对印花税进行筹划。

17.3 房地产业税务筹划案例

17.3.1 土地增值税的筹划案例

(一) 开发方式的税务筹划

1. 利用合作建房进行税务筹划。

税法规定，对于一方出地，一方出资金，双方合作建房，建成后按比例分房自用的，暂免征收土地增值税；建成后转让的，应征收土地增值税。

案例：假如A房地产开发公司在某市繁华地段拥有一块土地，拟与B实业公司合作建造办公大楼，资金由B实业公司提供，建成后按比例分房。对B实业公司来说，分得的办公楼不含土地增值税，会降低购置成本。对A房地产开发公司而言，作为办公用房，不用缴纳土地增值税，可减轻大量税负，降低房地产开发成本，增强其在市场上的竞争力。这样就实现了出资方和房地产企业的双赢。

2. 利用代建房进行税务筹划。

税法规定，代建房指房地产企业代客户进行房地产开发，开发完成后向客户收取代建收入的行为。对于房地产企业而言，虽取得了一定收入，但没有发生房地产权属的转移，其收入属于劳务收入性质，故不属于土地增值税的征税范围。

根据税法规定，如不采用代建房方式开发，则房地产属于该房地产企业，销售时既要缴纳土地增值税又要缴纳增值税。房地产企业可利用代建房方式减轻税负，但前提是在开发之初就能确定最终用户，实行定向开发，从而避免开发后销售缴纳土地增值税。

(二) 扣除项目的税务筹划

1. 利用利息支出的扣除规定进行税务筹划。

税法规定，房地产企业的利息支出，纳税人能够按转让房地产项目计算分摊并提供金融机构证明的，利息允许据实扣除，但最高不得超过按商业银行同类同期贷款利率计算的金额，即可扣除的房地产开发费用＝利息＋（取得土地使用权所支付的金额＋房地产开发成本）×5％以内。纳税人不能按转让房地产开发项目计算分摊利息支出或不能提供金融机构贷款证明的，房地产开发费用按取得土地使用权所支付的金额与房地产开发成本之和的10％以内计算扣除，即可扣除的房地产开发费用＝（取得土地使用权所支付的金额＋房地产开发成本）×10％以内。

根据税法规定，房地产企业据此可以选择：如果企业预计利息费用较高，开发房地产项目主要依靠负债筹资，利息费用所占比例较高，则可计算应分摊的利息并提供金融机构证明，据实扣除；反之，主要依靠权益资本筹资，预计利息费用较少，则可不计算应分摊的利息，这样可以多扣除房地产开发费用。

案例：假设某房地产开发企业进行一个房地产开发项目，为取得土地使用权而支付金额300万元，房地产开发成本为500万元。

如果该企业利息费用能够按转让房地产项目计算分摊并提供金融机构证明，则其他可扣除项目＝利息费用＋（300+500）×5％＝利息费用+40（万元）；如果该企业利息费用无法按转让房地产项目计算分摊，或无法提供金融机构证明，则其他可扣除项目＝（300+500）×10％=80（万元）。

对于该企业来说，如果预计利息费用高于40万元，企业应力争按转让房地产项目计算分摊利息支出，并取得有关金融机构证明，以便据实扣除有关利息费用，从而增加扣除项目金额；反之同理。

2.利用代收费用并入房价减少税基。

税法规定，对于县级及县级以上人民政府要求房地产企业在售房时代收的各项费用，如果代收费用是计入房价中向购买方一并收取的，可作为转让房地产所取得的收入计税，在计算扣除项目金额时，可予以扣除，但不允许作为加计20％扣除的基数；如果代收费用未计入房价中，而是在房价之外单独收取的，可以不作为转让房地产的收入。相应的，在计算扣除项目金额时，代收费用就不得在收入中扣除。

房地产开发企业在销售不动产时，经常要代其他部门收取一些诸如城建配套费、维修基金等费用。目前，纳税人有两种收取方式：一是将代收费用视为房产销售收入，并入房价向购买方一并收取；二是在房价之外向购买方单独收取。

（三）销售的税务筹划

1.通过设立独立核算的销售公司进行税务筹划。

通过控制和降低房地产的增值率来减轻税负的方法，其局限性在于往往要求企业制定稍低的价格，而扣除项目的提高也受到诸多因素的限制和制约。若企业将自身的销售部门分离出来，设立独立核算的房地产销售子公司，先将房地产销售给子公司，子公司再将其对外销售，在向子公司销售房地产的时候可以将增值率控制在20%以内，这样这个环节就可以免征土地增值税，而只就对外销售征收土地增值税。

案例： 假设某房地产的开发成本是100万元。方案一：直接以200万元对外销售。方案二：先以120万元的价格销售给子公司，子公司再以200万元的价格对外销售。

方案二可以分解降低增值率，合理减轻企业土地增值税负担。

2.将销售与装修分开核算。

在现实中，很多房地产在出售之前已经进行了简单的装修和维护，并安装了一些必备的设施。如果将房地产的装修、维护以及设备的安装作为企业单独的业务独立核算，则可以一举两得。一是可以合法地降低房地产的销售价格，控制房地产的增值率，从而减轻企业所承担的土地增值税负担；二是原本计入房地产价格的装修、安装等业务收入分开核算后适用3%的税率。

案例： 某房地产公司出售一栋房屋，房屋不含增值税售价为1 000万元，该房屋进行了简单装修并安装了简单必备设施。根据相关税法的规定，该房地产开发业务允许扣除的费用为400万元，增值额为600万元。

该房地产公司应该缴纳土地增值税、增值税、城市维护建设税、教育费附加以及企业所得税。土地增值率=600÷400×100%=150%。应当缴纳土地增

值税 =600×50％ -400×15％ =240（万元）。

请提出该企业的税务筹划方案。

如果进行税务筹划，将该房屋的出售分为两个合同，第一个合同为房屋出售合同，不包括装修费用，房屋不含增值税出售价格为700万元，允许扣除的成本为300万元。

第二个合同为房屋装修合同，不含增值税的装修费用为300万元，允许扣除的成本为100万元。则土地增值率 =400÷300×100％ =133％。应缴纳土地增值税 =400×50％ -300×15％ =155（万元）。

经过税务筹划，减轻企业土地增值税负担85（240-155）万元。

3. 确定适当的房地产销售价格。

房地产销售价格的变化，直接影响房地产收入的增减，在确定房地产销售价格时，要考虑价格提高带来的收益与不能享受优惠政策而增加税负两者间的关系。目前房价飞涨，公司是否应该跟着提高住宅的售价呢？是不是房价越高，企业的利润越大呢？

对于普通住宅的房价，因为当增值率不超过20％时，可以免征土地增值税，提高房价可以为企业带来更多收益，但必须保证增值率不超过20％。对于豪华住宅，虽然没有免税政策，但还是有涨价的空间。当然，应该仔细地测量这个空间，如果房价涨过了购买力，就会造成房产空置。

企业在确定房价时应该仔细测算利润率，结合市场的承受能力，再决定升价与否，升多少或降多少才能使企业的利益最大化。

4. 将销售速度控制在适当范围。

根据《国家税务总局关于房地产开发企业土地增值税清算管理有关问题的通知》（国税发〔2006〕187号）的规定，已竣工验收的房地产开发项目，已转让的房地产建筑面积占整个项目可售建筑面积的比例在85％以上的，主管税务机关可要求纳税人进行土地增值税清算。

案例：某房地产开发企业2015年1月取得房产销售许可证，开始销售房产。2018年年底已经销售了86％的房产，经过企业内部初步核算，该企业需要缴纳土地增值税 8 000 万元，目前该企业已经预缴土地增值税 2 000 万元。该企业应当如何进行税务筹划？

如果该企业进行土地增值税清算，则需要在 2019 年年初补缴 6 000 万元的税款。如果该企业有意控制房产销售的速度和规模，将销售比例控制在 84%，剩余的房产可以留待以后销售或者用于出租。

这样，该企业就可以避免在 2019 年年初进行土地增值税的清算，可以将清算时间推迟到 2020 年年初，这样就相当于该企业获得了 6 000 万元资金的一年期无息贷款。假设一年期资金成本为 8%，则该税务筹划为企业节约利息 = 6 000×8% = 480（万元）。

（四）利用税收优惠政策进行税务筹划

税法规定，纳税人建造普通标准住宅出售，如果增值额没有超过扣除项目金额的 20%，免予征收土地增值税。纳税人既建造普通标准住宅，又进行其他房地产开发的，应分别核算增值额；未分别核算增值额或不能准确核算增值额的，其建造的普通标准住宅不享受免税优惠。

根据税法规定，这方面税务筹划的关键就是通过适当减少销售收入或增加可扣除项目金额使普通住宅的增值率控制在 20% 以内。这样做的好处有两个：一是可以免缴土地增值税；二是降低了房价或提高了房屋质量、改善了房屋的配套设施等，可以在目前竞争激烈的销售战中取得优势。但是如果没有控制好普通住宅的增值率，就会出现多缴税的情况。

案例：某房地产开发企业 2008 年商品房销售收入为 1.5 亿元，其中普通住宅的销售额为 1 亿元，豪华住宅的销售额为 5 000 万元。税法规定的可扣除项目金额为 1.1 亿元，其中普通住宅的可扣除项目金额为 8 000 万元，豪华住宅的可扣除项目金额为 3 000 万元。土地增值税的计算公式为：

增值率 = 增值额 ÷ 扣除项目金额 × 100% =（收入额 − 扣除项目金额）÷ 扣除项目金额 × 100%

应纳税额 = 增值额 × 适用税率 − 扣除项目金额 × 速算扣除系数

方案一：普通住宅和豪华住宅不分开核算。

增值率 =（15 000-11 000）÷11 000×100% ≈ 36.36%

应纳税额 =（15 000-11 000）×30% = 1 200（万元）

方案二：普通住宅和豪华住宅分开核算，但没有控制好增值率，使其超过了20%。

普通住宅：增值率 =（10 000-8 000）÷8 000×100% = 25%。

应纳税额 =（10 000-8 000）×30% = 600（万元）。

豪华住宅：增值率 =（5 000-3 000）÷3 000×100% ≈ 66.67%。

应纳税额 =（5 000-3 000）×40% - 3 000×5% = 650（万元）。

两者合计为1 250万元，此时分开核算比不分开核算多支出税金50万元。这是因为普通住宅的增值率为25%，超过了20%，还需缴纳土地增值税，但如果能使普通住宅的增值率控制在20%以内，则可大大减轻税负。控制普通住宅增值率的方法是降低房屋销售价格，销售收入减少了，而可扣除项目金额不变，增值率自然会降低。当然，这会带来另一种后果，即导致销售收入减少，此时是否可取，就需比较减少的销售收入和控制增值率减少的税金支出的大小，从而做出选择。

假定上例中普通住宅的可扣除项目金额不变，仍为8 000万元，要使增值率为20%，则销售收入 a 从（a-8 000）÷8 000×100% = 20%中可求出，a = 9 600万元。此时该企业共应缴纳的土地增值税为650万元，节省税金600万元，考虑减少的400万元收入后仍可节省200万元税金。

假定上例中其他条件不变，只是普通住宅的可扣除项目金额发生变化，使普通住宅的增值率限制在20%，那么可扣除项目金额 b 从（10 000-b）÷b×100% = 20%等式中可计算出，b = 8 333万元。此时，该企业仅豪华住宅缴纳650万元土地增值税，可扣除项目金额比原可扣除项目金额多支出333万元，税额却比不分开核算少缴纳550万元，比分开核算少缴纳600万元。净收益分别增加217（550-333）万元和267（600-333）万元。增加可扣除项目金额的途径很多，但是在增加房地产开发费用时，应注意税法规定的比例限制。税法规定，开发费用的扣除比例不得超过取得土地使用权支付的金额和房地产开发成本金额总和的10%,而各省市在10%之内确定了不同的比例,纳税人需注意。

(五) 将房地产销售改为股权转让筹划方案

案例:某房地产企业与某酒店投资企业签订协议,建造一座五星级酒店。工程由该房地产企业按照该酒店投资企业的要求进行施工、建造。工程决算后,该酒店投资企业购买该酒店,需要支付土地出让金20 000万元,房地产开发成本为70 000万元,房地产开发费用为4 500万元,利息支出为5 000万元,城市维护建设税税率为7%,教育费附加征收率为3%,销售价格为140 000万元。当地政府允许扣除的房地产开发费用,按照取得土地使用权和开发成本金额之和的5%以内计算扣除。

该房地产企业的房地产转让收入为140 000万元。应当缴纳城市维护建设税和教育费附加=7 000×(7%+3%)=700(万元)。

该企业取得土地使用权支付成本20 000万元、房地产开发成本70 000万元。房地产开发费用合计=(20 000+70 000)×5%+5 000=9 500(万元)。房地产加计扣除费用=(20 000+70 000)×20%=18 000(万元)。允许扣除项目金额合计=20 000+70 000+9 500+18 000+7 000+700=125 200(万元)。增值额=140 000-125 200=14 800(万元)。增值率=14 800÷125 200×100%≈11.82%,应当缴纳土地增值税=14 800×30%=4 440(万元)。

该企业实际利润=140 000-(20 000+70 000)-9 500-(7 000+700+4 440)=28 360(万元)。应当缴纳企业所得税=28 360×25%=7 090(万元)。该企业的税后利润=28 360-4 254=24 106(万元)。

该房地产企业可以根据该酒店投资企业的要求自行开发建设该五星级酒店,该酒店投资企业可以将本来应当按期支付的工程款以借款的方式借给该房地产企业。酒店建成以后,该房地产企业可以与该酒店投资企业合资成立一家酒店,房地产企业以该酒店投资入股,占相应的股份。酒店成立以后,该房地产企业再将其所拥有的股份全部转让给该酒店投资企业。假设该酒店的各项建设成本不变,为了与酒店投资企业共享税务筹划的收益,该房地产开发企业转让股份所得为125 000万元。这样,酒店投资企业少支付价款15 000万元。根据《财

政部 国家税务总局关于土地增值税一些具体问题规定的通知》（财税〔1995〕48号）的规定，对于以房地产进行投资、联营的，投资、联营的一方以土地（房地产）作价入股进行投资或作为联营条件，将房地产转让到所投资、联营的企业中时，暂免征收土地增值税。对投资、联营企业将上述房地产再转让的，应征收土地增值税。该房地产企业投资入股可以免征土地增值税，而其转让股权的行为也不需要缴纳土地增值税。该房地产企业建造该酒店的总成本=20 000+70 000+4 500+5 000=99 500（万元）。转让股权所得=125 000-99 500=25 500（万元）。应当缴纳企业所得税=25 500×25%=6 375（万元）。该企业的税后利润=25 500-3 825=21 675（万元）。多获得税后利润=21 675+24 106=45 781（万元）。该房地产企业和该酒店投资企业总共减轻税收负担=15 000+45 781=60 781（万元）。

17.3.2 印花税的筹划案例

（一）案例介绍

某企业于2019年9月以28亿元的价格竞得某项目，按常规操作，土地出让需缴纳产权转移印花税约140万元。现通过成立后注资前登记为小规模纳税人，可享受土地印花税0.05%减半征收的税收优惠70万元。

（二）政策条文

《财政部 税务总局关于实施小微企业普惠性税收减免政策的通知》（财税〔2019〕13号）第三条规定，对增值税小规模纳税人可以在50%的税额幅度内减征印花税。目前该政策执行期限为2019年1月1日至2021年12月31日。

(三)筹划操作流程

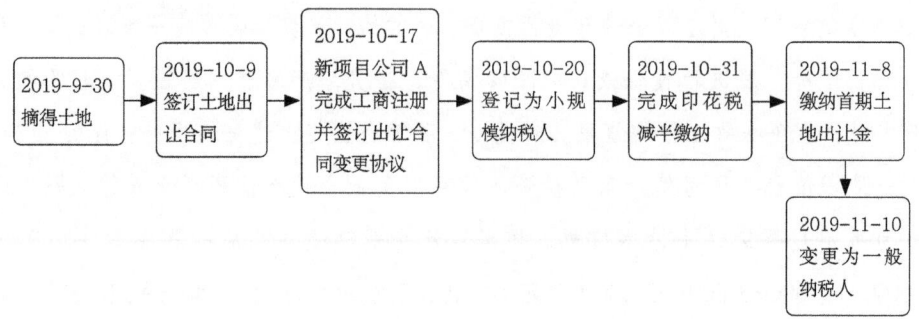

(四)风险提示

(1)小规模纳税人资质认定。税务机关有可能不同意房地产企业申请登记为小规模纳税人,因此可以在各城市提前注册成立小规模纳税壳公司储备使用。

(2)进项抵扣凭证时效。小规模纳税人获取的进项抵扣凭证,包括土地票据,不能抵扣增值税,因此在获取印花税减半优惠后须及时申请变更为一般纳税人,确保进项抵扣凭证延后开具。上述操作须结合一般纳税人生效时间(纳税人办理登记的当月1日或者次月1日),精细化铺排税收优惠申请及缴纳、纳税资质变更、土地款入库安排等关键节点。

(3)土地款分期付款利息印花税补缴。土地款分期付款利息需视同土地款的一部分在完成利息支付后缴纳对应印花税。

17.3.3 利息支出的税务筹划案例

(一)案例介绍

某房地产企业开发的一处房地产项目,取得土地使用权支付金额1.5亿元,开发该项目发生开发土地和新建房及配套设施的成本为1亿元,发生销售费用0.15亿元、管理费用0.1亿元、财务费用0.2亿元(直接向金融机构支付的利息)。

那么,这些费用在进行土地增值税清算时,到底该如何列支呢?

（二）政策依据

根据《中华人民共和国土地增值税暂行条例实施细则》第七条第（三）项规定，开发土地和新建房及配套设施的费用（以下简称"房地产开发费用"），是指与房地产开发项目有关的销售费用、管理费用、财务费用。

财务费用中的利息支出，凡能够按转让房地产项目计算分摊并提供金融机构证明的，允许据实扣除，但最高不能超过按商业银行同类同期贷款利率计算的金额。其他房地产开发费用，按取得土地使用权所支付的金额与开发土地的成本、费用计算的金额之和的5%以内计算扣除。

凡不能按转让房地产项目计算分摊利息支出或不能提供金融机构证明的，房地产开发费用按取得土地使用权所支付的金额与开发土地的成本、费用计算的金额之和的10%以内计算扣除。

上述计算扣除的具体比例，由各省、自治区、直辖市人民政府规定。

（三）筹划方案

（1）销售费用、管理费用实际累计发生0.25亿元，根据政策规定，限额内可扣除费用为0.125亿元（2.5×5%）。

（2）利息支出。

① 如果按政策规定，限额内可扣除费用为0.125亿元（2.5×5%）。

② 如果能够提供金融机构支付证明，则按实际发生利息0.2亿元据实列支。

（四）案例启示

通过对以上政策及发生费用的分析，可以得出以下筹划结论。

（1）与房地产开发项目有关的销售费用、管理费用，采用的是"计算扣除"方式，而非"限额内据实扣除"方式。

也就是说，与房地产开发项目有关的销售费用、管理费用按取得土地使用权所支付的金额与开发土地的成本、费用项目规定计算的金额之和的5%以内计算扣除。

（2）与房地产开发项目有关的利息费用，如果是支付给金融机构的，可以据实列支。也就是说，实际发生的利息费用，可以超过"按取得土地使用权所支付的金额与开发土地的成本、费用项目规定计算的金额之和的5%"扣除。

如果利息费用不是支付给金融机构的，而是自有资金或关联企业借款，那么就按取得土地使用权所支付的金额与开发土地的成本、费用项目规定计算的金额之和的5%内计算扣除。

17.3.4 企业兼并转让房地产筹划案例

（一）案例介绍

假设A公司收购B公司。收购前A公司净资产的公允价值为1 000万元，B公司净资产账面价值为-100万元，收购价为500万元（增值部分主要为房地产），合并前有尚未弥补的亏损700万元（未超过税法规定的5年弥补期限）。企业合并过程中的非股权支付比例低于20%，预计合并后A公司每年应纳税所得额约为100万元。

（二）筹划方案

A公司吸收合并B公司有两种税务处理方案。

方案一：免税合并。因为本例中非股权支付比例低于20%，所以B公司可不确认资产的转让所得，其亏损可由合并后的A公司继续用以后年度实现的与B公司净资产相关的所得弥补，A公司接受B公司全部资产的计税成本，须以B公司原账面净值为基础确定。

方案二：应税合并。当非股权支付比例低于20%时，国税发〔2000〕119号文件规定为"可选择"免税合并，因此A公司和B公司有权选择应税合并。B公司可视为按公允价值转让处置全部资产，计算资产的转让所得，依法缴纳企业所得税。B公司以前年度的亏损，不得结转到合并后的A公司弥补，A公司接受B公司的有关资产，计税时可以按经评估确认的价值确定成本。

(三）方案比较

（1）方案一中B公司不确认资产转让所得，不缴纳企业所得税。方案二中B公司须确认资产转让所得税600[500-（-100）]万元，但确认的资产转让所得可全部用于弥补以前年度亏损（600<700），不需要负担企业所得税。

（2）方案一中B公司亏损可结转到合并后的A公司进行弥补，但B公司净资产的公允价值仅占合并后A公司净资产公允价值的37.5%[600÷（1 000+600）×100%]，合并后每年大约只能弥补亏损37.5（100×37.5%）万元。考虑税前弥补亏损年限，合并前B公司的700万元亏损，合并后大约只能在税前弥补187.5万元。方案二中B公司亏损不得结转到A公司弥补。

（3）方案一中A公司接受B公司的有关资产只能按B公司原账面净值提取折旧（或摊销，下同）在税前扣除。方案二中A公司接受B公司的有关资产可按评估价值提取折旧在税前扣除。

由此可见，在本例中，无论采取哪种合并方案，B公司均不需要负担企业所得税。方案一的优势在于合并后A公司可以税前弥补B公司的亏损约187.5万元，方案二的优势在于合并后A公司可以税前多列支折旧60万元。可见，方案二显然优于方案一。

在企业收购过程中，按公允价值对资产（房地产）进行评估增值税务处理时，会大大增加房地产成本。而选择应税合并，可以在税前列支更多的固定资产折旧、无形资产摊销等费用。

17.3.5 房地产企业综合税务筹划案例

假设某房地产公司近期开发了一个项目，预计销售价格为2 000万元（含税），已产生900万元的成本费用，准予抵扣的进项税额为80万元。该房地产公司准备购入一批原材料，有两家供应商可供其选择：甲供应商属于一般纳税人企业，提供的原材料价格为200万元；乙供应商属于小规模纳税人企业，提供的原材料价格为160万元，两家供应商的报价均不含税。已知甲供应商适用增值税税率为13%，乙供应商适用增值税税率为3%，城市维护建设税税率为7%，教育费附加征收率为3%。

该房地产公司选择不同供应商后的利润计算如下。

不含税销售额=2 000÷（1+9%）≈1 835（万元）。

销项税额=2 000÷（1+9%）×9%≈165（万元）。

（1）若选择甲供应商。

进项税额=80+200×13%=106（万元）。

增值税=165-106=59（万元）。

城市维护建设税与教育费附加=59×（7%+3%）=5.9（万元）。

利润=1 835-900-200-5.9=729.1（万元）。

（2）若选择乙供应商。

进项税额=80+160×3%=84.8（万元）。

增值税=165-84.8=80.2（万元）。

城市维护建设税与教育费附加=80.2×（7%+3%）=8.02（万元）。

利润=1 835-900-160-8.02=766.98（万元）。

综合比较两种方案可以发现：如果选择甲供应商，那么应纳增值税较少，但是利润相对较低；如果选择乙供应商，那么应纳增值税较多，但是利润相对较高。在这种情况下，房地产公司需要考虑自身的经营目标，若以税负最小化为目标可选择甲供应商，若以利润最大化为目标可选择乙供应商。房地产公司实施税务筹划的最终目标是追求利润最大化，因此该房地产公司应优先选择乙供应商。

第18章
餐饮业税务筹划

18.1 餐饮业的构成与特点

18.1.1 餐饮业的构成

餐饮业主要分为旅游饭店、餐厅（中餐、西餐）、快餐业、冷饮业和摊贩五大类。具体又分为三种类型：便利型大众餐饮市场、高档型餐饮市场、气氛型餐饮市场。便利型大众餐饮市场都是大众消费；高档型餐饮市场在一级、二级城市非常多，尤其在一级城市里；气氛型餐饮市场是夹在高档和低档之间的档次，主要是一些主题餐厅、气氛餐厅。

（1）旅游饭店。

能够以夜为时间单位向旅客提供配有餐饮及相关服务的住宿设施，按不同习惯也被称为宾馆、酒店、旅馆、旅社、宾舍、度假村、俱乐部、大厦、中心等，是以旅游接待设施为依托通过向旅客及所在地区居民提供住宿、餐饮、娱乐等综合服务来实现经济效益和社会效益的企业。在我国的饭店业统计中，一般将由文化和旅游部授权挂牌的星级饭店统称为旅游饭店，其他价格相对比较低廉的住宿业，通常被称为社会旅馆。

（2）餐厅。

餐厅就是指在一定的场所，公开地对一般大众提供食品、饮料等餐饮的设施或公共餐饮屋。不同种类的餐厅具有不同的功能。①多功能餐厅，餐厅中面积最大,设备、设施最齐全的大型厅堂。既可作为大型餐宴、酒宴、茶会的场所,又可作为大型国际会议、大型展销会、节日活动的场所。②宴会厅,供中餐宴会、西餐宴会用厅。③风味餐厅,为客人提供不同的特色菜肴、海鲜、烧烤及火锅等的餐厅。④风味小吃餐厅,提供各地糕点、小吃等风味食品为主的餐厅。⑤零点餐厅,即指按客人的个人口味随意点菜,按数结账,自行付款的餐厅。⑥日本料理。⑦歌舞餐厅,既供应中西餐、酒水、小食品,又提供音乐欣赏、伴唱、跳舞活动的场所。⑧西餐厅,以供应美式、法式或俄式餐为主的餐厅。⑨扒房,为高消费水准的客人提供扒烤类食品和名酒的餐厅。⑩自助餐厅,食品分类放置,客人凭券入厅后可自由选食;也有客人入厅后自由选食,然后按价付款的自助餐厅,食品不得带出餐厅。

(3)快餐业。

快餐是指预先做好的能够迅速提供顾客食用的饭食,如汉堡、披萨、盒饭等。消费者对快餐的理解是多种多样的,远不止外来语原意所包含。但无外乎几点,即快餐是由食品工厂生产或大中型餐饮企业加工的,大众化、省时、方便快捷,可以充当主食的饭食。快餐最早出现于西方,被引入中国之后,其中文名称就叫"快餐",即烹饪好了的,能随时供应的饭食。其实通常我们所说的"快餐"准确地来说应该叫中式快餐,俗称盒饭。它是中餐吸收外国饮食文化而形成的饮食方式,它以明快、方便、节约的显著特征走进了千家万户。

(4)冷饮业。

《2016—2021年冷饮行业深度分析及"十三五"发展规划指导报告》显示,冷食的传统源远流长,冷饮在古时被称为"冰食",至今已有3 000多年的历史,主要包括:①食用冰。质量好的食用冰色泽应均匀,有透明感;形态完整,且大小一致;冻结坚实,滋味纯正,无异味;肉眼看不出杂质。②冰激凌。冰激凌是以饮用水、牛乳、奶粉、奶油(或植物油脂)、食糖等为主要原料,加入适量食品添加剂,经混合、灭菌、均质、老化、凝冻、硬化等工艺制成的体积膨胀的冷冻食品。③雪糕。雪糕是以砂糖、奶粉、鸡蛋、香精、淀粉、麦芽粉、明胶等为主要原料，经混合调剂、加热、灭菌、均质、轻度凝冻、注模冷冻而制成的带棒的硬质冷冻食品。雪糕和冰激凌是有差别的。④汽水。是充入二氧化碳气体的软饮料，其中包括日常汽水，如七喜、可乐、雪碧等。而工业汽水是工厂在高温的环境下，为了保证工人们的身体健康所提供的含有生理盐水等矿物质成分和二氧化碳等的液体。⑤果汁。果汁是以水果为原料经过物理方法，如压榨、离心、萃取等得到的汁液产品，一般是指纯果汁或100%果汁。果汁按形态分为澄清果汁和混浊果汁。澄清果汁澄清透明，如苹果汁；而混浊果汁均匀混浊，如橙汁。按果汁含量分为原果汁、水果汁、果汁饮料、果粒果汁饮料、果汁类汽水、果味型饮料。

（5）摊贩。

摊贩，指摆摊做买卖的小贩，泛指摆地摊的流动小商贩。无固定经营门店，自由流动叫卖者，主要是小贩、走乡医、货郎、炉匠和皮匠等。食品摊贩是指卖食品的临时摊贩，在现实中存在数量多、种类杂、分布散、卫生条件差、进货和销售渠道杂的特点，在经营方式上主要采取现做现卖、前店后厂、零散和批发销售相结合的方式。食品摊贩，包括流通类食品摊贩和餐饮类食品摊贩。流通类食品摊贩，是指无固定店铺，在批准的地点和规定的时间内销售预包装食品或者散装食品的经营者。餐饮类食品摊贩，是指无固定店铺，在批准的地点和规定的时间内以烹饪等方式现做现卖直接入口食品，提供餐饮服务的经营者。

18.1.2 餐饮业的特点

（1）一次性。

餐饮服务只能一次使用，当场享受，也就是说只有当客人进入餐厅后，服务才能进行；当客人离店时，服务也就自然终止。

（2）无形性。

餐饮业在服务效用上具有无形性，它不同于水果、蔬菜等有形产品，只从色泽、大小、形状等就能判别其质量好坏。餐饮服务只能通过就餐客人购买、消费、享受服务之后所得到的亲身感受来评价其好坏。

（3）差异性。

餐饮服务的差异性一方面是指餐饮服务是由餐饮部门工作人员通过手工劳动来完成的，而每位工作人员由于年龄、性别、性格、素质和文化程度等方面的不同，他们为客人提供的餐饮服务也不尽相同；另一方面，同一工作人员在不同的场合、不同的时间，或面对不同的客人，其服务态度和服务方式也会有一定的差异。

（4）直接性。

直接性一般的工农业产品生产出来后，大多要经过多个流通环节，才能到达消费者手中。如果产品在出厂前质量检验不合格，可以返工。在商店里让你不满意的商品你可以不去问津，而餐饮产品则不同。它的生产、销售、消费几乎是同步进行的，因而生产者与消费者之间是当面服务、当面消费的。

18.1.3 餐饮业的税种构成

餐饮业涉及的税种主要包括以下几类，即所得税、个人所得税、城市维护建设税、教育费附加、合同印花税、房地产税等。每个税种所对应的具体税率不同。

首先，从企业隶属所得税经营者类型而言，关于所得税的税率，如果是一般纳税人餐饮业，其所得税税率为3%；如果是小规模纳税人餐饮业，其所得税税率通常为6%。但对于月销售（运营）收入不超出3万元（一个季度收入不超出9万元）的餐饮业，则免缴增值税。

其次，从餐饮业所适用的不同税种而言，各个税种所对应的税率也存在着具体的区别。

1. 所得税。

所得税的税率为25%的比例税率，满足条件的小型微利餐饮业可按20%的税率征缴所得税，属于国家重点帮扶的高新科技餐饮业则可减按15%的税率征缴所得税。

2.城市维护建设税。

该税率分成三档,如果餐饮业所在城市为城区,其税率为7%;如果餐饮业所在城市为县城或镇,其税率通常为5%;而对于所在城市没有城区、县城、县属镇的餐饮业,其税率为1%。

3.教育费附加。

教育费附加推行一致征收率,餐饮业教育费附加征收率通常为3%。

4.合同印花税。

餐饮业缴纳合同印花税,购销合同按销货额度的0.3‰贴花;账簿按5元/本缴纳(每年开启时);本年度按"实收资本"与"资本公积"相加的0.3‰缴纳(头年按差额缴纳,之后按本年度增加部分缴纳)。

5.房产税。

房产税推行按年计算、分期付款缴纳的征缴方法。餐饮业一般会在企业安全生产开始之月就缴纳房产税,通常按房地产原值的"70%×1.3%"缴纳。

18.2 餐饮业税务筹划要点

18.2.1 餐饮业税务筹划基本原则

(一)税务筹划要确保合理化、合法化的原则

餐饮企业开展税务筹划的前提是必须遵守国家相应的法律法规,最终的目的是在合理、合法的情况下做到科学节税,而不是偷税、漏税。餐饮企业开展税务筹划的工作人员应该对新的税收法规以及政策环境进行认真、仔细的分析,避免出现与税法相抵触的情况,杜绝出现偷税、漏税等相关行为。税务筹划的目的是帮助企业做到科学、合理、合法节税,帮助企业实现自身利益和价值的最大化,因此企业在追求自身发展过程中,必须预留合理的预算和税收空间,以实际行动保证税务筹划的合理化和合法化。

（二）税务筹划要坚持可行性的原则

餐饮企业在开展税务筹划的过程中，也是需要付出一定经济成本的，例如一些企业会成立专门的税务筹划机构，也就需要招募和引进拥有专业知识和技能的人才，这无疑会提升企业的人力资源成本。所以对企业而言，在开展税务筹划的时候，既要考虑税务筹划的实际效果，在能够为企业节约发展资金的同时，也要考虑开展筹划过程中所产生的成本，坚持税务筹划的可行性原则，要尽力做到二者之间的协调，不能顾此失彼。

18.2.2 餐饮业税务筹划具体方法

（一）合理规避增值税

根据规定，餐饮服务指通过同时提供饮食和饮食场所的方式为消费者提供饮食消费服务的业务活动，而兼营外卖服务则属于货物销售，应分别核算销售额，否则从高适用税率。纳税人按销售额大小和会计核算是否健全分为一般纳税人和小规模纳税人。营改增后，餐饮业可抵扣发票一般包含增值税专用发票、农副产品收购发票、农副产品销售发票以及海关完税凭证四类。

1. 将高税负转为低税负。

当同样的经济行为可以在各种计划中实施时，纳税人试图避免高税收计划，并将高税收负债转化为低税收义务以获得税收。税法规定，混合销售需缴纳增值税，销售额应为商品和非应税服务的总销售额，以及混合销售中涉及的非应税服务的进口关税，销售应符合规定。可以看出，如果这两项业务没有单独核算，它们将与较高的增值税相结合，劳动部门可以扣除的进项税额相对较小。

2. 调整计税依据。

国家是根据餐饮企业的税收征收额度进行计税的，因此对于餐饮企业来讲，其税收征收额越多，需要缴纳的税款就越多。但是，餐饮企业可以采用调整计税依据的方式，达到合理避税的目的。一是餐饮企业可以将部分收入纳入营业额中，部分收入可以以其他名义进行记录，这样税收征收额减少，纳税额自然就会降低。二是可以合理确认营业额完成的时间，餐饮企业的经营具有较大的随机性，部分时间段的营业额非常少，但是周末或者节假日的营业额会陡增，那么超过一定限额后就需要纳税。所以，餐饮企业可以将营业额平均到日常营业活动中，降低纳税的总比例。

3. 优化进货渠道。

营改增之前，餐饮业进货渠道繁杂，多为无法提供正规发票的个体工商户和农户。营改增后，企业需要对经营不正规、不能提供所需发票的供应商进行剥离，这对提高餐饮行业原材料质量也有积极的促进作用。一是减少向小规模纳税人的供应商进行采购的次数。因为他们只能开具增值税普通发票，即使申请由税务机关代开专用发票也只能按3％的税率进行抵扣。二是合理选择初级农产品供应商。购买自产农产品与非自产农产品计算进项税额的方法不同，会给企业带来较大的税额差异；同时加工程度较高的农产品适用的税率增大了可抵扣的进项税额，因此在采购时不能仅以价格为依据，而还应考虑抵扣税率的影响。

4. 区分经营项目。

随着"互联网+"与餐饮业的结合，越来越多的企业通过专门的网络平台提供外卖服务。由于销售食品与餐饮服务适用不同的税率，如果不分开核算则按高税率计税，因此餐饮企业在经营过程中，必须完善内部制度，明确区分不同的经营项目，以免牵连堂食部分也按高税率纳税。

5. 转变业务模式。

一些企业由于各种原因无法在采购过程中取得正规的发票，从而限制了进项税额的抵扣。为解决这类问题，企业可以将采购部门剥离出去，单独成立一个采购企业，并登记注册为合伙企业或个体工商户。税法规定，这类企业无须缴纳企业所得税，个人所得税也可以核定征收。由采购企业采购原材料销售给餐饮企业，并开具农副产品销售发票，餐饮企业取得发票便可申请抵扣。为减轻税负，采购企业需控制销售额，保持为小规模纳税人，这样便可按低税率缴纳增值税，使企业整体税负降低。此外，企业也可将部分非核心业务如水电安装维修、卫生保洁等外包,这样不仅可以取得增值税专用发票,还可以提高工作效率,减少聘请员工的数量,降低企业成本。

(二)合理规避企业所得税

企业所得税是对企业生产经营所得和其他所得征收的一种税。其轻重、多寡,直接影响税后净利润,关系到企业的切身利益,是税务筹划的重点。

1. 利用成本费用的充分列支进行合理避税。

企业利用成本费用核算进行合理避税,是指按照国家规定的成本核算方法、计算程序、费用分配等一系列合法要求进行企业内部核算活动。企业应纳所得税数额根据应纳税所得额和税法规定的税率计算求得。在税率既定的情况下,企业应纳所得税额的多寡取决于企业应纳税所得额的多少。应纳税所得额则由企业收入总额扣除与收入有关的成本、费用、税金和损失后计算求得。可见,在收入既定时,尽量增加准予扣除的项目,即在遵守财务会计准则和税收制度规定的前提下,将企业发生的准予扣除的项目予以充分列支,必然会使应纳税所得额大大减少,最终减少企业的所得税计税依据,并达到减轻税负的目的。餐饮业的成本、费用主要有固定资产折旧(租赁费)、器具损毁摊销、人工工资、燃料动力、原材料等支出,其中原材料采购是最大的支出,而餐饮业的原材料主要是家禽类、家畜类、蔬菜及其他农副产品、调味品,除了购买调味品可以取得发票外,其他大部分原材料都是从集贸市场采购的,很难取得正规的税务发票,不能作为成本费用进行抵扣。建议一些大酒店,原材料尽量在超市、连锁店购买,以取得可抵扣的购货发票,增加成本开支。也可通过缩短固定资产的折旧年限、选择器具损毁摊销方法,增加前期费用摊销金额的方式来减轻税收负担。

2. 变有限责任公司为个人独资企业以减轻企业实际税负。

根据我国现行税法规定,具有法人资格的企业要缴纳企业所得税,税后利润分配给投资者以后,投资者个人还要缴纳个人所得税。而对于不具有法人资格的个人独资企业和合伙企业,其本身并不纳税,仅对投资者分得的利润征收个人所得税。因此,投资者投资于有限责任公司,需要缴纳两次税才能获得税后利润，而投资于个人独资企业和合伙企业，则仅需要缴纳一次税即可获得税后利润。在企业规模不是很大的时候，建议投资者在设立餐饮企业时采取个人独资企业或者合伙企业的形式，而不要采取有限责任公司的形式。

3.将家庭成员作为合伙人以降低企业适用税率。

我国个人独资企业和合伙企业本身不缴纳所得税，但其投资者需要按照"个体工商户生产经营所得"缴纳个人所得税。"个体工商户生产经营所得"实行的是超额累进税率，应纳税所得额越多，所适用的税率越高。因此，投资者可以通过增加合伙人的方式来降低每个人的应纳税所得额，从而降低每个投资者所适用的个人所得税税率。

4.利用投资者与员工身份的转换进行税务筹划。

个人投资者从被投资企业获得股息总是以投资人的身份出现，如果个人以被投资企业员工的身份出现，则可以从该企业领取工资。领取工资一方面相当于从被投资企业领取了股息，另一方面该工资还可以在企业计算缴纳企业所得税时扣除。个人创办餐饮企业可以采取上述方式进行税务筹划。

5.递延税款。

递延税款可以保留营业额和投资现金，从而节省融资成本并促进业务运营。在总利润较高的年份，递延税款可以降低企业所得税的边际税率，同时，由于资金具有时间价值，纳税人的递延税收收入等于递延所得税乘以市场利率。

（三）有效利用税收优惠政策

我国税制中有较多的税收减免优惠政策，这对避税是条件又是激励。对于餐饮业，所得税从开业之日起报经主管税务机关批准，可减征或免征所得税一年，这些政策的颁布无疑将对推动和推动中国餐饮产业发挥重要作用。因此，在投资领域做决策时，各行业税收激励的比较应该是一个重要的决策依据，企业有必要把握国家政策的宏观趋势，顺应国家的产业定位，积极应对国家政策，试图享受国家的优惠政策是企业进行税务筹划的首选。

1. 利用起征点避税。

我国税法规定对部分个体经营户每月销售收入或服务收入达不到规定起征点的，可免于征收所得税。因此对于一些小的餐饮店，应尽可能通过合法形式使服务收入控制在起征点以下，以便避税。

2. 利用优惠税率避税。

如前所述，企业的规模不同，在征收企业所得税时所采用的税率也不同。因此餐饮业不应盲目扩大经营规模，而应考虑所在地的环境、人口、消费水平等情况，选择临界点规模，以享受优惠税率，达到合理避税的目的。

（四）其他合理的避税方法

1. 促销活动中的税务筹划。

餐饮行业不同的促销方式所产生的税收效果是不同的，利用促销方式的不同可以减轻税收负担。当然，企业具体选择哪种促销方式不能只考虑税收因素，还应该综合考虑其他因素，如消费者的心理、企业管理返券的成本等。一般来讲，消费者对于返券的厌恶心理比较重，而对于打折则比较喜欢；而打折对于企业来讲，也可以减轻税收负担。

2. 利用筹资方案合理避税。

一般来说，餐饮企业所需资金主要是自有资金和向金融机构借款资金，而贷款是减轻税负、合理避开部分税款的一个方式。企业自有资金由于所有者和占用者为一体，税收难以分摊和抵销，达不到避税的目的。而贷款的利息支出作为财务费用可以从税前利润中扣减，从而减少应纳税所得额而最终避税。

3. 通过物流类型的选择影响税率。

餐饮企业选择自营物流和第三方物流的纳税比例是不同的，因此企业可以根据自身的经营情况，采用恰当的物流方式，最终达到降低经营成本的目的。

18.2.3 餐饮业税务筹划操作建议

（一）结合核定征收管理，科学、合理开展筹划

由于餐饮企业大部分以个体经营为主，国家税务机关对这个行业采取分类与分级管理，对纳税人的应纳税额进行科学、合理的核定，动态监控管理，会定期或不定期地开展户籍调查和定额调整工作。餐饮企业需要充分考虑自身经营管理的特点、经营成本和销售毛利率，对自身的经营管理成本进行合理的预测，并在此基础上开展科学、合理的税务筹划。

（二）完善内控管理机制，提升税务筹划水平

在现代化技术被大量应用到税务部门的税收征管工作之后，税务机关对企业的纳税管理提出了更高的要求，企业也面临着更多的税收稽查风险，尤其在税务筹划方面。税务机关会充分发挥纳税评估的实际作用，利用现代化技术对餐饮企业的税务筹划进行评估和考察，所以餐饮企业也有必要借助现代化的大数据及互联网技术，建立并完善企业的内部管控管理机制，从业务的源头积极开展税务筹划的评估与风险测试，加强对税务筹划项目的跟踪管理，及时修正税务筹划可能产生的缺陷，不断提升税务筹划的效率、质量和水平。

（三）准确理解和掌握税收政策

只有准确理解和掌握税收政策才能确保税务筹划是合法的，才符合税收立法的精神。因此，企业在进行税务筹划时必须正确把握税收政策，这是税务筹划的最大难点。中国的税法体量庞大，改变用工关系税法，税收法规和税收规则和法规不仅数量众多，而且更改频繁，与此同时，税收法规之间仍存在许多含糊之处，因此，税务筹划人员必须准确理解和掌握税收法规，充分利用税收政策的规划空间，尽可能多地获得税收优惠，避免税务筹划行为的违规。采用各种税务筹划方法时，税务筹划人员有时很难掌握筹划的合法性，使税务筹划最终可能会变成不规范的行为，因此，在进行税务筹划时税务筹划人员必须掌握合法性原则。

(四）提高税务筹划人员的专业素质

税务筹划人员的专业素质和实践操作能力是影响税务筹划质量的重要因素，因此，企业必须加快税务筹划人才队伍建设，加强税务筹划人员的职业素质培养，为员工创造学习机会，逐步提高税务筹划人员的整体素质，满足税务筹划和发展的需要。同时，在提高税务筹划人员整体素质的同时，有必要建立健全的税务筹划质量控制体系，即通过一系列方法评估税务筹划人员的素质，严格控制质量，从源头确保税务筹划的质量。

（五）做账报税准时进行

餐饮企业做账报税，需自企业成立生效日就准时进行。即使企业无生产经营收入，或者无主营业务收入，也需按照规定进行"税务零申报"。切勿抱有侥幸心理，认为企业没有实际生产经营就不用进行申报纳税，否则非常容易遭受税务局的惩处。

（六）妥当存放各种单据和会计原始凭证

会计原始凭证是财会人员进行做账报税工作的起点，也是财务工作的终点。餐饮企业平时贸易往来及交易频繁且复杂，所以财会人员需妥当存放各种单据、凭证，并进行归类和梳理，进而为做账报税工作做好前期准备。

现如今，越来越多的餐饮企业偏向于寻找专业记账公司提供财税咨询。一般说来，餐饮企业授权委托代理记账公司进行会计处理，通常每月只需花费350～700元会计成本开支。而如果餐饮企业聘请职业财会人员，则每月至少需要花费几千元的薪资开支。而且，单一化企业财务人员势单力薄，无法处理餐饮企业平时生产经营中的复杂会计问题，而记账公司通常拥有一支专业财务会计服务团队，因此能够对餐饮企业各种会计难点进行妥善处理和解决，而且也能够及时、精确完成企业税务申报工作。

18.3 餐饮业税务筹划案例

18.3.1 选对纳税人身份是重要前提

案例：A企业是一家餐饮企业，预计年不含税销售额为70万元，不含税购进额为60万元（都可以抵扣），未超过国家规定的小规模纳税人标准，属于小规模纳税人，适用3%的征收率。但A企业会计核算比较健全，可以申请成为增值税一般纳税人，适用13%的增值税税率。A企业应该如何选择自己的纳税人身份呢？

【筹划方案】

方案一：继续为小规模纳税人，如图18-1所示。

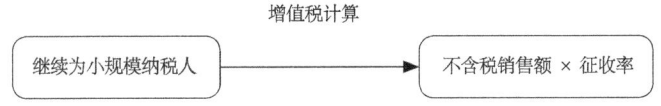

图18-1　继续为小规模纳税人

方案二：申请为一般纳税人，如图18-2所示。

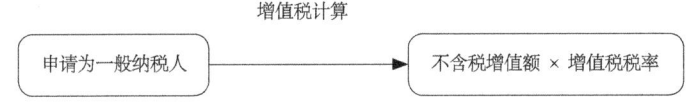

图18-2　申请为一般纳税人

【方案对比】

方案一：继续以小规模纳税人的身份缴纳增值税。

本年应纳增值税=70×3%=2.1（万元）。

方案二：申请以一般纳税人的身份缴纳增值税。

本年应纳增值税=（70-60）×13%=1.3（万元）。

方案二比方案一少纳增值税0.8（2.1-1.3）万元。

增值税是对在我国境内销售货物或者提供加工、修理修配劳务，以及进口货物的单位和个人，就其取得的货物或应税劳务销售额、进口货物金额计算税款，并实行税款抵扣制度的一种流转税。由于增值税实行凭增值税专用发票抵扣税款的制度，对于增值税纳税人会计核算是否健全，是否能够准确核算销项税额、进项税额和应纳税额有较高的要求；另外，对某些经营规模小的纳税人而言，其销售货物或提供应税劳务的对象多是最终消费者，也无须开具增值税专用发票。因此，为了加强增值税的征收管理和对某些经营规模小的纳税人实行简化计算办法，我国《增值税暂行条例》参照国际惯例，将纳税人按其经营规模及会计核算健全与否分为一般纳税人和小规模纳税人。

根据《增值税暂行条例》《增值税暂行条例实施细则》和《营业税改增值税试点实施办法》（财税〔2016〕36号）等相关文件的规定，小规模纳税人认定标准如下。

（1）根据《财政部 税务总局关于统一增值税小规模纳税人标准的通知》（财税〔2018〕33号）第一条规定，自2018年5月1日，增值税小规模纳税人标准为年应征增值税销售额500万元及以下。

（2）根据《财政部 税务总局关于统一增值税小规模纳税人标准的通知》（财税〔2018〕33号）第二条规定，自2018年5月1日起，按照《中华人民共和国增值税暂行条例实施细则》第二十八条规定，已登记为增值税一般纳税人的单位和个人，在2018年12月31日前，可转登记为小规模纳税人，其未抵扣的进项税额作转出处理。

（3）年应税销售额超过小规模纳税人标准的其他个人按小规模纳税人纳税。

（4）非企业性单位、不经常发生应税行为的企业可选择按小规模纳税人纳税。

根据《国家税务总局增值税一般纳税人登记管理办法》的规定，年应税销售额超过财政部、国家税务总局规定的小规模纳税人标准的，可以申请增值税一般纳税人认定。但须符合有固定经营场所、会计核算健全等条件。对增值税一般纳税人而言，由于增值税一般纳税人能够领用增值税专用发票，准确核算进项税额和销项税额，实行凭增值税专用发票抵扣税款的制度，其应纳税额=当期销项税额-当期进项税额；对增值税小规模纳税人而言，其应纳税额=当期应税销售额×征收率。增值税计算方法的不同为企业通过企业分立或合并、加强企业的会计核算等手段为小规模纳税人与一般纳税人进行税务筹划提供了可能性。

那么，未达到标准的纳税人究竟要在什么条件下认定为一般纳税人或小规模纳税人才能降低该纳税人现金流出量呢？下面将介绍几种测算方法。

1. 无差别平衡点增值率判别法。

从两类纳税人的计税原理看，在销售价格相同的情况下，应纳税额的大小取决于增值率的大小。设当期不含税销售额为 S，可抵扣购进项目不含税购进额（适用增值税税率均为 A）为 P，小规模纳税人的征收率为 B，设 X 为增值率，则 $X=(S-P)\div S$。

一般纳税人应纳增值税额 $=S\times A-P\times A$，小规模纳税人应纳增值税额 $=S\times B$。当两类纳税人应纳税额相等时，即 $S\times A-P\times A=S\times B$，增值率为无差别平衡点增值率，即 $X(平衡点)=(S-P)\div S=B\div A$。

（1）如果 $X>X(平衡点)$，即 $X>B\div A$，小规模纳税人应纳税额小于一般纳税人应纳税额，企业适宜选择作为小规模纳税人。

（2）如果 $X<X(平衡点)$，即 $X<B\div A$，一般纳税人应纳税额小于小规模纳税人应纳税额，企业适宜选择作为一般纳税人。

根据本章案例：

$X(平衡点)=B\div A\times 100\%=3\%\div 13\%\times 100\%\approx 23.08\%$；

$X=(S-P)\div S\times 100\%=(70-60)\div 70\times 100\%\approx 14.29\%$；

$X<X(平衡点)$，企业适宜选择作为一般纳税人。

2. 含税购货金额占含税销售额比重判别法

当纳税人的数据是含税销售额和含税购货金额时，可根据含税购货金额占含税销售额比重大小来进行纳税人身份的选择测算。假设当期含税销售额为 S，含税购货金额为 P；假定一般纳税人销售和购进适用的增值税税率均

为 A,小规模纳税人征收率为 B。

一般纳税人应纳增值税额 $=S\div(1+A)\times A-P\div(1+A)\times A$,小规模纳税人应纳增值税额 $=S\div(1+B)\times B$。当两类纳税人应纳税额相等时,即 $S\div(1+A)\times A-P\div(1+A)\times A=S\div(1+B)\times B$ 为平衡点,解得平衡点含税购进额和含税销售额的关系为:$P=S\times(A-B)\div[A\times(1+B)]$。

(1) 当 $P>S\times(A-B)\div[A\times(1+B)]$ 时,一般纳税人应纳税额小于小规模纳税人应纳税额,企业适宜选择作为一般纳税人。

(2) 当 $P<S\times(A-B)\div[A\times(1+B)]$ 时,小规模纳税人应纳税额小于一般纳税人应纳税额,企业适宜选择作为小规模纳税人。

将本案例改为,预计年含税销售额为 60 万元,含税购进额为 40 万元,又将如何进行纳税人身份的选择?

含税购进额 $P=40$ 万元,$S\times(A-B)\div[A\times(1+B)]=60\times(13\%-3\%)\div[13\%\times(1+3\%)]=60\times0.7923=47.54$(万元)。

$P<S\times(A-B)\div[A\times(1+B)]$,企业适宜选择作为小规模纳税人。

18.3.2 延迟纳税时间帮助企业少缴税

案例:A 公司 8 月发生 3 笔销售业务,货款共计 3 000 万元。其中,第一笔 500 万元,用现金结算;第二笔 800 万元,验收后收款;第三笔 1 700 万元,一年后收款。该公司有两个选择:一是全部采用直接收款的合同,二是在合同中约定收款时间。A 公司该如何选择?

【筹划方案】

方案一:采用直接收款的合同,如图 18-3 所示。

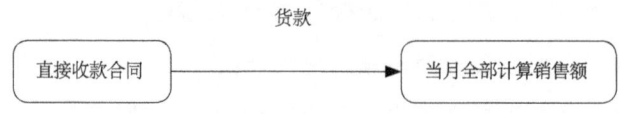

图 18-3 采用直接收款的合同

方案二：采用约定收款时间，如图18-4所示。

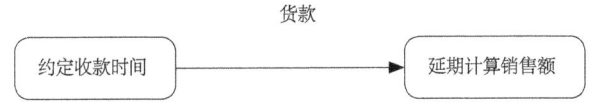

图18-4 采用约定收款时间

【方案对比】

方案一：全部采取直接收款方式的合同。

如果企业全部采取直接收款方式，则应在当月全部计算销售额。

计提销项税额=3 000×13%=390（万元）。

方案二：在合同中约定收款时间。

对未收到的800万元和1 700万元，通过与购买方签订合同，约定收款日期。

则当月计提销项税额=500×13%=65（万元）。

剩下325（390-65）万元就可以延缓纳税时间。

税法上规定的纳税义务发生时间如下。

1.采取直接收款方式销售货物，不论货物是否发出，均为收到销售款或者取得索取销售款凭据的当天。

纳税人在生产经营活动中采取直接收款方式销售货物，已将货物移送对方并暂估销售收入入账，但既未取得销售款或取得索取销售款凭据也未开具销售发票的，其增值税纳税义务发生时间为取得销售款或取得索取销售款凭据的当天；但先开具发票的，为开具发票的当天。

2.采取托收承付和委托银行收款方式销售货物，为发出货物并办妥托收手续的当天。

3.采取赊销和分期收款方式销售货物，为书面合同约定的收款日期的当天，无书面合同的或者书面合同没有约定收款日期的，为货物发出的当天。

4.采取预收货款方式销售货物，为货物发出的当天，但生产销售生产工期超过12个月的大型机械设备、船舶、飞机等货物，为收到预收款或者书面合同约定的收款日期的当天。

5.委托其他纳税人代销货物,为收到代销单位的代销清单或者收到全部或者部分货款的当天;未收到代销清单及货款的,为发出代销货物满180天的当天。

6.销售应税劳务,为提供劳务同时收讫销售款或者取得索取销售款的凭据的当天。

7.纳税人发生除将货物交付其他单位或者个人代销和销售代销货物以外的视同销售货物行为,为货物移送的当天。

综上,采用赊销和分期收款方式,即可以为企业节约大量的流动资金。企业可以运用上述方式推迟纳税义务时间,延迟缴纳税额,充分利用资金时间价值,提高资金使用效率。

第19章
交通运输业税务筹划

19.1 交通运输业的构成与特点

交通运输业指国民经济中专门从事运送货物和旅客的社会生产部门,包括铁路、公路、水运、航空等运输部门。

交通运输业的特点如下。

1. 运输劳动并不产生有形产品。

交通运输不像工农业生产有形的产品,它不改变劳动对象物理的、化学的或生物的属性,而只改变对象的空间位置。交通运输虽然创造了新价值,但这部分新价值不是通过使用价值去体现的,而是追加到对象原有的使用价值中,使劳动对象的交换价值增加了。

2. 运输过程是生产过程和消费过程同时进行的。

交通运输不创造有形的产品,其运输生产过程也是消费过程,对于运输供给者它是生产过程,对于运输需求者它是消费过程。

3. 运输劳动对自然条件的依赖性大。

交通运输绝大部分是露天进行的,因此风险比较大。交通运输设施只有在合适的自然条件下才能发挥作用。

4. 交通运输业具有资本密集型特征。

因为交通运输不产生有形的产品,所以构成交通运输业的成本和其他产业不同。不论是交通路线的修建还是交通设备的购置,交通运输业中的固定资本所占比重异常巨大，其资本的有机构成比一般产业的要高。

5.交通运输业具有网络经济型特征。

交通运输业的网络经济是指在一定的条件下，随着交通运输总产出的扩大引起平均运输成本下降的现象。

为进一步解决货物和劳务税制中的重复征税问题，完善税收制度，支持现代服务业发展，国务院决定从2012年1月1日起，先在上海市交通运输业和部分现代服务业开展营业税改征增值税的改革试点。2012年7月25日，国务院决定扩大营改增试点范围，由上海市分批扩大至北京、天津、江苏、浙江、安徽、福建、湖北、广东、厦门、深圳10个省（直辖市、计划单列市）。自2013年8月1日起，交通运输业和部分现代服务业营改增试点将在全国范围内推开，适当扩大部分现代服务业范围，铁路运输和邮电通信等行业也被纳入营改增试点范围。

19.2 交通运输业税务筹划要点

19.2.1 争取税收优惠，增加可抵扣项目

营改增后部分交通运输企业税负不减反增，首先是因为税率增幅较大，其次是交通运输业的可抵扣项目偏少、可抵扣进项发票的获取不足以及固定资产使用周期较长、更新速度慢、抵扣范围窄。企业可以通过向相关部门反映，探讨现存交通运输工具购置的进项税额抵扣问题，与相关部门协商解决过路过桥费等相关收费的发票开出的问题，及时完善配套政策和措施的制定和实施。企业通过发挥主观能动性，积极和相关部门沟通，有利于推进税制的完善，增加可抵扣的项目，使得占成本比重较大的支出，如过路过桥费用、场地租赁费用、保险金额等纳入增值税可抵扣的范围。

19.2.2　完善内部控制，加强进项发票管理

营改增后交通运输企业面临的主要问题就是进项发票获取困难。因此，企业应建立符合增值税要求的财务制度以及相关的内控制度，根据新税制核算的要求，制定相关税务工作的管理流程和相应的税票管理制度，完善有关发票的开立、领用、传递和核销的管理制度。企业在进行采购时，要主动向销货方或提供劳务的一方索要发票，尽量提前取得供应商提供的增值税专用发票，并提高抵扣凭证传递的效率。最后，当企业获得增值税专用发票时，应当及时办理相关认证，及时对进项税额进行抵扣。

19.2.3　利用固定资产加速折旧进行税务筹划

新企业所得税法规定："在计算应纳税所得额时，企业按照规定计算的固定资产折旧，准予扣除。"固定资产，是指企业为生产产品、提供劳务、出租或者经营管理而持有的、使用时间超过一年的非货币性资产，包括房屋、建筑物、机器、机械、运输工具以及其他与生产经营活动有关的设备、器具、工具等。固定资产按照直线法计算的折旧，准予扣除。企业应当自固定资产投入使用月份的次月起计算折旧；停止使用的固定资产，应当自停止使用月份的次月起停止计算折旧。企业应当根据固定资产的性质和使用情况，合理确定固定资产的预计净残值。固定资产的预计净残值一经确定，不得变更。

除国务院财政、税务主管部门另有规定外，固定资产计算折旧的最低年限如下。

（1）房屋、建筑物，为20年。

（2）飞机、火车、轮船、机器、机械和其他生产设备，为10年。

（3）与生产经营活动有关的器具、工具、家具等，为5年。

（4）飞机、火车、轮船以外的运输工具，为4年。

（5）电子设备，为3年。

可以采取缩短折旧年限或者采取加速折旧方法的固定资产如下。

（1）由于技术进步，产品更新换代较快的固定资产。

（2）常年处于强震动、高腐蚀状态的固定资产。

企业拥有并使用的固定资产符合上述规定的，可按以下情况分别处理。

（1）企业过去没有使用过与该项固定资产功能相同或类似的固定资产，但有充分的证据证明该固定资产的预计使用年限短于《企业所得税法实施条例》规定的计算折旧最低年限的，企业可根据该固定资产的预计使用年限和相关规定，对该固定资产采取缩短折旧年限或者加速折旧的方法。

（2）企业在原有固定资产未达到《企业所得税法实施条例》规定的最低折旧年限前，使用功能相同或类似的新固定资产替代旧固定资产的，企业可根据原有固定资产的实际使用年限和相关规定，对新替代的固定资产采取缩短折旧年限或者加速折旧的方法。

企业采取缩短折旧年限方法的，对其购置的新固定资产，最低折旧年限不得低于《企业所得税法实施条例》第六十条规定的折旧年限的60%；若为购置已使用过的固定资产，其最低折旧年限不得低于《企业所得税法实施条例》规定的最低折旧年限减去已使用年限后剩余年限的60%。最低折旧年限一经确定，一般不得变更。

企业拥有并使用符合上述规定条件的固定资产，采取加速折旧方法的，可以采用双倍余额递减法或者年数总和法。加速折旧方法一经确定，一般不得变更。

双倍余额递减法，是指在不考虑固定资产预计净残值的情况下，根据每期期初固定资产原值减去累计折旧后的金额和双倍的直线法折旧率计算固定资产折旧的一种方法。应用这种方法计算折旧额时，由于每年年初固定资产净值没有减去预计净残值，所以在计算固定资产折旧额时，应在其折旧年限到期前的两年期间，将固定资产净值减去预计净残值后的余额平均摊销。计算公式如下。

年折旧率 = 2 ÷ 预计使用寿命（年）× 100%

月折旧率 = 年折旧率 ÷ 12

月折旧额 = 月初固定资产账面净值 × 月折旧率

年数总和法，又称年限合计法，是指将固定资产的原值减去预计净残值后的余额，乘以一个以固定资产尚可使用寿命为分子、以预计使用寿命年数之和为分母的逐年递减的分数计算每年的折旧额。计算公式如下。

年折旧率 = 尚可使用年限 ÷ 预计使用寿命的年数总和 × 100%

月折旧率 = 年折旧率 ÷ 12

月折旧额 = （固定资产原值 – 预计净残值）× 月折旧率

企业主管税务机关应在企业所得税年度纳税评估时，对企业采取加速折旧的固定资产的使用环境及状况进行实地核查。对不符合加速折旧规定条件的，主管税务机关有权要求企业停止该项固定资产加速折旧。

根据《财政部 国家税务总局关于完善固定资产加速折旧企业所得税政策的通知》（财税〔2014〕75号）的规定，对生物药品制造业，专用设备制造业，铁路、船舶、航空航天和其他运输设备制造业，计算机、通信和其他电子设备制造业，仪器仪表制造业，信息传输、软件和信息技术服务业等6个行业的企业2014年1月1日后新购进的固定资产，可缩短折旧年限或采取加速折旧的方法。对上述6个行业的小型微利企业2014年1月1日后新购进的研发和生产经营共用的仪器、设备，单位价值不超过100万元的，允许一次性计入当期成本费用在计算应纳税所得额时扣除，不再分年度计算折旧；单位价值超过100万元的，可缩短折旧年限或采取加速折旧的方法。对所有行业企业2014年1月1日后新购进的专门用于研发的仪器、设备，单位价值不超过100万元的，允许一次性计入当期成本费用在计算应纳税所得额时扣除，不再分年度计算折旧；单位价值超过100万元的，可缩短折旧年限或采取加速折旧的方法。对所有行业企业持有的单位价值不超过5 000元的固定资产，允许一次性计入当期成本费用在计算应纳税所得额时扣除，不再分年度计算折旧。企业按上述规定缩短折旧年限的，最低折旧年限不得低于《企业所得税法实施条例》第六十条规定折旧年限的60%；采取加速折旧方法的，可采取双倍余额递减法或者年数总和法。上述规定之外的企业固定资产加速折旧所得税处理问题，继续按照《企业所得税法》及其实施条例和现行税收政策规定执行。

根据《国家税务总局关于固定资产加速折旧税收政策有关问题的公告》（国家税务总局公告2014年第64号）的规定，对生物药品制造业，专用设备制造业，铁路、船舶、航空航天和其他运输设备制造业，计算机、通信和其他电子设备制造业，仪器仪表制造业，信息传输、软件和信息技术服务业等行业（以下简称"六大行业"）企业，2014年1月1日后购进的固定资产（包括自行建造），允许按不低于《企业所得税法》规定折旧年限的60%缩短折旧年限，或选择采取双倍余额递减法或年数总和法进行加速折旧。六大行业按照国家统计局《国民经济行业分类与代码（GB/4754-2011）》确定。今后国家有关部门更新国民经济行业分类与代码，从其规定。六大行业企业是指以上述行业业务为主营业务，其固定资产投入使用当年主营业务收入占企业收入总额50%（不含）以上的企业。所称收入总额，是指《企业所得税法》第六条规定的收入总额。

企业持有的固定资产单位价值不超过5 000元的，可以一次性在计算应纳税所得额时扣除。企业在2013年12月31日前持有的单位价值不超过5 000元的固定资产，其折余价值部分，2014年1月1日以后可以一次性在计算应纳税所得额时扣除。企业采取缩短折旧年限方法的，对其购置的新固定资产，最低折旧年限不得低于《企业所得税法实施条例》第六十条规定的折旧年限的60%；企业购置已使用过的固定资产，其最低折旧年限不得低于《企业所得税法实施条例》规定的最低折旧年限减去已使用年限后剩余年限的60%。最低折旧年限一经确定，一般不得变更。企业的固定资产采取加速折旧方法的，可以采用双倍余额递减法或者年数总和法。加速折旧方法一经确定，一般不得变更。所称双倍余额递减法或者年数总和法，按照《国家税务总局关于企业固定资产加速折旧所得税处理有关问题的通知》（国税发〔2009〕81号）第四条的规定执行。

企业的固定资产既符合《国家税务总局关于固定资产加速折旧税收政策有关问题的公告》优惠政策条件，同时又符合《国家税务总局关于企业固定资产加速折旧所得税处理有关问题的通知》（国税发〔2009〕81号）、《财政部 国家税务总局关于进一步鼓励软件产业和集成电路产业发展企业所得税政策的通知》（财税〔2012〕27号）中相关加速折旧政策条件的，可由企业选择其中最优惠的政策执行，且一经选择，不得改变。

企业固定资产采取一次性税前扣除、缩短折旧年限或加速折旧方法的，预缴申报时，须同时报送《固定资产加速折旧（扣除）预缴情况统计表》；年度申报时，实行事后备案管理，并按要求报送相关资料。企业应将购进固定资产的发票、记账凭证等有关凭证、凭据（购入已使用过的固定资产，应提供已使用年限的相关说明）等资料留存备查，并应建立台账，准确核算税法与会计差异情况。主管税务机关应对适用《国家税务总局关于固定资产加速折旧税收政策有关问题的公告》规定优惠政策的企业加强后续管理，对预缴申报时享受了优惠政策的企业，年终汇算清缴时应对企业全年主营业务收入占企业收入总额的比例进行重点审核。

无论采用哪种折旧计提方法，对于某一特定固定资产而言，企业所提取的折旧总额是相同的，同一固定资产所抵扣的应纳税所得额并由此抵扣的企业所得税额也是相同的，不同的只是企业在固定资产使用年限内每年所抵扣的应纳税所得额，由此导致每年所抵扣的所得税额也不同。在具备采取固定资产加速折旧方式的情况下，企业应当尽量选择固定资产的加速折旧，具体方法的选择可以根据企业实际情况在法律允许的三种方法中任选一种。

19.2.4 兼营不同税率应税项目的税务筹划

营改增后，交通运输企业的纳税人若存在兼营不同税率的应税项目，应分别核算各个项目的销售额，避免低税率项目从高计税的情况，实现节税效应。交通运输业增值税税率为9%，物流辅助业增值税税率为6%，若企业兼营不同税率的应税项目并且未分别核算，则从高适用税率缴纳增值税。交通运输企业应当进一步规范会计核算，健全账簿资料，提高财会人员素质，如实记账，避免高税率计税。

19.2.5 供应商选择中的税务筹划

增值税一般纳税人能够开具增值税专用发票，交通运输企业一般纳税人从一般纳税人处采购物资可抵扣其中包含的增值税进项税额。增值税小规模纳税人能够提供普通发票或由税务机关代开的增值税专用发票，交通运输企业一般纳税人从小规模纳税人处采购物资无法抵扣其中包含的增值税或按3%的抵扣率抵扣进项税额。因此，交通运输企业在选择供应商时，不仅要考虑物资采购价格的高低，还需要考虑是否可以抵扣进项税额。

（1）一般纳税人选择供应商的税务筹划。基于交通运输企业的一般纳税人，从小规模纳税人处采购物资无法抵扣进项税额形成的损失，企业可在购货环节与供应商沟通，要求小规模纳税人给予相应比例的价格折扣。

（2）小规模纳税人选择供应商的税务筹划。营改增后交通运输企业如果选择小规模纳税人身份，由于小规模纳税人在计算增值税时不能抵扣进项税额，所以在选择供应商时，只需要通过比较采购物资的含税价格，最终选择价格较低的供应商。

19.2.6 纳税时间选择的税务筹划

税务筹划具有鲜明的可预见性，营改增后交通运输企业应当明确增值税为链条税的特征，合理把握开具和取得增值税专用发票的时间，控制销项税额与进项税额的差额。改征增值税后，交通运输企业可充分利用市场通货膨胀、货币时间价值等因素，尽可能实现延期纳税，相对减轻企业自身的税收负担。

交通运输企业对于在月末发生或月末确认的业务，可以通过与客户及时协商沟通，推迟业务确认时间，尽可能将开票时间推迟到下月，减少当月销项税额。同样，对于在月末发生采购物资或购进固定资产业务时，应该尽可能在当月取得增值税专用发票，增加当月可抵扣进项税额，实现递延缴纳增值税。

交通运输企业还应密切与上下游相关企业保持联系，对于油料供应商、车辆修理企业可以实现定点，保持长期合作关系，对于下游客户可以给予适当价格优惠，以便实现合理选择纳税时间的税务筹划。

19.2.7 定价体系的税务筹划

营改增后交通运输企业可以通过自身定价体系的调整，将增值税的税负转嫁给下游企业，如果下游企业同样是增值税一般纳税人，则获得的进项税额可以抵扣，实际成本也将减少。交通运输企业可以通过定价体系调整，发挥营改增结构性减税的优势，实现上下游企业的互利双赢。

19.2.8 经营模式的税务筹划

营改增后交通运输企业应积极调整经营模式，消除"大而全""小而全"因素，适时将原有部分业务剥离出去。这样，交通运输企业不仅可以减轻税收负担，还可以在营改增的契机中转型升级，走上专业化发展道路，提高企业核心竞争力。

综上所述，营改增后交通运输企业应从企业自身出发，在纳税人身份选择和经营活动等方面开展税务筹划，发挥增值税链条税的特性，妥善控制企业税负变化，释放营改增带给交通运输企业的实惠，实现税负最小化目标。

19.2.9 从混合销售到独立核算的筹划

从税法的相关规定能够看出，假使某销售行为中不仅囊括应税劳务，同时还囊括销售货物，那么就应该将这一销售行为看作是混合销售行为，并且按照统一的税率来对其征收增值税。可是在实施营改增之后，由于交通运输业内的劳务行为被划分到了服务行业的范畴中，其增值税征税税率要远低于一般的产品销售行为的增值税征税税率。假使这种情况下依旧以混合销售行为来对其征税，必然会对企业的节税目标造成一定的影响。

19.2.10 缩减税基的筹划

一般情况下采用税基最小化的方法来对增值税展开税务筹划。依据国家相关规定，客运场站服务、货物运输代理服务和代理报关服务，允许企业以取得的全部价款和价外费用，扣除相关转付价款后的余额作为销售额。为保证企业能够充分享受税收优惠政策，确保企业利益实现最大化，与有关条件相吻合的企业应该尽快到税务机关办理备案的相关手续，争取早日享受优惠政策。一般纳税人的进项税额可以用增值税专用发票来抵扣，所以增值税一般纳税人选择的货源供应商最好也是一般纳税人，因为这样能够加大进项税额抵扣的额度，进而进一步减轻企业承担的税负。

19.2.11 使用低税率的筹划

（一）利用干租和湿租的适用税目的税率差异

营改增后，湿租业务税负要低于干租业务税负，并且因承担运输过程中的费用取得的进项还能抵扣，可以进一步减轻企业负担。企业在提供航空运输服务时，可以先进行相关测算与分析，根据结果选择干租或者湿租，以达到节税的目的。

（二）利用光租和期租适用税目的税率差异

与航空运输企业一样，提供远洋运输的企业在提供相应服务时，可以先进行相关测算与分析，选择是否配备操作人员，承担起运输过程中的费用，根据结果选择光租或者期租，以达到节税的目的。

（三）利用物流辅助服务6%的低税率筹划

在原缴纳营业税时，物流辅助服务没有单独从交通运输业剥离出来，都是按3%统一缴纳营业税。在最新税法下，交通运输业所适用的税率为9%，而物流辅助服务所适用的税率则为6%，两者间的税率差达到了3%。这时候企业就需要将两项服务加以区分，避免多纳税款。

（四）纳税人身份选择的税务筹划

营改增后应税服务年销售额超过500万元（含）的纳税人为增值税一般纳税人，小于500万元的为小规模纳税人。交通运输业一般纳税人适用9%

的税率，小规模纳税人适用3%的征收率按简易方法征收。由于一般纳税人和小规模纳税人的征税方法存在差异，交通运输企业可通过纳税人身份的选择进行税务筹划。

19.3 交通运输业税务筹划案例

19.3.1 选择公司还是非公司

李先生准备设立一家交通运输公司，预计该公司年盈利50万元。李先生原计划创办一家有限责任公司，公司的税后利润全部分配给股东。请对此提出税务筹划方案。

如果设立有限责任公司，则该公司需要缴纳企业所得税=50×25%=12.5（万元），税后利润=50-12.5=37.5（万元）。如果税后利润全部分配，李先生需要缴纳个人所得税=37.5×20%=7.5（万元），获得税后净利润=37.5-7.5=30（万元）。李先生可以考虑设立个人独资企业，该企业本身不需要缴纳企业所得税，李先生需要缴纳个人所得税=50×35%-1.475=16.025（万元）。税后净利润=50-16.025=33.975（万元）。通过税务筹划，李先生多获得净利润=33.975-30=3.975（万元）。

19.3.2 选择子公司还是分公司

某交通运输公司准备设立一分支机构，原计划设立全资子公司。预计该子公司从2017年度至2020年度的应纳税所得额分别为-100万元、-50万元、100万元、200万元。该子公司四年分别缴纳企业所得税为0、0、0、37.5万元。请对此提出税务筹划方案。

由于该子公司前期亏损，后期盈利，可以考虑先将该公司设立为分公司，第三年再将分公司转变为子公司。由于分公司和全资子公司的盈利能力大体相当，可以认为该公司形式的变化不会影响该公司的盈利能力。因此，该分公司在 2017 年度和 2018 年度将分别亏损 100 万元和 50 万元，上述亏损可以弥补总公司的应纳税所得额。因此，总公司在 2017 年度和 2018 年度将分别少纳企业所得税 25 万元和 12.5 万元。从第三年开始，该分公司变为子公司，需要独立纳税。2019 年度和 2020 年度，该子公司应纳税额分别为 25 万元、50 万元。从 2017 年度到 2020 年度，该分支机构无论是作为子公司还是作为分公司，其纳税总额是相同的，都是 37.5 万元，但设立分公司可以在 2017 年度和 2018 年度弥补亏损，而设立子公司只能等到 2019 年度和 2020 年度再弥补亏损。设立分公司，使得该公司提前两年弥补了亏损，相当于获得了 25 万元和 12.5 万元的两年期无息贷款，其所节省的利息就是该税务筹划的收益。

19.3.3　固定资产修理中的税务筹划

某互联网金融公司 2019 年 10 月起对一台固定资产进行大修理，于当年 12 月完工。该固定资产原价及计税基础均为 8 000 万元，发生修理费用 4 100 万元。修理后固定资产的使用寿命延长 3 年，假定当年实现利润 6 000 万元，不考虑其他纳税调整事项。该公司应当如何进行摊销，并提出税务筹划方案。

按该公司修理方案，大修理支出占固定资产计税基础的 51.25%［(4 100÷8 000)×100%］，超过 50%；修理后固定资产的使用寿命延长 2 年以上，属于大修理支出，按企业的会计政策，修理费用在 5 年内摊销，当年税前可摊销约 68 万元（4 100÷5÷12），则 2019 年应纳企业所得税 =（6 000-68）×25% = 1 483（万元）。

如果上述设备不在此次更换，而在 2020 年度更换且不影响生产经营，则修理支出降为 3 100（4 100-1 000）万元，修理支出占固定资产的计税基础 38.75%［(3 100÷8 000)×100%］，不符合税法规定的大修理条件，该 3 100 万元的修理支出可以在当年直接扣除。2019 年应纳企业所得税 =（6 000-3 100）×25% = 725（万元）。

19.3.4 提供车辆运输服务案例

北京某物流企业C为客户提供汽车运输服务，该企业是增值税一般纳税人，而供应商S1、S2分别为增值税一般纳税人和增值税小规模纳税人。假设2020年1月供应商S1、S2向物流企业C提供100万元的运输服务（不含税），请问物流企业C应当如何选择供应商呢？

物流企业C如果选择和供应商S1合作，那么物流企业C所支付的金额=100+100×9%=100+9=109（万元），计入成本为100万元，完全抵扣的进项税额是9万元，增值税作为价外税，对应的进项税额不得作为成本费。

物流企业C如果选择和供应商S2合作，那么物流企业C所支付的金额为100+100÷（1-3%）×3%=103.09（万元），所支付的103.09万元可全部视为成本费，但是无法进行进项税额抵扣。

供应商S1的报价是109万元，供应商S2的报价是103.09万元。物流企业C将这两家供应商的报价进行对比，看似供应商S2的报价略低，但因为两家供应商所选择的核算方式不一样，对比之下可明显发现，供应商S1的报价相对合理，与物流企业C目前的实际情况相符合，可直接抵扣增值税。对于货物运输企业而言，对自身实际情况进行全面考量，了解现金持有政策的所有内容，进而可做出正确抉择。

19.3.5 公共交通运输案例

北京某公交运输企业成立于1998年，主要从事公共客运交通运输业务，每年运输收入约30亿元。企业现有运输车辆中，60%左右的车辆购于2002年底至2004年，只有40%左右的车辆购于2008年之后。

2012年9月，北京试点实施营改增政策。按照文件的规定，可选择按照简易计税方法纳税。另外，经过测算，营改增后的三年内，企业的车辆等购置费用达36亿元左右，五年内的油料等物耗达24亿元。试问企业应选择哪种计税方法纳税。

方案一：选择简易计税方法。纳税人如果选择简易计税方法按3%征收率纳税，则 36 个月不得变更。则三年内应当缴纳的增值税税款 =30×3÷（1+3%）×3% =2.62（亿元）。

方案二：选择一般计税方法。则三年内应缴增值税 =30×3÷（1+9%）×9% - [（36+24）÷（1+13%）×13%] =0.53（亿元）。

方案二比方案一节约 2.09（2.62-0.53）亿元。从方案一和方案二来看，选择适用简易计税方法纳税比选择按照一般计税方法纳税承担更多的增值税，并不是最好的选择。

方案三：另成立运输企业。由于营改增之前，该企业购进车辆和油料等物耗均未抵扣过，选择一般计税方法无疑会增加这部分收入的税负。建议老企业继续存在，另设立一个全新的运输企业，并且将主要的运输服务业务交由新企业负责。同时，老企业选择适用简易计税方法纳税，而新企业则选择申请认定为增值税一般纳税人，按照一般计税办法纳税。如此，该企业就既可以享受营改增过渡政策的优惠及简易办法征税优惠，又确保新企业可以享受进项抵扣的政策，所谓一举两得。

第20章
金融业税务筹划

20.1 金融业的构成与特点

20.1.1 金融业的构成

(1) 银行业。

银行业在我国指的是中国人民银行,以及在中华人民共和国境内设立的商业银行、城市信用合作社、农村信用合作社等吸收公众存款的金融机构、非银行金融机构以及政策性银行。银行是经营货币和信用业务的金融机构,通过发行信用货币、管理货币流通、调剂资金供求、办理货币存贷与结算,充当信用的中介人。银行是现代金融业的主体,是国民经济运转的枢纽,在金融业中具有举足轻重的地位。

(2) 证券业。

证券业是指从事证券发行和交易服务的专门行业,是证券市场的基本组成要素之一,主要由证券交易所、证券公司、证券协会及金融机构组成,并为双方证券交易提供服务,促使证券发行与流通高效进行,同时维持证券市场的运转秩序。在市场经济高度发展的今天,证券业对于国民经济的影响程度也越来越深。

(3) 保险业。

保险业是指将通过契约形式集中起来资金,用以补偿被保险人的经济利益业务的行业。保险业以保险公司为构成主体，分为人身保险和财产保险两大类，是国民经济的"助推器"和"稳定器"。

保险和银行、证券并称金融业的"三驾马车"，是国家经济改革时期重要的产业项目，是促进经济发展和社会稳定的重要举措，是以经济补偿的方式化解风险的最合理方式。

20.1.2　金融业的特点

（1）指标性。

指标性是指金融的指标数据从各个角度反映了国民经济的整体和个体状况，金融业是国民经济发展的晴雨表。

（2）垄断性。

垄断性一方面是指金融业是政府严格控制的行业，未经中央银行审批，任何单位和个人都不允许随意开设金融机构；另一方面是指具体金融业务的相对垄断性，信贷业务主要集中在四大商业银行，证券业务主要集中在国泰君安证券、华夏证券、南方证券等全国性证券公司，保险业务主要集中在人民保险、平安保险和太平洋保险。

（3）高风险性。

高风险性是指金融业是巨额资金的集散中心，涉及国民经济各部门。单位和个人，其任何经营决策的失误都可能导致"多米诺骨牌效应"。

（4）效益依赖性。

效益依赖性是指金融效益取决于国民经济总体效益，受政策影响很大。

（5）高负债经营性。

高负债经营性是相对于一般工商企业而言的，其自有资金比例较低。

20.1.3　金融业的税种构成

目前金融业在运营中经常涉及的税种主要有10个，包括企业所得税、增值税、城市维护建设税、印花税、城镇土地使用税、房产税、契税、车船使用税、车辆购置税、代扣代缴的个人所得税，加上以实际缴纳的流转税（增值税、消费税）为计费依据的法定政府收费项目——教育费附加，则经常性税费共有 11 项。这里介绍两个主要税种。

（1）增值税。

增值税是对销售货物或者提供加工、修理修配劳务以及进口货物的单位和个人就其实现的增值额征收的一种税。因此增值税并不是金融行业的主要税种，只是针对一些特殊情况进行征收的，例如银行销售金银业务要缴纳增值税，期货交易所在进行货物期货交割时就要缴纳增值税，典当业销售死当物品，还有未经过批准经营融资租赁业务的金融企业在租赁期满时租赁标的所有权发生转移时也要缴纳增值税。

（2）企业所得税。

企业所得税是对我国内资企业和经营单位的生产经营所得和其他所得征收的一种税，征税对象是纳税人取得的所得，包括销售货物所得、提供劳务所得、转让财产所得、股息所得、红利所得、利息所得、租金所得、特许权使用费所得、接受捐赠所得和其他所得。金融业要缴纳的所得税按照实际利润额依照 25% 的税率按月（季）预缴，年终汇算清缴，多退少补。

20.2　金融业税务筹划要点

20.2.1　企业所得税的税务筹划

（一）有效利用税收优惠政策

新企业所得税法的税收优惠以产业优惠为主，因此商业银行等金融企业可以享受的税收优惠有限。不过，考虑到国债利息收入和权益性投资收益免税，因此金融企业可以充分利用这一优惠政策。

以商业银行为例，在名义利率相同的情况下，各商业银行的实际税负水平存在不小的差异，其中一个很重要的原因是免税收入占利润的比重不同。所以，商业银行在进行债券投资决策时，应当考虑国债利息收入免税因素，需要用其他券种经过风险调整的税后收益率与国债的收益率进行比较，而不能简单地用两者的名义收益率进行比较。

另外，金融企业进行被动或主动的权益性投资时，税法规定所取得的股息、红利，以及持有上市公司股票一年以上所取得的转让利得等权益性投资收益可以免税。

因此商业银行对持有期限不超过一年的上市公司股票进行出售决策时，应当考虑一年以内出售所获取的利得的税收成本因素。

在政策允许的范围内，商业银行可以结合自身的战略和经营需要，适当增加权益性投资，同时获取资产增值收益和免税收益。

（二）合理规划限制性支出

1.广告和业务宣传费支出的税务筹划。

新企业所得税法大幅提高了广告和业务宣传费支出的扣除标准。在2019年新修订的《中华人民共和国企业所得税法实施条例》中第四十四条规定：企业发生的符合条件的广告费和业务宣传费支出，除国务院财政、税务主管部门另有规定外，不超过当年销售（营业）收入15%的部分，准予扣除；超过部分，准予在以后纳税年度结转扣除。

对于金融企业来说，营业收入15%的广告和业务宣传费支出基本能满足业务发展需要，因此应当合理安排广告费和业务宣传费的支出期间。除非战略的特殊需要，否则金融企业不应该让其在任何一个年度内超过营业收入的15%。

虽然超过部分可以在以后纳税年度结转扣除，但是金融企业已经提前缴纳税金，丧失了这部分资金的时间价值。

2.企业捐赠中的税务筹划。

关于企业发生的公益性捐赠支出，新企业所得税法第九条规定："企业发生的公益性捐赠支出，在年度利润总额12%以内的部分，准予在计算应纳税所得额时扣除。"

公益性捐赠，是指企业通过公益性社会团体或者县级以上人民政府及其部门，用于《公益事业捐赠法》规定的公益事业的捐赠。公益性社会团体，是指同时符合下列条件的基金会、慈善组织等社会团体。

（1）依法登记，具有法人资格。

（2）以发展公益事业为宗旨，且不以营利为目的。

（3）全部资产及其增值为该法人所有。

（4）收益和营运结余主要用于符合该法人设立目的的事业。

（5）终止后的剩余财产不归属任何个人或者营利性组织。

（6）不经营与其设立目的无关的业务。

（7）有健全的财务会计制度。

（8）捐赠者不以任何形式参与社会团体财产的分配。

（9）国务院财政、税务主管部门会同国务院民政部门等登记管理部门规定的其他条件。

在实务操作中，经民政部门批准成立的非营利的公益性社会团体和基金会，凡符合有关规定条件，并经财政税务部门确认后，纳税人通过其用于公益救济性的捐赠，可按现行税收法律法规及相关政策规定，准予在计算缴纳企业所得税时在所得税税前扣除。经国务院民政部门批准成立的非营利的公益性社会团体和基金会，其捐赠税前扣除资格由财政部和国家税务总局进行确认；经省级人民政府民政部门批准成立的非营利的公益性社会团体和基金会，其捐赠税前扣除资格由省级财税部门进行确认，并报财政部和国家税务总局备案。接受公益救济性捐赠的国家机关是指县及县以上人民政府及其组成部门。

申请捐赠税前扣除资格的非营利的公益性社会团体和基金会，须报送以下材料。

（1）要求捐赠税前扣除的申请报告。

（2）国务院民政部门或省级人民政府民政部门出具的批准登记（注册）

文件。

（3）组织章程和近年来资金来源、使用情况。

具有捐赠税前扣除资格的非营利的公益性社会团体、基金会和县及县以上人民政府及其组成部门，必须将所接受的公益救济性捐赠用于税收法律法规规定的范围，即教育、民政等公益事业和遭受自然灾害地区、贫困地区。具有捐赠税前扣除资格的非营利的公益性社会团体、基金会和县及县以上人民政府及其组成部门在接受捐赠或办理转赠时，应按照财务隶属关系分别使用由中央或省级财政部门统一印（监）制的公益救济性捐赠票据，并加盖接受捐赠或转赠单位的财务专用印章；对个人索取捐赠票据，应予以开具。

纳税人在进行公益救济性捐赠税前扣除申报时，须附送以下资料。

（1）接受捐赠或办理转赠的非营利的公益性社会团体、基金会的捐赠税前扣除资格证明材料。

（2）由具有捐赠税前扣除资格的非营利的公益性社会团体、基金会和县及县以上人民政府及其组成部门出具的公益救济性捐赠票据。

（3）主管税务机关要求提供的其他资料。

企业和个人依照《社会团体登记管理条例》的规定无须进行社团登记的人民团体及经国务院批准免予登记的社会团体（以下统称"群众团体"）的公益性捐赠所得税税前扣除应当遵守以下规定。

企业通过公益性群众团体用于公益事业的捐赠支出，在年度利润总额12%以内的部分，准予在计算应纳税所得额时扣除。年度利润总额，是指企业依照国家统一会计制度的规定计算的大于零的数额。

个人通过公益性群众团体向公益事业的捐赠支出，按照现行税收法律、行政法规及相关政策规定准予在所得税税前扣除。

公益事业，是指《公益事业捐赠法》规定的下列事项。

（1）救助灾害、救济贫困、扶助残疾人等困难的社会群体和个人的活动。

（2）教育、科学、文化、卫生、体育事业。

（3）环境保护、社会公共设施建设。

（4）促进社会发展和进步的其他社会公共和福利事业。

公益性群众团体，是指同时符合以下条件的群众团体。

（1）符合《企业所得税法实施条例》第五十二条第（一）项至第（八）项规定的条件。

（2）县级以上各级机构编制部门直接管理其机构编制。

（3）对接受捐赠的收入及用捐赠收入进行的支出单独进行核算，且申请前连续3年接受捐赠的总收入中用于公益事业的支出比例不低于70%。

符合上述规定的公益性群众团体，可按以下程序申请公益性捐赠税前扣除资格。

（1）由中央机构编制部门直接管理其机构编制的群众团体，向财政部、国家税务总局提出申请。

（2）由县级以上地方各级机构编制部门直接管理其机构编制的群众团体，向省、自治区、直辖市和计划单列市财政、税务部门提出申请。

（3）对符合条件的公益性群众团体，按照上述管理权限，由财政部、国家税务总局和省、自治区、直辖市、计划单列市财政、税务部门分别每年联合公布名单。名单应当包括继续获得公益性捐赠税前扣除资格和新获得公益性捐赠税前扣除资格的群众团体，企业和个人在名单所属年度内向名单内的群众团体进行的公益性捐赠支出，可以按规定进行税前扣除。

申请公益性捐赠税前扣除资格的群众团体，需报送以下材料。

（1）申请报告。

（2）县级以上各级党委、政府或机构编制部门印发的"三定"规定。

（3）组织章程。

（4）申请前相应年度的受赠资金来源、使用情况，财务报告，公益活动的明细，注册会计师的审计报告或注册税务师的鉴证报告。

公益性群众团体在接受捐赠时，应按照行政管理级次分别使用由财政部或省、自治区、直辖市财政部门印制的公益性捐赠票据或者"非税收入一般缴款书"收据联，并加盖本单位的印章；对个人索取捐赠票据的，应予以开具。

公益性群众团体接受捐赠的资产价值，按以下原则确认。

（1）接受捐赠的货币性资产，应当按照实际收到的金额计算。

（2）接受捐赠的非货币性资产，应当以其公允价值计算。捐赠方在向公益性群众团体捐赠时，应当提供注明捐赠非货币性资产公允价值的证明。如果不能提供上述证明，公益性群众团体不得向其开具公益性捐赠票据或者"非税收入一般缴款书"收据联。

对存在以下情形之一的公益性群众团体，应取消其公益性捐赠税前扣除资格。

（1）前3年接受捐赠的总收入中用于公益事业的支出比例低于70%的。

（2）在申请公益性捐赠税前扣除资格时有弄虚作假行为的。

（3）存在逃避缴纳税款行为或为他人逃避缴纳税款提供便利的。

（4）存在违反该组织章程的活动，或者接受的捐赠款项用于组织章程规定用途之外的支出等情况的。

（5）受到行政处罚的。

被取消公益性捐赠税前扣除资格的公益性群众团体，存在上述第（2）项、第（3）项、第（4）项、第（5）项情形的，3年内不得重新申请公益性捐赠税前扣除资格。

对存在上述第（3）项、第（4）项情形的公益性群众团体，应对其接受捐赠收入和其他各项收入依法补征企业所得税。

对于通过公益性群众团体发生的公益性捐赠支出，主管税务机关应对照财政、税务部门联合发布的名单，接受捐赠的群众团体位于名单内，则企业或个人在名单所属年度发生的公益性捐赠支出可按规定进行税前扣除；接受捐赠的群众团体不在名单内，或虽在名单内但企业或个人发生的公益性捐赠支出不属于名单所属年度的，不得扣除。

获得公益性捐赠税前扣除资格的公益性群众团体，应自不符合上述规定条件之一或存在上述规定情形之一之日起15日内向主管税务机关报告，主管税务机关可暂时明确其获得资格的次年内企业向该群众团体的公益性捐赠支出，不得税前扣除，同时提请财政部、国家税务总局或省级财政、税务部门明确其获得资格的次年不具有公益性捐赠税前扣除资格。

目前，经过财政部和国家税务总局认定的、有资格接受公益性捐赠的公益性社会团体包括中国青少年发展基金会、希望工程基金会、宋庆龄基金会、减灾委员会、中国红十字会、中国残疾人联合会、全国老年基金会、老区促进会、联合国儿童基金组织、中国青年志愿者协会、中国绿化基金会、中国之友研究基金会、光华科技基金会、中国文学艺术基金会、中国人口福利基金会、中国听力医学发展基金会、中华社会文化发展基金会、中国妇女发展基金会、中国癌症研究基金会、中国法律援助基金会、中华环境保护基金会、中国初级卫生保健基金会、中华国际科学交流基金会、阎宝航教育基金会、中华民族团结进步协会、中国金融教育发展基金会、中国国际民间组织合作促进会、中国社会工作协会孤残儿童救助基金管理委员会、中国发展研究基金会、陈嘉庚科学奖基金会、中国友好和平发展基金会、中华文学基金会、中华农业科教基金会、中国少年儿童文化艺术基金会、中国公安英烈基金会、中国医药卫生事业发展基金会、中国教育发展基金会、中国老龄事业发展基金会、中国华文教育基金会、中国关心下一代健康体育基金会、中国生物多样性保护基金会、中国儿童少年基金会、中国光彩事业基金会、中国经济改革研究基金会、香江社会救助基金会、中国高级检察官教育基金会、中国华侨经济文化基金会、中国少数民族文化艺术基金会、中国文物保护基金会、北京大学教育基金会、中国禁毒基金会、民政部紧急救援促进中心、中国国际问题研究和学术交流基金会、中国青少年社会教育基金会、中国职工发展基金会、中国西部人才开发基金会、中远慈善基金会、张学良基金会、周培源基金会、中国孔子基金会、中华思源工程扶贫基金会、中国交响乐发展基金会、中国肝炎防治基金会、中国电影基金会、中华环保联合会、中国社会工作协会、中国麻风防治协会、中国扶贫开发协会和中国国际战略研究基金会等。

纳税人进行捐赠时应当注意符合税法规定的要件，即应当通过特定的机构进行捐赠，而不能自行捐赠；应当用于公益性目的，而不能用于其他目的。通过符合税法要求的捐赠可以最大限度地减轻企业的税收负担。如果企业在当年的捐赠金额达到了限额，则可以考虑在下一个纳税年度再进行捐赠，或者将一个捐赠分成两次或者多次进行。

这一扣除标准基本能够满足商业银行公益性捐赠的需要，鉴于此，商业银行应当整体安排公益性捐赠支出，非特殊情况下，尽可能不超过限制标准。

对于直接向受益人的各项捐赠支出，税法不允许税前扣除。因此，没有特别的授权批准，商业银行应当不允许直接向受益人捐赠，如果有特殊需要，可以通过非营利性社会团体和国家机关向指定受益人捐赠。

2019年新修订的《中华人民共和国企业所得税法实施条例》中第四十三条规定：企业发生的与生产经营活动有关的业务招待费支出，按照发生额的60%扣除，但最高不得超过当年销售（营业）收入的5‰。从这一条可以看出，新法加大了对业务招待费的税前扣除限制，对于企业来说只要发生业务招待费就有40%要用税后利润支付，最高扣除比例也较低，无法满足商业银行业务经营需要，因此业务招待费支出的税务筹划也是商业银行限制性费用筹划的重点。

具体来说，金融企业需要测算业务招待费规模，分解各部门的支出指标，尽可能将其控制在限额标准以内；同时也尽量通过其他费用支出代替业务招待费。例如，可以更多地采用商务会议的方式招待客户，这样所发生的食宿等费用就可以尽可能多地列入会议费，在税前全额扣除。当商业银行广告和业务宣传费税前扣除指标剩余较多时，可以制作一些有意义的宣传品，替代外购礼品用于赠送客户，减少业务招待费支出，进而实现节税目的。

（三）合理利用暂时性差异

1. 出售资产时的税务筹划。

当金融企业需要出售资产筹资且有多项资产可供出售选择时，在选择具体出售资产的决策中应当考虑其对纳税的影响。在其他因素相同的情况下，金融企业应该选择首先出售产生大量可抵减时间性差异的资产，最后出售产生大量应纳税时间性差异的资产。因为即使两项资产出售所取得的税前现金流量相同,但是两者的税后现金流量却相差很大。

按照税法规定的计税基础计算:产生应纳税时间性差异的资产出售,就会实现大量应纳税所得额,需要当期缴纳企业所得税,造成现金流出;产生可抵减时间性差异的资产出售,会产生大量损失可以抵减当期其他业务产生的应纳税所得额,减少因缴税产生的现金流出。

2. 处理资产减值损失时的税务筹划。

金融企业按照新准则计提的贷款减值准备等各项资产减值准备没有特批是不能税前扣除的,而要等到损失实际发生时才能税前扣除。而实际工作中,商业银行对于呆坏账的一贯做法是采取计提全额准备的方式挂账,只有在法院判决、债务重组等情况下才会终止确认债权,很少主动核销债权。这样就会产生大量的可抵减暂时性差异,而很难享受到呆坏账损失税前扣除的好处,在纳税影响会计法下就会积累大量的递延所得税资产无法转回。

从税务筹划的角度考虑,金融企业需要改变现行消极被动的做法,加强对风险资产的管理,定期核销满足税前扣除条件的呆坏账,以减少企业缴纳所得税产生的现金流出。

20.2.2 商业银行增值税的税务筹划

商业银行只有实物黄金交易等少量业务属于增值税应税项目,实物黄金在销售、提取和跨区域转移时需要缴纳增值税。因此商业银行可以通过改变交易方式来进行增值税的税务筹划。例如,在日常交易中减少实物黄金的提取和转移,利用纸黄金代替实物黄金等。

另外,在黄金交易所购入黄金(发生实物交割)享受增值税即征即返的优惠政策,商业银行可以充分利用这一优惠,在交易所购入实物黄金通过营业网点出售,获取增值税返还的补贴收入。

20.2.3 财产保险公司企业所得税筹划

企业所得税在财产保险公司经营中占比较大,且由于其与财产保险公司经营中的各项收支息息相关，特别是财产保险公司的经营内容是财产损失和责任风险，在经营上有其特殊性，所以做好财产保险公司的所得税筹划，体现了财产保险公司的整体经营水平，对提高财产保险公司的经营管理水平有着十分重要的意义。

企业所得税税务筹划的重点一般包括准予从收入额中扣除的项目、免于计入应纳税所得额的项目和减免税优惠项目等三个主要方面，财产保险公司也是如此。

（一）免于计入收入总额的税务筹划

保险公司的下列项目，在计征企业所得税时，允许在税前扣除：（1）代理手续费不超过8%据实扣除；（2）佣金不超过保费5%据实扣除；（3）业务宣传费按不超过营业收入5%据实扣除，开业不满3年的保险公司，按不超过营业收入0.9%据实扣除；（4）招待费按不超过营业收入0.3%据实扣除；（5）财产保险业务、意外伤害保险业务和短期健康保险业务，按不超过当年自留保费收入的0.8%据实扣除；（6）各种保险赔款冲抵准备金不足的部分准予在税前扣除；（7）国家规定允许从事信贷业务的企业借出的款项，由于债务人破产、关闭、死亡等原因无法收回或逾期无法收回的，准予作为财产损失在税前扣除等。

保险监督管理委员会要求保险公司按规定提取未到期责任准备金，并从保费收入中扣除，而企业所得税的处理上也允许税前扣除未到期责任准备金。假定保险公司所收取的保费收入完全相同，因为可以税前扣除的未到期责任准备金数额等于保费收入乘以准备金提取的比例，在保费收入相同的情况下，未到期责任准备金提取的比例越大，可以税前扣除的准备金就越多，从税务筹划角度越有利。

（二）扩大免税所得额的税务筹划

（1）选择不同的股票长期投资核算方法进行税收规避、税收滞纳。

这种办法的依据是：企业的股票长期投资的会计核算是采用成本法还是采用权益法，在被投资企业处于低所得税税率地区时，对企业的所得税缴纳是有影响的。

由于目前财产保险公司的可投资范围很窄，故该办法很少用到，但随着国家允许财产保险公司投资范围的扩大，该办法将是一个可供选择的税务筹划方案。

（2）亏损弥补的税务筹划。

根据新企业所得税法的规定，企业纳税年度发生的亏损，准予向以后年度结转，用以后年度的所得弥补，但结转年限最长不得超过5年。弥补亏损期限，是指纳税人某一纳税年度发生亏损，准予用以后年度的应纳税所得额弥补，一年弥补不足的，可以逐年连续弥补，弥补期最长不得超过5年，5年内不论是盈利还是亏损，都作为实际弥补年限计算。这一规定为纳税人进行税务筹划提供了空间，纳税人可以通过对本企业投资和收益的控制来充分利用亏损结转的规定，将能够弥补的亏损尽量用完。

这里有两种方法可以采用：第一，如果某年度发生了亏损，企业应当尽量使得邻近的纳税年度获得较多的收益，也就是尽可能早地将亏损予以弥补；第二，如果企业已经没有需要弥补的亏损或者企业刚刚组建，而亏损在最近几年又是不可避免的，那么，应该尽量先安排企业亏损，再安排企业盈利。

需要注意的是，企业的年度亏损额，是指按照税法规定的方法计算出来的，而不能利用多算成本和多列工资、招待费、其他支出等手段虚报亏损。根据《国家税务总局关于查增应纳税所得额弥补以前年度亏损处理问题的公告》（国家税务总局公告2010年第20号）的规定，根据《中华人民共和国企业所得税法》（以下简称《企业所得税法》）第五条的规定，税务机关对企业以前年度纳税情况进行检查时调增的应纳税所得额，凡企业以前年度发生亏损、且该亏损属于企业所得税法规定允许弥补的，应允许调增的应纳税所得额弥补该亏损。弥补该亏损后仍有余额的，按照企业所得税法规定计算缴纳企业所得税。对检查调增的应纳税所得额应根据其情节，依照《中华人民共和国税收征收管理法》有关规定进行处理或处罚。

《企业所得税法》及实施条例均细化规定了亏损弥补政策，这些规定和条例适用于不同经济成分、不同经营组成形式的企业。但由于目前的财产保险公司基本都有盈利，所以都未从中得益。但随着竞争的加剧，某些年度发生亏损不可避免，那时候充分利用这条政策，可以为企业减轻不少税收负担。

（三）利用企业所得税减免税政策的税务筹划

根据现行的企业所得税政策，企业的下列收入为免税收入。

（1）国债利息收入。

（2）符合条件的居民企业之间的股息、红利等权益性投资收益。

（3）在中国境内设立机构、场所的非居民企业从居民企业取得与该机构、场所有实际联系的股息、红利等权益性投资收益。

（4）符合条件的非营利性组织的收入。

国债利息收入，是指企业持有国务院财政部门发行的国债取得的利息收入。

免税收入是不需要纳税的收入，因此，企业在条件许可的情况下应当尽可能多地获得免税收入。当然，获得免税收入都是需要一定条件的，企业只有满足税法所规定的条件才能享受免税待遇。例如，国债利息免税，当企业选择国债或者其他债券进行投资时，就应当将免税作为一个重要的因素予以考虑。再如，直接投资的股息所得免税，与此相关的是，企业的股权转让所得要纳税。因此，当企业进行股权转让时，尽量将该股权所代表的未分配股息分配以后再转让。

由此可见财产保险公司购买（包括在二级市场购买）的国债到期（或分期）兑付所取得的国债利息收入，免征企业所得税。但相关费用不得在税前扣除。财产保险公司在二级市场购买的国债未到兑付期而销售所取得的收入，应征收企业所得税。

出口信用保险业务先征后返。对中国进出口银行和中保财险公司的出口信用保险业务，企业所得税实行先征后返的政策。

因此各个财产保险公司可利用上述减免税政策来进行税务筹划。

20.2.4 财产保险公司个人所得税的税务筹划

按照规定，财产保险公司虽然不是个人所得税的纳税义务人，但是它是个人所得税的扣缴义务人，必须按照税法规定履行代扣代缴个人所得税税款的义务。由于财产保险公司是人才密集型企业，特别是面对越来越激烈的人才竞争，做好个人所得税的税务筹划工作，是提高人力资源投入效率的关键。

目前，财产保险公司对个人所得税的代扣代缴项目，主要包括雇员工资收入和支付给个人代理人的手续费两方面的应纳个人所得税。财产保险公司一般可通过以下几个方面进行个人所得税的税务筹划。

（一）雇员工资收入部分

（1）捐赠抵减的税务筹划。

《中华人民共和国个人所得税法实施条例》规定：个人将其所得通过中国境内的社会团体、国家机关向教育和其他社会公益事业以及遭受严重自然灾害地区、贫困地区的捐赠，金额未超过纳税人申报的应纳税所得额30%的部分，可以从其应纳税所得额中扣除。也就是说，个人在捐赠时，必须在捐赠方式、捐赠款投向、捐赠额度上同时符合法规规定，这样才能使这部分捐赠款免缴个人所得税。

（2）由公司提供相关费用，降低应纳税所得额。

采取由公司提供一定服务费用开支等方式，虽然减少了雇员的收入，但也减少了雇员的应纳税所得额。例如，由公司提供通讯、交通以及其他方面的服务来抵减一部分工资。对公司来说，开支并没有增多，利益无损；对雇员来说，这些通讯、交通等开支是纳税人的日常开支，若由纳税人用收入购买往往不能在缴纳所得税时扣除。

（二）支付给个人代理人的手续费部分

同样可以适当采用对雇员的第（1）、（2）种办法。

随着国家税收体制的完善和保险市场的健全，财产保险公司税务筹划将越来越成熟，将为我国财产保险业的发展做出越来越大的贡献。

20.2.5 财产保险公司组建形式中利用受控保险公司的税务筹划

受控保险公司是指一家企业集团建立起来的保险公司，承保本集团全部或部分风险事宜。如果这家从事保险的子公司只限于某公司业务的范围，它被称为纯粹的受控保险公司；如果它还向企业集团以外承担风险，便被称为广泛的受控保险公司。受控保险公司以一种特殊的身份替代了国际保险市场上的一般保险公司。除了经营目的外，税收目的也是着力追求的重要目标。

其一，世界上绝大多数国家对母公司或集团成员企业支付给受控保险公司的保险费通常允许在计征企业所得税中作为费用扣除。算总账便可得到一笔额外的税收利益。

其二，受控保险公司如果是设在低税负国家或者设在不征所得税的国家或地区，保险费收入除了可以少征或免征所得税外，其税后所得如不及时汇回公司，一般还可以递延缴纳母公司的所得税。

当母公司遇到有关独立保险公司的保险费率所引起的保险成本问题时，可以在低税管辖区组建受控保险公司。在这以后，母公司从独立保险公司处购买保险单，而受控保险公司就母公司的保险单与独立保险公司签订再保险合同，条款明确双方责任的比例分包关系。独立保险公司按受控保险公司承担责任的比例把母公司的保险费付给受控保险公司，后者按合同向前者支付税额不大的分包佣金。合同使母公司把支付给独立保险公司的保险费从自己的所得中扣除，并且使受控保险公司在无税管辖区积聚保险所得，从而减轻了跨国集团的税收负担。

此种方式优势如下。

（1）母公司把部分利润从高税管辖区转到无税管辖区，减轻了税收负担。

（2）独立保险公司通过向受控保险公司再保险，降低了自己的风险。

（3）利用独立保险公司来转移税务部门认为服务公司逃税的嫌疑。

众所周知，著名的荷兰飞利浦公司就是以这种形式将集团的部分利润转移到位于牙买加的金斯敦受控保险公司。

20.3 金融业税务筹划案例

20.3.1 其他券种经过风险调整的税后收益率与国债的收益率进行比较的税务筹划案例

B 商业银行正在进行一项投资计划，有 A 公司三年期债券与三年期国债同时发行。已知这两种债券均为每年付息一次，A 公司债券利率为 5%、国债的利率为 4%。假设 A 公司债券没有信用风险折价，那么 B 商业银行应当如何选择投资方式呢？

从表面上看 A 债券的投资收益率高于国债的投资收益率，但是由于 A 债券利息收入需要缴纳 25% 的企业所得税，A 债券的税后收益率=[5%×(1-25%)]=3.75%，低于国债的税后收益率 4%（国债利息收入免税）。

本例中，B 商业银行应当选择投资国债。

20.3.2 业务招待费支出的税务筹划

已知 B 商业银行某一纳税年度营业收入为 100 亿元，计算在不同情况下该银行的允许税前扣除的业务招待费。

B 商业银行允许税前扣除的业务招待费最高限额=100×5‰=0.5（亿元）。

假设 1：当年实际发生业务招待费 1 亿元，准予税前扣除部分为 0.6（1×60%）亿元，超过最高限额，因此允许税前扣除的业务招待费为 0.5 亿元。

假设 2：当年实际发生业务招待费 0.8 亿元，准予税前扣除部分为 0.48 亿元（0.8×60%）亿元，低于最高限额，因此允许税前扣除的业务招待费为 0.48 亿元。

20.3.3 如何选择资产出售

某商业银行由于短期资金紧张急需 1 亿元资金缓解流动性不足。已知该银行拥有 A、B 两项以公允价值计量且其变动计入当期损益的债券投资可以出售，A、B 债券现在的公允价值均为 1.1 亿元，而 A 债券购入成本为 0.6

亿元、B债券的购入成本为1.5亿元。假设预测未来半年内A、B两债券的公允价值将保持一致，该银行本纳税年度其他业务产生的应纳税所得额为1亿元，可以弥补B债券出售损失0.4亿元。

请问该商业银行应当如何出售资产以达到缓解流动性并实现节税的目的呢？

由于A、B两项债券投资属于以公允价值计量且其变动计入当期损益的金融资产，出售与否不会影响该银行的当期会计利润，因此决策中我们只需要考虑现金流一个因素。

下面我们来计算比较出售A债券与出售B债券的税后现金流。

出售A债券的税后现金流=1.1-（1.1-0.6）×25%=0.975（亿元）。

出售B债券的税后现金流=1.1-（1.1-1.5）×25%=1.2（亿元）。

通过比较我们发现，表面上，出售A债券与出售B债券的现金流一致，但是经过税收调整后，出售B债券的税后现金流高于出售A债券的税后现金流0.225亿元。

因此，该商业银行应当优先选择出售B债券。

20.3.4 捐赠过程中的税务筹划

某互联网金融企业2019年度预计可以实现利润总额1 000万元，企业所得税税率为25%。该企业为提高其产品知名度及竞争力，树立良好的社会形象，决定向有关单位捐赠200万元。该企业自身提出两种方案，第一种方案：进行非公益性捐赠或不通过我国境内非营利性社会团体、国家机关做公益性捐赠。第二种方案：通过我国境内非营利性社会团体、国家机关进行公益性捐赠，并且在当年全部捐赠。请对上述两种方案进行评析，并提出税务筹划方案。

第一种方案不符合税法规定的公益性捐赠条件，捐赠额不能在税前扣除，应进行纳税调整。该企业2019年度应当缴纳企业所得税=（1 000+200）×25%=300（万元）。

第二种方案，捐赠额在法定扣除限额内的部分可以据实扣除，超过的部分不能扣除。该企业应缴纳企业所得税=（1 000+200-1 000×12%）×25%=270（万元）。

为了最大限度地将捐赠支出扣除，该企业可以将该捐赠分两次进行，2019年底捐赠120万元，2020年再捐赠80万元。这样，该200万元的捐赠支出可以在计算应纳税所得额时全部扣除。该税务筹划方案比第二种方案少缴企业所得税=（200-120）×25%=20（万元）。

20.3.5 利用亏损弥补进行税务筹划

1.某互联网金融企业2014—2020年各纳税年度应纳税所得额分别为-100万元、10万元、10万元、20万元、30万元、10万元和60万元。请计算该企业2020年应当缴纳的企业所得税，并提出税务筹划方案。

根据税法关于亏损结转的规定，该企业2014年的100万元亏损，可分别用2015—2019年的10万元、10万元、20万元、30万元和10万元来弥补，由于2015—2019年的总计应纳税所得额为80万元，低于2014年的亏损。这样，从2015到2019年，该企业都不需要缴纳企业所得税。在2020年，该年度的应纳税所得额只能弥补5年以内的亏损（即2015—2019年），也就是说，不能弥补2014年的亏损。由于2015年以来该企业一直没有亏损，2020年应当缴纳企业所得税=60×25%=15（万元）。

从该企业各年度的应纳税所得额来看，该企业的生产经营一直是朝好的方向发展，2019年度之所以应纳税所得额比较少，可能主要因为增加了投资，或者增加了各项费用的支出，或者进行了公益捐赠等。由于2014年度仍有未弥补完的亏损，如果该企业能够在2018年度进行税务筹划，压缩成本和支出，尽量增加企业的收入，将2019年度应纳税所得额提高到30万元，同时，2019年度压缩的成本和支出可以在2020年度予以开支，这样2019年度的应纳税所得额为30万元，2020年度的应纳税所得额为40万元。

根据税法亏损弥补的相关规定，该企业在2019年度的应纳税所得额可以用来弥补2014年度的亏损，而2020年度的应纳税所得额则要全部计算缴纳企业所得税。这样，该企业在2020年度应当缴纳企业所得税=40×25%=10（万元），少缴企业所得税=15-10=5（万元）。

2.某互联网金融企业2014—2020年度应纳税所得额分别为40万元（以前年度没有需要弥补的亏损）、-40万元、-30万元、-20万元、10万元、20万元和30万元。请计算该企业2014—2020年度每年应当缴纳的企业所得税，并提出税务筹划方案。

该企业2014年度应纳税所得额为40万元，由于以前年度没有需要弥补的亏损，2014年度应纳企业所得税=40×25%=10（万元）。2015—2017年度亏损，不需要缴纳企业所得税。2018年度应纳税所得额为10万元，弥补以前年度亏损后没有余额，不需要缴纳企业所得税。2019年度应纳税所得额为20万元，此时前5年尚有80万元亏损没有弥补，因此，2019年度仍不需要缴纳企业所得税。2020年度应纳税所得额为30万元，此时前5年尚有60万元亏损没有弥补，因此，2020年度也不需要缴纳企业所得税。

该企业2014—2020年度一共需要缴纳企业所得税=40×25%=10（万元）。该企业的特征是先盈利后亏损，这种状况就会导致企业在以后年度的亏损不可能用以前年度的盈利来弥补。而企业能否盈利在很大程度上都是可以预测的，因此，如果企业已经预测到某些年度会发生无法避免的亏损，那么，就尽量将盈利放在亏损年度以后。本案例中该企业可以在2014年度多开支40万元，也就是将2015年度的部分开支提前进行，而将某些收入放在2015年度来实现。这样，该企业2014年度的应纳税所得额就变为0。2015年度由于减少了开支，增加了收入，总额为40万元，2015年度的应纳税所得额变为0。以后年度的生产经营状况不变。该企业在2016—2019年度同样不需要缴纳企业所得税，2020年度弥补亏损以后剩余10万元应纳税所得额，需要缴纳企业所得税=10×25%=2.5（万元）。通过税务筹划，该企业少缴企业所得税=10-2.5=7.5（万元）。